小宮文人

現代イギリス雇用法

信山社
SHINZANSHA

はしがき

　本書は，イギリス労働法の全般を体系的に論じようとするものである。イギリスにおいて，労働法は，労働組合の闘争によって得られたという側面も否定できないが，むしろ，産業政策ないし経済政策の一環として発展してきたものであるといえる。労働法は，実際的かつ日常的な雇用関係を規制対象とする法律であり，しかも，今日の経済のグローバル化を考えると，単に学術的であるばかりではなく，実務的な観点も重視する必要があることはいうまでもない。したがって，本書は，イギリスの労働法や比較労働法に興味を持つ研究者や大学院生をその主な読者として想定するものではあるが，法律の実務家，会社の法務，人事，労務担当者，特にイギリスの日系企業の実務担当者の方々の閲読にも堪える書となることを期している。
　さて，イギリスは，世界で最初に産業革命を経験し，かつては「世界の工場」といわれるほどに強大な工業力を誇った国である。また，今日，世界経済におけるその地位は著しく低下したとはいえ，ヨーロッパの代表的な先進経済国の１つであることは疑いのない事実である。このような先進経済国としての長い歴史と経済状況の変化とを反映し，イギリス労働法は，労働法を学ぶ者のみならず，労働に関する社会学や経済学を学ぶ者にも，深い興味と関心を抱かせる魅力を持つ歴史と内容を有しているように思われる。
　イギリスは，欧州共同体・欧州連合において，その社会政策に関して何かと他の加盟国との対立的な立場を維持してきたが，1998年春の総選挙で政権に復帰した労働党のブレア首相は，アムステルダム首脳会議で欧州連合の社会政策協定への参加を表明し，欧州連合の社会政策に消極的な態度を改めむしろその方向性についてイニシャチブを採る姿勢に転じた。そして，今日では，イギリスは，ドイツおよびフランスを中心とする欧州連合の主流勢力「ソーシャル・ヨーロッパ」に対抗する「フリーマーケット・ヨーロッパ」を形成する中心勢力となりつつあるとみることもできる。イギリス労働法の一見して明らかな特徴は規制は詳細であるが履行強制があまいという点である。このように，イギリス労働法は，欧州連合の労働法との関わり合いにおいても極めて興味深

はしがき

いものを包含しているといえる。

　また、イギリスは、欧州連合の中で、もっとも多くの日本企業が進出して、事業活動を展開している国である。日本のイギリスへの投資は対欧州投資の45％を超えている。これは、英語圏ということのほか企業活動への規制が弱いという点も関係していると思われる。イギリスでは、かつて労使関係の日本化という言葉をしばしば耳にし、今では、日本的労務管理が多くの企業で取り入れられている。また、今日ではホテルや列車の注意書きに日本語を見出すこともあたりまえとなった。このような状況のもとで、イギリスには、約5万2000人の邦人が居住し、多くの企業人や労働者がイギリスを訪れている。このため、イギリスの労使関係や労働法に関心を有する人々も多いと考えられる。現に、本書の出版を勧めて下さった方々の中には、日系のイギリス企業に関係する方がおられた。

　さらに指摘すべきことは、イギリス労働法を学ぶことの今日的意義である。経済のグローバル化、サービス化および急速な情報技術の発展は、わが国のみならずイギリスにおいても、対処すべき現代的課題となっている。これらの要因は、イギリスの労使関係および雇用関係に重大な変革をもたらしつつあり、その変革手段としての労働法規の改正が頻繁に行われつつある。わが国においても、同様な要因や人口の高齢化による雇用・労使関係の変容および司法改革の波のなかで、立法ラッシュが続き、労働法の急速な変容が生じている。その過程において、わが国の立法がイギリス労働法を参考にしたり、その影響を受けた例は多い。例えば、労働審判法、公益通報者保護法などはその典型例といえる。もう少し、視野を広げてみれば、公営企業の独立行政法人化もイギリスをモデルとしたものといえる。イギリス労働法は、自由市場を理想とするアメリカ合衆国の労働法と社会的規制を重視する欧州の労働法の中間に位置するといってよく、したがって、その是非は別として、規制緩和を推進するわが国政府が参考にしやすい側面を有しているといえるだろう。

　このように、イギリス労働法を学ぶことは、多くの方々にとって極めて興味深くかつ有用であるということができる。しかし、他方で、イギリス労働法はドイツやフランスなどのヨーロッパ大陸の労働法に比べて理解しにくいとの印象をもたれることも多いと思われる。その原因としては、次のようなものが考

えられるが，それらがまたイギリス労働法の特色を作り出しているのである。

　第一に，イギリス労働法の基盤である英米法（コモン・ロー）はわが国の法体系が明治時代に採用した大陸法と大きく異なるという点にある。英米法は，その基礎が裁判所によって創造されてきた判例法にあり，判例が特別の意味を有するのみならず，制定法は判例法を変更するものであるため，その規定の意味が，一般的に，制限的に解釈され，それゆえに，制定法の規定は極めて詳細なものとなっている。これらのことから，判例の理解や位置づけ，条文の解釈の仕方，基本的法理および法的概念等に大きな違いが生じ得る。

　第二に，イギリス憲法のあり方がわが国の憲法のあり方と大きく異なるという点にある。イギリス憲法はわが国の憲法のような成文憲法ではなく，しかも基本的人権に関する部分が欠落している。それゆえ，わが国の研究者が慣れ親しんでいる憲法的視点もしくは基本的人権の観点から労働法規を解釈するという手法がほとんどとられない。

　第三に，第二点とも関係して，イギリスにおいては，労働法の発展過程の特殊性から労働組合と使用者の紛争にはできるだけ国家が介入しない方がよいというボランタリズムの考えが強く，労働組合の積極的保護のための立法介入を是とするわが国とは全く異なった志向が存することが挙げられる。その意味で，現在に至るまでの労働法の発展史および歴代政府の労働政策を知る必要性が大きい。

　第四に，イギリス労働法は，従来からのイギリス独特の労働法制に主に大陸法系の労働立法をモデルにしたEU制定法が接木された状態になっており，EU法制を知らないと理解しにくい部分があることが挙げられる。その意味では，欧州の他国にまして欧州労働法の動向の重要性が大きい。

　第五に，イギリス労働法にも，イギリスの経験主義的な特徴が明確に反映されている。過去の経験を踏まえて，時の政府が相当大胆に雇用政策を立法化しその運用状況を観察しながら政策目的に合わせてどんどん修正を加えていく。これも，不文憲法・国会主権のもとで可能なものということができるかもしれない。

　本書は，以上の事情を踏まえてイギリス労働法を理解するための不可欠の前提として，イギリスの法制一般，労働法の歴史および労使関係の実態について

はしがき

も概説しつつ，最新のイギリス労働法の制定法および判例法の理論，解釈および運用を概説する。ところで，本書は，もともと『イギリス労働法入門』(信山社出版，1996年)を次第に進化させ，その三訂版として企図されたものであり，その章の編成および記述の体裁もそうした性格を有する。

なお，本書のタイトルを『現代イギリス雇用法』としたのは，次の事情による。すなわち，イギリスでは従来，わが国の「労働法」に匹敵する用語としては，Labour Law のほか Industrial Law という用語が用いられることが多かったが，1963年の雇用契約法 (Contracts of Employment Act of 1963) 等多くの制定法が制定され，個別的労働関係法が充実してきた頃から，Employment Law という用語が多く用いられるようになっている。この使用用語の変化がどうして生じたのかは定かではないが，法律の中心的規制対象が集団的労働関係から個別的労働関係へ移動してきたことと無関係ではないと思われる。こうした事情を踏まえて，本書ではそのタイトルに「労働法」ではなく「雇用法」という現代的な用語を用いることとした。したがって，本書のカバーする領域がいわゆる労働法のそれと異なることを意味するものではない。

筆者は，1978年から約2年間および1987年から1990年の間に約1年間イギリスのロンドン大学のLSE (ロンドン・スクール・オブ・エコノミックス) に留学した。その最初の留学においては，特に，労使関係学部の故 Keth Thurley 教授，経済学部の故森嶋道夫教授には特にお世話になったが，その Thurley・森嶋両先生が既に他界されてしまったことは本当に寂しい限りである。2度目の留学においては，私の論文作成を指導して下さった LSE 法学部の Bob Simpson 教授，イギリスにおけるフィールドワークでお世話になった法廷弁護士 Peter Wallington 氏およびリーズ大学の Paul Lewis 教授には特別な感謝の意を捧げたい。特に，Wallington 氏は，最初にお会いしたときからラニカスター大学法学部長，ブルーネル大学法学部長，そして現在はバリスターとそのポジションが変わりながらも，私がイギリスに現地調査に行くたびに，忙しい時間を割いてあらゆることに協力をしてくださった。また，私はイギリスの労働法の労使関係・現地調査を多く手掛ける機会を得たことから，数多くのイギリスの組合，企業関係者，行政機関職員および研究者の援助を受けることができたことにも感謝している。なお，LSE における研究のためアメリカでフィードワ

ークを行う際にお世話になった St.Antoirne 名誉教授（当時ミシガン大学法科大学院教授）および Oaklander 名誉教授（当時ペース大学経営部教授）にもこの機会に深くお礼申し上げたい。

　また，イギリス労働研究会所属の研究者の方々には特別な謝意を表したい。同研究会は 10 年以上前から研究活動を行ってきたが，私はその仲間から多くのことを学ぶことができた。加えて，筆者が，今年，早稲田大学大学院法学研究科で行なった集中講義の受講生の方々にもお礼を申し上げる。受講後，自主的かつ丹念に本書のゲラを校正して下さった。

　最後に，いくつかの図書の出版を援助して下さり，この度また本書の出版を快諾して下さった信山社出版の渡辺左近氏および校正等でお世話になった同社編集部の柴田尚到氏のご協力に深く感謝するものである。

　　タビストックスクエアを眺めながら読書した懐かしい
　　ロンドン大学学生寮での生活を思い出しながら
2006 年 9 月 12 日

　　　　　　　　　　　　　　　　　　　　　　　　　小 宮 文 人

　付記　私を含むイギリス労働法研究会構成メンバー（代表唐津博南山大学大学院法務研究科教授）は，平成 17 年からは文部科学省の科学研究費補助金（基礎研究(c)）をうけて「イギリス労働法の新展開に関する理論的・比較的研究」という課題に取り組んでいる。本書もまた同研究の成果の 1 つである。

　本書の内容および記述につき，次の点を指摘しておきたい。
1　本書には，著者が既に雑誌などで公表した論文を原文に近い形で再掲載した部分があるので，その論文名，掲載誌名および発表年次を挙げておくこととする。
第 3 章第 1 節　―　『欧米における在宅ワークの実態と日本への示唆』（労働政策研究報告書，2004 年，No.5）（労働政策研究・研修機構）186 頁－206 頁。
第 3 章第 3 節　―　「イギリスにおける育児休業制度」労働法律旬報 1558 号（2003 年）6 頁－14 頁。
第 3 章 11 節　―　「不公正解雇制度と慰謝料の補償」労働法律旬報 1597 号（2005 年）12 頁－14 頁。

はしがき

第3章第15節 － 『諸外国における解雇のルールと紛争解決の実態』（日本労働研究機構資料シリーズ，2003年，No.129）（日本労働研究機構）95頁－125頁。
第5章第5節 － 『諸外国における集団的労使紛争処理の制度と実態』（労働政策研究報告書，2004年，No.L-9）（労働政策研究・研修機構）95頁－131頁。

2　本書の考察・記述は，原則として，2005年（平成17年）末におけるイギリスの雇用法および労使関係としている。イギリスでは，1971年法制定以降，保守労働の政権交代，国内外の社会，経済，雇用の急速な変容と欧州連合の立法の動きに呼応して，新たな立法化が著しく，特に最近では，ほぼ毎年，数個の重要な法律・規則の改正が行われてきている。したがって，本書の出版に関しても，イギリスの雇用法の内容に相当の改正が加えられるということは，原稿提出当初から予想されたところである。そして，本書の初校が終了したときには，すでに2006年企業譲渡（雇用保護）規則が成立し，また2006年雇用平等（年齢）規則の法案が国会に提出されていた。しかし，それに合わせて本書の内容を正確に書き換えるには十分な時間はなく，また，そうしても更なる立法の動きが生じないとはいえない。このため，本書は，一応，2005年末現在の雇用法を考察・記述の対象とし，その後に接した情報については，最小限度触れるにとどめることとした。この点，特に，注意しておきたいのは2006年雇用平等（年齢）規則である。この規則は，2006年10月に施行されることになっているが，年齢にかかわる多くの法令に影響を与えることが予定されている。本書では，特に重要なものに限って，年齢差別のところに概要を記述するにとどめるが，本書のその余の記述にも影響を与えるものもあることに特に留意していただきたい。

目　次

はしがき

第1章　労働立法の歴史 …………………………………………… 1

序　説 …………………………………………………………………… 1

第1節　1349年以降 …………………………………………………… 2

［1］労働者規制法（2）

［2］職人規制法（3）

［3］主 従 法（Master and Servant Acts）（4）

［4］雇傭契約法の形成（5）

［5］団結禁止法（7）

［6］工 場 法（8）

第2節　1824年以降 …………………………………………………… 9

［1］団結禁止法の廃止（9）

［2］1871年労働組合法（Trade Union Act 1871）（10）

［3］1875年不法共謀・財産保護法（Conspiracy and Protection of Property Act 1875）（11）

［4］1906年労働争議法（Trade Disputes Act 1906）（12）

［5］1913年労働組合法（Trade Union Act 1913）（13）

［6］1918年産業委員会法（Trade Board Act 1918）（13）

第3節　1946年以降 …………………………………………………… 14

［1］1946年労働争議・労働組合法（Trade Disputes and Trade Unions Act 1946）（14）

［2］1948年以降の所得政策（16）

［3］ボランタリズム（16）

第4節　1960年以降 …………………………………………………… 18

［1］1960年から1970年まで（18）

目 次

　　　［2］ 1971年労使関係法（20）

　　　［3］ 1980年以降の法律（23）

　　　［4］ 1980年代の雇用・職業訓練政策（24）

　　　［5］ 1980年代におけるヨーロッパ共同体の労働立法への対応（26）

　　　［6］ 1990年以降の法律（27）

　第5節　1997年以降 …………………………………………………………29

　　　［1］ ブレア政権の労働政策の基本的方向（29）

　　　［2］ パートナーシップの概念（31）

　　　［3］ 基本的公正取扱い（33）

　　　［4］ 家族に優しい諸政策（34）

　　　［5］ 集団的労働関係（35）

　　　［6］ 失業対策と職業訓練制度（35）

第2章　労働関係を規制する法的装置 ……………………………………37

　序　説 ………………………………………………………………………37

　第1節　労働法の法源 ………………………………………………………37

　　　［1］ 国内法など（37）

　　　　(1) コモン・ロー（37）

　　　　(2) 不文憲法（41）

　　　　　(a) 憲法の特徴と国会主権（41）

　　　　　(b) 市民的自由と基本的人権（42）

　　　　(3) 制定法＝法律（statute）（43）

　　　　(4) 規則（regulation）・命令（order）（これらを総称してStatutory Instruments）（44）

　　　　(5) 行為準則（Code of Practice）（45）

　　　　(6) 労働協約（Collective agreement）（47）

　　　　(7) 労使協定（workforce agreement）（48）

　　　　(8) 労働慣行（custom and practice）（48）

　　　　(9) 制定法に基づく労働条件記述書（Written Statement）（49）

　　　　(10)　就 業 規 則（works rules, company handbooks, etc.）（52）
　　［2］　国際法など（52）
　　　　(1)　欧州共同体の法（European Community Law）（52）
　　　　(2)　欧州共同体の判例（54）
　　　　(3)　国際労働基準（54）
第2節　裁　判　所 ……………………………………………………………55
　　［1］　普通裁判所（55）
　　［2］　雇用審判所（employment tribunal）（55）
　　［3］　雇用控訴審判所（Employment Appeal Tribunal）（59）
第3節　その他の法律運用機関 ……………………………………………60
　　［1］　助言斡旋仲裁局＝ ACAS（Advisory, Consolidation and Arbitration
　　　　Service）（60）
　　［2］　中央仲裁委員会（CAC）（63）
　　［3］　認 証 官（Certification Officer）（64）
　　［4］　機会平等委員会（Equal Opportunities Commission ＝ EOC），
　　　　人種平等委員会（Commission for Racial Equality ＝ CRE）および
　　　　障害者権委員会（Disability Rights Commission）（65）
　　［5］　安全衛生委員会（Health and Safety Commission）（66）
　　［6］　低賃金委員会（Law Pay Commission）（66）
第3章　個別的労働関係 ……………………………………………………67
第1節　雇 用 契 約（contract of employment） ………………………67
　　［1］　定　義（67）
　　　　(1)　雇用契約とは（67）
　　　　(2)　該当性の判断（68）
　　　　　(A)　管理性基準（68）
　　　　　(B)　統合性基準（69）
　　　　　(C)　経済的現実基準（70）
　　　　　(D)　相互性基準（70）

目 次

　　　　　(E)　複合基準（73）
　　　　　(F)　判例の状況（73）
　　　(3)　「労働者」と「雇用」概念（73）
　　　　　(A)　個別的労働関係法の規定（74）
　　　　　(B)　集団的労働関係法の規定（79）
　　　　　(C)　雇用差別禁止法の規定（80）
　　　　　(D)　安全衛生法の規定（82）
　　　(4)　国務大臣（Secretary of State）の雇用権付与対象者拡大権限（84）
　［２］　各種の労働者・被用者（84）
　　　(1)　児童および年少者（84）
　　　(2)　自営業者（independent contractors or self-employed）（85）
　　　　　(A)　業務請負人（85）
　　　　　(B)　ホームワーカー（85）
　　　(3)　派遣労働者（agency workers）（85）
　　　(4)　借出し被用者（borrowed employees）（88）
　　　(5)　短時間被用者（88）
　　　(6)　有期被用者（89）
　　　(7)　臨時労働者（casual or temporary workers）（89）
　　　(8)　公的部門の労働者（89）
　　　　　(A)　国家公務員（90）
　　　　　(B)　軍人（91）
　　　　　(C)　国会職員（91）
　　　　　(D)　警察官（92）
　　　　　(E)　地方自治体職員（92）
　［３］　雇用契約の締結（92）
　　　(1)　募集・採用の実情（92）
　　　(2)　雇用契約の自由（93）
　　　　　(A)　契約締結方式の自由（93）

(B)　被用者選択の自由（93）
　　　(C)　契約内容の自由（93）
　　　(D)　契約内容変更の自由（95）
　　　(E)　契約終了の自由（95）
　[4]　雇用契約の内容（95）
　　(1)　明示的契約条項と黙示的契約条項（95）
　　(2)　コモン・ロー上の黙示的義務条項（97）
　　　(A)　被用者の義務（98）
　　　　(a)　協力義務（99）
　　　　(b)　適法かつ合理的な命令に従う義務（100）
　　　　(c)　合理的な注意と技術を用いる義務（101）
　　　　(d)　賄賂などを受け取らない義務（101）
　　　　(e)　使用者の秘密（confidential）情報を開示・使用しない義務（101）
　　　　(f)　公益情報開示を保護するための法律の制定（104）
　　　　(g)　競業避止義務と制限約款（restrictive covenants）（105）
　　　　(h)　雇用期間中の発明を開示しその権利を放棄する義務（107）
　　　(B)　使用者の義務（108）
　　　　(a)　仕事を与える義務（108）
　　　　(b)　賃金支払義務（109）
　　　　(c)　安全注意義務（110）
　　　　(d)　信頼関係を維持する義務（114）
　　　　(e)　安全以外の注意義務（116）
　　　　(f)　被用者情報非開示義務と個人情報保護法（116）
　　　　(g)　1998年個人情報保護法（118）
　　　　(h)　労働者の医療・健康情報の保護（121）
第2節　賃　金 …………………………………………………………121
　[1]　賃金明細書（122）
　[2]　賃金控除（122）

目　次

　　［3］最低賃金（124）
　　　　(1) 全国最低賃金法（124）
　　　　(2) 適用対象者（125）
　　　　(3) 最低賃率（126）
　　　　(4) 書面の記録と賃金明細書（127）
　　　　(5) 最低賃金の支払い不履行（127）
　　　　　(A) 労働者の訴訟（127）
　　　　　(B) 国による強制手段（128）
　　［4］保障手当（Guarantee payment）（129）
　　［5］傷病休職手当（Medical suspension payment）（130）
　　［6］母性休職手当（Maternity suspension payment）（130）
　　［7］傷病手当（Statutory sick pay）（131）
第3節　労働時間等 …………………………………………………132
　　［1］労働時間・年次休暇（132）
　　　　(1) 労働時間法制の変遷（132）
　　　　(2) EC労働時間指令（133）
　　　　(3) 1998年労働時間規則（134）
　　　　(4) 適用範囲（134）
　　　　(5) 労働時間の定義（135）
　　　　(6) 労働時間数（135）
　　　　(7) 労働時間のオプト・アウト（136）
　　　　(8) 深夜労働（137）
　　　　(9) 日ごとの休息期間および週ごとの休息時間（すなわち休日）（138）
　　　　(10) 休憩時間（rest breaks）（139）
　　　　(11) 年次休暇（139）
　　　　(12) 適用制限（140）
　　　　(13) 記録の保存（141）
　　　　(14) 労働時間規則の実効性の確保（141）

［2］日曜労働（142）
［3］育児休暇，母性休暇，父性休暇等（143）
　(1) 制度発展の経緯（143）
　(2) 1998年の白書（144）
　(3) 2002年雇用法（145）
　(4) 母性休暇（146）
　(5) 養子休暇（146）
　(6) 父性休暇（147）
　(7) 被扶養者タイム・オフ（147）
　(8) 育児休暇（147）
　　(A) 権利を得る資格要件（148）
　　　(a) 被用者であること（148）
　　　(b) 1年の継続雇用（148）
　　　(c) 親責任の存在（148）
　　(B) 休暇権の内容（149）
　　　(a) 休暇の日数（149）
　　　(b) 13週（または18週）の休暇権は企業間で総計される（149）
　　　(c) 1週間の休暇のもつ実際的意味（150）
　　　(d) 休暇権の発生と消滅（150）
　　(C) 休暇権行使の手続（151）
　　　(a) 証拠条件（151）
　　　(b) 予告条件（151）
　　　(c) 延長条件（151）
　　　(d) 休暇権行使の制限（151）
　　　(e) 労使協定（152）
　　(D) 休暇期間中の被用者の権利・義務（152）
　　　(a) 雇用上の利益を得る権利（152）
　　　(b) 雇用上の義務の負担（152）

目　次

　　　　　　(c)　職場復帰の権利（152）
　　　　(E)　休暇取得の妨害に関する救済（153）
　　　　(F)　不利益取扱いおよび解雇からの救済（153）
　　(9)　弾力勤務制度（154）
　　　　(A)　制度の趣旨（154）
　　　　(B)　権利を有する者（154）
　　　　(C)　申請できる勤務変更の種類（155）
　　　　(D)　使用者が申請を拒否できる理由（155）
　　　　(E)　申請手続（155）
　　　　(F)　救済（156）
　[4]　タイム・オフ（157）
第4節　雇用差別　……………………………………………158
　[1]　序（158）
　[2]　同一賃金法（159）
　　(1)　男女同一賃金の原則（159）
　　(2)　同一賃金法の規制対象（161）
　　(3)　平等条項の効果（161）
　　(4)　比較対象としての男性（162）
　　(5)　重要な定義（162）
　　(6)　真正な実質的要因（genuine material factor）（163）
　　(7)　救済方法（164）
　　(8)　欧州共同体法の効力（164）
　[3]　性差別禁止法（165）
　　(1)　欧州共同体への加盟と性差別禁止法（165）
　　(2)　適用除外（166）
　　(3)　規制対象としての差別（167）
　　(4)　その他の違法な差別と責任主体（167）
　　(5)　差別の概念（168）

　　　　(A)　直接差別（168）

　　　　(B)　間接差別（170）

　　(6)　差別禁止対象事項（171）

　　(7)　「是正的」または「積極的」措置（171）

　　(8)　妊娠を理由とする不利益な取扱い（172）

　　(9)　セクシャル・ハラスメント（sexual harassment）（173）

　　(10)　性的志向（sexual orientation）（174）

　　(11)　「真正職業資格」（genuine occupational qualification）（175）

　　(12)　差別の救済手段（176）

［4］　人種関係法（178）

　　(1)　1976年人種関係法（178）

　　(2)　人　種　差　別（178）

　　(3)　差別の概念，救済方法など（179）

　　(4)　真正職業資格および適用除外（180）

［5］　障害者差別禁止法（181）

　　(1)　立　法　経　緯（181）

　　(2)　「障害（disability）」および「障害者（disabled person）」（182）

　　(3)　「差別」の意味（182）

　　(4)　使用者の調整義務（183）

　　(5)　ハラスメント等の差別（183）

　　(6)　救　済　方　法（184）

［6］　宗教または信条による差別の禁止（184）

　　(1)　宗教と信条の定義（185）

　　(2)　差別の定義（185）

［7］　年齢差別の禁止（185）

　　(1)　差別の定義（186）

　　(2)　同規則の内容（186）

　　(3)　裁判管轄，救済手続，救済方法（187）

目　次

　　　　(4)　現行法の改正（187）
　　　　(5)　1996年雇用権法の主な改正規定の内容（188）
　　　　　　(A)　不公正解雇の「解雇理由」に関する規定の変更（188）
　　　　　　(B)　その他の重要改正点（189）
　　　　　　(C)　適用除外（190）
　　[8]　罪人更生法（190）
　　[9]　パートタイム労働者の差別禁止（191）
　　[10]　有期労働者の差別禁止（192）
第5節　安全衛生に関する制定法 …………………………………………193
　　[1]　概　説（193）
　　　　(1)　1974年職場健康安全法（193）
　　　　(2)　1974年法上の民事責任（193）
　　[2]　一般的義務（194）
　　　　(1)　序（194）
　　　　(2)　使用者の義務（194）
　　　　(3)　使用者と自営業者の義務（196）
　　　　(4)　不動産を支配する者（occupiers）の義務（196）
　　　　(5)　製造者等の義務（196）
　　　　(6)　被用者の義務（197）
　　　　(7)　その他の義務（197）
　　[3]　健康安全委員会および執行局（197）
　　　　(1)　組織・任務（197）
　　　　(2)　健康安全に関する行為準則（198）
　　[4]　執行手続（198）
　　　　(1)　執行権限（198）
　　　　(2)　是正通告（improvement notice）（199）
　　　　(3)　禁止通告（prohibition notice）（199）
　　[5]　刑事・民事訴訟（199）

目　次

　　　　　(1)　刑 事 責 任（199）
　　　　　(2)　民 事 責 任（200）
　第 6 節　労働災害補償 ··200
　　［１］　労働災害の法制（200）
　　［２］　業 務 災 害（industrial accidents）（201）
　　　　　(1)　身体的負傷（personal injury）（202）
　　　　　(2)　事　　故（accident）（202）
　　　　　(3)　業務遂行性と業務起因性（203）
　　　　　　(A)　業務遂行性（203）
　　　　　　(B)　業務起因性（204）
　　［３］　指定疾病（prescribed desease）＝職業病（205）
　　［４］　労災補償給付（205）
　　　　　(1)　独自の給付（205）
　　　　　(2)　給 付 請 求（206）
　第 7 節　懲 戒 処 分（disciplinary action）···································206
　　［１］　懲戒処分の権限（206）
　　　　　(1)　矯正的機能（206）
　　　　　(2)　減　　給（207）
　　　　　(3)　停職（無給）（207）
　　　　　(4)　降　　格（208）
　　　　　(5)　解　　雇（208）
　　　　　(6)　その他の処分（208）
　　［２］　解雇以外の不利益取扱い（detrimental treatment）（208）
　　　　　(1)　不利益取扱い（208）
　　　　　(2)　主な規定（209）
　　　　　(3)　救 済 方 法（210）
　　［３］　懲戒・苦情処理手続（210）
　　　　　(1)　行 為 準 則（210）

xvii

(2) 法定の解雇・懲戒・苦情処理処分および苦情処理手続 (211)
　　(A) 法定手続遵守義務 (211)
　　(B) 解雇・懲戒処分手続の内容 (212)
　　(C) 苦情処理手続 (213)
　　(D) 一般的要件および適用除外 (214)
　　(E) 標準解雇・懲戒処分手続が適用される場合 (214)
　　(F) 解雇・懲戒手続が適用されない場合 (214)
　　(G) 標準解雇・懲戒手続が遵守されたとみなされる場合 (215)
　　(H) 苦情処理手続が適用される場合 (215)
　　(I) 苦情処理手続が適用されない場合 (215)
　　(J) 苦情処理手続が遵守されたとみなされる場合 (215)
　(3) 手続同伴者 (216)

第8節　雇用の終了 …………………………………………………… 216
　(1) 雇用の終了の形態 (216)
　(2) 当事者の変更・消滅 (217)
　(3) フラストレーション (frustration) (218)
　(4) 合意解約 (219)
　(5) 辞職 (220)

第9節　違法解雇法 …………………………………………………… 221
　[1] 違法解雇 (221)
　　(1) 違法解雇の意味と予告期間 (221)
　　(2) 適法な即時解雇 (222)
　　(3) 契約上の解雇制限 (222)
　[2] 違法解雇の救済 (223)
　　(1) 解雇予告・解雇手続違反 (223)
　　(2) 損害賠償額の決定の考慮要素 (223)
　　(3) 差止命令・宣言的判決 (224)
　　(4) 提訴期間 (226)

第 10 節　不公正解雇法 ……………………………………………226
　[1]　不公正解雇制度（226）
　[2]　解雇の定義（228）
　　　(1)　法律の規定（228）
　　　(2)　「解雇」概念（228）
　　　(3)　みなし解雇該当性（229）
　[3]　不公正解雇（229）
　　　(1)　資格要件としての勤続と年齢制限（229）
　　　(2)　是認される理由（230）
　　　(3)　当然不公正理由（231）
　　　(4)　理由立証の程度と書面の理由（232）
　　　(5)　是認される理由で解雇することの公正性の立証（233）
　　　(6)　公正判断における手続的側面（233）
　[4]　不公正解雇の救済（235）
　　　(1)　復職・再雇用命令（235）
　　　(2)　基 礎 裁 定（236）
　　　(3)　補 償 裁 定（237）
　　　(4)　仮 救 済（Interim relief）（238）
　　　(5)　雇用手続協定（239）
　　　(6)　仲 裁 制 度（239）
　[5]　不公正解雇と違法解雇の関係（240）
　　　(1)　黙示的信頼関係維持義務条項と違法解雇（240）
　　　　　(A)　不公正解雇制度と黙示条項の関係（240）
　　　　　(B)　黙示条項違反の解雇に対する損害賠償請求（241）
　　　(2)　精神的損害に関するコモン・ローと不公正解雇（242）
　　　　　(A)　コモン・ローの一般契約法理（242）
　　　　　(B)　コモン・ロー上の不法行為法理と慰謝料請求（243）
　　　　　(C)　不公正解雇制度上の慰謝料としての補償金請求（244）

目 次

第 11 節　剰員整理と企業譲渡 ……………………………………………245
　［1］　剰 員 整 理（245）
　　　(1)　剰員整理解雇の定義（245）
　　　(2)　剰員整理手当（245）
　　　(3)　不公正剰員整理解雇（246）
　　　(4)　レイ・オフおよびショート・タイム期間と剰員整理手当（247）
　［2］　企 業 譲 渡（transfers of undertakings）（247）
　　　(1)　コモン・ロー上の企業譲渡の効果（247）
　　　(2)　欧州共同体の既得権指令（248）
　　　(3)　「企業（undertakings）」および「譲渡（transfer）」の意味（249）
　　　(4)　労働契約上の権利・責任の承継（252）
　　　(5)　企業譲渡と不公正解雇（255）
　　　(6)　2006 年の改正規則（256）

第 12 節　元被用者の義務──営業制限約款 ……………………………258
　［1］　営業制限約款の効力（258）
　［2］　当事者間における合理性（259）
　［3］　公共の利益における合理性（260）
　［4］　営業制限約款の履行強制（261）

第 13 節　未払賃金の確保 …………………………………………………262
　［1］　序（262）
　［2］　支払不能者法と賃金の優先順位（263）
　　　(1)　1986 年支払不能者法（263）
　　　(2)　弁済順位（264）
　　　(3)　「該当日」以降の賃金債権（265）
　［3］　未払賃金立替制度（266）
　　　(1)　制度の概要（266）
　　　(2)　賃金立替払いの要件（266）
　　　(3)　立替払いの対象となる賃金（267）

(4)　「該当日」の意味（267）

第 14 節　失業給付金制度 ……………………………………………268
　[１]　1995 年求職者手当法の制定（268）
　[２]　求職者手当（269）
　　　(1)　受 給 要 件（269）
　　　(2)　資格喪失・給付額減額（269）
　　　(3)　労 働 争 議（trade dispute）（270）
　　　(4)　再就職奨励制度（back to work schemes）（270）

第 15 節　個別的労働関係の紛争解決の実態 ……………………271
　[１]　序（271）
　[２]　紛争の頻度（271）
　[３]　解雇紛争の解決（274）
　　　(1)　あっせんの位置づけ（274）
　　　(2)　企業・組合の内部手続の重視（274）
　　　(3)　ソリシターの関与と組合幹部の訴訟代理（275）
　　　(4)　民間慈善団体の法律相談利用（276）
　　　(5)　ACAS のあっせん官の対応の仕方（276）
　　　(6)　差別的解雇事件の特殊性（277）
　　　(7)　原告が取り下げる理由（278）
　　　(8)　ACAS 段階の合意による解決（278）
　　　(9)　労使審判員の評価（279）
　　　(10)　実体的理由による労働者勝訴は少ない（279）
　　　(11)　審判所の裁定の仕方，補償金は小額（279）
　　　(12)　復職または再雇用はまれ（280）
　　　(13)　審判所の処理期間（281）
　　　(14)　違法解雇事件の処理（281）

第 4 章　集団的労働関係の実態 ……………………………………283
　序　説 ……………………………………………………………283

目　次

第1節　労働組合の発展と構造 …………………………………283
　[1]　発展と規模（283）
　[2]　職場における複数組合の存在（285）
　[3]　組合連合体（286）
　[4]　労働組合会議（286）
　[5]　組合間紛争の自主的解決のための取り決め（287）
　[6]　組合の職場組織（289）
　[7]　労働組合と労働党の関係（290）
　[8]　組合の組織率（291）

第2節　労働組合の財政 …………………………………………294

第3節　労働組合の機構 …………………………………………295
　[1]　組 合 支 部（295）
　[2]　地 方 組 織（295）
　[3]　組 合 本 部（296）
　[4]　組 合 大 会（296）
　[5]　全国執行委員会（National Executive Council）（296）
　[6]　組合専従幹部（296）
　[7]　ショップ・スチュワード（297）

第4節　主な労働組合 ……………………………………………298
　[1]　団体交渉の形態（298）
　[2]　争議行為の規模・頻度（302）

第5章　集団的労働関係法 ………………………………………305

第1節　イギリスの集団的労働関係法の特徴 …………………305
　[1]　序（305）
　[2]　イギリス労使関係におけるボランタリズムの意味（306）
　[3]　国家によるボランタリズムと紛争解決の支持・促進（307）
　[4]　1960年以降の労使関係・労働法制の変容（308）

第2節　労 働 組 合 ………………………………………………310

［1］労働組合の定義（310）
　　(1)　法律の規定（310）
　　(2)　裁判所の解釈（310）
　　(3)　「労働者」の定義（312）
　　(4)　具体例（312）
［2］労働組合の法的地位（312）
［3］任意登録（313）
［4］自主的労働組合（313）
［5］政治基金（political Fund）（315）
　　(1)　政治目的の金銭支出（315）
　　(2)　承認手続（316）
　　(3)　組合員の拠出免除（317）
［6］労働組合の会計（318）
　　(1)　組合員の会計監査（318）
　　(2)　認証官の権限（319）
［7］組合規約（rule-book）（320）
　　(1)　組合規約の法的意義（320）
　　(2)　法的効力（320）
　　(3)　黙示条項による補充（321）
　　(4)　組合規約違反（321）
［8］組合選挙（322）
　　(1)　役員選挙（322）
　　(2)　役員選挙規定（322）
　　(3)　選挙規定違反（323）
［9］組合間紛争（324）
　　(1)　ブリドリントン協定（324）
　　(2)　協定の効力（325）

目　次

　　　［10］　組合の合同（326）
　第3節　労働組合と組合員 …………………………………………326
　　　［1］　組合規約と組合員（326）
　　　［2］　加入不許可と除名（328）
　　　　　(1)　コモン・ローの原則（328）
　　　　　　(A)　「労働権」の概念（328）
　　　　　　(B)　規約違反（329）
　　　　　　(C)　自然的正義の原則（331）
　　　　　(2)　制定法上の規制（332）
　　　　　(3)　その他の統制処分（333）
　第4節　組合員と使用者 ……………………………………………335
　　　［1］　チェック・オフ（335）
　　　［2］　クローズド・ショップ（336）
　　　［3］　組合員資格・組合活動を理由とする解雇その他の不利益取扱い（337）
　　　　　(1)　不利益取扱いからの保護（337）
　　　　　(2)　不公正解雇（338）
　　　　　(3)　「適切な時間に」の意味（339）
　　　　　(4)　救済方法（341）
　　　［4］　組合員資格・組合活動・組合用務・団体交渉に関する誘導の規制（341）
　　　　　(1)　使用者の誘導行為（341）
　　　　　(2)　「禁止された効果」（342）
　　　　　(3)　救　済（343）
　　　［5］　組合員資格を理由とする雇用拒否の規制（343）
　　　　　(1)　雇用拒否（343）
　　　　　(2)　立証と救済（343）
　　　　　(3)　ブラックリスト（344）
　第5節　団体交渉・労働協約 ………………………………………344
　　　［1］　序（344）

［２］　労働組合の承認（345）

　　(1)　承認の目的と意義（345）

　　(2)　法定承認手続（349）

　　　(A)　承認手続第一段階（349）

　　　(B)　承認手続第二段階（350）

　　(3)　CAC の承認申立て受理後の組合の労働者へのアクセス（354）

　　(4)　承認宣言の効果（355）

　　(5)　「法定の任意的承認」と「純粋に任意的な承認」（356）

　　(6)　交渉単位の変更（357）

　　(7)　労働者に対する不利益取扱い（358）

　　(8)　不公正行為（359）

　　(9)　承認手続の実際的意義（360）

　　　(A)　承認申請後のどの段階で事件が処理されるか（360）

　　　(B)　ACAS の利用（361）

　　　(C)　法定承認後の労使関係（362）

［３］　団体交渉のための情報開示（362）

　　(1)　情報開示申立ての要件（362）

　　(2)　情報開示義務違反の救済（364）

　　(3)　情報開示手続の実態と意義（365）

［４］　労働協約の効力（367）

［５］　企業譲渡に関する規定（368）

　　(1)　譲受人の組合承認義務（368）

　　(2)　譲渡人の情報開示協議義務（368）

［６］　剰員整理に関する規定（369）

　　(1)　情報開示・協議義務（369）

　　(2)　義務違反の救済（370）

第６節　被用者参加制度 …………………………………………………370

［１］　序（370）

目 次

　　　［2］ 欧州労使協議会制度 (372)
　　　　　(1) 制度のイギリスへの適用 (372)
　　　　　(2) 協議会の設立・運営義務 (373)
　　　　　(3) 設立義務違反の救済 (374)
　　　［3］ 一般労使協議制度 (375)
　　　　　(1) 制度のイギリスへの適用 (375)
　　　　　(2) 協定交渉開始の要求 (375)
　　　　　(3) 協定の締結 (376)
　　　　　(4) 標準条項の適用 (377)
　　　　　(5) 標準条項上の義務 (378)
　　　　　(6) 情報・協議義務違反 (378)
　　　［4］ 被用者代表制度と労働組合 (379)
　第7節　集団労使紛争処理と争議行為 …………………………………382
　　　［1］ 序 (382)
　　　［2］ 集団的紛争処理 (382)
　　　　　(1) 労働協約の労使紛争処理規定 (382)
　　　　　(2) 紛争調整のための行政機関 (385)
　　　　　　(A) ACASの構造 (385)
　　　　　　(B) 助言 (386)
　　　　　　(C) あっせん (387)
　　　　　　(D) 調停 (389)
　　　　　　(E) 仲裁 (391)
　　　［3］ 争議行為の法的位置づけ (392)
　　　　　(1) コモン・ロー上の契約違反の法理 (392)
　　　　　　(A) 怠業 (go-slow) (392)
　　　　　　(B) 遵法闘争 (work-to-rule) (393)
　　　　　　(C) 時間外労働拒否闘争 (overtime ban) (393)
　　　　　　(D) ブラッキング (blacking) (393)

　　　　(E)　予告なきストライキ（393）

　　　　(F)　予告を伴うストライキ（393）

　(2)　コモン・ロー上の不法行為の法理（394）

　　　　(A)　契約違反の誘致行為（394）

　　　　(B)　契約の履行不能をもたらす行為（394）

　　　　(C)　脅迫（intimidation）（395）

　　　　(D)　共謀（conspiracy）（395）

　　　　(E)　違法な手段による営業妨害(interference with trade or business)（395）

　(3)　1992年法上の免責（396）

　(4)　「労働争議」（397）

　(5)　「企図または推進」（398）

　(6)　二次的争議行為（secondary action）の規制（399）

　(7)　組合員資格または組合承認を押しつける圧力行為（399）

　(8)　非公認争議行為参加者の解雇に反対する争議行為（401）

　(9)　争議行為のための投票（401）

　(10)　使用者の救済（403）

　(11)　争議行為と不公正解雇（405）

　　　　(A)　非公認争議行為と不公正解雇（405）

　　　　(B)　非公認争議行為以外の争議行為と不公正解雇（405）

　　　　(C)　保護される争議行為（406）

　(12)　組合員の争議投票の権利（407）

　(13)　第三者に対する救済（408）

　(14)　ピケッティング（408）

　　　　(A)　不法行為責任の免責（408）

　　　　(B)　契約違反誘致（409）

　　　　(C)　ピケッティングに関する行為準則（409）

　　　　(D)　使用者の救済（409）

事項索引

第1章　労働立法の歴史

序　説

　本章では，イギリスの労働立法の歴史を概観する。イギリスの労働立法史の前半部分（第3節まで）は，世界の労働法の歴史を代表するものとして重要であるとともに，労使関係が身分から契約へと発展し雇用契約法理が形成された経緯およびイギリスの労使関係の特徴といわれるボランタリズムの背景を知るために重要である。また，後半部分（第4節から）は近・現代のイギリスの経済政策と労働法の変遷との結びつき，イギリスの欧州共同体加盟がイギリス労働法に与えてきた影響などを知る上でも重要性を有している。これらの歴史は，現在の労働法制を理解する上で，不可欠の基礎知識を与えてくれるものと思われる。

　まず，「第1節　1349年以降」では，刑罰の制裁を伴う移動禁止・就労強制，賃金条項などを定める雇用関係規制立法を概観する。最初期立法は農業労働力の確保を目的とするものであるが，時代と共に立法は商工業労働者の交渉力規制へと重点を移していった。それは，労働組合の台頭をも意味するところであり，事実，団結禁止法の出現と密接な関係を有する。労働組合に対する弾圧と裏腹に労働者に対する最低の保護を与える工場法が制定されたことなどを概観する。

　次に，「第2節　1867年以降」では，労働組合の勢力伸張と関連して，団結禁止法が廃止され，主従法も改正されて，労働者の雇用契約違反に対する制裁は刑事から民事に移行していった。使用者は争議行為に対する民事責任の追及や組合の政治活動資金に対する攻撃を加えた。これらの問題に対処する立法的

措置がなされ，組合が独立した社会の構成団体としての承認を得たことについて概観する。

「第3節　1946年以降」では，Otto Kahn Freundがコレクティブ・レッセフェールと称した第2次大戦後の労働政策の特徴とその変化の兆しを中心に概観する。「第4節　1971年以降」では，保守党政府がアメリカの全国労働関係法をモデルとして導入した労使関係法の失敗と1979年に政権に返り咲いた保守党政府（サッチャーおよびメージャー首相）の労働市場政策とその国内労働立法への反映および欧州共同体の労働社会政策との対立を概観する。

そして，最後に，「第5節　1997年以降」では，第三の道を標語として登場したブレア労働党政権のもとで，労働立法がどのような方向に向かいつつあるのかについて概観する。

第1節　1349年以降

［1］　労働者規制法

イギリス労働法の歴史を語る場合，国王エドワード3世の時代に制定された「労働者勅令（Ordinance of Labourers）」（1349年）およびそれに続く1351年以降議会を通過し1359年までに逐年交付実施された法律，すなわち「労働者規制法（Statutes of Labourers）」から始めるのが適当と思われる。それは，これらの法律が契約を雇用関係の基礎として認知したことを示しているとみることができるからである[1]。

「労働者規制法」の概要は次のようなものであった。すなわち，(i)60歳以下で他に生計の手段を持たない労働能力のある男女は就労請求者の要求により1346〜47年（またはその5，6年前）に制定された賃率で就労しなければならないこと，(ii)領主は自己の保有農民に対して優先的請求権を有すること，(iii)日雇いは禁止され，年期雇用が強制され，就労場所が限定されること，(iv)一定の農業労働者の契約満了前の労務放棄は投獄をもって強制されること，(v)慣習的賃金より高い賃金の支払・受領は禁止され，違反者は超過額の倍額の罰金を科せられること。

ところで，労働者規制法が制定された時期は，フランスとの間で，いわゆる百年戦争が勃発して 10 余年が経過し，戦費のための課税負担が増大し農民の労働力が衰弱しつつあった。しかも，1349 年といえば，前年 8 月に始まり 2 年以上も猛烈に流行したペスト（黒死病）の最中にあり，農業労働者の労働力，賃労働者の労働力の不足が特に深刻となりつつある時期であった。この時期までは，イギリスの人口は増大し，農村の過剰人口の一部は領主の領地から逃れて都市の自由民になっていった。労働者規制法は，急激な農業労働力不足の状況の下で，隷農の移動を禁止するとともに，賃労働者を安価に確保するために賃金を固定化しようとする目的を有していたといわれる[2]。

[2]　職人規制法

　イギリスの労働法制史上，次に重大な労働立法は，エリザベス 1 世の時代の 1563 年に制定された「職人規制法（Statute of Artificers and Apprentices）」である。これは，上の労働者規制法を起点とする在来の労働立法を集大成する絶対王政下の「唯一のもっとも包括的な産業規制法」であったとされる。すなわち，この法律は，工業，商業，農業の全ての産業を体系的に関連させる統一的立法であった[3]。

　同法は，徒弟条項，移動禁止・強制就労条項，賃金条項等をその内容としている。まず，強制就労条項は，(i) 3 年以上特定職種の手工業に従事し，またはその訓練を受けた者で，一定の価値ある土地・動産を有しない 30 歳以下の未婚の職人が農業を営まない場合には，その従来の職種の営業主の請求により就労を強制されること，(ii)その職種に従事する手工業労働者の雇用は最低 1 年とすること，(iii) 12 歳から 60 歳までの他に生計の手段を持たない労働能力のある者で，かつ一定の価値ある土地・動産を有しない者は，年期で農業労働を強制されること，(iv)農業の収穫期には，治安判事の判断で，刈入れ，搬入等の労働に適するすべての職人その他の労働能力のある者を日雇いで強制就労させ得ること，(v)合法的な契約解除後の他地域移動に際しては，出立地からの身分証明

---

(1) 石田眞『近代雇用契約法の形成』（日本評論社，1994 年）26 頁。
(2) 武居良昭『イギリス封建制の解体過程』（未来社，1964 年）159 頁。
(3) 田中豊治『イギリス絶対王政期の産業構造』（岩波書店，1968 年）13 頁。

書を必要とし，これに反する者は一定期間投獄の後，浮浪者とみなし鞭打ちされること，(vi)雇用期間内に労働者が労務を離脱し，あるいは雇主が解雇するためには治安判事の許可を必要とし，また，契約期間満了時の契約解除の場合にも3カ月の事前の予告が必要とされること，(vii)上の義務に違反する雇主は40シリングの罰金，労働者は収監・雇用復帰または解雇・投獄をもって処断されること，等が定められている[4]。

次に賃金条項は，治安判事等にその年ごとに各職種の労働者の賃金を裁定する権利を与え，その裁定賃金額を上回る賃金を支払う雇主およびその賃金を得る労働者を投獄する権限を与えた。また，徒弟条項は，全産業のすべての職人につき最低7年の徒弟修業を強制し，徒弟となる資格および徒弟を採用する資格たる親方資格を細かく定めた。特に貿易商人や毛織の商人・製造者等に関する徒弟資格は都市の営業者の子弟に優先的に認め，農村では一定規模以上の土地所有者の子弟に限って認めた[5]。

以上のような内容を定める職人規制法の目的は，輸出貿易商人および輸出産業たる毛織物産業の組織者を頂点とし，農業従事者を底辺とした序列化された職業的身分固定化および農村の都市への従属化にあったといわれる。都市に必要とされる労働者を都市に確保させ，浮浪ないし失業者を農村に押し込めて農業労働力を確保するというかたちで「全国民必労の労働体制」を設定しようとしたものである[6]。こうした目的は，絶対王政の経済政策としての重商主義の推進と結び付けることができよう。しかし，職人規制法の目的は，むしろ絶対王政による危機的な封建的土地所有の防衛にあったと捉える見解がある[7]。

［3］ 主 従 法 (Master and Servant Acts)

職人規制法に続く労働立法は，18世紀中葉から19世紀後半までに制定・施行された主従法である。その最初のものが1720年の法律である。これは，仕立て職人の雇用期間中ないし仕事完成前の労務放棄および法定または裁定賃金

---

(4) 田中・前掲書22～25頁，石田・前掲書27および28頁。
(5) 田中・前掲書15～21頁および51～53頁。
(6) 同書24頁。
(7) 石田・前掲書28～29頁。

によって就労することの拒否には，治安判事が理由ありとしない限り，有罪として2ヵ月以下の懲治監での重労働が科されるとするものである。その後の主従法は，雇用関係のない者への就労強制条項は含まないが，雇用関係にある労働者が契約期間満了前に労務放棄その他の非行を行う場合，または仕事完成前に他の雇主に雇用されることにより履行を怠る場合，懲治監での重労働などの刑事罰を科することを主な内容とするものであった。反対に，労働者規制法と職人規制法にみられた雇主の解雇規制は法定されなかった(8)。

しかし，19世紀後半に入ると，こうした主従法も当時，経済闘争から政治闘争へと方向転換を行い，合法的で強固な地位を築こうとしつつあった労働組合の立法闘争の対象となり，従来の主従法を大幅に修正する法律（1867年主従法）が成立せしめられた。この法律は，雇用契約違反に対する救済を労使平等にしたが，金銭的補償その他の救済が不適当と思われる場合には治安判事が違反者を3ヵ月以下の自由刑に処することを認めた。そして，主従法の完全な廃止は，後述する1875年共謀罪・財産保護法の成立を待たなければならなかった。

[4] 雇傭契約法の形成

18世紀中葉の初期の主従法においては，雇用契約といっても，請負契約などの労務契約のほとんどすべてを含む概念として使用されていた。主従法が工場制の下での「従属労働」を対象とする雇用契約を規制対象とするようになるのは，1823年法に至ってからであるといわれる(9)。しかし，雇用契約の内容のほとんどが上記のような制定法によって規制されている間は，契約法理とし

----

(8)　石田・前掲書32〜45頁。

＊本書では，contract of service を雇傭契約，contract of employment を雇用契約と訳し分ける場合がある。これは，現行の多くの制定法において contract of employment を contract of service と contract of apprenticeship（徒弟契約）を含むものと定義していることに合わせるためである。筆者は，従来，この定義に対応するため，contract of service を雇用契約，contract of employment を労働契約と訳し分けていたが，近時，イギリスの制定法上重要性を増してきた「労働者（worker）」の概念と労働契約との関係が曖昧になるように思われるし，また，わが国における雇用契約と労働契約の区別と混同されるおそれがあると考えた。

(9)　石田・前掲書67〜106頁。

てのコモン・ロー上の雇用契約法理が判例上発展するわけがない。したがって，同法理の発展は，主に，1823年法の適用を除外された家事奉公人と事務員に関して発展していったといわれる[10]。

しかし，コモン・ロー裁判所が全く独自の法理を創造した訳ではない。むしろ，その法理の形成自体が，それまでに存した制定法に影響を受けたのはいうまでもない。とりわけ，雇用契約の期間についてはそうである。それは，救貧法の立法に属する1651年定住法（Act of Settlement）に強い影響を受けている。同法は，一定の教区に救貧救済を受ける定住権（settlement）を得るためには1年の雇用を必要とするというものであり，1700年代の判例の中には，期間の不定な雇用は1年の雇用と推定されるとする法理を見出すことができる。おそらく，この年雇の推定自体は，前記職人規制法の年雇の規定の影響を受けているものと思われる。しかし，定住法における年間雇用の推定は，少なくとも1800年代のはじめには，農業労働者ばかりでなく家事奉公人その他の労働者にも適用されていた。そのころには，すでに農業地帯の教区と工業地帯の教区の間における救貧法救済責任の争いが生じていたからだといわれている[11]。したがって，コモン・ロー裁判所も1824年のHuttman v. Boulnois事件で，「期間不定の雇用は，1年の雇用であるという法理は，農業労働者のみにその適用が限定される訳ではなく，家事その他の労働者にも適用される。」と述べたのである。しかし，こうした年雇の推定法理は，19世紀の急速な工業化に伴い，その妥当性が急激に奪われていった。すでに，1844年のBaxten v. Nurse事件では，判事Cresswellは「不特定期間雇用は1年の雇用だと判示されてきたが，もし他の諸事実，例えば，賃金週払いの事実が示されれば，年間雇用の推定は破られ得るのである」と述べるに至っている。その後，19世紀後半になると，職業別の慣行的予告期間を考慮する判例が増加してくる。1882年のBuckingham v. Surrey & Hamts Canel Co.事件で，判事Groveは「（年雇推定の）原則は，その雇用の取決めが一方の当事者の予告により終了できるという明示条項又は慣行により黙示的に定まる条項が存する事案には適用されない」と述べている。ここで注目すべきは，短期の予告慣行の形成が景気変動へ

---

[10] 同書149頁。
[11] 同書154頁。

の対応というもっぱら使用者の利益にのみによるのではなく，労働組合の利益にもかなう側面があったということである。すなわち，主従法が労働者の雇用契約違反を刑事上の犯罪として使用者又はジェントルマンからなる治安判事により，証拠提出権も否定されたままの即決判決に服せしめたため，この法制の存続期間に，労働組合がストライキに対する刑事責任を回避する目的で，予告期間を短くするための努力をしたといわれる。そして，19世紀の末までには，たとえ慣行的予告期間がなくとも合理的と思われる予告期間を置くことにより雇用契約を一方的に終了させることができるとの法理が形成されるのである(12)。

[5] 団結禁止法

さて，すでにみた労働者規制法，職人規制法および主従法は，いずれも労働者（もっとも，少なくとも前二法の場合，現代的意味での雇用契約上の労働者と同一ではない。本文前掲[4]参照。）の賃金を規制する目的を有しており，それ故にまた労働者が労働条件の改善のために団結することを阻止する効果を有するものである。しかし，これに加えて，1360年以降，刑罰をもって労働条件変更のための団結を禁止する法律が数多く制定された。しかし，これらは特定の業種における団結の禁止にとどまっていた。こうした団結禁止法は，殊に，職人規制法による賃金に対する国家規制が死文と化したとされる18世紀の半ばころになると益々その数を増したといわれる。例えば，前記の1720年の主従法は，明示的な団結禁止条項を有しており，団結禁止法のひとつにも分類されるといわれる(13)。そして，労働組合の結成が顕著に増加するに伴い団結禁止は次第に包括的なものとなり，ついに1799年に一般的なかたちの「団結禁止法（Conbination Act）」が制定され，その後1800年の法律で若干の修正を加えられた(14)。これとの関連で，言及しておかなければならないのは，現代的な意味での労働組合（雇い主に対する賃金労働者の永続的で自主独立の団結体）がいつ出現したのかという点である。ウェッブの研究によれば，17世紀の後半に

---

(12) 小宮文人『英米解雇法制の研究』（1992年，信山社）89～83頁。

(13) 石田・前掲書40頁。

(14) 片岡昇『英国労働法理論史』（有斐閣，1956年）65～83頁。

は，秘密に恒常的な存在を維持していた。それ以前の職人の団体は，現代的な労働組合とは似て非なるクラフト・ギルド（親方職人を中心とする同業組合）であったとされる[15]。ところで，1800年法は，きわめて徹底したものであって，使用者の雇用や営業に介入する目的のある契約と団結，ストライキやその誘導・実行補助手段，ストライキに関する援助金の禁止，およびこれらの目的のために集められた金員の没収等を規定していた。こうした抑圧の中で，一部の労働者は生死すれすれの賃金を維持しようとしてしばしば暴徒と化した（例えば，機械を破壊して回るラダイト騒動（Luddite）など）。また，労働者の階級闘争意識の高まりをみたのである。

[6] 工 場 法

以上のような労働者の団結の禁止は，労働者の賃上げの手段を奪う結果をもたらした。賃金は益々引き下げられ，成年男子労働者に対する婦人年少者の代用が広まってきた。こうした労働者の悲惨な状態のなかで，工場主ロバート・オーエンの実験的労務管理に基づいて行った提案を源として，年少労働者の労働時間・就業規制を内容とする一連の工場法（Factory Acts）が制定された。これらの工場法の制定は，人道主義的観点からなされたといわれるが，ある意味では，団結禁止法などの抑圧的法律と対をなす労働運動対応手段としての意味をもっていたことは疑いない。1819年，25年，29年と一連の工場法（「連合王国の工場の児童，年少者の労働を規制する法律」）が制定され，1833年に一般的なかたちの工場法が完成するに至ったのである。もっとも，イギリスの最初の工場法は，1802年の工場法であるとされるが，同法は，教区徒弟の悪疫からの保護を中心的な目的とする多分に救貧法的性格を残していたのに対し，それ以降の工場法は，経済的自由放任を前提とした上での工場労働者の労働条件規制という性格を持つに至ったのである[16]。工場法は，1833年以降も，頻繁に制定・改正され，1961年の工場法に至っているが，現在は，1974年の職場安全衛生法が基本的な法律となっている。このことから明らかなように，イギリ

---

[15] 荒畑寒村監訳『ウェッブ・労働組合運動の歴史上巻』（日本労働協会，1975年）26頁。
[16] 戸塚秀夫『イギリス工場法成立史』（未来社，1966年）24〜29頁。

スの工場法の特徴は，その規制の趣旨が工場・職場における安全・衛生の確保にあるのであって，わが国の労働基準法のように公正な労働契約の基準の設定ではないということである。また，その規制の対象が，主に婦人・年少者に限定されて来たことである。もっとも，それらの規制の多くは，すでに廃止されている。しかし，最近では，安全・衛生に関しての欧州連合の労働法制に基づく法令の発展が著しくなっており，例えば，1998 年には成人男子をも含む労働者一般の労働時間規制が導入された。その詳細は後に譲り，ここでは，とりあえず，1833 年の工場法の主な規定を記しておこう。それは，9 歳未満の幼児労働を禁止し，13 歳未満の児童労働時間を 1 日 9 時間・週 48 時間に制限し，18 歳未満の労働時間を 1 日 12 時間，週 69 時間に制限し，午後 8 時半から午前 5 時半までの夜業の禁止し，4 名の工場監督官の設置を定めていた。

第 2 節　1824 年以降

[１]　団結禁止法の廃止

　団結禁止法は，以外にも，ロンドンのテイラーであったフランシス・プレースと急進主義的国会議員ジョセフ・ヒュームの個人的信念と努力によって 1824 年にあっけなく廃止されてしまった。彼らは，労働組合は団結に対する弾圧の反動として生まれたものであるから，労働組合運動は団結の自由が認められればまもなく消滅するであろうと主張した。しかし，現実には，おりからの好況とあいまって，いたるところでストライキが起こり，政府は団結禁止法の再制定に着手したが，結局，プレースとヒュームの策術と勢いづいた労働者たちの声に押されて妥協せざるを得なかった。このため，1825 年に再制定された法律は，一方で賃金および労働時間の変更を目的とする労働者の団結を規制の対象から外すとともに，他方で暴行，脅迫，威嚇，妨害を含む広範な行為を犯罪として禁止するものとなった。

　こうした状況の下で，労働者の刑罰による迫害は続いたが，にもかかわらず労働組合の大同団結が進行した。ロバート・オーエンによる全国労働組合大連合の試みは失敗したが，「労働貴族」を形成した熟練労働者の協会が作り出し

た「共済手当制度」が全国労働組合を発展させる基盤となった。しかも，こうして発展した全国労働組合は，執行部がストライキおよびスト手当を強力に統制する中央集権的な管理システムをとったのである。組合内部の統制の集中は，組合間の協同行動を促進し，1868年には労働組合会議（TUC）が結成されることになった。このような組合の動きに脅威を感じた使用者側は，1867年，労働者住宅での火薬缶の爆発に端を発したシェフィールド暴行事件で，刑法により労働組合を抑制するために，王立調査委員会を利用しようとした。しかし，当時の労働組合の有給役員で組織する小集団「ジャンタ」の活躍で組合側は，有能な著述家や法律家の援助を得た結果，調査報告は，労働組合の地位を改悪させる勧告を含まないものとなった。また，ジャンタと提携して行動した地方の指導者等の活躍により，ストライキに参加した労働者に刑罰を科す道具として従来から団結禁止法と同様に使用されてきた主従法の改正がもたらされたのも1867年のことであった。この改正により，従来の主従法に定められていた不平等性と不当性が相当改善された。すなわち，使用者に訴えられた労働者も自己のために証言できることになり，単純な雇用契約違反の制裁は刑事から民事に移され，手続の開始も逮捕令状から召喚令状に変更されたのである[17]。

[２] 1871年労働組合法（Trade Union Act 1871）

こうした状況のもとでも，ストライキに伴う暴行，脅迫，威嚇，妨害などの広範な行為が刑罰の対象となっており，実際に，穏やかにストライキの通告をしたり，通告のプラカードを掲げたり，団結してピケットすることだけで，脅迫や妨害に当たるとの判決が下されていた[18]。労働組合は，1859年には，賃金率決定のための協定をなし，協定賃金率，労働時間の変更のために平穏かつ合理的方法で，かつ「強迫（threat or intimidation）することなく」他人に対して労働の中止を説得するにとどまる場合には，脅迫妨害の罪に服せしめられないとする労働者妨害法（Molestation of Workmen Act 1859）を獲得していたが，1871年には，使用者などの要求により1959年法以前への逆行する刑法修

---

[17] 石田・前掲書210〜33頁。
[18] 荒畑寒村監訳『ウェッブ・労働組合運動の歴史上・下巻』（日本労働協会，1975年）313〜6頁。

正法が成立せしめられた。しかし，他方，同年には，労働組合が，単にその目的が取引の制限にあるとの理由で違法とみなされることはないこと，組合内部規則は契約としての強制力を有しないこと，および，税法その他の利益のため友愛協会登録官に登録することができることなどを定める労働組合法が成立している。同法の結果，労働組合の基金は法律上の保護を受けられることになり，組合内部問題については，法律上の規制を受けなくなった。しかし何よりも，重要なのは，1871年労働組合法は団結により取引の自由，すなわち，労働の自由を制限することを正面から認めたことである[19]。

[3] 1875年不法共謀・財産保護法
　　（Conspiracy and Protection of Property Act 1875）

　1871年修正刑法（Criminal Law Amendment Act 1871）は，違法な手段により合法的行動を行う団結も共謀として罰せられるとしており，合法的行動に用いられた手段が使用者を威圧するように計画されたものである場合には違法な手段であるとされた。このため，1872年には，労働の一斉停止を準備したかどでロンドンのガス給炭夫たちの12ヵ月の投獄判決が下されるという事件を契機として，労働組合による激しい刑法修正撤廃運動が起こった。そして，1867年には都市労働者の大部分を有権者とする第二次選挙法改正が行われていたこともあり，1874年の総選挙では，当時政権にあった自由党が敗れ，保守党が政権に就いた。この総選挙に際しては，新たに設置されたTUCの議会委員会が中心となり，組合の主導者らが労働者に対し1871年修正刑法廃止を公約した多くの保守党候補者に投票するよう執拗に呼びかけたのである。その結果，1875年に不法共謀・財産保護法（Conspiracy and Protection of Property Act 1875）が制定され，1871年刑法修正法のみならず，1867年主従法および残存していた団結禁止法の諸規定がすべて廃止されることになったのである。1875年法は，個人が単独で行っても犯罪とならない行為は，労働争議を企図・促進する目的で複数の者が行っても犯罪とならないという原則を確立した。また，同法は，平和的ピケッティングを合法化した。なお，翌年には，1876

---

[19]　片岡昇『英国労働法理論史』（有斐閣，1956年）152〜178頁。

年労働組合修正法が成立し，1871年労働組合法の組合の内部組織に関する技術的な欠陥や不備な点が補完された。このような刑法の中立化，1871年労働組合法による組合の合法化が図られたことにより，未熟練労働者の組合組織化が進行するようになり，19世紀後半には，ガス，港湾，鉄道，農業労働者等の組合が出現したのである。のみならず，このように熟練労働者を一産業でのみ組織化する産業別組合とともに未熟練者を産業を越えて横断的に組織する一般労働組合も成長してくることになる[20]。

[4] 1906年労働争議法（Trade Disputes Act 1906）

1901年，鉄道会社が不法行為を理由にストライキによって被った損害に関し，その賠償を個々の組合員ではなく，組合自体に求めた事件で，裁判所は，1871年法に基づき登録された組合は法人と同様その登録名で訴えられ，それ以外の組合も団体として賠償責任を負い，執行委員または受託者の名前で訴えられ，損害賠償は組合財産から回復されるとの判決を下した（タフヴェール判決）。この事件は，不法共謀・財産保護法により刑法上の共謀の概念を利用できなくなった使用者が今度は民事責任の追及のために共謀の概念を持ち出して組合攻撃をし，裁判所がこれを認めたものである。タフヴェール判決により争議行為による組合の財産的崩壊を恐れた労働組合は，同判決を否定する立法に向けて全勢力を費やす動きにでたのである。実は，この当時，前述の第二次選挙法改正のもとで，1874年の選挙で労働議員選出連盟が2名の候補者を当選させていたが，1900年には労働組合と社会主義政治団体が労働者代表委員会を設立し，1906年のはじめに行われた総選挙では，同委員会所属の29名が上位当選し，その後名称も労働党となった。タフヴェール判決は，1902年から1903年までに，労働党加盟組合数を一挙に倍にしたといわれる[21]。こうして，労働者は労働運動擁護のために行使できる選挙力により，1906年の労働争議法を勝ち取った。同法は，争議行為が民事上合法であること，不法行為に関し労働組合は民事上免責されること，情報提供・平和的説得にとどまるピケッティング，争議に付随する雇傭契約破棄の勧誘行為は自由であることなどを定め

---

[20] C. Barrow, Industrial Relations Law (2nd ed.), (Cavendish, 2002) p. 10.
[21] ウェッブ・前提書703頁。

た。そして、特筆すべきことに、1906年労働争議法によって確立された組合の争議行為の民事免責は、1971年に労使関係法が制定されるまで大きな修正を受けず存続してきたのである(22)。

[5] 1913年労働組合法 (Trade Union Act 1913)

1906年法の結果、労働党は益々その勢力を伸ばし、選挙活動の拡大を企図していた。このための資金は、ほとんど組合によりまかなわれていた。ところが、1908年に、1人の合同鉄道従業員組合の組合員が、労働党ないし議員維持のために組合員に拠出を義務づけ、政治的目的のために組合の基金を費やすことは、認められないとの訴えを提起し、貴族院（わが国の最高裁に相当する）がこれを認容する事件がおこった（オスボーン判決）。判決は、国会議員に対する俸給および選挙費の支給などの政治活動は、1876年法に定められている労働組合の目的に該当しないので、組合規約、組合員全体の合意を根拠としても、適法とすることはできないとするものである。しかし、このことは、労働党以外の政党の多くの議員が会社等の法人から俸給などを受けることが慣行となっていたことと明らかに矛盾していた。そして、問題は結局、1913年の労働組合法の制定により解決がはかられたのである。同法は、労働組合の政治活動は次の条件を満たす限り適法であるとした。すなわち、組合員の平等、機会均等、秘密投票による多数決に基づいて政治活動を組合の目的とし、これに関する登録官の認可を受けることである。そして、認可の要件として、政治活動のための独立の基金を設け、基金への拠出を拒絶する権利を組合員に与え、拠出拒絶を理由とする差別的取扱いや拠出を組合加入要件としないことを定めた。

[6] 1918年産業委員会法 (Trade Board Act 1918)

以上のように労働組合は、社会における独立的構成団体としての承認を勝ち取ったのであるが、第一次世界大戦中は、戦争終結時に戦前の労働組合の諸条件を回復するとの条件のもとで、組合は戦争の遂行に協力した。実際、多くの組合は、1915年、1916年、1917年の軍需品条例を支持し、生産に対する制限

---

(22) ただし、後にみるように、1927年労働争議・労働組合法（保護の規制。ただし、1946年に廃止）および1965労働争議法（保護の拡大）による若干の修正を受けた。

的職場慣行の停止や争議の強制仲裁などに同意した。また同時に，戦時下における労働力不足のため労働組合の交渉上の地位は著しく改善された。しかし，他方で，労働者委員会（workers' committee），ショップ・スチュワード委員会，工場自警団委員会（vigilance committee）などの非公認の機関ないし指導者による非公認ストライキが頻発した。これらの運動には戦前からあったサンディカリズムのいわゆる「労働者管理」の影響がみられた[23]。こうした状況の下で，1917年に政府は労使関係に関する「ホイットレー委員会」を設置し，報告書にあった全国，地区，および事業所レベルの労使合同委員会設置の提案は，労使から好意的にうけとめられた。また，ホイットレー委員会の報告は，1918年産業委員会（改正）法の成立を促した。1909年には産業委員会法が賃金の特に低い産業部門の賃金審議を目的とした三者構成の委員会を設けていたが，1918年法はその権限を拡大し，交渉機構の未発達な部門の賃金，労働時間その他の労働条件の決定権限を与えることとなった。

第3節　1946年以降

［1］　1946年労働争議・労働組合法
　　　　（Trade Disputes and Trade Unions Act 1946）

　第一次大戦は，1918年に終結するが，労働組合の諸条件回復の約束は，不完全にしか実行されなかった。また，1920年には不況が訪れ，1921年には150万もの失業者がでた。こうした中で，1922年の総選挙で労働党は第二党となり，1923年の総選挙の翌年，第三党の自由党の支持を受けて第一次労働党内閣が成立するに至ったが，政権は7カ月と短命だった。政権に戻った保守党は，金本位制への復帰を宣言し，当時輸出市場に依存していた炭鉱産業の賃金引下げ・労働時間延長の動きをもたらした。炭鉱労働者たちは，労働組合会議の支持を求め，同会議が他組合に指示を呼びかけ，ゼネラル・ストライキが敢

---

[23]　西岡孝夫訳『A・フランダース・労働組合論』（未来社，1974年）28頁。

[24]　P. Davis & M. Freedland, Labour Legislation and Public Policy, p. 88 (Claredon Press, 1993).

行された⁽²⁴⁾。1926年の労働損失日数は，1億6,200万日を超えたといわれるが，その大半はゼネスト自体ではなく，100万人を超える炭鉱労働者に対するロック・アウトによるものであったとされる⁽²⁵⁾。しかし，ゼネストは，使用者や政府（第二次ボールドウィン保守党政府）による国民の政治的危機感の醸成と穏健派切り崩しにあって失敗し，反対に，ゼネストを非合法とし，同情ストを違法とする1927年労働争議・労働組合法が制定された。しかし，同法は，第二次大戦後，アトリー労働党政府のもとで制定された1946年労働争議・労働組合法により廃止されるに至った。

　他方，1930年代後半には，前記のホイットレー委員会の提案に基づいて，団体交渉機構の不十分だった産業に設立された労使合同委員会の多くが全国的賃率設定を行わなくなり，その数も減少した。しかし，1939年から1945年までの第二次世界大戦の間に状況は一変した。政府（チャーチルの挙国一致内閣）は，1940年に雇用条件・全国仲裁令（Conditions of Employment and National Arbitration Order 1940）を発して，強制仲裁による全国協約の強制適用を実施したからである。同命令は労働大臣が全国仲裁審判所（National Arbitration Tribunal）に付託することによって労働争議を解決するという措置をとることを条件としてストライキを禁止した。そして，同審判所の裁定は関係被用者の雇用契約の黙示条項になるという意味で労使を拘束した。雇用条件全国仲裁令は，ストライキ以外の争議行為を禁止せず，ストライキを行うことのみが違法とされ（ストライキを組織することは，一般原則に従いコモン・ロー上の不法行為となる），それに対する制裁は刑事罰である，という点に特徴があった⁽²⁶⁾。同命令は，労働組合会議の戦時体制下の臨時的措置であるとの了解のもとに維持されたのであったが，同命令には，組合を承認しない使用者を審判所に出頭させ強制可能な裁定が得られるというメリットがあった。このため，同命令は，戦争終結後の1951年まで維持され，ストライキ規制を外したかたちで1591年労働争議令（Industrial Disputes Order 1951）に継承された。なお，1918年産業委員会法の最低賃金などを決める仕組みは，戦争終結後，1945年の賃金審議会法（Wages Councils Act 1945）がこれを引き継ぐとともに，その適用範囲を

⑵⁵　E. Wigham, Strikes and the Government 1893-1974, p. 66 (Macmillan, 1975).

⑵⁶　Davis & Freedland, op. cit., p. 89.

賃金，労働時間のみならず有給休暇にまで及ぼし，三者構成の賃金審議会がカバーする労働者の数も350万人にも及ぶことになった。だが，この賃金審議会も1993年には農業部門を除き全廃されることになった[27]。

[2] 1948年以降の所得政策

1948年から79年までは，労働，保守の両党が賃金インフレーションを抑えるためにとった所得政策が団体交渉および労使関係に大きな影響を及ぼした時期である。まず，1948年から50年まで労働党政府が低賃金，生産性向上，既得賃金差の維持を例外とするゼロ基準所得政策を導入した。そして，1956年から57年までは，保守党政府が自主的賃金抑制政策を促進した。1961年から62年までは，公共部門および賃金審議会を通してのゼロ基準達成政策，その後，2〜2.5％，そして3〜3.5％の賃上げガイドラインを設定した。労働党政府は，1964年から70年までの間により直接的な賃金抑制政策を行った。特に，1966年には，物価・所得法による賃金凍結を試みた。また，保守党政府も1970年から74年まで法律により賃金凍結を実施しようとした。この反動から，1974年から79年までの労働党政府は，労働組合会議との間に社会契約(Social Contract)を結び，これに基づいて，労働組合会議が自主的な賃金抑制を指導するように約束せしめた。この社会契約によって，反対に，政府は労働組合会議に物価・住居費と改善，社会福祉や雇用条件の改善，産業民主化，所得再分配などの立法的措置を講ずることを約束した。しかし，このような所得・賃金抑制政策は，1979年の保守党サッチャー政権の誕生により終結することになった。サッチャーは，所得政策とそれに基づく労働協約への直接介入を止め，労働法の改正による組合の「独占力」を切り崩す経済政策に乗り出した[28]。

[3] ボランタリズム

次節の1960年以降の労働政策・労働立法の動きについて記述する前に，ここで，イギリスの労働政策の特徴として，繰り返し指摘されてきたcollective

---

[27] S. Deakin & G. S. Morris, Labour Law (4th ed.), p. 283 (Hart Publishing, 2005).
[28] Deakin & Morris, op. cit., 29-31.

第 3 節　1946 年以降

laissez-faire＝集団的自由放任主義（以下，ボランタリズムと記する）の概念について触れていきたい。この概念は，今まで述べてきたような 1950 年代までのイギリスの労使関係と法の関係に関する故 Otto Kahn-Freund 教授の分析を基礎としている[29]。Kahn-Freund 教授によれば，「世界の主要国家の中で，イギリスほど，労使関係の形成において法が重要な役割を演じていない国はない。今日，イギリスでは，他国に比して，法と法律家は労使関係に関与する度が低い。イギリスの労使関係は，主に，労使自治の形をとって発展してきた。この自治の観念は，基本的なものであり，立法および行政慣行に反映されてきた。それは，労使が自らの行為準則を形成し，その自治の範囲内でその準則を施行する機構を創り，書面の約束も合意も権利も義務も，一般的にいえば，法的な性格を有しないのである。」[30]

この Kahn-Freund の意味するイギリス労働政策・労働立法のボランタリズムをその後継者と目される Paul Davis および Mark Freedland 両氏の解釈により辿ってみると，それは，単に法的規制が存在しなかったというだけにとどまらず，個人間の平等の概念に支えられたコモン・ローの集団的労使関係への介入（例えば，タフヴェール判決参照）を労働立法（例えば，1906 年労働争議法参照）によって規制するという意味での負の法的規制が存したということである。すなわち，「多くのイギリス労使関係法の歴史的な動因は，裁判所がコモン・ローの原則として宣言したものと議会が良好な社会政策の原則として宣言したものとの衝突，実際には 2 つの政策の衝突なのである。」[31] しかし，立法は，それを超えて，積極的には団体交渉制度に介入しなかった。これに関し，1950 年代までの立法について，Paul Davis および Mark Freedland 両氏は，次の点を指摘している。(i)最低賃金などを決める仕組みを定める法は，団体交渉機構の整備された産業分野の既存の慣行を追認したものに過ぎず，北米などのような特別な団体交渉制度の法律ではない。(ii)ヨーロッパにおけるような法的な労

---

[29] O. Kahn-Freund, 'Legal Framework', in A. Flanders and H. Clegg (ed.), The System of Industrial Relations in Great Britain, ch.2 (Oxford, 1954).

[30] Ibid., p. 44.

[31] P. Davis & M. Freedland, Kahn-Freund's Labour and the Law (3rd ed.) p. 12 (Steven, 1983).

働者代表制も導入されなかった。(iii)被用者の団結の自由も法定されていなかった。(iv)労働協約は法的強制力を与えられず，したがって平和義務もなかった。(v)労使紛争の実体的処理のための強制的解決手段も争議行為自体の規制も行われなかった。(vi)組合員が労働組合に公正に代表されるような法的仕組みが創られず，クローズド・ショップも法的規制に晒されなかった。(vii)労働者保護のための雇用契約の法的規制も行われず，保護は労働協約に委ねられた。

　すでに詳細に論じてきたように，組合は，はじめのうちは1799年の団結禁止法をはじめとする刑罰法規による刑事責任，その後，1906年労働争議法の成立までは民事上の不法行為責任の追及という長い試練に耐えながら強力になり，自力で使用者と団体交渉をなし得る力を得てきた。こうした労使関係のもとでは，個々の労働者は法律上きわめて限定された権利しか与えられず，労働者の保護はもっぱら使用者と組合により締結された労働協約（これは後に検討するように使用者・組合間に法的拘束力を有しないものであるが，そこに定められた労働条件は慣行的に個々の労働契約に編入される）による苦情処理手続によって処理された。このため，労働協約は，既存の協約条項の解釈適用をめぐる紛争（権利紛争）と新たなルール設定をめぐる紛争（利益紛争）を区別せず，すべての紛争は，団体交渉，当該協約の利用およびストライキやロック・アウトという争議行為で解決されることになっていたのである。事実，1960年代において，肉体労働者に関するだけでも約500の全国規模労働協約が存在し，約1800万人の労働者が全国規模団体交渉手続によって保護されていたといわれる。

第4節　1960年以降

［1］　1960年から1970年まで

　1951年からチャーチル，イーデン，マクミラン，ヒューム内閣と4代にわたった保守党政権に代わって，1964年にウィルソンが労働党内閣を発足させた。この時期には，労働法に関して，3つの注目すべき展開があった。まず，1つは，迅速な産業・技術変革に必要とされる労働力の産業間移動を促進する

第 4 節　1960 年以降

ための流動化政策が積極的に推進されたことである。もう 1 つは，1965 年の労働争議法の制定である。この法律は，貴族院が 1963 年に下したルークス判決の効果を否定し，1906 年労働争議法を回復するものである。そして，最後に，労使の利益を増進し，国の社会経済的利益を促進する目的で労使関係を考察するための王立委員会（「ドノヴァン委員会」）が設けられ，1968 年にその報告書が公表されたことである。まず，労働流動政策についていえば，保守党政権の下で，1960 年地方雇用法（地方への企業進出の促進に必要な財政援助の権限を商務省に付与し，労働者の移動促進のための移住費等の支給権限を労働省に付与する法律），1963 年地方雇用法（工場設備・機械購入に補助を与えることにより地方での雇用を促進する法律），1963 年雇用契約法（雇用契約の解約に必要な最低予告期間を法定し，その期間中の賃金を保障することにより生産方式の改善および技術導入に必要な基盤の設定に寄与する法律），1964 年産業訓練法（企業から賦課金を徴収し，その産業が必要とする職業訓練の開発にあたることを任とする産業訓練委員会を設立する法律）が制定され，労働党政権のもとで 1965 年剰員整理手当法（剰員の整理を目的とする解雇に関して労働者に一定の手当の支払いをなす義務を使用者に課する法律），1966 年選択的雇用税法（すべての使用者から一定の雇用税を徴収し，製造業の使用者に多額の払い戻しをする法律）が制定された。また，1965 年法の成立をもたらしたルークス判決について付言すると，この判決は，非組合員を解雇しなければストライキを行うというショップ・スチュワードの脅しは，契約違反をもって脅迫するものであるから不法行為を構成するとしたものである。

　ところで，1963 年雇用契約法および 1965 年剰員整理手当法の制定は，イギリスの労働政策上，重要な意味を有する。なぜなら，これらの立法は，従来，政府がとってきた，前記の集団的自由放任主義（ボランタリズム）に抵触する性質を帯有するものだからである。したがって，これらの法律をもって，ボランタリズムの見直しの兆候とみることも可能であろう。しかし，もっと重要なのは，最後のドノヴァン委員会の報告である。同委員会の報告書は，その後のイギリスの労働立法に多大の影響を与えたことで特筆に値するものである。ドノヴァン報告の内容を要約すると次のようになる。報告書は，既存の集団的自由放任主義の維持の妥当性を確認した。特に，一定の手続を踏まなければスト

ライキを行わないという平和手続義務を定める労働協約の法的強制の考えを排斥した。しかし，他方で，報告書は，公式な産業レベルの交渉手続が益々形骸化していることを指摘し，企業レベルまたは事業所レベルで行われている非公式な交渉手続を公式なものにするよう勧告した。それは，後者の職場交渉が労働組合や経営者および使用者団体のコントロールの外にあり，口頭の約束や慣行に依拠して無秩序・無責任なかたちで非公式に行われることにより，全国レベルの交渉による労働協約が実質的な規制力を失っており，他方，職場交渉が秩序ある有効な制度として発展し得ない原因は，全国レベルの交渉制度を公式なものとしていることにあるからだとした。しかし，報告書は，交渉制度への直接的な法的介入を嫌った。労使が自主的に公式な労働協約の締結の努力をすることと，一定規模以上の企業の協約を雇用・生産省に登録させ，これに関する紛争の解決のために労使関係委員会を設けることを勧告した。また，報告書は，労働審判所（labour tribunal）による不当な解雇の法的規制を勧告したのである。これは，解雇と規律処分を原因とする産業レベルの公式的な承認を経ないストライキ（山猫スト）を減少させる目的を有していた[32]。

[２]　1971 年労使関係法

しかし，この報告を受けた労働党政府は，事実認識を同報告書に依拠しながらも，集団的自由放任主義を基本的に維持しようとしたドノヴァン委員会とは反対に，積極的な介入姿勢を示した。政府の白書「闘争に代えて」は，政府に対し，交渉団体として組合を承認することに関する労使の紛争を解決するため，労使関係委員会を設立し，十分な協議を経ずになされる不当なストライキをあっせんに掛け，支持の存否が疑わしいストライキを投票に掛けることを組合に義務づける等の法的権限を政府に与えるべきことを提案した[33]。同白書は，労働党内閣がイギリス経済の近代化のためには集団的自由放任主義を維持できないとの認識を有していたことを如実に物語るものであった。1969 年，労働党政府は，本格的な労使関係法案を議会に提出するが，労働組合の反対に遭って挫折した。その結果，1970 年 6 月の総選挙で保守党に政権を奪還されてし

---

[32]　Davis & Freedland, Labour Legislation and Public Policy, pp. 255-67.

[33]　White Paper, 'In Place of Strife', Cmnd. 3888.

まった。労働党のこの弱腰に批判を強めたヒース保守党政府は，1971年，アメリカのタフト・ハートレー法に範をとった労使関係法を制定した。この法律は，不当解雇の規制を法制化した（不公正解雇制度）のみならず，次のような規定をもって，集団的労使関係への積極的介入を行った。①新たな組合登録制度の導入，②使用者に対する強制的な組合承認手続の導入，③協約の法的強行性の付与，④クローズド・ショップの禁止，⑤ストライキに関する事前投票制度と緊急的争議のクーリング・オフ期間の導入，⑥不公正労働行為（unfair industrial practices）という新たな概念の導入とその判断・救済機関としての全国労使関係裁判所の設立。なお，二次的争議行為や同情争議行為は，この不公正労働行為として規定された。

　Paul Davis および Mark Freedland 両氏によれば，この法律を制定せしめた経済的要因は，戦後の経済的低成長がインフレと失業率を上げ続けるという懸念であったといわれる。この認識は，50年代および60年代の所得政策に現れているが，70年代になって益々強まったとみることができる。この点につき，ヒース内閣は，完全雇用および福祉国家の維持とインフレ抑制と経済的な目的の達成とを調和させようとした点では，ウィルソン労働党内閣と類似性があるように見えるが，両者の目的は，次の意味において，全く反対であった。ウィルソン内閣は，基本的には計画経済のもとで労働法のボランタリズムを維持できると考えたのに対し，ヒース内閣は，自己調節的産業経済と自由労働市場の枠組みの中で法的に規制された集団的労使関係を確保しようとした。ヒースは，そうすることにより，経済競争力をもったイギリスをヨーロッパ経済共同体に加盟させる基礎を形成し（因みにイギリスは73年に共同体に加盟した），成功は成功を呼び，労使関係の法的規制は当然視され，激しい論争をもたらさないであろうと楽観視していたといわれる(34)。　ヒース内閣の企図は，1968年の保守党の政策書「職場における公正取引」に次のように表現されていた。「そうした枠組みは，経済の発展をめざした従来の試みを台無しにした圧力，すなわち，危篤状態の経済収支，完全雇用と自由な団体交渉の概念を調整することの難しさ，物価上昇の脅威とそれに伴うインフレの進行といった事情に十分抗し得るであろう。」(35)

---

(34)　Davis & Freedland, op. cit., pp. 277 and 347.

しかし，現実には，労使関係法による変革が余りにも急激であり，かつ組合の存立を脅かす性格のものであったため，組合の猛烈な反対運動を呼び起こした。労働組合会議は1971年労使関係法に基づいて組合登録した組合を同会議のメンバーから追放する方針を示し，また，全国炭鉱労働組合，全国鉄道労働組合，海員組合などが相次いで長期ストに入るなど，1972年の争議による損失労働日数は1926年以来の最高を記録した。とりわけ，1972年の秋，アーサー・スカーギル委員長の率いる炭労は，8％賃上げ回答を拒否して，「フライング・ピケット」（スト労働者集団を各ピケ隊に送って，ストの拡大または商品等のボイコットの確保を図る）[36]によりストライキを効率的に行い，この争議は翌年2月の炭労の勝利に終わった（炭鉱労働者は結局17％から24％の賃上げを得た）。こうした状況のもとで，ヒース首相は，1974年2月の総選挙で，国民に「政府か，組合か」の選択を問い，結局，退陣に追い込まれた[37]。そして，少数政府というかたちではあったが政権に返り咲いた労働党（ウィルソン首相）は，1971年法を廃止し，基本的には，それ以前の状態を回復するために1974年労働組合・労働関係法を制定した。しかし，この法律は，不公正解雇制度を残した。また，翌年には，1975年雇用保護法（Employment Protection Act）が制定され，助言斡旋仲裁局（Advisory, Conciliation, and Arbitration Service）によって行われる組合承認手続が制定された。ウィルソンは，政府は労働組合に有利な労働立法を制定するが，それと引き替えに，労働組合は，自主的に所得政策を実施するという「社会契約」を唱えた。これは，凋落しつつあるイギリス産業を立て直すためには産業政策や賃金抑制政策が不可欠であると考えたからである。そして，賃金抑制政策は成功しインフレは改善した。しかし，失業と労働者の購買力の低下により，ウィルソンは党内左派の批判を受けて辞任し，キャラハンが新たに首相の地位に就いた。しかし，当時，イギリス経済は国際通貨基金の融資を受けざるを得ない程度に弱体化していたこと，議会における労働党の多数はわずか1議席となっていたこと，スコットランドおよびウェールズの権限への権限委譲問題の処理に失敗したこと，賃金抑制政策が公共

---

[35] Fair Deal at Work (1968), at preface.
[36] M. Salamon, Industrial Relations: Theory and Practice (3rd ed.), p. 427 (Prentice Halll, 1998).

サービス部門の労働者の反対に遭って破綻したこと，などから，1979年3月庶民院（House of Commons）で不信任案が可決された。キャラハン首相のもとでは，従来から存した個別的労働関係の法律を統合するという形式ではあるが一層労働者保護に傾斜した雇用保護（統合）法（Employment Protection (Consolidation) Act 1978）が制定されるにとどまった。

[3] 1980年以降の法律

労働党政府不信任に続いて行われた1979年5月の選挙では，サッチャー保守党政権が誕生した。これ以降，サッチャー首相による市場競争原理に基づく徹底した労働・雇用政策がとられることになる。政府は，このために労働組合の産業への影響力を減少させること，個別的労働関係における労働法規の規制を緩和する「規制緩和（deregulation）」および団体交渉などによる労働市場に対する構造的制約を緩和する「制約緩和（derigidification）」を柱としたのである。実際，1985年の財政演説で，大蔵大臣ナイジェル・ローソンは，次のように述べた。「政府の経済戦略は，2つの主要な要素から構成されている。それは，インフレ抑制のための金融政策と経済競争力を改善するサプライ・サイド政策である。サプライ・サイド政策は，国内および海外における実践的経験から生まれた確信に深く根ざしているものである。すなわち，経済的成果を改善し，より多くの雇用を創造する方法は，企業意欲，効率性および柔軟性を高め，競争，規制緩和および自由市場を促進し，民営化を推し進め，諸々の刺激策を改善することである。」[38]

このような政策を有するサッチャー内閣の最初の立法が，1980年雇用法（Employment Act 1980）である。同法は，助言幹旋仲裁局（以下，ACAS）の組合承認手続を廃止し，組合員によるストライキの決定投票を促進する投票費用償還制度を導入し，個人的信条による組合非加入者のクローズド・ショップに基づく解雇を不公正解雇とし，不法なピケッティングや無差別な二次的争議行為を禁止するものであった。続いて制定された1982年雇用法は，クローズド・ショップを原則として違法とし，雇用に関係ない争議行為を禁止し，組合

---

[37] M. Pugh, State & Society (2nd ed.9, pp. 331-332 (Arnold, 1999).
[38] HC Deb., col. 748.

員だけの雇用を意図する二次的争議行為を禁止し，争議行為等に関する差止め請求権を認めた。また，1984年労働組合法により，正当な手続に基づく秘密投票を経ない争議行為を禁止し，組合執行部の秘密投票による選出や組合の政治活動の投票による決定が定められた。そして，1988年雇用法は，クローズド・ショップの創設・維持を目的とする争議行為を禁止した他，組合に対する組合員の権利を保障する諸規定を置いた。すなわち，秘密投票で否決された争議行為への参加拒否権，組合財政監査権，秘密郵送投票による幹部選出権，組合費の不法支出に対する訴権，組合活動に関する組合員権促進委員への援助申請，組合の不当な規制からの保護などがそれである。また，組合員でないことを理由とする解雇はすべて不公正解雇と定めた。

　これらの労働立法は，すでに1982年頃までの不景気と高い失業率によってその過激さを失っていた労働組合に決定的な打撃を与えたといってよい。しかし，サッチャーは，さらに，政治的にも組合運動に打撃を与える政策をとった。その象徴として挙げることができるのが，1984年3月からほぼ1年にも及んだ炭労ストの敗北である。1982年，政府は石炭を不経済的産業として炭鉱閉鎖の方針を決めた。これに反対するスカーギル委員長の指導のもとで炭労がストに入ったのであるが，政府はこれに備えて十分に石炭を備蓄しており，スカーギルの決定的な敗北に終わったのである。この炭労の敗北は労働運動全体の精気を完全に奪ったのである。

［4］　1980年代の雇用・職業訓練政策

　1940年代から60年代はじめまでの職業訓練政策は，主に徒弟制度に委ねられた。その運営は，相当程度，組合の力に委ねられ，一般に法的規制に服さなかった。いわば，集団的自由放任主義の状況に置かれていた。1960年の中頃から，政府は労働経済の近代化のため使用者の職業訓練の仕方に法的規制を加え，金銭的負担を求める制度を創った（本節(1)参照）。1970年代には，政府自体が職業訓練と雇用の創造・維持に責任を負担する制度を創った。1973年雇用職業訓練法は，職業訓練局（Training Services Agency），雇用局（Employment Service Agency），およびこれらを指揮・監督する三者構成の労働力委員会（Manpower Service Commission）を設置した。1978年には，雇用助成金法

を制定して，職業訓練，雇用創出および雇用維持のための助成を行った。しかし，1980年代に入って，政府は，雇用・職業訓練政策の大きな転換をはかることになる。それは，主に2つの理由による。1つは，助成金制度がヨーロッパ共同体の自由競争を歪めるものであると共同体および加盟国から批判があったことであり，もう1つは，若年者の失業率上昇に対しては，雇用助成より職業訓練の方が建設的ということである。そこで，1981年雇用職業訓練法は，職業訓練局および雇用局を廃止し，労働力委員会を執行機関に再編し権限を強化した。その直後から，労働力委員会と雇用省の間で，従来の若年者雇用機会制度を若年者訓練制度（Youth Training Scheme）に再編することにつき争いが生じた。雇用省は，労働力委員会が意図する国の訓練制度の拡大は，国の歳出を増大するので通貨主義的目的に反すると考えたのである。結局，若年者訓練制度は創設されたが，その後も，その変革をめぐり政策的対立が続いた。若年者訓練制度は，労働力委員会が業務執行代行者（Managing Agents）と契約し，後者が使用者または教育機関と訓練実施契約をし，若年者（18歳未満）は，その使用者または教育機関と訓練契約をするというものであった。労働力委員会は，若年訓練制度の若年労働低賃金化の効果を抑える雇用選択を求め，雇用省は，訓練生の訓練給付は低く抑えるべきであると主張したのである。政府は，1988年の社会保障法4条で，18歳未満の所得扶助（income support）を廃止し，雇用に就かず修学もしていない者は皆，若年者訓練制度に参加せざるを得ないようにした。また，1988年雇用法27条により雇用大臣の認可した訓練制度に参加しない者を社会保障給付から除外した。さらに，職業紹介所その他の雇用サービスの管轄を労働力委員会から雇用省に戻し，労働力委員会を職業訓練委員会（Training Commission）と改名し雇用省の委任業務機関に格下げしたのである。このため，労働組合を代表して労働力委員会に参加していた労働総同盟は職業訓練委員会の構成メンバーとなることを辞退し，三者構成の委員会は終焉することとなった。さらに，職業訓練委員会は，国民職業訓練対策委員会に再編され，その3分の2は，工業・商業の指導的人物から任命される者とされることになった。また，1964年産業訓練法に基づいて設立され，当時まで存続していた産業訓練委員会を法律の拘束を受けない使用者による独立の訓練機関とすることにした。さらに，使用者に対し，政府と契約して，小企業およ

び自営業者の訓練および訓練の企画を行い，その発展を援助・促進するための訓練企業委員会（Training and Enterprise Councils）を設立することとした。要するに，職業訓練の民営化が推し進められたのである[39]。しかし，メージャー首相の保守党政府は，1994年に上述した政策を突然転換して，現代的徒弟制度（Modern Apprenticeship）と呼ばれる18歳，19歳を対象にした職業訓練を立ち上げた。これは，その前年に導入された全国一般職業資格（GNVQs）と結び付けられ，職場における被用者の地位を有する徒弟としての職業訓練制度であり，これが1997年以降のブレア労働党政府に引き継がれ発展していくのである。

[5] 1980年代におけるヨーロッパ共同体の労働立法への対応

イギリス政府は，1980年には，欧州共同体の1960年代，70年代型労働正義立法がイギリス国内の労働市場を浸食するのに明確に抵抗し始めたのであるが，その対立はすでに1970年代に遡ることができる。(i) 1977年の企業譲渡に関する共同体指令（後述）が労働市場の規制緩和に反するとして履行を1981年まで遅らせた。(ii) 1975年の男女同一賃金に関する共同体指令も，同様に，欧州裁判所が，Commission of the European Communities v. U.K., Case 61/81 [1982] ICR 578 (ECJ)でイギリスに不履行の判断を下した後ようやく1983年同一賃金（修正）規則により履行されることとなった。(iii) Commission of the European Communities v. UK, Case 165/82 [1984] ICR 192 (ECJ)で，欧州裁判所は，1975年性差別禁止法が小規模事業場および家事を適用除外していること，労働協約または事業場または専門家団体の諸規則を無効としあるいは変更する規定を置いていないことという2つの点で，1976年男女均等待遇に関する共同体指令を履行していないとの判決を下した。政府は，1986年性差別禁止法で善処するが，労働協約については，協約は契約の内容になるので後者の規制はすでに行われているからという理由で，履行内容を限定した。(iv) また，政府は，共同体指令の義務履行を口実として，1986年法で，女性に対する労働時間規制を全廃したのみならず，男性の夜業を制限する1954年パン製造業（労働時間）法をも廃止してしまった。(v) さらに，1989年雇用法は，女性の坑内労働の禁

---

[39] Davis & Freedland, Labour Legislation and Public Policy, pp. 599-615.

止や若年者の夜業の禁止をも撤廃してしまった。これは，まさに，「事業を興し，障害を取り除く」(40) という規制緩和の徹底であった(41)。サッチャーの反欧州共同体労働政策の姿勢は，こうした既存の指令の実施における非協力だけではなく，欧州共同体の指令や規則の立法過程において更に顕著であった。実際，1980年以降，重要な労働関係指令案は全て欧州共同体の閣僚理事会では採択できない状態となった。1985年単一欧州議定書（Single European Act 1985）によるローマ条約への旧118A条（労働安全衛生に関わる提案を特定多数決で採択可能にした条項）の新設は，そうした状況の打破のために企図されたとみられている。また，1991年のマーストリヒト条約成立の際に，条約本文から切り離してイギリスを除く加盟国に適用するものとした社会政策議定書およびその付属協定も，安全衛生以外の労働社会政策がイギリスの反対で実現できないことに対する苦肉の代替策だったのである(42)。

［6］ 1990年以降の法律

以上のような1980年代における労働立法の影響のもとで，組合の組織率は大幅に低下し，労働協約による労働条件規制力も著しく低下した。雇用契約の個別化，雇用の柔軟化，非典型契約の増加という現象が顕著になってきた。そして1990年代に入って，保守党政府は，1980年代の労働立法政策を延長し，発展させる方向を明らかにした。まず，1990年雇用法は，(i)雇用前加入制クローズド・ショップを違法とし，(ii)二次的争議行為の免責を廃止し，(iii)非公認ストを違法とした。この立法は，ハワード雇用大臣が「1990年雇用法は，一連の労働立法の最後の局面になる」と示唆したものであった。しかし，1990年11月にサッチャー首相を引き継いだメージャー首相は，1990年雇用法では，十分な改革にならないと判断し，改革のための提案や審議を再開した(43)。そして，1991年には，緑書『1990年代の労使関係』が提案された。同書は，(i)

---

(40) White Paper, 'Building Business...No Barriers', Cmnd.9794.

(41) Davis & Freedland, op. cit., pp. 576-85.

(42) 濱口桂一郎『EU労働法の形成－欧州社会モデルに未来はあるか？』（日本労働研究機構，1998年）13～16頁。

(43) 田口典男「90年代前半のイギリス労働政策」大原社会問題研究所雑誌437号39，41頁（1993年）。

1960年代および70年代に、歴代政府の労使関係改革のための立法が労働組合の反対で挫折させられたこと、(ii)1974年および76年の労働党政府の立法は、労働組合に歴史上最大の特権と最小の義務を与え、社会・経済に甚大な損害を与えたこと、(iii)1979年以降保守党政府が行ってきた漸次的な労使改革は、国民の大多数のみならず、ほとんどの組合員からも支持されてきたこと、(iv)しかし、過去20年にわたって、達成されたことを強固なものとし、それを基礎にして、さらに1990年代の課題を満たすべく労使関係を近代化させるプロセスを漸進させるために同提案を立案したとしている。同書で行われた提案を要約すると次の通りである。(i)争議行為に関しては、7日前のスト予告、スト投票の完全な郵送化、独立の投票監視・報告のための独立監視人の権限強化、使用者のスト投票に関する情報を受ける権利、公益事業の顧客の違法スト訴権。(ii)組合選挙に関しては、組合員の労働組合員名簿閲覧権、独立監視人の検査権限の強化、役員選挙運動のための便宜供与の平等化。(iii)労働組合員の権利に関しては、チェック・オフの規制、組合併合に関する投票の法的規制の強化。(iv)労働組合の財政に関しては、認証官の権限の強化、組合の財政運営上の義務に関する犯罪に対する制裁の強化と訴追期間の延長、組合財政に関する組合の情報開示義務の強化。(v)労働協約に関しては、原則的な法的強制力の付与である[44]。この労使関係の近代化とは、要するに、労働組合の縁辺化である。メージャーのもとで保守党が圧勝した1992年の総選挙の2カ月前に公表された白書『人、仕事および機会』は、次のように述べている。

> 「個々の被用者の役割と重要性が新たに認識されてきた。団体交渉と労働協約に基づく労使関係の伝統的な形態は益々不適切になり、衰退してきた。多くの使用者は時代遅れの労務慣行を捨てて新たな人的資源管理を採用しつつある。それは個々の労働者の才能や能力の開発に力点を置くものである。使用者の多くは、労働組合や公式の労使協議会を仲介とするよりも、その被用者との直接のコミュニケーションを求めている。個々人の個人的技能、経験、努力及び成果を反映する報酬を個別交渉する傾向が増しているのである。」[45]

そして、メージャー首相は、まず、1992年労働組合労働関係(統合)法

---

[44] 古川陽二「翻訳:英政府緑書『1990年代の労使関係』(1)(2)」沖縄法学22号(1992年)及び23号(1993年)。

(Trade Union and Labour Relations (Consolidation) Act 1992) によって，既存の労働組合に関する諸々の制定法の規定を統合した後，1993年労働組合改革・雇用権法（Trade Union Reform and Employment Rights Act 1993）をもって，前記の緑書および白書の提案および見解を立法化した。しかし，同法には，そうした組合の規制と個人の雇用上の権利のみならず，欧州共同体の労働立法ないし欧州委員会の指導に対応するための規定が含まれている。すなわち，集団的剰員整理および母性保護に関する規定がそれである[46]。しかし，メージャー首相の欧州共同体（欧州連合）の労働政策に対する姿勢はサッチャー路線とほとんど変わらなかった。メージャー首相は，在任中一貫して，「社会憲章 (Community Charter of Fundamental Social Rights for Workers)」を受け入れれば，使用者は受忍できない費用と負担を強いられ，イギリス経済は競争力を奪われ，その結果，失業率が増大すると主張していたのである[47]。メージャー保守党政府が1997年5月の総選挙で労働党に破れた前年の11月に直面したもう1つの敗北が欧州労働時間指令（93/104/EC）の有効性に関する欧州司法裁判所判決だったのは象徴的である（United Kingdom v. Council of the European Union, Case C-84/94 (1996) ECJ）。同指令が1993年に欧州共同体設立条約の労働安全衛生に関する118a条（現行の137条）を根拠に採択されたことから，イギリス政府は，根拠に誤りがあり無効であるとして提訴していた。判決は，このイギリス政府の主張を退け，訴えを棄却したのである[48]。

第5節　1997年以降

［1］　ブレア政権の労働政策の基本的方向

1993年にメージャー保守党政府は，単一通貨や社会憲章を留保しつつマー

---

(45) P. Dorey (ed.), The Major Preiership, pp. 187-188 (Macmillan, 1999).
(46) J. Bowers et al., Trade Union Reform and Employment Rights Act 1993: A Practical Guide, p. 7 (Longman, 1993).
(47) Dorey, op. cit., p. 192.
(48) 小宮文人＝濱口桂一郎「欧州連合（European Union）労働時間指令とイギリスの対応」季労181号128頁（1997年）。

ストリヒト条約を批准したが，メージャー首相は，党内の反対派との対立を極めた。また，欧州連合の社会労働政策を拒否する政府の姿勢は国民の支持を得ていなかった[49]。他方で，長期にわたり在野にあった労働党は，社会主義的政党から現実主義的政党へと変身を進め，トニー・ブレアが党首となってからは，ニュー・レーバーを看板として大胆な政策転換をはかった。そして，政府の主張する価値と政策の矛盾，党内指導力の低下，国民における貧富の差の拡大，経済の悪化などが追い風となって，1997年5月の総選挙は労働党の圧勝に終わった。ブレア労働党政府は，就任直後となる同年6月のアムステルダム条約に調印した。この結果，イギリスの保守党政権の反対によりマーストリヒト条約付属議定書および協定というかたちでイギリスをオプト・アウトして誕生した社会条項はアムステルダム条約によって，ローマ条約（欧州共同体設立条約）に盛り込まれた。このため，イギリスは，社会条項に基づいて採択された欧州連合の指令を国内的に実施するための措置をとることが必要となった。このことは，ブレア政権下における労働法制の改革の方向性を示す重大な出来事であったといえる。もっとも，「人間の顔をしたサッチャリズム」と呼ばれるように[50]，ブレア労働党政府の労働政策は，保守党政権のもとで構築されてきた労働法制を正面から否定しようとするものではない。ブレア労働党政府も，市場経済原理を尊重し，世界市場におけるイギリスの競争力を強化するとの立場をとる。そして，労働市場の法的規制も公正さを維持するための最低限度のものにとどまることを示唆している。すなわち，将来の労働法の改革の方向を示す1998年の白書『職場における公正』の「序言」でブレア首相は，次のように述べた。

　「過去に戻ることはない。投票なしのストライキ，マス・ピケッティング，クローズド・ショップおよび第二次的争議行為の時代は終わった。我々が提案している変更の後でも，イギリスは世界の先進的経済市場で最も規制の少ない労働市場を維持するであろう。しかし，イギリス国民が公正さの基本的な法規，すなわち不公正解雇の訴えの権利，組合員であることについて自由な選択をした

---

[49]　Dorey, op. cit., p. 197.
[50]　川北稔編『イギリス史』（山川出版，1999年）413頁。

ことの故に差別されない権利，親としての無給の休暇（parental leave）をとる権利を有することを否定するのは正当となり得ない。それらは，どにおいても，当然のことなのである。」(51)

そして，ブレア政権は，柔軟で効率的な労働市場を前提として，職場における公正さを改善する最善の方法である労働における強力なパートナーシップが発展する枠組みを提案する。この枠組みは公正さを組み込んで競争力を支える企業文化を育むことを企図するものであり，その枠組は，今までの保守党政府の政策を維持しつつ，国民ないし労働者の生活の向上のため，それを(i)労働者の基本的公正取扱い，(ii)職場の集団的代表決定手続，および(iii)男女の家事と職務上の負担の対立を緩和する「家族に優しい政策」(52)という3つの要素によって修正ないし調整しようとしているといえる(53)。換言すれば，この3要素がサッチャー以降の保守党政権下で形成された労働法制を修正する要素とされるわけである。

[２] パートナーシップの概念

ブレア労働党政権は，上記3要素からなる枠組みが職場における強力なパートナーシップを発展させるものと考えており，競争力ある経済市場と矛盾しない職場における公正を確立する理想的雇用関係と捉えている。そして，このパートナーシップは，主に使用者と労働者（被用者に限定されない）との間のものであって，労働組合とのそれは補完的なものに過ぎない(54)。では，パートナーシップはどのような役割を期待されているのであろうか。白書は，企業は，労働者の創造力の育成を通じ，自らを発展させ，労働者は生活を豊かにできるとして，労使のパートナーシップの維持・発展の重要性を強調し，そうした文化は一人一人の繁栄がすべての人々の繁栄に結びつくとの主体的な理解と協力

(51) Dept. of Trade and Industry, 'Fairness at Work', Cmnd. 3968, at the foreword (1998).
(52) Ibid., at paras. 1.8 and 1.9.
(53) ブレア政権が形成してきた最近のイギリス労働立法政策についての分析については，古川陽二「ニュー・レイバーの労働立法政策とその特質」季労211号157頁以下参照。
(54) Cmnd. 3968, paras.1.4, 2.4 and 2.5.

であり，法はこうした理解を形成・支持し，違いや争いが生じた場合には，最後の手段として，その解決を援助するものであるとしている[55]。

パートナーシップという概念は，一定の共通目標に向かって，当事者が協働することを意味するものと考えられる[56]。ここには，経済競争力を維持するため，相互の利益を認め合い，協議によって公正や競争の問題を調整的に解決するという趣旨が含まれているものと推定される[57]。イギリスにおいては，特に1990年代後半から，ヒューマン・リソース・マネージメント（人的資源管理）の考え方が産業に急速に普及しACASの労使紛争調整においても活用されていることからも[58]，ブレア政権のパートナーシップ概念がこれに大きな影響を受けていることが推定される。その意味で，この概念は，使用者に労働者の積極的な貢献を取り付けることができるような協力体制の維持発展を促してイギリス産業の国際競争力を向上させ，これによって労働者の生活を含むイギリスの繁栄をもたらすための基礎概念と位置づけられているものと理解できる。

誤りを恐れず付言すれば，ブレアのパートナーシップの概念は，労使の対立というイギリスの伝統的労使関係を経済的効率達成のための協力的労使関係に転換させるためのスローガンとして使用されている。すでにサッチャー政権下で，労働組合はその闘争力の牙を抜かれ，労使の対立を前提とした団体交渉による労使関係秩序が弱体化していた状況のもとで，ブレアは個々の労働者が主体的，積極的に企業活動に貢献することのできるような労使関係を目指そうとしているといえる。新たに導入された法定組合承認手続も強制手段をちらつかせてはいるが，実質は，交渉単位内の労働者の過半数の支持を前提に労使の任意的な合意を引き出すものであるし，一般的従業員代表制度も個々の被用者との直接的な情報付与・協議の途を残しており，ブレアは組合・従業員代表制度

---

[55] Ibid., at the foreword.

[56] H. Bratton and J. Gold, Human Resource Management (3rd ed.), p. 418 (Palgrave, 2003)。

[57] S. Wood, 'Learning through ACAS: the case of union recognition' in Employment Relations in Britain, p. 123, at p. 141 (Blackwell, 2000).

[58] J. Purcell, 'After Collective Bargaining? ACAS in the age of human resource management' in Employment Relations in Britain, p. 163.

自体に大きな関心はない。ある意味では，そこには労働者が献身的に企業利益に貢献する日本的経営法に近い発想がみられるといってよい。否，この発想は，制度派経済学者の主張と類似するところでもある。しかし，それを実現するためには，単に組合を弱体化するだけでは足りない。そのためには，まず，労働者が使用者に適正に遇されていることを実感し，また，その使用者における労働が将来のキャリアにつながるとの展望を持たなければならない。恐らく，これが公正な取扱いとエンプロイアビリティを標榜する前提となる考え方であろう。しかし，発想が経済的競争力の促進にあるため，ほとんどの法規制は，経営の障害にならないように設計されている。その労働時間制度の個別的オプト・アウト，同制度や最低賃金制度の集団的オプト・アウト，不公正解雇制度の救済の補償金制限や復職の位置づけなどはその典型例である。敢えて私見を述べれば，労働者の利益をほとんど顧みないマスター・アンド・サーバント時代以来の伝統的な使用者側の経営姿勢を修正させる必要があるが，果たして，相互の利益が上がるということから即，そうした経営姿勢が変化するかについては多大の疑問があるといわなければならない。特に，政府が雇用権に関する法律が障害にならないように配慮している中小企業においてはその疑問が大である。

［3］ 基本的公正取扱い

ブレア労働党政権が誕生して以降，多くの労働立法が誕生した。労働者の基本的公正取扱いをめざすものと見られる代表的な例は，従来，団体交渉機構の未発達な産業ごとに設けられた最低賃金審議会による最低賃金制とは発想の異なる，全国一律の最低賃金制を導入した1998年全国最低賃金法（National Minimum Wage Act 1998）の制定が挙げられる。しかし，すでにみたように，前掲白書は，柔軟で効率的な労働市場を前提として，職場における公正さの改善を提唱している。例えば，1998年労働時間規則（Working Time Regulations 1998）により労働時間の規制が導入されたが，その規制レベルは高いとはいえず，個別労働者との書面による週48時間制のオプト・アウトやいろいろな規制についての労働協約または労使協定によるオプト・アウトが定められている。また，前掲白書は，パートナーシップのところで触れたように，法律を紛争解

決の最後の手段と位置づけられている。例えば，2002年雇用法（Employment Act 2002）によって導入された，法定解雇・規律処分および苦情処理手続は社内における紛争解決を促進し，審判所への訴訟を最小限にとどめる手法とみることができる。また，2000年パートタイム労働（不利益取扱防止）規則（Part-Time Workers (Prevention of Less Favourable Treatment) Regulation 2000），2002年有期被用者（（不利益取扱防止）規則（Fixed Term Employees (Prevention of Less Favourable Treatment) Regulation 2004）なども，基本的に公正な取扱いを保障するものとみることができる。なお，最近立法化された多くの差別禁止法も基本的公正取扱いを目的とするものとみることもできるが，これら差別禁止法は，EUおよびブレア労働党政権が強力に推し進めているソーシャル・インクルージョン（社会的包摂）政策の発現とみることもできる。実際，イギリスの最近の差別禁止法制は，いずれもEU労働立法を実施するものに過ぎない。

［4］　家族に優しい諸政策

イギリスは，保守党政権時代にはECの社会条項に署名していなかったので，母性・育児休業等，仕事と家庭生活の調和を目的とする立法分野では他の欧州諸国に後れをとっていた。しかし，ブレア労働党政府は，政権奪取後直ちにECの社会条項に署名し，1997年12月にDirective 97/75/ECが育児休業指令をイギリスに拡張適用するために採択され，「家族に優しい諸政策（family friendly policy）」の一環として行われた1999年母性・育児休業規則（Maternity and Parental Leave etc. Regulation 1999）の制定によってようやく育児休業がイギリスに導入された。同規則は，育児休業と合わせて母性休業の変革も同時に行った。イギリスでは，母性休業も十分に整備されていなかったからである。母性休業の一般的権利の詳細な規定が置かれたのは，欧州共同体の母性保護指令（92/85/EEC）の実施として1993年労働組合改革雇用権法が1978年雇用保護（統合）法を改正してからであるが，1999年母性・育児休業規則によりようやく形が整ったといえるのである。政府は，その後，2000年12月には緑書『労働と親：競争力と選択（Work and Parents: Competitiveness and Choice)』を発表し，この提案に基づいて2002年雇用法（Employment Act

2000)で，養子休暇制度，父性休暇制度および弾力的休暇制度を導入するとともに母性休暇制を延長した。そして，2005年には，母性・養子手当支給の延長，母性休暇・手当の父親への譲渡，介護責任を負う被用者への弾力勤務制度の適用などを盛り込んだ緑書『労働と家族：選択と弾力性（Work and Families: Choice and Flexibility）』を発表し，この提案に基づいて労働と家族法案が国会に提出されている。他の欧州諸国に比べ後れをとりつつも着実に改善の方向に向かっているといえる。

［5］ 集団的労働関係

集団的労働関係に関する最大の変革は，1999年雇用関係法（Employment Relations Act 1999）による，前記経済活動に関する枠組みの3要素の1つとされた職場の集団的代表決定手続に直結する労働組合の承認手続の再導入とその後の2004年雇用関係法（Employment Relations Act 2004）による改正である。しかし，この承認手続は，あくまで労使間の任意的な合意を基本とするものであり，国家機関の介入は最小限にとどめられている。この改革は，使用者と労働組合間の公正と競争を調整するパートナーシップの促進方法をもたらすものと位置づけられる。この他の規制は，例えば，争議行為承認投票および争議通知に関する若干の修正，組合員資格に関する不利益処分，規律処分および苦情処理の審問同伴権，ブラックリストの禁止，公認争議行為参加者の不公正解雇規制等の変更等が挙げられる程度である。この他，労働組合ではなく被用者代表制度の制度として，複数の加盟国に展開する企業の欧州労使協議制を定める1999年法多国間被用者情報協議規則（Transnational Information and Consultation of Employees Regulations 1999）および一般的な労使の情報提供・協議を定める2004年被用者情報協議規則（Information and Consultation of Employees Regulations 2004）が導入されたが，これらはEU加盟国としての実施義務を消極的に履行するものに過ぎない。

［6］ 失業対策と職業訓練制度

すでに1995年には，メージャー保守党政権のもとで，手厚い休業給付・補助給付が労働者の低賃金就業拒否を招来し，労働市場を歪めるとの理由から失

業給付に代えて求職者手当（Jobseeker's allowance）を定める求職者手当法が制定されていたが，ブレア労働党政権は，総選挙後まもなく，この制度に変更を加えるニューディールと呼ばれる制度を導入した。求職者手当導入の発想は，その導入がイギリスの競争力強化のための労働市場の規制緩和に適合するというものであり，給付は職を探す期間のサポート手段で，職に就かないライフスタイルを維持するための収入ではないとするものであった。労働党政府は，労働者の職探しを援助するためにニューディールと呼ぶ政策をとることにした。これは，民営化された公益事業会社への課税をもとに，当初は18歳から24歳の若者を対象とし，その後，2年間以上雇用された25歳以上の者，病人および障害者，子持ちで配偶者のいない者に対象を拡大し，職業紹介所による積極的な就職援助を与えるようにしたのである[59]。また，職業訓練については，ブレア労働党政府は，メージャー保守党政権時代に導入された現代的徒弟制度を発展させた。徒弟制は，手仕事的，技術的，準専門的仕事に要求される中間レベルの技能という意味で国家の技能水準を改善する手段となり，それが高等教育に進むレベルの学識を持たない者に16歳以降の教育を与える1つの方法であり，また徒弟制訓練を受けた者がより高い賃金を得ることを通じ社会が生産性を向上できることを示す手段ともなり得ると考えているのである[60]。この制度の基礎は，2000年学習訓練法（Learning and Skills Act 2000）により，学校の義務教育と一体的に定められている。ブレア首相は，前記白書の冒頭で，「(使用者・労働者間の対立からパートナーシップへの転換は)，企業と国民が経済の現代化に資するようにする最善の手段として，労働市場における，過剰な規制にならない程度の教育と技能の重視を伴う。」[61]としていることに注目しなければならない。

---

[59] R. East, Social Security Law (Macmillan, 1999), p. 73.
[60] S. McIntosh, The Returns to Apprenticeship Training, CEP Discussion Paper No. 622 (CEP, LSE, 2004), pp. 3-4.
[61] Cmnd. 3968, at the foreword.

第2章　労働関係を規制する法的装置

序　説

　イギリスには，わが国と同様に労働法典というような包括的な制定法がないばかりか，コモン・ロー上のマスター・アンド・サーヴァントに関する法理が雇用契約の基礎として，依然として，その影響力を維持しているほか，制定法の解釈にあたっても，コモン・ロー上の法理が微妙な影響を与えている。また，わが国においても，法令のほかに指針と呼ばれる法的文書が重要な役割を負うようになってきているが，イギリスには，法的に独特な性格を有する行為準則なる法的文書が存在する。さらに，通常の裁判所に加えて，雇用審判所および雇用控訴審判所と呼ばれる労使関係の特別な裁判所があるほか，特定の労使紛争を取り扱う独立の行政委員会などが数多く存在している。本章は，そうした労働関係を規制する法的装置について解説する。

第1節　労働法の法源

[1]　国内法など

(1)　コモン・ロー

　(a)　コモン・ローとは，制定法および規則等の法令によらず判例により形成されてきた法を意味する。したがって，これは，後述する衡平法（エクイティー）に対する法としてのコモン・ロー（正法）とは区別されなければならない。すなわち，ここでいうコモン・ロー，すなわち広義のコモン・ローとは，衡平

法および正法を含む判例法として理解されるのである。こうした意味におけるコモン・ローは，イギリスの労働法を理解する上で不可欠である。そもそも，イギリスにおいては，13世紀までほとんど制定法はなく，その後も比較的最近まで私法分野に関しては制定法が存在しなかった[1]。すなわち，ほとんどの私法上の紛争はコモン・ロー（判例法）によって解決されてきたのである。この点は，法典を基礎とする欧州大陸の諸国の法制（わが国の法制もこれに属する）とは正反対なのである。こうしたコモン・ローのもとにおいて，法的安定性を担保するための制度として維持されてきたのが先例拘束性の原則（doctrine of precedent）である。将来の同種の事件において，その先例が適用されるとするものである。したがって，新しい判例も累積的な判例法体系と調和するかたちで，各種の先例に依拠しながら形成されていくのである[2]。具体的な事件を担当する裁判官は，当面の事件と法的な意味で類似する権威ある先例において判決の結論を導いた法的根拠を探し出し，それを基礎として自分の法的推論の基礎とする[3]。このためイギリス法においては，その判決の結論に導いた法的根拠はレイシオ・デシデンダイ（ratio decidendi）と呼ばれ，理論上は，判決理由に述べられたその他の説示であるオビタ・ディクタム（obiter dictum）＝傍論と厳格に区別されるのである。しかし，注意しなければならないのは，先例となった判決理由のどの説示部分がレイシオ・デシデンダイであったのかということは，実際には必ずしも明らかではない。説示された複数の法的根拠（原則）のいずれもが判決の結論を導き得る場合（例えば，複数の裁判官の結論に至る理由づけがそれぞれ異なる場合など）には，とりわけそうである。そもそも先例となった判決の裁判官がどのような事実と法的根拠を重視したのかを判決理由に明示するわけでないから，その決定は，結局，後の裁判官の解釈によるともいえるのである[4]。ところで，以上のような先例拘束性を有する権威ある判例がどのようなものかは裁判所の序列（裁判所の序列，種類等につ

---

(1) A.K.R. Kiralfy, The English Legal System (6thed.), (Sweet & Maxwell, 1978) , p.1.
(2) 髙窪貞人『三訂イギリス法入門』（中央大学出版部，1990年）142頁。
(3) 望月礼二郎『英米法（改訂版）』（青林書院，1985年）98頁。
(4) W. Geldart, Elements of English Law (7th ed.), (Oxford Univ., 1966), p.8. See Sinclair v. Brougham ［1914］AC 398 (HL).

いては後述する）を前提として理解されなければならないことはいうまでもない。まず，貴族院（House of Lords）の判決はすべての下級審裁判所の判決を拘束することは明らかである。のみならず，最終審たる貴族院の判例が動揺すると法的安定性が害されるから，貴族院も原則として貴族院の先例に拘束される(5)。しかし，そのことは逆に，その先例に誤りがある場合やその先例が陳腐化してしまっている場合などには重大な不正義を生じしめることになる。しかし，1966年，大法官（貴族院および枢密院司法委員会の主席裁判官）は，貴族院の実務声明で，この拘束性は絶対的なものではなく，貴族院は，そうすることが正しいと認められる場合には，先例から遊離することも許されると旨宣言した(6)。控訴院（Court of Appeal）の判決は，すべての下級審裁判所を拘束する。また，控訴院の判決は，控訴院の他の判決と矛盾する場合，その後の貴族院判決と矛盾する場合および不注意に（per incuriam）なされた場合を除き，その後の貴族院自身の判決をも拘束する(7)。高等法院（High Court）の合議法廷（divisonal court）の判決は，後の高等法院の裁判を拘束する(8)。しかし，高等法院の各部の裁判官が事実審としてなした判決は下級審を拘束するが他の高等法院の裁判官を拘束しない(9)。雇用控訴審判所（Employment Appeal Tribunal）は貴族院および控訴院の判決に拘束されるが，高等法院および全国労使関係裁判所（National Industrial Relations Court＝雇用控訴裁判所の前身）の判決には拘束されない(10)。

　(b)　いずれにせよ上述したようなコモン・ロー（判例法）は，労働法の領域においてもその基礎をなしているといってよい。すなわち，雇用契約法の基礎をなしているマスター・アンド・サーヴァントに関する法理は，判例により形成されてきたコモン・ロー上の法理である。すなわち，雇用契約の締結，効力，雇用契約上の労働者・使用者の黙示的義務等は，後述する使用者の労働者に対

---

(5) London Tramways Co v. London County Council [1898] AC 735 (HL).
(6) Practice Statement [1966] 3 All ER 77.
(7) Young v. Bristol Aeroplane Co Ltd [1944] KB 718 (CA).
(8) 望月・前掲書97頁。
(9) R. Ward, Walker & Walker's English Legal System (8th ed.), (Butterworths, 1998), p.80.
(10) op.cit., p.81.

する信頼義務の形成を除き（第3章第1節[4]参照），制定法によってそれ程大きな修正を受けていない。また，コモン・ローの法理は，制定法の解釈にも微妙な影響を与えている。その典型的な例として，みなし解雇の解釈にコモン・ロー上の履行拒絶の法理が適用されていることを挙げることができる（第3章第10節[1](2), 11節[1](2)および12節[1](2)参照）。のみならず，集団的労働関係に関しては，労働組合の存在や争議行為自体が，コモン・ロー上，一般に違法とされており，その保護は制定法によってのみ可能となっているのである（第5章第7節参照）。また，組合とその組合員との関係も，組合員契約に基づくものとされ，コモン・ロー上の契約法理によって支配されてきたのである（第5章第3節参照）。もっとも，近時，労働法において，制定法の規制する範囲が広くなってきていることは本書の明らかにするところである。

(c) 最後に，コモン・ローという用語を判例法という意味でなく，衡平法（エクイティー）に対する正法の意味で用いる場合があると述べたことに関連して，衡平法につき若干の補足が必要と思われる。この場合，正法とは，通常の裁判所で運用・発展せしめられた法という意味である。13世紀末までに3つの王立裁判所（財務裁判所，王座裁判所および民訴裁判所）を含む通常の裁判所が確立したが，それらの裁判所が管轄権を有しなかったり，特別の事情（例えば，相手方による陪審の買収や立証に不可欠な捺印証書の秘匿など）があったりして正義が阻まれていたために，適切に法的救済を受け得ない者は，国王に直訴して救済を求めることしかできなかった。こうした直訴は，通常の裁判所における専門化，形式の厳格化の進行によって増大し，14世紀半ば以降は大法官（Chancellor）に任されるようになり，15世紀には大法官府の中に作られた大法官裁判所（Court of Chancery）が通常の裁判所の法や手続に拘束されず，もっぱら実質的な正義と公平の実現を目的として訴えを処理するようになり，ここで宣言される法が衡平法と呼ばれるようになった。しかし，この衡平法も正法と同様に先例により拘束されて，判例法（コモン・ロー）の一部を形成するようになった。そして，1975年裁判所法（Judicature Act of 1875）により大法官裁判所は廃止され，衡平法は，高等法院に引き継がれた[11]。このような形成の起源から，衡平法は正法の存在を前提とするものであり，正法と無関係に

---

(11) 望月・前掲書25〜27頁。

存在するものである。そして，衡平法の主な功績は，信託（trust）によって設定される衡平法上の財産（equitable property）の概念，契約の特定履行（specific performance）および不法行為の差止め（injunction）であるといわれる[12]。このうちの後2者は，労働法との関係できわめて重要であるが，ここでは，それらの救済が裁判所の裁量で与えられるものであることのみを指摘しておきたい。

(2) 不文憲法
(a) 憲法の特徴と国会主権

イギリスにはわが国のような成文憲法はなく，基本的には判例法と1225年マグナカルタ（Magna Carta 1225）や1689年権利章典（Bill of Rights, 1689）などの断片的に制定法などで定められている不文憲法である。その法源は，国会制定法，判例法，憲法習律（constitutional convention）（憲法運用上形成された慣例），欧州共同体法（European community law），国会の非公式な了解または慣習（informal understandings or practices）などに分類される。イギリス憲法の特徴としては，憲法原則の修正・廃止手続の柔軟性，国会主権，立憲君主制，一元性国家制，議院内閣制，公務の中立，司法の独立，非厳格な三権分立，法の支配が挙げられる。なかでも，国会主権はイギリス憲法の要石といわれている。国会主権とは，ダイシーによれば，①国会は如何なる事項についても立法する権限があること，②国会は後の国会を拘束しないこと，③裁判所は国会制定法の正当性に対する判決を下せないことを意味する。しかし，こうした議会主権の憲法原則は，イギリスの欧州共同体加盟によって制約を受けざるを得ないこととなった。イギリスは，1972年，欧州共同体（EC）加盟に際して，すでに，後述するような内容の欧州共同体加盟法（European Communities Act 1972）を制定したのであるが，1990年の貴族院判決において，Bridge卿判事は，次のように述べ，国家主権の原則を自発的に修正したとするまでその憲法に対する認識を変更したのである[13]。「欧州司法裁判所は，イギリスが欧州共

---

[12] Phillips & Hudson, A First Book of English Law (7th ed.), (Sweet & Maxwell, 1977), p.8.

[13] 中村民雄『イギリス憲法とEC法』（東大出版会，1993年）94頁。

同体に加盟する以前からすでにその判例で優位性を確立していた。したがって，国会が1972年法を制定したときに受け入れた主権に対するいなかる制約も，完全に自発的なものだった。72年欧州共同体法の文言からみて，イギリスの裁判所は……直接適用可能な共同体法と抵触すると判断された国内法のすべての規範を覆す義務を負っていることは常に明らかであった。」[14]

(b) 市民的自由と基本的人権

　こうした国会主権の原則とは対照的に，イギリス憲法上の個人の権利の保護は包括的なものではない。それは，わが国やアメリカの基本的人権のように積極的な権利として保護させてこなかった。判例法上の市民的自由は他者の妨害から保護されるべき消極的権利を意味するものと捉えられてきたのである。そのことは，「人は，法によって明示的に禁じられていない限り，好きなようになすことができる」という言葉で表現されてきた[15]。市民の自由・権利は，一般に，市民的・政治的自由と社会的・経済的自由の2つの範疇に大別できるが，イギリス憲法における市民の自由は，人身の自由，財産権，表現の自由，信教の自由，集会・結社の自由，差別からの自由，参政権など，市民的・政治的自由に力点が置かれてきたといわれる[16]。しかし，第二次大戦後にヨーロッパ評議会によって採択され，1951年にイギリスが逸早く批准した欧州人権条約（European Convention on Human Rights）の影響を次第に受けるようになってきた。すなわち，1996年にイギリスが欧州人権裁判所の裁判管轄権を受諾した後，欧州人権委員会へのイギリス国内からの個人申立てが増加していった[17]。しかし，イギリスは，自国民の市民的自由はすでに保障済みであるとして国内法化しようとしなかった。この申立てには，国内のあらゆる救済手段が尽くされ，国内の最終的判断の後6カ月以上経過していることが必要であることから，個人が申立手続を維持することは時間と費用の面からも困難であった。結局，ブレア政権誕生後間もない1998年11月に人権法（Human Rights

---

[14]　R. v. Secretary of State for Transport, exparte Factorame Ltd and others [1991] 1 AC 603,658 (HL).

[15]　倉持孝司「憲法」戒能通厚編『現代イギリス法事典』（新世社，2002年）140頁。

[16]　加藤紘捷『概説イギリス憲法』（勁草書房，2002年）214頁。

[17]　加藤・前掲書97頁。

Act 1998）によって国内法化されることになった。1998年人権法は，裁判所，審判所その他公的性格の機能を有する機関が同条約に定める権利と矛盾する行為をした場合はこれを違法（第6条1項）として被害者に裁判所，審判所への訴訟を提起または訴訟手続において条約上に定める権利を援用する権利を与え（第7条），裁判所・審判所が条約上の権利に関連する問題を決定する場合にはその権利を考慮しなければならず（第2条），すべての立法は可能な限り条約上の権利と一致するように解釈されなければならない（第3条）などと規定している。そして，欧州人権条約は，他の権利とともに，公正な審問を受ける権利（第6条），私生活および家庭生活の尊重についての権利（第8条），表現の自由（第10条），集会および結社の自由（11条），人権条約上の権利と自由を享受する上での差別からの自由（第14条）を定めているのであるから，1998年人権法は，労働法に関しても重要な意味を有するということになる。

(3) 制定法＝法律（statute）

すでに前章でみたように，とりわけ，1960年代から労働関係の分野への制定法の介入は著しく，特に，集団的労働関係に関する制定法の役割が増してきている。イギリスの制定法は，コモン・ローを修正するために，その折々制定されてきたものであり，体系性に欠けており，多くの場合，パッチ・ワーク的であり，その理解がきわめて困難である。こうした制定法の解釈の仕方は，ヨーロッパの大陸法（成文法）型の諸国の場合と著しく異なっている。すなわち，イギリスの伝統的な制定法の解釈は，文言を厳格に狭く解釈するところにある。イギリスにおいて，法は具体的事件における裁判所の判決から引き出されてきた判例法であり，制定法はその判例法の発展への侵害者とみなされてきたといわれるのである[18]。このため，制定法の解釈には，一般に，次のような原則が適用されているといわれる。(i)制定法の文言は，一次的には（prima facie），その文言の通常的，文字通りのかつ文法にかなった意味で解釈されなければならない（これを文理律（literal rule）という）。(ii)文理律はその結果が不条理と矛盾を避ける限度で修正されなければならない（これを黄金律（golden rule）と

---

[18] P. Shears & G. Stephenson, James' Introduction to English Law (13th ed.), (Butterworths, 1996), p.8.

いう)。(iii)制定法の是正しようとしている判例法の弊害が何であるか確かめ，その目的に適合するように解釈されなければならない（これを弊害律（mischief rule）という）。最後の原則は制定法の目的を重視する解釈原理であるといえる。しかし，判例は，従来，立法過程の議論に関する証拠，すなわち政党の会議，政府見解の発表，国会の討議等に関する証拠を立法目的の確定に使用することを厳格に排除してきた[19]。しかし，1993年，貴族院は，一定の場合に裁判所は国会の資料を参照することができると判示した[20]。Brown-Wilkinsone 卿判事は，その条件を次のように論じている。「外部的資料排除の原則は，次のような場合には緩められるべきである。すなわち，(a)制定法が不明瞭，不明確または不条理をもたらすものであり，(b)その依拠すべき資料が大臣またはその法案の推進者の陳述，場合によってはその陳述およびその効果を理解するに必要な国会資料であり，かつ(c)その依拠すべき陳述が明らかなものである場合，である。」

(4) 規則（regulation）・命令（order）（これらを総称して Statutory Instruments）

狭義の制定法のほか，制定法の委任により制定される多数の法令が存在する。上記の判例法との関係では，規則・命令も制定法に含まれると考えてよい。法令が制定法を変更することは原則としてないが，例外的に，欧州共同体の指令に従わなければならないなどの理由で，規則・命令が制定法を変更する場合がある。これは，1972年欧州共同体加盟法（the European Community Act of 1972; European Community (Amendment) Acts 1986 and 1993）がイギリスが欧州共同体の義務を実施するなどの目的で，政府が同法に基づいて規則・命令を定めることができ（同法2条2項），その規則・命令は法律と同一の効力をもつ（2条4項）と定められているためである[21]。その例として，現在，1983年平等賃金（改正）規則および1981年企業譲渡（雇用保護）規則がある。

規則や命令の制定に関しては，通常，その権限を委任する法律が国会による監視手続を定めている。1998年全国最低賃金法を例にとれば，同法51条5項

[19] 髙窪・前掲書213〜214頁。
[20] Pepper v. Hart ［1993］ AC 593 (HL).
[21] 中村民雄『イギリス憲法とEC法』（東大出版会，1993年）20〜28頁。

第1節　労働法の法源

は，同法の委任規則は，その規則案が国会の各院（庶民院と貴族院）に上程され，かつ，その議決で可決されない限り，制定できない。また，同条51条7項は，各院に上程され，可決されるとの要件を必要としない特定の規則については，いずれかの院の否決による不成立に服すると定めている。実際，ほとんどの規則や命令は，国会に上程され28日ないし40日間に承認されなければ制定されないか（積極的手続），あるいは，40日以内に否決されれば成立しないか（消極的手続）のいずれかの手続に服する。

(5) 行為準則 (Code of Practice)

労働法の分野では，制定法が，特定の行為に対する実務的ガイダンスを与えるために，国務大臣 (Secretary of State)，勧告幹旋仲裁局 (ACAS = Advisory, Conciliation and Arbitration Service)，平等機会委員会 (Equal Opportunities Commission)，人種平等委員会 (Commission for Racial Equality)，安全衛生委員会 (Health and Safety Commission)，情報委員 (Information Commissioner) などに「行為準則」と呼ばれる文書の作成権限を与える場合が多い。使用者は，実行可能な限り，その規定に従うよう求められるが，その不遵守自体によって法的責任を追及されるものではない。しかし，行為準則の規定は，雇用審判所または裁判所の手続において証拠として取り扱われ，場合によっては，法的原則として評価されることもある。

2004年現在で20の行為準則が存在する。最初に作られたものは，1971年労使関係法 (Industrial Relations Act 1971) に基づく「1972年労使関係行為準則」であったが，その大部分が後の他の行為準則に取り替えられ，結局，1991年の命令で全面的に廃止された (Employment Codes of Practice (Revocation) Order 1991)。1975年雇用保護法 (Employment Protection Act) 6条（現在，1992年労働組合労働関係統合法 (Trade Union Labour Relations (Consolidation Act 1992) 199条および200条）に基づいて，3つの行為準則（「雇用上の懲戒処分と手続」(1977年)，「団体交渉に関する労働組合への情報の開示，健康安全委員会行為準則」および「労働組合の任務と活動のための休業」）が作られた。これらは，同法に基づいてACASが行為準則案を国務大臣に提出してその承認を受け，さらに当該大臣が国会の両院の承認を得て成立する。これらの行為準則は，同

様の改正手続を定める労働組合労働関係法201条により，ACASの改正案に基づいて改正された (Employment Protection Code of Practice (Disciplinary Practice and Procedures) Order 2000, Employment Protection Code of Practice (Disclosure of Information) Order 1998; Employment Protection Code of Practice (Time Off) Order 1998.)。そして，行為準則「雇用上の懲戒処分と手続」は2002年雇用法と2004年の規則に沿って，行為準則「懲戒・苦情処理手続」として改正され，行為準則「労働組合の任務と活動のための休業」は，2002年雇用法43条で挿入された1992年労働組合労働関係統合法168条に基づいて，行為準則「労働組合の任務と活動のための休業（組合学習代表の休業に関するガイダンスを含む）」として改正された。

現在では，ACASのほか，多くの機関に行為準則の作成権限が与えられている。その概要は次の通りである。

① 国務大臣は，労使関係の改善の促進または労働組合の選挙・投票行動に関して望ましいと思料する実務的ガイダンスを含む行為準則を作成しまた改正することができる。この場合は，ACASとの事前協議および国会両院の承認が必要とされる (TULRCA, ss. 203-204)。この方式で作成された行為準則としては，(i)クローズド・ショップ協定に関する行為準則，(ii)ピケッティングに関する行為準則および(iii)争議行為に関する労働組合の投票に関する行為準則がある。しかし，その後，(i)は1991年に廃止され (Employment Codes of Practice (Revocation) Order)，(ii)と(iii)は改正された (Employment Code of Practice (Industrial Action Ballots and Notice to Employers Order 1995 and Employment Code of Practice (Picketing) Order 1992)。なお，国務大臣は，ACASの要請に基づいて，前記のACASが作成する行為準則をも改正することができるのであるが，この場合は国会両院の承認が必要とされる (TULRCA, s. 202)。また，1999年雇用関係法 (Employment Relations Act 1999) は，国務大臣にパート・タイム労働の差別の除去，パート・タイム労働の機会の推進，労使の必要性に応じた弾力的労働時間編成の推進，欧州連合のパート・タイム労働に関する枠組協定 (framework agreement) で取り扱われる問題についての行為準則の作成権限を与えた (ss.21 and 22)。

② 人種平等委員会は，雇用の分野の差別を除去しまたは異なる人種間の機

会の平等を促進するための実践的ガイダンスを含む行為準則を作成することができる（人種関係法（Race Relations Act 1976) 47条）。人種平等委員会は，1984年に，人種関係行為準則を作成した。雇用差別に関して同様な権限を有する機関に，雇用平等委員会および障害者権利委員会（Disability Rights Commission）があり，前者は性差別行為準則および平等賃金行為準則を作成し，後者は，それまで障害者差別禁止法53条が国務大臣の権限とされてきた障害者差別に関する行為準則の作成権限（1995年障害者差別禁止法53条）を1999年障害者権利委員会法（Disability Rights Commission Act 1999) 14条2項により引き継いだものである（改正後の1995年障害者差別禁止法53A条）。具体的な行為準則として，2004年現在，「人種平等委員会－人種差別撤廃と雇用機会均等の促進（1983年）」，「雇用平等委員会－性差別行為準則－機会均等政策，手続および実践（1985年）」および「障害を有する障害者に対する雇用分野の差別撤廃のための行為準則（1996年）」がある。

③　安全衛生委員会は，1974年安全衛生法（Health and Safety at Work etc. Act 1974) の定める使用者などの義務および同法に基づく規則，その他安全衛生に関する既存の法令の執行のために行為準則を作成する権限を有する（HSW, s.16)。これに基づいて，すでに，安全代表および安全委員会に関する行為準則および安全代表の訓練のための休業に関する行為準則が作成されている。

(6)　労働協約 (Collective agreement)

労働協約は，一般に，労働組合と使用者を法的に拘束しない紳士協定であると解されている。1974年以来の制定法には，労働協約に明確な反対の規定が存在しない限り，法的拘束力を有しないと定められている。そして，両当事者が協約の法的拘束力を協約に明定することはまずあり得ないと考えられている。しかし，労働協約が労働者・使用者を法的に拘束するか否かは，全く別の問題である。通常，雇用契約のなかに，協約に定める諸条件が雇用契約の内容になる旨の約定（いわゆる橋渡し条項）が置かれているといわれる。しかし，その場合でも，雇用契約の内容になるのは，その協約条項が個々の労働者を利する目的で定められた条項，典型的には，賃金，労働時間等に限られるとされ

る(22)。その条項が，実体的権利に関するものでなければならないか，あるいは，手続的権利に関するもの（例えば，剰員整理解雇や規律処分の手続）でもよいのかについては，見解が分かれている(23)。橋渡し条項がない場合でも，実際に協約に定められた諸条件が個々の労働者に適用されてきたような事情により，協約内容が契約の内容になるものとの黙示の合意があったとされる可能性が強いが(24)，労働者が組合に加入しているという事実だけでは黙示の合意を肯定するのは難しいようである(25)。また，組合を被用者の代理と捉える理論もあるが，判例は，個々の事案において特定の代理が形成されたことが示されなければならないとしている(26)。ただ，契約内容にならなくとも，不公正解雇の成立の判断などには重要な判断要素となり得る。

(7) 労 使 協 定 (workforce agreement)

最近立法化された制定法規の中には，ある特定の事項につき，労働協約によってその一般的基準を修正ないし除外することを認めるものがみられるようになった。注目すべきは，これと並んで，わが国の労基法にみられるものと類似して，労働者の選出代表者または過半数の労働者を代表する者と使用者との間で締結される協定にも同様な機能を認める場合があるということである。具体的には，各法規制の記述の中で言及される有期契約の反復更新，育児休暇，労働時間等の規定である。これらの代表者は，労働組合とは異なり，その独立性が要件とされていないため，そうして法律の一般的規制基準を修正・除外することの妥当性を疑う学説が多い。

(8) 労 働 慣 行 (custom and practice)

労働慣行とは，一般に，「明確かつ公式の交渉に由来するのではなく，経営

---

(22) National Coal board v. National Union of Mineworkers ［1986］IRLR 439 (QB).
(23) Alexander v. Standard Telephones and Cable Ltd ［1990］IRLR 55 (QB)(仮処分)；［1991］IRLR 286 (QB)(本訴) .
(24) McLea v. Essex Line Ltd ［1933］45 Li.LR 254 (DC).
(25) 直接的な判例ではないが，Hamilton v. Futura Floors Ltd ［1990］IRLR 478 (Ct. of Seesion).
(26) Burton Group Ltd v. Smith ［1977］IRLR 361 (EAT).

の過誤もしくは怠慢の故に労働者がその存在を適法に援用できるものが作り出される過程に由来する職務規制の取扱規則である」と定義される[27]。一般に，特定の産業，地域または工場の職場慣行は，それが「合理的，明確で，かつ周知の」ものである場合に限って，雇用契約の内容となり得るとされている[28]。したがって，裁判所が諸般の事情から当事者の黙示的合意を肯定する場合より基準が厳しいということができる。もっとも，労働慣行の場合は，個々の労働者が，その労働慣行の存在を実際に知っていたか否かは，その効果に影響しない[29]。こうした労働慣行は，現在では，その重要性が以前より低下しているといわれる。その理由は，雇用保護の制定法の規定，殊に後述する法律の規定，労働条件記述書（Written Statement）による労働契約の文書化が義務づけられたことにある。

(9) 制定法に基づく労働条件記述書（Written Statement）

イギリスにおいては，労働契約締結時に特定の労働条件について，使用者に開示義務が課せられているわけではない。わが国の労働基準法 15 条および同法施行規則 5 条のような法令はない。雇用契約は，労働と賃金が対価関係に立つ契約であって，相互に約因（consideration）が必要とされるが，契約書は契約条件がどのような内容であったかの立証に役立つだけである。労働条件は，後述のように，明示的に合意される他，コモン・ロー上，一定の内容の義務が黙示的に契約内容となる（第 3 章第 1 節 [4] 参照）。また，制定法によって，賃金支払いについての平等条項などが契約の内容となる。その他，労働協約，就業規則などの文書に定められた内容あるいは労使慣行が労働条件の内容となり得る。しかし，それらの文書や労使慣行がどのような形で労働契約の内容になるかは必ずしも明らかではないから，使用者は，後に争いが生じそうな基本的労働条件を明記した採用書（letter of appointment）を労働者に与え，労働者は，そこに書かれた労働条件を承諾する旨の文書の提出を求められることが多いといわれる。この採用書は，もっぱら使用者が任意的に交付するものであるが，

---

[27] W. Brown, 'A Consideration of Custom and Practice', 10 BJIR 42, at 61.
[28] Devonald & Sons Ltd v. Posser [1906] 1 KB 728 (CA).
[29] Sagan v. H. Ridehalgh & Son Ltd. [1931] 1 Ch 310 (CA).

これとは別に，1996年雇用権法が使用者に義務づけているのが労働条件記述書（a written statement）の交付である。

　この義務は，1963年雇用契約法によって初めて導入されたものである。現在，その規定は，1996年雇用権法1条から7および11条と12条に規定されている。その対象とされる労働条件の範囲および適用労働者の範囲は導入当初よりずっと広げられている。それは，1991年の「契約または雇用関係に適用される条件を被用者に知らせる使用者の義務に関する」欧州共同体理事会指令（91/533/EEC）を実施する必要があったことにもよる。もっとも，同指令自体は，イギリスの労働条件記述書をモデルとしたものであることは特筆すべきものであろう。労働条件記述書は，契約内容の決定的証拠とはいえないが，反証を許す推定力を有するものではあるとされる。System Floors Ltd (UK) 事件で，雇用控訴裁判所の Browne-Wilkinson 判事は「それは両当事者の契約の条項がどのようなものであったかについて強力な一応の証拠（prima facie evidence）を与えるものである。他方で，条項の記述は，結局のところ決定的なものでもない。……それは使用者に実際の契約の条項は，法定の記述書に記述したものと異なることを承継する重い証明責任を負わすものである。」と述べた[30]。なお，前記理事会指令に関して，欧州司法裁判所が示した解釈も同様であり，労働条件の通知の内容は「雇用契約の基本的な事項の事実の証明」として「国内法において，使用者によって作成され被用者に与えられた他の類似の文書に与えられるものと同様にその真実性を推定する」証拠力を有するが，使用者はそれが事実と違っていることを証明することによって推定力を破ることができるとしている[31]。

　労働条件記述書付与義務の概容は以下の通りである。

　使用者は，雇用開始から2カ月以内に，記述書を1回でまたは分けて，被用者に付与しなければならない（1条）。また，変更があった場合には，その変更から1カ月以内にその変更された労働条件の記述書を付与しなければならない（4条）。記述書の対象事項は，まず，1つの文書に記載されるもの（主要記

---

[30] System Floors Ltd (UK) v. Daniel [1981] IRLR 475 (EAT).

[31] Kampelmann v. Landschaftswerband Westfalen Lippe and Joint Cases: C-253/96 to 258/96 (1997).

載事項）として，当事者，継続雇用期間の開始日，報酬の基準・率または算定方法，報酬支払期間，労働時間に関する条件，休暇に関する条件，職名または簡単な職務内容，職場である。分けて付与できる記載事項（付加的記載事項）として，傷病による労働能力喪失，年金，雇用終了の予告期間，有期契約の満了日，雇用条件に関する労働協約，イギリス国外で1カ月以上労働する義務を負う場合には，その期間，支払われる通貨，特別手当・報酬，帰国の条件が挙げられている（1条および2条）。なお，この付加的記載事項については，使用者は，主要記載事項を記載した主要記述書において，合理的にみて雇用中に閲覧しまたは入手できる他の文書，例えば労働協約や就業規則に委ねることができる。

また，以上の事項に加えて，使用者は，前記労働条件記述書に，適用される懲戒規則を特定しまたは被用者に対しアクセス可能な懲戒規則を特定した文書の参照を求め，なされた懲戒処分・解雇の決定に異議を申し立てる相手および苦情を申し立てる相手とその手続を特定する記述を含めなければならない（3条）。

この労働条件記述書の付与義務違反に対しては，次のような法的救済が与えられる。すなわち，それが付与されていない場合，被用者は，3カ月以内に，その付与義務違反の訴えを雇用審判所に提起することができる。これに対して，審判所は，付与されるべきであった内容の労働条件記述書を決定する（11条1項）。その結果，使用者は，審判所が決定した内容の労働条件記述書を付与したものとみなされる（12条1項）。また，労働条件記述書の内容に疑義がある場合，当該労働者と使用者はいずれもその確定を雇用審判所に求めることができる（11条2項）。審判所は，その両者の関係についての諸般の事情を考慮してその黙示の内容を確定するが，特定の条件の明示・黙示の合意が発見できない場合に裁量で労働条件記述書の内容を創造することはできない[32]。

付言する必要があるのは，2002年雇用法38条の規定である。これは，雇用審判所が管轄権を有する一定の事項（2002年法付則5）に関する被用者の訴訟がなされた場合，審判所が被用者勝訴の判断をしかつそれにつきなんらかの補償裁定をする場合も，しない場合も，使用者が当初のまたは変更された労働条

---

[32] Eagland v. British Telecommunications plc [1992] IRLR 323 (EAT).

件記述書を与えていない場合には，審判所は最低2週給分の補償を裁定しなければならず，諸事情に鑑みて正義と衡平に照らして，最高4週給分の補償を裁定できる。

(10) 就業規則 (works rules, company handbooks, etc.)

ここでいう就業規則とは，使用者が任意に一方的に作成して労働者に付与する「工場規則」，「会社規則」または「被用者便覧」などと称される文書である。これらの文書は，使用者が一方的に変更することが可能であることから，契約的効力は否定されるというのが一般的である(33)。しかし，その労働条件は特定の「会社規則」による旨が明示または黙示に合意されているといえる場合がある。これは，多くの場合，前述した労働条件記述書によって裏付けられるであろう。仮にそのような特定の「会社規則」が労働条件記述書の中に労働条件の内容を定めるものとして指定していなければ，その「会社規則」は労働契約の内容を構成しないものであるとの反証を許す推定 (rebuttable presumption) が生じてしまうことになる。この推定を崩すために使用者は，当該「会社規則」の存在およびその契約としての効力を当該被用者または被用者一般が認識していたことを証明する証拠を提出する必要があるとされる。

[2] 国際法など

(1) 欧州共同体の法 (European Community Law)

イギリスは，1972年に共同体に加盟し，同年に制定された1972年欧州共同体加盟法 (European Communities Act 1972) (イギリスの制定法) により欧州共同体の法がイギリス国内に適用される法となった。欧州共同体加盟法2条1項は，「(欧州共同体の) 諸条約によりまたは基づいて随時制定されまたは発生する権利，権限，責任，義務および制限の全て，および，当該諸条約によりまたは基づいて随時与えられる救済と手続の全ては，当該諸条約に従い法的効果を付与され適用されるために連合王国内でそれ以上の措置を必要としないものとして，法として承認，適用され，また法として執行，認容，遵守されるものとする。また，『執行可能な共同体の権利』および同様の表現は，本項が適用さ

---

(33) Secretary of State for Employment v. ASLEF (No.2) [1972] 2 All ER 949 (CA).

れる権利を指すと解釈されるものとする」と規定している。このため，欧州共同体設立条約（ローマ条約）などの条約と議定書がイギリスにも適用される。これに加えて，欧州閣僚理事会または欧州委員会が第一次的法に基づいて発する第二次的法たる規則，指令および決定もイギリスに適用されることになった。

　このうち，規則は，共同体の公報において告示され，イギリスの国内法と同様に直接適用される（ローマ条約249条2項）。また，決定は，加盟国（この場合，イギリス）ないし私人や企業を名宛人に対して拘束力をもつ（同条4項）。これに対し，指令は，イギリスにこれを達成する義務を課するが，その達成の手段・方法についてはイギリスの機関の権限に任せるものであり，イギリス国内の立法措置が必要となる（同条3項）。しかし，国がその立法措置をとらない場合，私人が国を相手取って，当該指令に基づく訴えをなすことができる。例えば，平等取扱指令に関して(34)，欧州司法裁判所（European Court of Justice）は，問題とされた種類の上限額の設定は，それが差別解雇の結果被った損害の十分な補償によって実際の機会の平等を確保するという要請に必ずしも合わない水準に先験的にその補償金の額を限定しているのであるから指令6条の適切な履行を構成していないし，また，6条は補償金に関し利息の裁定を付さなければならない，と述べた。その上で，これらの点で，6条は国内法に垂直的直接効力を有するのであるから，被用者は国家の機関に対して請求する直接的な権利を与える，と判示した。しかし，純粋に私人間の関係では，指令は直接効力（水平的直接効力）を有しないとされる(35)。なお，指令の要請する立法措置がとられるべき期限を徒過しても国がその措置をとっていない場合，私人がその国に対して，一定の条件のもとで，損害賠償を請求することも可能であるとされる(36)。

---

(34) Marshall v. South West Hampshire Area Health Authority (No.2) : C-271/91 (1993), ECJ.
(35) 指令がある範囲で限定的な水平的直接効力を有するとの見解もないわけではない。CIA Security International SA v. Signalson: C-190/94 (1996), ECJ.
(36) Francovich v. Italian Republic: C-6/90 (1992), ECJ.

(2) 欧州共同体の判例

欧州共同体法の解釈適用に関する争いは，欧州司法裁判所が取り扱うが，その訴訟形態は加盟国，欧州連合の機関，私人などが直接訴える直接訴訟と，加盟国の国内裁判所に係属している訴訟事件で，共同体法の適用，解釈が争点となった場合，当該国内裁判所が欧州裁判所に付託する先決訴訟とに大別される。そして，直接訴訟は，(i)条約義務違反訴訟（加盟国の条約義務不履行があった場合に，欧州委員会および他の加盟国が義務違反の確認を求める訴訟。その確認判決の履行を義務違反加盟国が怠った場合には制裁金が課せられ得る。ローマ条約226条および228条），(ii)取消・無効確認訴訟（欧州連合の機関が行った法的行為，例えば規則，指令，決定の創設などの違法性を理由として，理事会，欧州委員会，加盟国または私人が提訴する訴訟。ローマ条約230条）および(iii)不作為違法確認訴訟（理事会，欧州委員会または欧州国会が条約に違反して一定の行為を行わない場合に，理事会，欧州委員会，欧州国会，加盟国，また場合によっては私人が行う訴訟。ローマ条約232条）に細分される。これに対し，先決訴訟とは，加盟国の裁判所（イギリスの労使審判所なども含む）が，係属中の特定の事件が共同体法の解釈に関係する場合に，その解釈につき欧州司法裁判所の判断を求めるものである。

(3) 国際労働基準

ILOの労働基準は，それがイギリスの制定法により定められない限り，国内法としての効力をもたない。しかし，制定法やコモン・ローの解釈に事実上の影響を与え，また，欧州共同体法の解釈にも影響を与える可能性がある[37]。なお，イギリスは，2005年4月現在で，86のILO条約を批准し，そのうち17を廃棄している。批准条約数はドイツの83より多くフランスの124より少ない。類似の国際労働基準として，国連総会で，1948年に採択された世界人権宣言（Universal Declaration of Human Rights），1966年に採択された経済的，社会的および文化的権利に関する国際規約（International Covenant on Economic, Social and Cultural Rights）および市民的および政治的権利に関する国

---

[37] S. Deakin & G. S. Morris, Labour Law (4th ed.), pp. 109-110 (Hart Publishing, 2005).

際規約（International Covenant on Civil and Political Rights），欧州評議会により 1950 年に採択された欧州人権条約（European Convention on Human Rights）などがある。そして，欧州人権条約は，ブレア労働党内閣のもとで，1998 年 11 月に人権法として国内法化されたことは前述の通りである（本章第 1 節 [1](2)参照）。

第 2 節　裁　判　所

[1]　普通裁判所

　契約および不法行為責任に関する事件は，通常，普通の民事裁判所の管轄に属する。そのうち，損害賠償額が 5 万ポンド以下の事件は，郡裁判所（County Court），それ以上の賠償額の事件の場合と郡裁判所からの控訴の場合は，高等法院（High Court）の管轄に属する。また，労働安全衛生などに関する刑事事件は，それが略式起訴の場合は治安判事裁判所（Magistrates' Court），その控訴の場合および正式起訴の場合は刑事法院（Crown Court）の管轄に属する。高等法院および刑事法院からは，控訴院（Appeal Court），そして最終的には貴族院（House of Lords）へと上訴することができる。普通裁判所の上訴においては，上訴審は法律問題のみならず事実問題をも審査できることになっている。なお，証拠の提出は，下級審での使用のために入手が困難であり，かつ，下級審の判決に決定的な影響を与えたかもしれないこと，および信頼できるものであることが要件とされている[38]。

[2]　雇用審判所（employment tribunal）

　雇用審判所は，1998 雇用権（紛争解決）法（Employment Rights (Dispute Resolution) Act 1998）によって名称変更されるまでは労使審判所（industrial tribunal）と呼ばれていた。その労使審判所は，1964 年産業訓練法により設立され，その後次第にその管轄事項が広げられ，新たに制定された雇用立法に基

---

[38]　S. Sime, A Pracical Approach to Civil Procedure (4th ed.), (Blackstone Press, 2000), pp. 503-4.

づく訴訟のほとんどを取り扱うようになったが，1993年労働組合改革・雇用権法において，契約違反に基づく損害賠償請求事件のうち，その訴額2万5,000ポンド未満の事件を取り扱う権限を付与されるに至った[39]。審判所の組織および手続は，1996年雇用審判所法および同法第1条に基づき国務大臣の制定した2004年雇用審判所（組織および手続）規則（Employment Tribunals (Constitution and Rules of Procedure) Regulations 2004）によって定められている。審判所は，法曹資格を有し7年以上の実務を積んだ弁護士の中から大法官が任命した審判長（Chairman）と国務大臣が任命した2名の無資格審判員（Lay members，1名は使用者代表機関と，もう1名は被用者代表機関と協議した後）からなる三者構成裁判所である[40]。なお，これらの無資格審判員（以下，審判員）は，労使の代表として任命され，被用者リストと使用者リストに掲載される。従来，この任命に当たっては，TUCとCBIが候補者リストを提出して決定していたが，現在は，女性，少数民族，障害者等も採用しやすい公募制がとられている。審判員は労使の利益代表者としてではなく個人的な労使の知識と経験を生かして審問に貢献することが期待されている[41]。審問はこれらの労使代表の2名の審判員と審判長の3名で行われるのが原則であるが[42]，例外的に，審判長と1名の審判員のみによって行われることが認められている。これには，両当事者の同意が必要である[43]。この場合には，審判長と1名の審判員の意見が分かれたときは，審判長が決定権を有することとなる。審判長のみが審問を行うことになっている事項がある。例えば，不公正解雇の中間的救済，国務大臣の賃金立替払い，賃金の違法控除，労働条件記述書，剰員解雇に関する保護裁定，剰員整理手当，医療休職期間の報酬支払い，保障手当等の訴えである[44]。審判所の手続は普通裁判所の手続よりインフォーマルで，訴訟

---

[39] Employment Tribunals Extension of Jurisdiction (England and Wales) Order 1994.
[40] ET (CRP), reg. 8.
[41] DTI, Lay Members Employment Tribunals-Information for Applicants; DTI, Employment Tribunals: Lay Member Recruitment Exercise 2002.
[42] ETA, s.4(1).
[43] s.4(1)(b).
[44] s.4(2)-(4).
[45] s.6.

代理人を必要としない(45)。当事者は，通常，裁判・訴訟費用の支払いも命じられない。しかし，次のような特別の場合には，一方の当事者に相手方当事者の被った費用の支払いを命じることができる。審問前審査（pre-hearing reviews）が延期された場合，当事者が嫌がらせ的，濫用的，妨害的，その他不当に訴訟を始めた場合，当事者の弁護士が訴訟手続中に同様に不当な行為を行った場合，訴訟の提起または遂行が勝訴の見込みなく行われた場合，当事者が手続指示（practice direction）に従わなかった場合には，審判所は費用支払命令をなすことができる。また，不公正解雇訴訟手続が延期され，かつ，原告が審問の7日以上前に復職または再雇用を希望したのに被告が理由なく適当な職の不存在の証拠を提出しない場合には，費用支払命令がなされなければならない。なお，審判所が命令を発する場合，その費用支払命令が不当であるとの主張をなすことができる旨を知らなければならない。費用支払命令は，相手方当事者が弁護士をつけている場合に限られる。命令される費用の額は，10,000ポンド以内で審判所の裁量により決定される(46)。審問に弁護士を付けない当事者が判決後28日以内に申立てを行った場合，審判所は，訴訟に直接関連した準備作業に費やした時間を補償するために準備時間補償命令（preparation time order）を発することができる。不公正解雇訴訟手続が延期され，かつ，原告が審問の7日以上前に復職または再雇用を希望したのに被告が理由なく適当な職の不存在の証拠を提出しない場合には，準備時間補償命令がなされなければならない。また，当事者が嫌がらせ的，濫用的，妨害的，その他不当に訴訟を始めた場合，当事者の弁護士が訴訟手続中に同様に不当な行為を行った場合，訴訟の提起または遂行が勝訴の見込みなく行われた場合，審判所は準備時間補償命令をなすことができる。その補償命令の額は，当該当事者が準備に費やした時間の評価に基づき決定されるが，10,000ポンドを超えることはできない(47)。審判所は，当事者の訴訟代理人（当該訴訟で自己の利益を追求しない者を除く）の不当な作為・不作為の結果として当事者が被った費用を補償する「不必要費用（wasted costs）をその依頼人に支払いまたは払い戻すことを命ず

---

(46) ET (CRP), Sch.1, rules 38-41.

(47) Sch.1, rules 42-45.

(48) Sch.1, rule 48.

ることができる[48]。審判所が職権または当事者の申立てに基づき，審問前審査を行って当事者に勝訴の見込みがないと考える場合は，当該当事者に対し，500ポンドまでの保証金を提出させ，敗訴の場合にはその保証金から適当な裁判費用を控除できる[49]。この審問前審査を認めるか否かの決定は審判長が行うが，その審査自体は通常は，審判長のみによって行われるが，審問前審査予定日の10日以上前に当事者の申請があり，審判長が審判構成員全員で行うことが妥当と思料する場合は全員で行う[50]。他方，審判所の訴訟は，法律扶助の対象とならない。

　イングランドおよびスコットランドの審判所の全般的運営責任は大法官の任命する雇用審判所長官（President of the Employment Tribunals）に委ねられている[51]。審判所の組織は12の地域に分かれ，各地域には，大法官の任命する（地域）所長（Regonal Chairman）が置かれる。審判所は，その各地域の地域センターで開かれるほか，さらに12の常設センターとその他の特別のセンターで開かれる。審判所の行政的管理は雇用審判局（Employment Tribunals Service）が行う。その局長は商務省理事長＝商務大臣（President of the Board of Trade）によって任命される。訴訟および判決の登録を管理保存する雇用審判所中央事務所があり，以前は全ての訴状が同事務所に送られなければならなかったが，1996年以降は地域の事務所に送られるべきこととなった。

　訴状には，原告の住所・氏名，被告の住所・氏名および求める救済の理由が記載されなければならない。これは，通常，雇用審判所事務所ないし地域の職業紹介所（Jobcentre）に備付されているIT1という書式に記入して行う。もっとも，この書式を用いることが義務づけられているわけではない。しかし，2005年4月以降，国務大臣によって訴状の書式が決められることになっている[52]。この訴え提起には一定の期間制限が設けられており，多くの場合は3カ月となっている。この期間内に訴えが提起されない場合でも，審判所が合理的であると思料する期間内の場合には審問がなされ得る（第3章第10節［1］

---

[49]　Sch.1, rules 18-20.
[50]　Sch.1, rule 18.
[51]　Sch.1, rule 4.
[52]　Sch.1, rule 14.

参照)。

[３] 雇用控訴審判所 (Employment Appeal Tribunal)

雇用控訴審判所は，雇用審判所の控訴審として，事実の問題ではなく法律の問題を取り扱うほか，限られた範囲で，労働組合に対する一定の訴訟を取り扱う[53]。なお，1974年職場健康安全法 (Health and Safety at Work etc. Act 1974) の是正通告 (improvement notice) および禁止通告 (prohibition notice) に関する控訴などは高等法院（イングランド）または民事上級裁判所（スコットランド）で取り扱われる。控訴は，控訴人が雇用審判所に控訴状 (Notice of Appeal) を提出することによってなされる。控訴の提起は，雇用審判所の判決または命令の理由書が控訴しようとする当事者に送られた日から24日以内になされなければならない[54]。雇用控訴審判所は，審判長（裁判官）のほか，雇用審判所と同様に労使の代表者各１名ずつ２名または２名ずつ４名（特に重要な事件）で構成される。当事者の合意があれば，審判長および他の１名の審判員ないし３名の審判員によって審問することができる。雇用審判所で審判長だけによってなされた判決の控訴については，雇用控訴審判所の審判長のみで審問がなされる[55]。審判長は，その都度，高等法院あるいは控訴院の裁判官の中から大法官によって指名される。他の審判員は，使用者の代表と労働者の代表で「労使関係に特別の知識ないし経験を有する者」であって，その都度，大法官と国務大臣の共同推薦に基づいて女王が任命する[56]。控訴審判所も訴訟代理人を必要とせず，通常，裁判・訴訟費用の支払いも命じないが，濫訴ないし不当な訴訟追行があったと考える場合は，裁判費用の支払いを命じることができる[57]。なお，労使審判所と異なり，雇用控訴審判所の訴訟は法律扶助の対象となる[58]。また，雇用控訴審判所は，記録上位裁判所 (suprior court of

---

(53) EAT, s.21.
(54) Employment Appeal Tribunal Rules 1993, rule 3.
(55) EAT, s.28.
(56) s.22.
(57) s.33.
(58) Civil Legal Aid (General) Regulations 1989 (SI 339), reg.149.
(59) ETA, s.20.

records）であり，法定侮辱を処罰し，証人の出廷を強制できる[59]。なお，雇用審判所の侮辱は審判所の申請により合議法廷（divisional court）で処理される[60]。

第3節　その他の法律運用機関

[1]　助言斡旋仲裁局＝ACAS (Advisory, Consoliation and Arbitration Service)

　ACAS は，1974年に創設されたもので，現在，「労使関係の改善を促進すること」を目的としている[61]。国務大臣によって任命される議長と公，労，使の各3名からなる三者構成の審議会によって指揮監督される。政府の費用によって運営されるが，政府からの指示を受けない独立行政機関である。その主な機能としては，労使に対する助言，斡旋，仲裁のほか，前述の行為準則の作成，労使関係の調査が挙げられる。ACAS は，毎年，多くの文書または口頭による助言を行っているが，1990年代には，毎年，50万件以上の問い合わせ（多くが電話問い合わせ）があったといわれる。

　まず，助言（advice）についていえば，ACAS は，使用者，使用者団体，労働者および労働組合の求めに応じ，または，自らの発意で，労使関係に関連しまたはそれに影響を与えるあらゆる問題に助言を与えることができる。集団的労働関係に関しては，ACAS が地道に推進してきた助言的調停と呼ばれる活動がある。「人的資源管理理論と，今ではパートナーシップと調和して新たな役割を開拓することは注目に値する。これは，戦略的調停，すなわち，ACAS が助言的調停と呼ぶところの特有な手法の採用とその改善によってなされてきたものである。労使関係の管轄事項が急増し，個別的あっせんおよび助言の需要が増大して資金に苦しんではいるが，地方事務所は内容のある助言作業，労働

---

[60] RSC Order 52, rule 1.
[61] Trade Union and Labour Relations (Consolidation) Act, s.109.
[62] J.Purcell, 'After Collective Bargaining? : ACAS in the Age of Human Resource Management', B. Towers & W. Brown (ed.), Employment Relations in Britain, (Blackwell, 2000), p.165.

者代表または被用者集団がACASの助言官の用いる共同問題解決方式で協力し合っている場合，実質的にその作業のすべてがプロセス・コンサルタンシーに依拠している。これは，組合によって組織化された職場と未組織の職場のいずれにも妥当し得るし，広範な問題もカバーできる。」[62] ACASの係官が職場を訪問して労使共同の問題解決を推進しているのである。

次に，あっせん（conciliation）についていえば，ACASが行うあっせんは，集団的労働関係のあっせんと個別的労働関係のあっせんとがある。集団的労働関係に関しては，同局は，当事者の一方の申立てまたは局自体の発意で「労働紛争（trade disputes）」の解決を援助することができる[63]。ここでいう「労働紛争」とは，争議行為の免責にいう「労働争議（trade disputes）」より広く，労働者と使用者のみならず，労働者と労働者の紛争も含むものである[64]。しかし，当事者のあっせんへの参加は任意的なものであり，解決の条件を勧告することはできない。集団的労働紛争のあっせんを試みる前に，ACASは「紛争の両当事者に対し適切な合意手続を用いることを勧めるよう配慮」しなければならない[65]。個別的労働関係のあっせんは，不公正解雇，各種差別，その他の制定法上の訴えは，審判所に訴状が提出されると，その写しが使用者に送付されるとともに，ACASにも送付される。この場合，そのあっせん官は，当事者の少なくとも一方が申請し，または，その申請がなくともあっせんが成功する合理的な見込みがあると考える場合には，その申立てを処理するよう努力しなければならない。訴えを起こし得る者が訴状を審判所に提出する前にあっせん官に申請する場合も，訴状が提出されたものとして扱われる。これらの事件の解決のため，あっせん官は，苦情処理手続の利用促進の妥当性を考慮しなければならない。あっせん官があっせんを行う際に知った事項は，それを伝えた当事者の合意を得ることなく労使審判所の手続において証拠として用いることはできない[66]。あっせん官を経由してなされた当事者の合意は，当事者を法

---

[63] TULRCA, s.210(1).
[64] ss.218 and 244.
[65] s.210(3).
[66] ETA, s.18.
[67] 例えば，Employment Rights Act 1996, s.203(2)(e).

的に拘束し，審判所の審理の対象とならない(67)。

　仲裁（arbitration）についていうと，仲裁は，一般的には，法的拘束力を有しない。しかし，実際には，両当事者がこれに従わなかった例はほとんどないとされる(68)。当事者の少なくとも一方の申請があり，かつ，その全ての当事者が同意する場合には，ACASは，労働紛争を同局が任命する者または中央仲裁委員会（Central Arbitration Committee）の仲裁に付することができる(69)。労働協約で紛争のある時点で仲裁にかけることが定められてあっても，仲裁付託にはその時点での両当事者の合意が必要とされるのが慣行である。多くの労働協約には，ACASのあっせんに付託する規定がみられる。このような場合，あっせん中，仲裁付託が合意されることがある。交渉または紛争解決の合意手続がある場合，ACASは，その手続が紛争解決に失敗し，または，仲裁をその手続に代えることを正当化する特別の理由がない限り，解決を仲裁に付託することはできない(70)。いずれにせよ，ACASは，まず，あっせんによる紛争解決の可能性を考え(71)，「仲裁（および調停）は，あっせんにより争議行為を防止しまたは縮減することに失敗した場合の紛争解決の重要な手段を提供する」(72)との立場を明らかにしており，最後の調整手段と位置づけて，容易に仲裁にかけることはない。ACASは，通常，仲裁人名簿から1名または複数の仲裁人を選んで仲裁を付託するが，例外として，中央仲裁委員会に付託することもある(73)。仲裁人名簿には，多数の労使関係論，労働経済または法律学の学者の他，若干の弁護士やACAS退職職員を含む100名から120名が掲載されている。仲裁人の任命は，当事者の同意を得ず，ACASが決定する。この点は，アメリカ合衆国の場合と著しく異なっており，人選に時間がかからない。これは，ACASの独立性と信頼性により担保されているといわれる。仲裁にかける

---

(68)　J. Goodman, 'Building Bridges and Settling Differences: Collective Conciliation and Arbitration Under ACAS', in B. Towers & W. Brown (ed.), Employment Relations in Britain, (Blackwell, 2000), p.49.

(69)　TULRCA, s.212(1).

(70)　s.212(3).

(71)　s.212(2).

(72)　Goodman, op.cit., p.52.

(73)　s.212(1).

場合，紛争を包括的に裁定に委ねず，その裁定の対象を厳密かつ明確な形で絞り込む。審理は，両当事者が出席し，調査・審尋で非公式に行われる。弁護士が付き添うことはまれであり，裁定は，ACAS本部を通じて，文書で両当事者に送られる。仲裁は私的で内密な問題と考えられ，裁定は公表されない。これは，裁定の先例の発展を避け，仲裁の個別性，弾力性を維持するために重要とされる[74]。なお，1998年雇用権（紛争解決）法（Employment Rights (Dispute Resolution) Act 1998）は，ACASに不公正解雇の争いを仲裁によって解決する制度を設置する権限を与えた[75]。

　以上のほか，ACASは，制定法にその権限が定められていないものの，調停（mediation）も行っている。ある意味では，調停は労使関係においては重要な位置を占めていない。そもそも，イギリスの労使関係においては，仲裁に法的拘束力がないのであるから，あっせんと調停，調停と仲裁の間には大差はないのではないかとの疑問もある。しかし，ACAS内部では，あっせん，調停および仲裁は明確に区別されている。あっせんと調停の違いは，あっせんはACASの係官が行い，あっせん案を出さないのに対し，調停は調停人名簿（前掲仲裁人名簿と同一）から任命された専門家が行い，調停案を出す。仲裁と調停は，いずれも外部の専門家が行うところにおいて共通している。しかし，仲裁裁定は道義的拘束力を有するが，調停案はそうした拘束力を有しないというのが決定的な違いとされる。

[２]　中央仲裁委員会（CAC）

　CACは，労使関係に関する仲裁のために1975年に設立された独立行政委員会である。その前身は，1919年の労働裁判所法で設立され，1971年労使関係法で「労働仲裁局（Industrial Arbitration Board）」と名称変更された「労働裁判所（Industrial Court）」である。必要な職員および施設はACASが貸与している[76]。CACは，委員長（chairman）のほか委員長代理（１名または複数名）

---

[74]　イギリスとアメリカの仲裁の違いについては，小宮文人『英米解雇法制の研究』（信山社，1992年）233頁以下。

[75]　TULRCA, s.212A and s.212B; ERA, s.203.

[76]　TULRCA, s.259.

を含むその他の委員で構成される。委員には労使の代表としての経験を有する者を含む必要がある。これらの委員は，ACAS と協議して国務大臣が任命する[77]。CAC の任務としては，大別すると 2 つある。1 つは，ACAS からの依頼によって任意的仲裁を行うことである[78]。もう 1 つは，法定された労使関係事項に関する紛争の判定機関としての任務である。このうちには，労働組合に関するものと被用者の情報・協議に関するものがある。前者に関しては，団体交渉に関する使用者の情報開示義務違反から生じた紛争の裁定[79]と 1999 年雇用関係法（Employment Relations Act 1999）により導入した労働組合の法定承認申立ての裁定である[80]。法定承認制度に関して，中央仲裁委員会の委員長は，委員長ないし委員長代理，使用者の代表として経験を有する者および労働者の代表として経験を有する者の各 1 名ずつの，3 名からなる 1 または複数の専門委員会（panel）を設置しなければならない。専門委員会が全員一致で決定できない場合は過半数の意見で決定し，それでも決定できないときは，専門委員長が決定する[81]。被用者の情報・協議に関するものとしては，欧州共同体の指令を実施するための 1999 年多国間被用者情報協議規則（Transnational Information and Consultation of Employees Regulation 1999）および 2004 年情報協議規則（Information and Consultation Regulation 2004）に関する紛争の裁定である。

［3］ 認証官（Certification Officer）

認証官は，1975 年以来置かれてきたが，その任命は，国務大臣が ACAS との協議の後，行うこととされている。認証官はその補佐認証官を任命することができるほか，その必要な職員と施設は ACAS が提供する[82]。その主な任務

---

[77] s.260.
[78] s.212(1)(b)(9).
[79] ss.181-185.
[80] s.70A and schedule A1.
[81] s.263A.
[82] TULRCA, s.254.
[83] ss.2-4.
[84] ss.32-37

は，組合および使用者団体の登録簿の維持[83]，それらの団体が会計上の義務を履行することの確保[84]，組合が自主性を有しているか否かの判定[85]，組合選挙に関する苦情の処理[86]，組合政治基金に関する規則履行の確保[87]，組合の合併の監視[88]などである。なお，保守党政権下で1988年雇用法（Employment Act 1988）に基づき導入された組合員権促進委員（Commissioner for the Rights of Trade UnionMembers = CROTUM）の制度は1999年雇用関係法で廃止された。同委員は，一定の対組合訴訟において，労働組合員を援助することを目的として，組合員が法律家により助言を受け，または，代表・弁護されるよう手配しあるいはそのための金銭的援助をするものであった。しかし，その機能のほとんどが認証官の任務となった。また，この他に1993年労働組合改革・雇用権法により創設された違法争議行為被害者援助委員（Commissioner for Protection against Unlawful Industrial Action）の制度があり，同委員は労働組合の違法争議行為により商品・サーヴィスの供給が妨げられまたは遅滞せしめられ，あるいは，商品・サーヴィスの質に影響が生じたことを理由として訴訟を提起しようとする者に対して，法律家の助言，代理・弁護の費用を負担し，または，被った費用・責任を補償する援助を行うこととされていたが，この制度も1999年法により廃止された。

[4] 機会平等委員会（Equal Opportunities Commission = EOC），人種平等委員会（Commission for Racial Equality = CRE）および障害者権委員会（Disability Rights Commission）

機会平等委員会は1975年性差別禁止法（Sex Discrimination Act 1975），人種平等委員会は1976年人種関係法（Race Relations Act 1976），障害者権委員会は1999年障害者権委員会法（Disability Rights Commission Act 1999）によってそれぞれ創設され，それぞれの法律（ただし，機会平等委員会に関しては，1970年同一賃金法を含む）の実施を促進し，性的または人種的平等または障害者の

---

(85) ss.5–9.
(86) ss.54–56A.
(87) ss.71–96.
(88) ss.97–107.

平等を促進することをその任務とする。前二者については，いずれの委員会も委員長，1名ないし2名の委員長代理を含め国務大臣により任命される8名から15名の委員（フルタイムまたはパートタイムの）で構成される[89]。障害者権委員会の場合は，その委員の総数は10名から15名とされており，その過半数が障害者でなければならないとされている[90]。なお，これらの機関は，2007年10月には，平等人権委員会（Commission for Equality and Human Rights）に統合されることになっている（2006年平等法＝Equal Act 2006）。

[5] 安全衛生委員会（Health and Safety Commission）

同委員会は，職場の安全衛生の推進を指揮する機関として，1974年職場安全衛生法（Health and Safety at Work etc Act 1974）により創設された。委員長のほか，労・使・公のそれぞれ3名の代表委員で構成される。その主な役割は，法律の履行の監視，法律の改正の提案，関係者への健康安全の奨励と助言，健康安全に関する情報普及と研究である[91]。

[6] 低賃金委員会（Low Pay Commission）

低賃金委員会は，1998年全国最低賃金法（National Minimum Wage Act 1998）に基づき国務大臣によって任命される委員長ほか8名の委員によって構成される[92]。委員の内訳は，使用者と労働組合のバックグラウンドを有する委員各3名および労使関係の専門家3名である[93]。同委員会は，国務大臣に全国最低賃金に関する勧告を行う任務を負っている[94]。

---

[89] SDA, s. 53 ; RRA, s. 43.
[90] DRCA 1999.
[91] HSWA, ss. 10-14.
[92] NMWA, s.8 and Sch.1, para.1(1).
[93] Sch.1, para.1(2).
[94] s.5(1),(2)and(3).

第3章　個別的労働関係

第1節　雇用契約（contract of employment）

[1]　定　義

(1) 雇用契約とは

　コモン・ロー上，労働関係の規制対象とされてきたのは非雇傭的労務契約（contract for services）（請負契約のみならず委任契約を含むもの）から区別された雇傭契約（contract of service）であるが，今日の制定法の多くの規定も，その適用対象を「被用者（employee）」に限定しているため，ある労働者が「被用者」に該当するか否かが労働者保護にとって重要な意味を有する。この場合，「被用者」とは，一般に，「雇用契約（contract of employment）を締結し，又は雇用契約に基づいて労働する者（また，雇用終了後においては，雇用契約に基づいて労働した者）」を意味するとされる。そして，「雇用契約」とは，「雇傭契約（contract of service）ないし徒弟契約（apprenticeship contract）」を意味し，「それが明示のものか黙示のものか，あるいは（明示の場合に）口頭によるか書面によるかを問わない」とされる[1]。「雇傭契約」は，使用者の代位責任（vicarious liability）を生ぜしめ，また明示契約条項に反しない限度において黙示契約条項（implied terms）が当然に契約内容となっているものと解される。徒弟契約は，労働者に使用者に雇われることだけではなく，指導・訓練を受ける権利を与えるものであるから，雇傭契約と同一ではないが，同様に代位責任を生ぜしめるものと考えられる。徒弟契約は，雇傭契約と異なり，その締結は，

---

(1)　1996年雇用権法230条2項，1992年労働組合労働関係統合法295条など。

当事者の署名を付した書面で行う必要がある。また，契約上の権利・義務についても，コモン・ロー上，独自の法理が形成されている。なお，徒弟契約と同様に労働者に訓練を与えるものとして，1970年代後半から制定法上設けられた訓練制度に基づく訓練生（trainee）と訓練を与える事業主の関係は，その契約内容が当事者によって決められないので，徒弟契約でも雇傭契約でもないとされた[2]。

(2) 該当性の判断

雇用契約か否かは，どのようにして決定されるのであろうか。従来，雇用契約該当性の問題は，主に，労働者の不法行為についての使用者の代位責任との関係で論じられてきたが，その判断基準としては，管理性基準（control test）が用いられていた。その中心的な要素は，使用者が労働の時間，場所および方法を決定しているかということであった。しかし，その後，労働技術の高度化による労働の仕方の変化，そしてより最近では，企業内外の非典型労働者の使用などにより，こうした単純の判断要素では，妥当な結論に至ることができなくなった。そこで，今日では，管理性基準に代わるものとして，いくつかの基準が適用されているが，決定的な基準が確立されているわけではない。しかし，代表的なものとして，統合性基準（integration test），経済的現実基準（economic reality test），相互性基準（mutuality of obligation test）および複合的基準（multiple test）が挙げられる。

(A) 管理性基準

もっとも伝統的な基準であり，少なくとも19世紀まで遡る。そして，少なくとも1995年まで，控訴院は，ある者が被用者か自営業者（self-employed）かを決定する基準は「何がなされるべきか，どのような仕方でなされるべきか，どのような手段でなされるべきか，いつなされるべきかを指示するのは誰か。」が重要であるとしてきた[3]。伝統的な形態としては，管理性基準は，独立の請負人（independent contractor）は自己の仕事を遂行する仕方において被用者

---

(2) Daley v. Allied Suppliers Ltd. [1983] IRLR 14 (EAT).

(3) Lane v. Shire Roofing Co. (Oxford) Ltd. [1995] IRLR493, 495 (CA)(HenryLJ).

(4) Deakin and Morris, Labour Law (3rd ed.)(Butterworths, 2001), p.158.

第1節　雇用契約（contract of employment）

の場合より多くの裁量と自治を有しているとの考えを表している。今日の有力学説は，管理性基準を直接的な監督と監視に服する者のみが被用者であるという趣旨に解することは時代錯誤であるとの批判もあるが，管理性の意味を被用者の仕事の一般的な内容を指示・命令する権利と解する限り現代でも妥当性があるとしている[4]。しかし「管理権は，その存在がどちらの契約類型とも完全に両立するので雇用を自営業者から区別することはできない」とする見解もあり[5]，管理性基準は以前よりも依拠することが少なくなったといわれる。

(B)　統合性基準

統合性基準とは，労働者がその使用者の組織に完全に統合されているかどうかを判断基準とするものである。これは，1940年代後半以降の判例において管理性基準の代わりに用いられるようになった。例えば，その仕事をどのような仕方でいつ行うかに関する幅広い自治を有する熟練的または専門的労働者であるにもかかわらず，大規模で官僚的な組織の中で働いている場合には，被用者であるとされるのはどうしてなのかという理由の説明に用いられたのである。Lord Denning 判事にいわせれば，雇用または労働契約において「（それらの事例に）共通する特徴は，雇用契約のもとでは，人は事業の一部（part of business）として雇われ，その労働は事業の統合的部分としてなされるのに対し，非雇傭的労務契約（contract for services）に基づく労働も事業のためになされるが事業に統合されるのではなく，単に事業に付随するにすぎない」ということになる[6]。同様に「被用者の仕事に要する技術が大きければ大きいほど，当該被用者が雇用契約の下にあるか否かの決定における管理性の意義は薄れる」ことが指摘されてきた[7]。したがって，統合性基準は，被用者の使用者に対する個人的「従属性（subordination）」をあまり強調せず，その仕事がどのように組織されるかを強調する。統合性基準は，経営者の権限が没個性的に行使され，官僚的な規則と手続に服する状況に適する。下請契約（sub-contract）や派遣労働の場合におけるように組織の境界が拡散または不明確になる

---

(5)　D.Brodie,'The contract for work', Scottish Law and Practice Quarterly, No.2, p. 138-148 (1998).
(6)　Stevenson, Jordon & Harrsion v. MacDonald & Evans [1952] 1 TLR 101 (CA).
(7)　Beloff v. Pressdram Ltd. [1973] 1 All ER 241, 250.

状況においては利用価値が少ないとされる[8]。結局，統合性基準は，「統合性」という基準自体が曖昧なため多くの判例に支持されなかったようである。

(C) 経済的現実基準

経済的現実基準とは，労働者が自己の利益のために（his or her own account）で事業を行っているのか，それとも最終的な損失の危険と利益の機会を負う他人のために労働しているのか，によって決定しようとするものである[9]。この基準によれば，労働の仕方に幅広い裁量を有する労働者も，契約相手に経済的に依存している場合は，その裁量を理由として被用者該当性が肯定される[10]。この基準には「どこに金銭的リスクが存在するのか，『労働者』がその職務遂行において良好な事業から利益を得る機会があるか否か，その機会はどの程度のものかを探求する努力」を伴う[11]。被用者の地位は「その個人がその能力の金銭的利用のために主に特定の報酬支払に依存または独立している程度」の結果であるという意味で，経済的現実基準は経済的依存という基準を内包している[12]。また，経済的現実基準は，安全衛生に関する判決において，職業上の安全を維持するために主な責任を負担すると思われる使用者がその制定法上の義務を回避しないようにするため，裁判所に「被用者」の概念を広義に解釈させる傾向がある[13]。しかし，社会保険や安全衛生とは異なり，不公正解雇等の関係では，経済的現実基準への依拠が被用者該当性の判断に決定的に有利となるものではないことを示唆する判例がある[14]。

(D) 相互性基準

相互性基準とは，一定の期間にわたり雇用関係を維持する契約当事者の相互的な約束が存するか否かを判断基準とするものである。すなわち，使用者が仕事を与え，労働者がその仕事を引き受けるという相互的な義務の存在が疑わし

---

[8] Burchell et al, The Employment Status of Individuals in Non-standard Employment, March 1999, DTI website, p.5.
[9] Deakin & Morris, Labour Law (2nd ed.)(Butterworths, 1998), p.162.
[10] Market Investigations v. Minister of Social Security [1969] 2 QB 173.
[11] Lane v. Shire Roofing Co. (Oxford) Ltd.[1995] IRLR 493, 496 (CA)(Henry LJ).
[12] Hall v. Lorimer [1994] IRLR 171, 174 (CA)(Nolan LJ).
[13] Ferguson v. John Dawson & Partners (Contractors) Ltd.[1976] IRLR 376 (CA).
[14] Wickens v. Champion Employment Agency Ltd.[1984] ICR 365 (EAT).

第 1 節　雇用契約（contract of employment）

い場合には，雇用契約関係を否定するものである。相互性は，経済的従属性ではなく，雇用条件自体に含まれる従属性の形式をその要件とする。自己の営業を有しないために，自己の計算で営業していないとしても，特定の使用者との常態的かつ安定的雇用関係を有しない者は，事実上，雇用と自営業の狭間に取り残され，雇用契約上の被用者と認められないことになる。したがって，この基準によると，経済的現実基準によれば雇用契約で雇われているとされ可能性のある者が被用者でないとされる可能性が強い(15)。実際，この基準の適用により派遣労働者，ゼロ時間契約（使用者は一定の時間の労働を与える義務もなく，労働者はそれを引き受ける義務もなく，実際に働いた時間のみ報酬が支払われる契約）または不定期業務に従事する労働者は，制定法の保護の範囲外に置かれる可能性が高い。この義務の相互性が存するか否かの決定が雇用契約の存否を決定したものとして代表的かつ対立的な控訴院判決が O'Kelly 事件判決と Nethermere (St Neots) Ltd.事件判決である。

O'Kelly v. Trusthouse Forte plc ［1983］ IRLR 369 (CA) では，ホテルの呼び出しがあれば定率の報酬で労務に服してきた「常用」臨時給仕が，組合所属を理由に解雇されたとして不公正解雇の訴えを起こした事件である。彼らは，会社の監督に服し，会社のコンピューター賃金支払簿に基づいて週ごとに支払われ，被用者として税金と社会保険料を控除されていた。仕事を引き受ける法的義務はなかったが，仕事を断ったら，定期的に仕事を与えられる名簿から外されるようになっていた。解雇通知は，彼らは二度と就労を求められないという趣旨のものだった。彼らは，従来から存続してきた「包括契約（umbrella contract）」という形の雇用契約または一連の個別的雇用契約で労働してきたと主張したが，審判所はいずれの主張も認めなかった。給仕らの控訴において，雇用控訴審判所は一連の個別的雇用契約の主張を認めたが，控訴院がこれを取り消したため，給仕らの訴えは棄却された。会社は仕事を与える義務はなく，給仕らは将来の労務を提供する義務はなかったから，特定の催しに関する労務の供給・購入の純粋な商取引であったとする審判所の判決が維持された。

これに対し，Nethermere (St Neots) Ltd. v. Tavera and Gardiner ［1984］ IRLR 240 (CA) では，会社の被服工場に雇用された後に在宅就労者となった2名の縫

---

(15)　Deakin & Morris, op.cit., p.167.

製婦の不公正解雇が争われた事件である。彼女らは，いずれも会社からミシンを与えられ，報酬は出来高で週ごとに支払われた。仕事をめったに断らず，仕事を減らしたいときは原料を届けに来る運転手にその旨伝えた。そして，仕事の量は運転手を呼ぶ価値がある程度の量でなければならないとされていた。彼女らは，工場で働く労働者と同一の賃率で支払われる週単位勤務時間表を定期的に提出していた。控訴院は，審判所の訴え認容判決を取り消した雇用控訴審判所を破棄した。控訴院は，審判所の決定は，相互義務を完全に拒絶するものではなく，むしろ，会社が仕事を与えその仕事の遂行に報酬を支払い続けることを会社に義務づけ，縫製婦に与えられた仕事を請けてそれを遂行することを義務づける包括的契約があったと判示したと結論づけた。これらの判例が異なった結論に至ったのは多分に事実の実質的な違いにあると思われる。雇用契約であるか否かは法律問題であるが，審判所が間違った法理を適用し，または，その決定が如何なる審判所であり，当該事実を適切に考慮したらそのような結論に至らなかったということが証明されない限り，審判所の判断に介入できないとされているため，審判所の判断が尊重されるのである(16)。

しかし，Carmichael v. National Power［2000］IRLR 43における貴族院の判決以来，包括的雇用契約の存在を認める可能性は少なくなったといえる。同判決は，会社の必要に応じて働く旅行ガイドに関し，ガイドとして働いていない期間には契約関係が存続することが意図されていなかったのであり，各就労期間の間の包括的契約関係を生ぜしめる義務の相互性はなかったと判示した。さらに，前掲O'Kelly判決によれば，ごく短期に雇い入れられた者は被用者ではないということになりかねない。各雇入れ間を繋げる包括契約の存在がない限り，臨時に雇われている期間も雇用契約は存せず，非雇傭的労務契約が存在するに過ぎないという不当な結果になりかねない。しかし，O'Kelly判決以降の控訴院判決は，ある契約が雇用契約か否かの問題は，雇入れ期間のみによっては決定されないとの解釈を示している(17)。

---

(16) Young & Woods Ltd. v. West［1980］IRLR 201 (HL).
(17) McMeechan v. Secretary of State for Employment［1997］IRLR 353 (CA) and Clark v. Oxfordshire Health Authority［1998］IRLR 125 (CA).

第1節　雇用契約（contract of employment）

(E)　複合基準

複合的基準とは，以上のいずれの基準も一つ一つでは決定的とはいえないとの考えから，あらゆる要素を検討することにより判断すべきであるとするものである。MacKenna 判事によれば，次の3つの条件が整うと雇用契約の存在が肯定される。すなわち，「(i)労働者が賃金その他の報酬の対価として使用者のための何らかの労務の遂行のためその労働と技術を提供することに同意していること。(ii)労働者が，明示的または黙示的に，その労務の遂行において，その相手方を使用者と呼ぶにふさわしい程度において，その相手方の支配に服することに合意していること。(iii)その他の契約条項が雇用契約であることに矛盾しないものであること。」である[18]。しかし，この基準は，結局，支配性基準に曖昧な要件を加えているだけであるとの批判がなされている[19]。

(F)　判例の状況

裁判例を検討すると，結局，裁判所は，その裁量により事案に応じ，さまざまな基準を適用しているとようにみえる。具体的な判断要素としては，例えば，支配性基準で用いられた要素のほかに，契約当事者が雇用契約を締結する意思であったか，労働者が，投資，労働手段，危険の負担，利益の帰属などからみて自己の負担で独立に事業していたといえるか，相手方に仕事を提供する義務があったか，労働者が当該相手のためだけに労働していたか，労働者が自己の仕事の補助者を雇う自由があったか，など多様なものが用いられている。ただ，派遣労働者，ゼロ時間契約または不定期業務に従事する臨時労働者が多くの場合，被用者としての保護から排除されているのが特徴的である。

(3)　「労働者」と「雇用」概念

従来のほとんどの制定法が主に保護の対象としてきたのは以上にみたような「被用者」であるが，最近の制定法のなかには，その保護の範囲を一定の自営業者に広げるものもあり，そうした例は次第に増加してきている。その保護拡大の手法には，法規制の適用対象概念として「被用者」ではなく「労働者

---

[18]　Ready Mixed Concrete (South East) Ltd v. Minister for Pension and National Insurance [1968] 2 QB 497, 515.

[19]　Deakin & Morris, op.cit., p.168.

(worker)」あるいは「雇用（employment）」という概念を用いるものに大別される。それらの制定法および規則の規定には，次のものがある。

(A) 個別的労働関係法の規定

1986年賃金法（Wage Act 1986）が使用し，その後それを若干修正して取り入れた1996年雇用権法230条3項は，保護の対象として「被用者」ではなく「労働者（worker）」という概念を次のように定義している。

「下記の契約を締結し，または，それに基づいて労働する（すでに雇用が終了している場合は，それに基づいて労働した）者である。すなわち，雇用契約，または明示または黙示を問わず，また（明示であれば）口頭または書面を問わず，その者がその専門家または事業的仕事の顧客（a client or customer of any profession or business undertaking）ではない契約の相手方当事者に自分自身で何らかの労働またはサービスを行い（do）または果たす（perform）ことを約するその他の契約」

もともと，1986年賃金法は，その第1部で賃金の違法控除などを定め，第2部で賃金審議会制度に基づく最低賃金を定めていたが，第1部では上記とほぼ同じ定義を置き，第2部ではその26条に特別の定義を置いていた。同条は，従来の賃金審議会法上の定義と同じく次のように定めていた。

「第1項 「労働者」とは，（第2項に服するほか）次の者を意味する。
　(a)（第一部と同じ者），および，
　(b)(a)号に該当するか否かを問わず，ホームワーカー（homeworker）。
第2項 「労働者」とは，専ら，その者を雇う者の営業以外の目的で雇用されている者を含まない。」

1996年雇用権法230条3項の定義に従えば，特定の企業と契約して労務に服しているホームワーカーは，その保護を受けることになる。この規定の適用される保護分野としては，使用者による賃金の違法控除，労働者からの金員の違法受領（1996年法13条から27条）および1998年労働時間規則に関する権利行使等を理由とする不利益取扱いからの保護（45A条）である。

1996年雇用権法230条3項と同一の定義の「労働者」を保護の対象とする

第1節　雇用契約（contract of employment）

法令として，1998年全国最低賃金法（National Minimum Wage Act 1998），1998年労働時間規則（Working Time Regulation 1998）および2000年パートタイム労働者（不利益取扱防止）規則（Part-time Workers (Prevention of Less Favourable Treatment) Regulation 2000）がある。そして，1998年労働時間規則における「労働者」の意味に関し，Byrne Brothers（Formwork）Ltd v. Baird [2002] IRLR 96 (EAT) は，「労務のみ請負契約者」（labour only subcontractor）」は「労働者」に該当するとしている。

Byrne Brothers (Formwork) Ltd の事実の概要および判旨は次の通りである。

〈事実の概要〉
　この事案は，労働時間規則の適用に関して，建設現場労働者の労働者性が争われたケースである。原告らは，1999年のいろいろな日日において被告会社のための仕事を行った自営の建設産業労働者達である。会社との仕事を始めるとき，彼らは労働条件の全部ではないが幾つかを明示した定型（standard form）の「請負契約」に署名することを要求された。原告らはミルトンキーニスにある被告会社の現場で専属的に仕事をした。彼らは，仕事の時間および仕事の内容に関し会社の指示に従って仕事し，出来高ではなく，時間に基づいて支払われた。しかし，自己の収支勘定を国税庁に提出し，自営の「労務のみ請負契約者」であるという前提で税金を納めていた。
　本件で，原告らは，クリスマス休暇の休暇手当ての支払いを求めた。
〈判旨〉
　雇用審判所が，建設産業の「労務のみ請負契約者」は「労働契約，または，明示または黙示を問わず，また明示であれば口頭または書面を問わず，その者がその職業的または営業的事業の顧客（a client or customer of any profession or business undertaking）ではない契約の相手方当事者に自分自身で労働またはサービスを行い（do）または遂行する（perform）ことを約するその他の契約を締結しまたはそれに基づいて労働する者」と定義する労働時間規則第2条1項の意味における「労働者」であった，と判断したことに誤りはない。雇用審判所が，被告会社で働く根拠たる契約に基づき，原告らは会社のために自分自身で労働またはサービスを遂行したのであるから，その契約が，一定の事情のも

とでは，サービスが下請契約者自身ではなくほかの誰かによって行われ得ると規定していても，第2条1項の「労働者」の定義の(b)号に該当する，と結論付けたのは正しかった。代替者を任命する限定的な権限は自己のサービスを与える義務と両立しないわけではない。常識的感覚と経験の問題として，個々の大工や労務者が建設現場で仕事を与えられたとき，両当事者の理解は，その仕事を遂行するのは彼自身であるというものである。ある一定の事情のもとで，代替者がそのサービスを与えることができるという事実があるからといって，その契約が自己のサービスを与える契約としては認められないということにはならない。代替が承認され得るということが当該契約が自己のサービスを与える契約として認められないことを意味するか否かは，所与の契約に関する評価の問題である。

　本件において，「請負契約者がそのサービスを提供できない場合，請負契約者はそのサービスをなす代替労働者を提供することができる。ただし，まず，元請契約者の明示の承認を得る必要がある。」と定める契約の条項は，その諸規定に服しつつも，サービスは請負契約者自身によって提供されなければならないという理解を前提としてのみ意味をなす。代替者を任命する原告の権限は限定的かつ例外的であり，代替者を通してその契約上のサービスを提供する包括的な許可ではないのである。労働時間規則第2条1項の(b)号の構造は，その定義を明白に何らかの仕事またはサービスを個人的に遂行するすべての契約に拡大するものであるが，次に「営業的事業」の運営に関する例外に服する。その規定の背後にある意図は，一方で被用者ではないが他方で狭い意味で営業を行う者ともみることができない中間的な種類の保護されるべき労働者を作り出すことにあることは明白である。(b)号を規定した政策は，労働時間規則による保護を厳格な意味での被用者と同じ種類の保護の必要性がある労働者－公式の雇用上の地位がどのようなものであるかにかかわらず，過度の時間労働することを要求されやすいとみられる労働者－のみに保護を拡張するものとみられる。被用者が保護を要する理由は，被用者がその使用者に対する従属的（subordinate）かつ依存的地位にあるということである。第2条1項の目的は，保護を実質的経済的に同一の地位にある労働者に拡張することにある。それゆえ，意図された区別の本質は，一方でその依存の程度が被用者のそれと基本的に同一

第1節　雇用契約（contract of employment）

である労働者と，他方でいずれの点においても自身を自助可能とみなし得る十分に対等（arm's-length）かつ自立的地位をもつ請負人（contractor）との間になければならない。」

「特定の事件でその境界線を引くのは雇用契約と請負契約の境界線を引く場合に生じるのとすべてまたはほとんど同一の考慮要素を伴うのであるが，推定される労働者の有利な方向に境界線が動かされる。例えば，推定される使用者による管理の程度，従事の専属性，その典型的な期間，報酬の方法，どのような工具を推定される労働者が提供するか，危険負担の程度等を評価することが妥当である。(b)号の基本的な効果は判断基準の引下げであり，その結果，被用者として保護を与える基準に達しない場合は労働者として保護を与えられる可能性がある。建設産業における自営の労務のみ請負契約者（labour-only-sub-contractors）は，その定義の意味において営業的事業を行うものといい難く，かつ，(b)号によって創造された「中間的労働者の概念」が予定した種類の労働者のよい例であろう。一般的な規則はないが，典型的に，労務のみ請負契約者はそうである。彼らは，通常，元請契約者間を移動する自由を有するが，実際は，一人の使用者のためにその労働力の統合された部分として長期間働く。彼らの専門的な技能は限られたものである。彼らは，工具をほとんどまたは全く提供せず，経済的危険をほとんどまたは全く負わない。そうした労働者は国税局から自営業者と見られ，そのことを証明する証明書を保持するという事実は重要ではあるが決定的ではない。本件において，雇用審判所は，原告らは「営業的事業」に従事しておらず「労働者」であると結論付ける権限があった。原告らは相当の不定期間の間ひとつの現場で会社のために専属的に働いた。原告らは会社の細かい指示に従って働いた。原告らは時間に基づき働いた。これらは，明らかに，審判所が反対の方向を示す要素と比べて決定的で優勢であるとみなした要素であった。それは，提出された証拠に基づき審判所が選択できる結論だったのである。」

　全国最低賃金法54条3項は，「本法において，『労働者』（『派遣労働者』および『ホームワーカー（home worker）』を除く）は」として，派遣労働者とホームワーカーを除外して，前掲の1996年雇用権法230条3項と同一の定義を掲

げた上で，全国最低賃金法18条は，雇用権法230条の定義を満足しない場合でも，全国最低賃金に関しては，その適用がある労働者とみなすと規定する。そして，全国最低賃金法34条と35条が「派遣労働者」と「ホームワーカー」の特別規定を置き，35条2項は，「ホームワーカー」を「ある者の営業のため，ある者の支配または管理（control or management）の下にない場所における労働の実施（execution）のためにその者と契約する個人」と定義する。また，同条1項では，「ホームワーカー」であるか否かの決定においては，54条3項は「あたかもその『自分自身で』の文言は『自分自身でか否かを問わず』に置き換えられたかのような効力をもつ」と規定する。これは，全国最低賃金法の「ホームワーカー」は，（他人に労働させないで）労働を自ら行うか否かを問わないものであるから，雇用権法230条の定義に当てはまらない場合があるということを意味するものかと思われる。その意味で，全国最低賃金法は，他の制定法の「労働者」よりさらに広い自営業者に保護を与えるものといえる。

　さらに，1998年公益情報開示法（Public Interest Disclosure Act 1998）第1条によって1996年雇用権法に挿入された，公益に沿った情報開示（同法43A条から43L条）を行った労働者の不利益取扱いからの保護を定める規定に関しては，1996年雇用権法230条に定義された「労働者」の定義を大幅に拡張する規定が置かれている。そのうち，ホームワーカーに直接関係するのは43K条1項b号であって，その内容は1998年全国最低賃金法とほぼ同一である。すなわち，同法の「労働者」とは，「ある者の営業のため，その者の支配または管理の下にない場所における仕事の実施（execution）のために契約しまたは契約した」者で「かつ，230条3項b号の『自分自身で』を『（自分自身であるか否かを問わず）』と置き換えれば同条項に該当する」者と定義されている。

　なお，1996年雇用権法230条3項などの定める「自分自身で労働またはサービスを行いまたは果たす」とは「仕事を得てそれをさせる者を雇う場合」を含まず，その一部を自分でやっても「労働者」とはいえないとする見解[20]があるが，この点は必ずしも明らかになってはいない。また，雇用権法230条3項(a)号の「事業的仕事の顧客」の正確な意味は分かりづらいが，事業者性すなわち自己の計算と危険でする仕事か否かが問題とされるものと推定される。

---

[20] Encyclopedia of Employment Law (Sweet &Maxwell, 1998) p.1209.

第1節 雇用契約（contract of employment）

(B) 集団的労働関係法の規定

また，集団的労働関係について定める1992年労働組合労働関係統合法（Trade Union and Labour Relations (Consolidation) Act 1992）では，「被用者」ではなく「労働者」という文言を用いるものもある。例えば，労働組合の定義（1992年1条），チェックオフ（同法68条，68A条），労働争議（218条），組合承認（附則）がある。その他，「者（person）」，「組合員」等の文言も使用されている。

その「労働者」の定義は，すでに述べた諸法令の規定と若干異なるがほぼ同様である。具体的には，「下記の契約に基づいて労働し，通常労働し，または，労働しようとする者。すなわち，労働契約，またはその専門家の顧客（professional client）ではない契約の相手方当事者に自分自身で何らかの労働またはサービスを行い（do）または果たす（perform）ことを約するその他の何らかの契約，」（296条1項）

これは，「事業的仕事の顧客を相手方」との契約を排除する1996年雇用権法230条3項より対象を広げているということができる。そして，本条の「専門的顧客」の解釈については，R. v. Central Arbitration Committee [2003] IRLR 460 (HC) がある。

R. v. Central Arbitration Committee の事実の概要および判旨は次の通りである。

〈事実の概要〉

放送的興行映画劇場組合（BECTU）が中央仲裁委員会にBBC（放送局）を相手として組合承認申請を行った事件で，BBCは，カメラスタッフは1992年法296条1項(b)号の「労働者」の定義に該当しないとして同申請の権利を争った。中央仲裁委員会は個人が専門家と分類されるためには，その活動に要求される者達をカバーする機関による専門的活動に関する何らかの規制の存在が必要とされるとの決定を下した。そこで，これを不服としたBBCが高等法院に取消しを求めた。

〈判旨〉

決定取消し

第3章　個別的労働関係

　中央仲裁委員会がBBCの自然史部とのフリーランス契約を結んでいたワイルドライフのカメラマンとカメラウーマンが労働組合労働関係統合法第296条1項(b)号の「専門家」ではなく「労働者」であると判断したのは誤りである。同法附則A1に基づいてなされた団体交渉のための承認申請に関しある集団が労働者の集団であるか否かを判断する正しい方法は第296条1項(b)号自体によって指示されている。その集団が専門的仕事を行いまたは行おうとしない場合には，その集団は労働者の定義に該当する。それゆえ，同法は単なる仕事またはサービスの遂行を超えて仕事が専門的仕事の遂行と認識され得る程度の特質を要求する。同法は専門的仕事を遂行する目的で仕事を引き受ける者か否かを判断する中央仲裁委員会の専門的能力を信頼している。同委員会はその仕事の事情および特徴をすべて検討しなければならないが，どのような特徴を重要と考え，どのような特徴を不適切と考えるかを決定するのは同委員会なのである。規制機関の存否は適切な特徴であり得るが，その存在を要件とする根拠はない。そうした機関が存する場合は，専門的仕事を遂行することを裏づける有力な特徴が存すると結論づけることはできる。それは，十分条件ではあるが，必要条件ではない。

　(C)　雇用差別禁止法の規定

　1970年平等賃金法（Equal Pay Act 1970），1975年性差別禁止法（Sex Discrimination Act 1975），1976年人種関係法（Race Relations Act 1976）および1995年障害差別禁止法（Disability Discrimination Act 1995）は以上の①および②よりもさらに広い範囲の労働者を保護できるようになっている。すなわち，それらにおいては，「使用者」と「被用者」の用語が用いられているが，その当事者間の「雇用」の意味を広く定義している。それらの制定法において「雇用」がどのように定義されるかが問題となるのであるが，その定義は次のようになっている。

　1970年法は，

　「『雇用される』とは，雇傭契約，徒弟契約または何らかの労働または労務を自分自身で行う契約に基づいて雇用されることを意味し，これに関係する表現はこれに沿って解釈される」（1条6項）。

　1975年法，1976年法および1995年法も同様に，

第 1 節　雇用契約（contract of employment）

　「『雇用』とは，雇傭契約，徒弟契約または何らかの労働（work）または労務（labour）を自分自身で実施する（execute）契約に基づく雇用を意味する。」（1975 年法 82 条 1 項，1976 年法 78 条 1 項および 1995 年法 68 条 1 項）。
　この条文における「何らかの労働（work）または労務（labour）を自分自身で実施する（execute）契約に基づく雇用」の文言は，相当広義に解されている。なお，「雇用」の定義に用いられている「何らかの労働または労務を自分自身で実施する」という文言の「自分自身で実施」は，Mirror Group Newspapers Ltd v. Gunning [1985] IRLR 60 (EAT) において，広義に解釈された。

　Mirror Group Newspapers Ltd v. Gunning 事件の事実の概要と判旨は次の通りである。

　〈事実の概要〉
　新聞社ミラー社の代理店契約を結び自営新聞販売店を営んできた父親が代理店を営む権利をその娘である原告に譲渡すること求め，会社がこれを拒んだことが，雇用上の性差別に該当すると訴えた。労使審判所はこの訴えを認容したので，会社が雇用控訴審判所に上訴した。
　〈判旨〉
　上訴棄却。
　ミラー社の代理店契約は代理店主がその代理店によって行われる仕事の日常の全般的監督という最低の条件に直接関与することを義務付けていたので，同契約は性差別禁止法 82 条 1 項の「労働または労務を自分自身で実施する契約」であるとした労使審判所の判決に誤りはない。82 条 1 項の「労働または労務」に「何らかの」という文言を付した立法趣旨は，その適用が弾力的で幅広いものであることを示すことであった。「労働または労務を自分自身で実施する契約」で雇われているか否かの判断は，個々の具体的な契約の諸条項をみて労使審判所が決定すべき事実の問題である。審判所が他の事件において本件に適用された基準を採用し，本件の代理店主としての自身の関与の要素をちょっとでも含む取引を差別禁止法に関して雇用と特徴付けることを認めるならば，奇妙ないしばかげた結果になるとする上訴人側の主張は認容できない。各種の差別

禁止法は差別的特徴を有するとの一応の推定を受けた行為が特定の事情の下では正当化できるとする規定を有する。その立法趣旨が求める程度においてのみその条文の執行を確保する仕方で，差別禁止法を全体として解釈することを労使審判所に委ねるというのがおそらく国会の意図であったと思われる。

(D) 安全衛生法の規定

このほか，ホームワーカーなどの保護に重要と思われる安全衛生上の保護の分野についていえば，次のようになっている。

1974年職場健康安全法（Health and Safety at Work Act 1974）は，使用者の一般的義務の中で次のような規定を置いている。まず，「すべての事業者は，合理的に実行可能な範囲において，その企業によって影響を受けるその雇用外の者が，それによってその健康と安全が危険に晒されないように，その企業を運営しなければならない」（3条1項）として，企業活動が第三者に与える危険の包括的な管理責任を使用者に課している。これは，使用者の被用者以外に対し情報と指示を与える義務をも含み得るとされている[21]。また，「労働に用いられる物品を設計，製造，輸入，又は供給する人物は，以下の義務を負うものとする」（6条1項）と規定する。したがって，使用者が原材料・半製品や作業備品・機械などを供給・貸与する場合もこれに該当するものと思われる。

しかし，後で見る職場健康安全法に基づく，幾つかの規則の規定を除き，職場健康安全法上の労働者保護規定のほとんどは明文で「被用者」に限定されている。1997年の労働党政権が誕生したとき，政府は，ホームワーカーの使用などによる職場健康安全法の潜脱を改善する考えのあることを明らかにした。すなわち，新たに作られた環境運輸地域省（Department of Environment, Transport and the Regions）は，法律をより効果的に実施する方法が議論され，使用者がホームワーカーや「明白な自営業者」を使って自己の健康と安全の責任を回避する恐れに注意が向けられるであろうと述べた[22]。

もっとも，被用者に関して使用者に課している義務を自営業者が自己に関して行う義務としている場合が多い。1974年職場健康安全法3条2項は，「すべての自営業者は，合理的に実行可能な範囲において，その企業によって影響を

---

[21] R. v. Swan Hunter Shipbuilders Ltd [1982] 1 All ER 264 (CA).
[22] Tolley's Health and Safety at Work Handbook 2000, Int. 2.

第1節　雇用契約（contract of employment）

受ける自分および自分以外の人物（従業員ではない者）が，これによってその健康と安全に危険が及ばないような仕方でその企業を遂行する義務を負うものとする。」と規定する（3条）。また，1992年手動操作規則（Manual Handling Operations Regulations 1992）も，「この規則がその被用者に関して使用者に課する義務は，自営業者に関しては自己に関して適用される。」と規定している（2条）。このことは，健康安全執行局の監督官がホームワーカーをたずねて仕事の危険を適切に管理されていることを確認し，健康と安全に関する苦情を調査，処理する権限があることを示している[23]。

この点について，1974年法により廃止された1961年工場法（Factory Act 1961）133条と134条は，使用者は，当該被用者に直接，被用者ないし自営業者として「雇用されている」ホームワーカー全員の氏名および住所のリストを保管し，その写しを監督官および地区議会に送付しなければならず，地区議会は改善命令を発することができるとしていたが，こうした規定は1974年職場健康安全法の制定以降廃止されたことはすでに述べた通りである。

1974年職場健康安全法に基づいて制定された健康と安全に関するほとんどの規則は，以下のものを除き，ホームワーカーなどには適用を予定していないように見える。しかし，前記の1974年法が使用者に課した一般義務は排除されないことは明らかである。

①　1999年健康安全管理規則（Management of Health and Safety at Work Regulation 1999）は，使用者は，被用者だけでなく，その事業に関する自己の行動に起因しまたはそれに関係してその雇用にない者の健康と安全に対する危険の適切かつ十分な査定を行わなければならないとしている（3条）。

②　1992年健康安全（表示画面装置）規則（Health and Safety (Display Screen Equipment) Regulation 1992）は，使用者は，被用者だけでなく，その事業の目的で（表示画面装置を常習的に使用する自営業者）により使用される端末処理システム（workstation）を，誰がそのシステムを提供したかにかかわらず適切かつ十分に査定を行わなければならないとしている（2条）。

③　1998年労働設備提供・使用規則（The Provision and Use of Work Equip-

[23]　R. O'Hara et al., Scoping exercise for research into the health and safety of homeworkers (Health & Safety Laboratory, 2002).

ment Regulations 1998）は，使用者は労働設備を使用するすべての者が十分な安全衛生の情報を得ることができ，場合によっては，その設備に相応しい文書の指示を与えなければならないとしている（8条）。

④　1999有害物質管理規則（Control of Substances Hazardous to Health Regulation 1999）は，使用者が被用者に関して課された義務は，合理的に実行可能な限り，当該使用者が行う仕事によって影響を受ける勤務中および勤務外の他の如何なる者に対しても負うべきであるとしている（3条）。

(4)　国務大臣（Secretary of State）の雇用権付与対象者拡大権限

以上のような「労働者」および「雇用」概念による制定法上の保護対象者の拡大に加え，1999年雇用関係法23条は，現在制定法上の雇用権を付与されていない者にも，国務大臣が命令によりその権利を拡大する規定を定めることができる権限を付与する旨定めている。

[2]　各種の労働者・被用者

(1)　児童および年少者

児童（義務教育年齢＝16歳以下）および年少者（義務教育年齢を超え18歳未満）の労働については，保守党政権の制定した1980年雇用法でその規制のほとんどが廃止されたが，ブレア労働党政権のもとで欧州連合の指令（EC Young Workers Directive on the Protection of Young People at Work（EC/94/33）の履行のため児童労働に関する改正が行われたほか（Children (Protection at Work) Regulations 1998），更なる改正が予定されている。また，後に指摘するように年少労働者の勉学または訓練のためのタイム・オフ制度がもうけられた（1996年雇用権法63A条）。現在，児童は，以下の場合には収入の有無を問わず，雇用できない。すなわち，14歳未満である場合，軽労働以外の労働の場合，修学時間終了前の場合，午後7時から午前7時までの場合，修学日および日曜日に2時間を超える場合，日曜日以外の修学不要日に15歳未満で5時間，それ以上の年齢で8時間を超える場合，修学不要週に15歳未満で25時間，それ以上の年齢で35時間を超える場合，1時間以上の休憩なく4時間の場合，学校休暇期間中に2週間の継続休息を得ない場合。また，1933年および1969

第1節　雇用契約（contract of employment）

年児童・年少者法は，地方自治体に児童労働を制限する条例を制定する権限を与えている。また，1973年児童雇用法（Employment of Children Act 1973）は，地方自治体に両親または使用者から雇用方法，時間，期間の詳細を求める権限，その雇用が不適切または教育に害になると判断する場合，両親または使用者にその停止または改善を求める通告をなすことができる（2条）。

(2) **自営業者**（independent contractors or self-employed）

自営業者の中で，殊に，その割合が多いものに労務のみ請負人とホームワーカーがいる。

(A) 業務請負人

労務のみ請負契約は，建築産業に特有なものであり，事業者のみならず労働者にも利点があるため，建築産業に一時急増したが，税法上の規制によりその数は減少するものとみられている。事業者にとっての利点は，社会保障などの拠出，税法上の手続，労働者に対する制定法上の諸々の義務を免れることであり，労働者にとっての利点は，自営業者として，税金や社会保障拠出が直接報酬から控除されないことおよび労働組合の規制を受けずに報酬を決定できることであるとされる[24]。

(B) ホームワーカー

イギリスには，わが国のような家内労働のような定義も，ホームワーカーに関する特別の法律もない。イギリスでホームワーカーという場合，住居内ないし住居を拠点とした自営業者を指している。婦人を中心とした典型的な家内労働者のほか，フリーランサーなどどちらかというと男性に多い自宅を拠点とした自営業者を含めている。また，最近では，コンピューターなどを用いるいわゆるテレワークもホームワーカーのひとつとして考えられている。もっとも，このような広義のホームワーカーをアウトワーカー（outworkers）と呼ぶこともある。

(3) **派遣労働者**（agency workers）

イギリスでは，約70万人（労働人口の約2.8パーセント）の派遣労働者がい

---

[24] C. J. Carr & P. J. Kay, Employment Law (6th ed.)(Pitman, 1994), p.22.

る。そして、こうした労働者は、すでに20世紀初頭には存在していたといわれるが[25]、派遣業者が法的規制の対象とされるようになったのは、1973年に雇用紹介業法（Employment Agencies Act 1973）が制定されてからである。正確にいうと、同法は、「雇用紹介業」と「雇用事業」といわれる事業を規制する法律である。雇用紹介業とは、「使用者の雇用のために労働者を探しまたは雇用のため使用者に労働者を供給する目的でサービスを提供する（それが情報の供与かその他の仕方かを問わない。）事業（それが利潤追求のためか、他の何らかの事業と関連して営むものかを問わない。）」と定義され、また、雇用事業とは、「その事業を営む者の雇用にある者を、何らかの立場にある他人のために、かつその支配下で、活動させる目的で供給する事業（それが利潤追求のためか、他の何らかの事業と関連して営むものかを問わない。）」と定義される（13条）。この定義からすると、ごく大雑把にいえば、雇用紹介業は「職業紹介事業」、雇用事業は「労働者派遣事業」と捉えることもできると思われる。すなわち、雇用事業においては、労働者はユーザーのために働くが、就労関係は事業者との間にある。これに対し、雇用紹介業においては、事業者が求職者の仕事を探し適切な職に就ければ、両者の関係はなくなる。注意すべきは、雇用事業に関する就労関係は、実態に即し、雇傭契約関係の場合もあるし非雇傭的労務契約関係の場合もあるということである。

同法は、①国務大臣の申請により、雇用審判所が「雇用紹介業」および「雇用事業」の禁止命令を発することができること（3A条）、②この命令を遵守しなければ罰金刑に処せられること（3B条）、③その事業に用いられる者の利益保護のために当該事業の活動を規制する規則を制定する権限を国務大臣に付与すること（5条）、④その事業者が同事業に用いられる労働者から料金を徴収されることを禁止すること（6条）などを定めるに過ぎない。なお、③に関していえば、従来、紹介業者を営むためには国務大臣の許可が必要とされていたものを事後規制に変更したものである。また、①の禁止命令の禁止期間の最長は10年とされる。

具体的な規制は、ごく最近まで、1976年雇用紹介業・雇用事業の活動に関

---

[25]　R. W. Painter & Keith Puttick, Employment Rights (3rd ed.), (Pluto Press, 1994), p.51.

第 1 節　雇用契約（contract of employment）

する規則（Conduct of Employment Agency and Employment Businesses Regulations 1976）によってなされてきた。しかし，この規則は全 12 条と 4 つの附則からなるものできわめて不備なものとされてきた。そこで，1999 年雇用関係法が国務大臣に雇用紹介事業の活動を規制するより広範な規則の制定権限を与え（付則 7），政府は，1999 年 4 月には，1976 年規則の改正のため協議文書を公表したが協議が遅滞し，2003 年にようやく全 33 条および 6 つの附則からなる改正規則が成立した。しかし，欧州委員会の観点からは，イギリスの現行法はきわめて労働者の保護に欠けているとみられている。特に労働条件がその現に使用している企業の労働条件にかかわりなく，市場原理または団体交渉に従い事業者によって決定されていることが問題とされている。欧州委員会は労働条件の改善のためには派遣労働者労働条件指令案が必要であるとしているのに対し，イギリス政府は，同指令案は派遣需要減少につながり労働者および利用者の利益を害すると主張しているといわれる[26]。

　2003 年雇用紹介業・雇用事業の活動に関する規則の主な規定としては，文言の定義・解釈，当事者関係の定義，廃止および経過規定，求職者に付加的サービスを求めることの禁止，他の者のために労働することなどを理由とする不利益取扱いの禁止，紹介先へ直接雇用される権利，紹介業者がユーザーに代わって求職者に報酬を支払うことの禁止，紹介業者と雇用事業者がそれぞれ反対の役割で活動することの禁止，他の雇用業者から供給された労働者の常用化阻止の目的で雇用事業者がユーザーへ料金を支払うことなどの禁止，雇用事業者が労働者を代理してユーザー（またはユーザーを代理して労働者）と契約を締結することなどの禁止，雇用事業者が特定の理由で求職者に対する支払いを保留することなどの禁止，求職者に対する料金とサービスの内容の通告義務，サービス開始前の諸条件に関する求職者からの同意取得義務，雇用事業者が求職者と合意すべき条件，紹介業者が求職者と合意すべき条件，紹介業者および雇用事業者がユーザーと合意すべき条件，紹介または供給前のユーザーからの十分な情報の取得義務，紹介または供給前の求職者情報確認義務，ユーザーおよび求職者の保護のために取るべき措置，ユーザーおよび求職者への情報の提供義務，求職者が専門職資格を必要としまたは若年者など特別の配慮が必要な者の

[26]　Ibid.

ために働く場合における紹介業者と雇用事業者の付加的な義務，複数の紹介事業者や雇用事業者の関与する場合の紹介業者と雇用事業者の義務，求職者が自宅から離れることが必要となる場合の紹介業者と雇用事業者の義務，雇用紹介業者が求職者に代わってユーザーから金銭を求めることのできる場合のユーザー勘定での金銭の保持，求職者に対し料金が請求できる場合，広告を行う条件，秘密保持義務，法令遵守を証明するに十分な記録の保持義務，民事責任，禁止ないし実施不能な契約条項および金銭の回収不能の効果などがある。

(4) 借出し被用者（borrowed employees）

イギリスにおいても，ある使用者に雇われている労働者を，他の使用者が，当該労働者の合意を前提として，借り出すことがある。この場合，借り出された労働者が，どちらの使用者の指揮・支配下にあるのかにより，この労働者の引き起こした事故により生じた第三者に対する代位責任を負う使用者がどちらかが決定される。一般に，クレーンとその操縦士を一緒に借り出したような場合，前の使用者が，責任を負う者と推定されるとされているが[27]，半熟練ないし未熟練労働者の借出しの場合には，後の使用者が責任を負う者と推定されるようである[28]。

(5) 短時間被用者

従来，労働時間が1週間16時間以下の労働者を労働保護法制から適用除外していたが，これは1995年雇用保護（パートタイム被用者）規則（Employment Protection (Part-time Employees) Regulations 1995）によって廃止された。その後，欧州共同体のパートタイム労働の枠組協定に関する指令（97/81/EC）およびそのイギリスへの拡張指令（98/23/EC）を実施するため，イギリス政府は1999年雇用関係法（Employment Relations Act 1999）にパートタイム労働者の保護のための規定を定めた。同法19条1項の規定に基づき，2000年に後述す

---

[27] Mersey Docks and Harbour Board v. Coggins and Griffith (Liverpool) Ltd ［1947］CA 1 (HL).

[28] Garrard v. Southey & Co and Standard Telephones and Cables Ltd ［1952］1 All ER 597 (QC).

第1節　雇用契約（contract of employment）

るパートタイム労働者（不利益取扱防止）規則が制定された（本章第4節 [9] 参照）。

(6) 有期被用者

不公正解雇および剰員整理手当との関係では有期契約（期間の定めのある契約）の期間満了による雇止めは解雇とみなされるが，剰員整理手当に関しては，2年以上の期間を定めている場合は，当事者は書面で解雇規制の保護を放棄することができるとされていた[29]。その後，欧州共同体の有期労働の枠組協定に関する指令（99/70/EC）を実施するため，2002年雇用法45条1項に基づき，2002年有期被用者（不利益取扱防止）規則が制定された（本章第4節 [10] 参照）。これによって，放棄を認める規定は廃止された。

(7) 臨時労働者（casual or temporary workers）

臨時労働者とはかなり曖昧な概念であり，派遣労働者，季節労働者，日雇労働者，ゼロ時間労働者など常用性を有しない各種の労働者を含む。

(8) 公的部門の労働者

ここで公的部門の労働者というのは，国家公務員（civil servants），軍人（armed forces），国会職員（parliamentary staff），国民健康局職員，地方自治体職員，警察官（police），教員，国営企業の職員などである（表1参照）。しかし，イギリスではわが国のような一般的に適用される公務員制度は存在しないといってよい。にもかかわらず，例えば，国家公務員や国会職員がコモン・ロー上の雇用契約で雇われているとは考えられていないとか，個々的に制定法上の被用者保護の規定が国家公務員，軍人，国会公安委員，国会職員に適用を排除されていたりするという意味で重要である。しかし，これらの労働者のすべてについて，その法的地位と保護の状態を考察することは，筆者の能力と本書の目的を遥かに超えるものである。そこで，ここでは，これらの公的労働者の

---

[29] Employment Rights Act 1996, s.197(3).
[30] Dunn v. The Queen [1896] 1 QB 116 (CA).; Conucil of Civil Service Unions v. Minister for the Civel Service [1985] IRLR 28 (HL).

第3章　個別的労働関係

表1　イギリスの公的部門の労働者（1963年および2003年）（千人単位）

	1963年	2003年
中央政府		
国民健康局職員	612	1,419
国家公務員・その他	749	628
軍人	427	206
地方自治体		
教育	870	1,450
ソーシャルサービス	188	351
警察	115	226
土木	117	45
その他	719	743

出典：Office of National Statistics, Economic Trends 608, July 2004.

いくらかにつき，その地位と保護を概観しておきたい。

(A)　国家公務員

コモン・ロー上，国王の使用人たる国家公務員は国王の随意で雇用されているとされ，予告も理由もなく解任することができるとされてきた[30]。このため，ゴッダード卿判事は，Inland Revenue Commissioners v. Hambrook [1956] 2 QB 641 (CA)で，「国家公務員は職に任ぜられ，公職者となり，議会によって報酬が支払われるのであるから，その雇用は国王との契約ではなく国王の任命に基づくものである」と述べた。しかし，それ以前には国家公務員と国王との間にはなんらかの契約が存在することを示唆する判例があるほか[31]，その後にもこれと類似する判例がでてきた[32]。そして，R. v. Lord Chancellor's Department, ex parte Nangle [1991] IRLR 343 (HC)のように，高等法院の合議法定（Divisional Court）が任命文書の客観的解釈から雇用契約が存在したと判示した例もある。国家公務員が雇用契約により雇い入れられている者ではないとしても，制定法上のほとんどの労働者保護規定が適用されるようになっている。国家公務員の雇入れ，解雇その他の勤務条件は，伝統的に，国王大権に基

[31]　Reilly v. R [1934] AC 176 (PC).
[32]　R. v. Civil Service Appeal Board ex parte Bruce [1989] ICR 649 (HC).
[33]　清水敏「イギリス公務員に関する解雇理論の確立・展開と雇用契約(3)」早稲田社会科学総合研究4巻2号82頁以下，85頁。

第 1 節　雇用契約（contract of employment）

づいて実施されていると解されており，これは形式上，枢密院令（Order in Council）によって行使される(33)。1995 年枢密院公務員令（Civil Service Order in Council 1995）（2005 年現在まで何度も修正を受けている）に基づいて，公務大臣が公務員の勤務条件を規定し，国家公務員準則（Civil Service Code）の制定を含む国家公務員の行動の管理，公務員の採用，採用資格の記述などに関する規則および指示を発する権限を行使する（CSC, 10 条）。そして，この権限に基づき，現在，国家公務員には，各省庁共通の国家公務員管理準則（Civil Service Management Code）および省庁ごとの職員労働条件便覧（Staff Terms and Conditions Handbook）が適用され，詳細な労働条件と不服申立権が保障されている。したがって，例えば，懲戒解雇に不服な国家公務員は三者構成の国家公務員不服審査委員会の審査を受けることができる。なお，同委員会の裁決に対しては取消訴訟を提起する可能性がある。また，国家公務員の採用は伝統的に公募，競争，能力主義の原則に基づき，下級から上級までの 3 段階で教育上の資格と年齢に結びつけて行われてきたが，同公務員令は，その原則を定めたうえ（2 条），その適用除外職（3 条）と人事院（Civil Service Commission）の行う適用除外（6 条）を定めている。この採用原則の管理，採用準則の公表，採用の政策・実践の監視その他の権限を人事院に与えている（4 条）。

(B)　軍人

軍人も国王の使用人に該当する者と考えられる。そして，労働組合員資格に関する規定を除き，他の国王の使用人が享有する制定法上の権利規定のほとんどが適用されている。また，軍人は，例えば，1976 年人種関係法 75 条と 1997 年人種関係（雇用審判所の訴訟）（軍隊）規則といったような差別禁止法に関する規則の適用により，ほとんどの差別禁止法制の保護を受けることができる。なお，軍人の役務などについては，1955 年陸軍法（Army Act 1955），1957 年海軍規律法（Naval Discipline Act 1957），1966 年，1991 年および 1996 年軍隊法（Armed Force Acts 1966, 1991 and 1996）が適用される。

(C)　国会職員

国会職員も国王の使用人であるが，国家公務員とは区別された独自の範疇である。国会職員の特別な地位は国会特権（parliamentary privilege），すなわち，裁判所の干渉を受けずに自己の業務を運営する国会の両院の権利に由来する。

国会特権の原則の基礎は，1688年権利章典（Bill of Rights 1688）9条である。裁判所は，これを議院の内部問題のすべてに拡大した。国会職員は雇用契約で雇用されているとは考えられないというのもその結果であるということもできる[34]。したがって，特に反対の規定が制定されない限り，労働保護立法は適用されないとされる。しかし，実際には，ほとんどの保護立法が適用する旨を定めた規定を置いている。

(D) 警察官

警察官は，地方警察機関によって賃金を支払われ，警察本部長（chief constable）の指揮監督のもとに置かれており，国家公務員と同様な意味で国王の使用人ではあり得ない。にもかかわらず，1989年公的機密法（Official Secrets Act 1989）は，国王の使用人の記述の中に警察官を含めている。すなわち，警察官は国王の役務にないが国王のもとで職を保有している（hold office）ということになる。そこで，自然的正義の保護を受け，警察官は理由なく解雇されず，国家公務員より広範な保護を有する「公職保持者＝オフィス・ホルダー（office-holder）」とされるのである（第3章第9節[2](3)参照）。

(E) 地方自治体職員

地方自治体職員の労働条件は，国家公務員のように特別の命令や準則などによって労働条件が定められてはおらず，その労働条件は，通常，地方自治体とその職員の組合との間で行われる労働協約によっている。また，地方自治体の職員も，国家公務員と同様に争議行為は禁止されていない。なお，現在でも1917年のホイットレー委員会報告に基づき発足した地方自治体職員の労働条件に関する常設交渉機関としての全国合同協議会（National Joint Council for Local Government Service）に参加し，そこで決められた協約を適用する地方自治体が大きな割合を占めているが，この協約の適用をオプト・アウトして，組合と個別交渉する自治体が増加している。

[3] 雇用契約の締結

(1) 募集・採用の実情

イギリスでは，募集段階で使用者が特定の情報を被用者に開示するコモン・

[34] S. Fredman & GS Morris, The State as Employer, p. 73 (Mansell, 1989).

第 1 節　雇用契約（contract of employment）

ロー上または制定法上の義務は存しない。求職者（被用者）は，求人者（使用者）が求人登録した職業安定局（Employment Service）の Jobcentre（日本のハローワーク），雇用紹介業者，インターネット（会社のサイト Job shop），就職情報誌，新聞広告，社内報求人欄などに提示された雇用条件をみて求職活動をすることになる。付言すると，ブルーカラーの場合は，従来は，労働組合も重要な情報源であったが，サッチャー政権下でクローズド・ショップが禁止されたため，現在ではその重要性を完全に失っている。Jobcentre は，求人を行う使用者に対して，求人の際に，特定の労働条件の開示を要求しない。わが国の職安法 5 条の 3 および同法施行規則 4 条の 2 のような法律はない。Jobcentre は，また，使用者の求人情報の審議をいちいちチェックすることもしない[35]。

(2) 雇用契約の自由

ここでは，主として雇用契約締結の自由につき述べるが，説明の便宜のため，雇用契約の変更および終了の自由についても触れておきたい。

(A) 契約締結方式の自由 ── 原則として，書面性は要求されない。ただ，1996 年雇用権法 1 条から 7 条および 11 条と 12 条により，使用者は，雇用開始から 2 カ月以内に，1 カ月以上の勤続を有する被用者に対して，一定の労働条件についての書面（前述した労働条件記述書）を交付することを義務づけられている（第 2 章第 1 節 [1] (8) 参照）。

(B) 被用者選択の自由 ── 原則として，使用者は採用の自由を有しているといえるが，次のような重要な制定法上の規制がある。

(i)性別，性的傾向，人種，障害，宗教または信条を理由として差別してはならないこと。(ii)有罪判決後一定期間重大な罪を犯していない被用者をその有罪判決またはその事実の秘匿を理由とし差別してはならない（ただし，この場合の法的効果は定められていない）。(iii)労働組合の組合員であること，または，組合員でないことを理由に差別してはならない。

(C) 契約内容の自由 ── 当事者は，原則として，内容決定の自由を有して

---

[35] 詳細については，『被用者の個人情報保護と雇用・労働情報へのアクセスに関する国際比較研究』日本労働研究機構調査研究報告書 2003, No.155, 268-269 頁（小宮文人執筆部分）参照。

いるが，次のような制定法上の規制がある。

(i)使用者は自己の過失による被用者の死傷の責任を制限することはできず，被用者の財産的損害に関する自己の責任を，その制限が諸般の事情に照らして合理的な場合を除いては，制限することはできない[36]。(ii)使用者は，性別，性的傾向，人種，障害，宗教および信条を理由とする被用者の差別を禁止する制定法の規定に違反する内容の契約をしても原則として無効である[37]。例えば，1975年性差別禁止法77条1項は，次のように規定する。「次の場合，契約条項は無効となる。(a)その条項の挿入が本法上その契約締結を違法なものにする場合，(b)本法上違法とされる行為を推進するためにその条項が挿入される場合，(c)本法上違法となる行為を行うことを定める条項。」。(iii)それらの差別禁止の制定法の規定を除外しまたは制限する契約条項は，それにより利益を得るものによっては履行強制できない[38]。(iv)1996年雇用権法等の制定法上の権利を除外しまたは制限する契約をしても原則として無効となる。(v)使用者は，被用者が裁判所または雇用審判所へ訴えを提起する権利を剥奪する内容の契約をしても原則として無効となる。しかし，(iii)および(i)に関して，訴訟手続に訴えないとの和解契約は，次のような条件を満たす場合には，有効とされる。すなわち，その契約は，(a)書面のもので，(b)特定の訴訟に関するもので，(c)適切な独立したアドバイザーの助言を得たもので，(d)その助言の結果生じる損害のリスクをカバーする保険契約または保障が存し，(e)当該アドバイザーを特定したもので，かつ(f)所定の当該和解契約の条件が満たされていることを言明するもの，でなければならない[39]。

---

[36] Unfair Contract Terms Act 1977, s.2.

[37] Sex Discrimination Act 1972, s.77(1); Race Relations Act 1975, s.72(1); Disability Discrimination Act 1995, s.26(1)(a); Employment Equality (Regulation or Belief) Regulations 2003, reg.35 and Sch.4,para.1(1); Employment Equality (Sexual Orientation) Regulations 2003, s.35 and Sch.4, para.1(1).

[38] SDA, s.77(3)など。

[39] Employment Rights Act 1996, s.203; Trade Union and Labour Relations (Consolidation) Act 1992, s.288; Minimum Wage Act 1998, s.49; Part-time Workers (Prevention of Less Favourable Treatment) Regulations 2000, reg.9; Fixed-Term Employees (Prevention etc.) Regulations 2002, reg.10。差別禁止の制定法に関しては，SDA, s.77(4)-(4D)など。

第 1 節　雇用契約（contract of employment）

(D)　契約内容変更の自由　──　当事者が合意する限り自由である。使用者による一方的な変更があったにもかかわらず，被用者が異議を述べずその変更された契約内容で長い間働いていた場合には，黙示的な合意が推定される場合がある。裁判所は，被用者の黙示の合意を認めるのには慎重であるが，他方で，当初の契約条項を柔軟に解釈して争いを解決しているようにみえる。また，使用者が特定の契約条項を一方的に変更できる権利を明示的に留保している場合には，例外的に，一方的に変更できる。例えば，ボーナス制度を運用および調整する権利を使用者に与える趣旨の条項に基づき，使用者にボーナスの額を一方的に削減する権利を認めた判例がある[40]。もっとも，控訴院が傍論として，被用者に与えられた権利の一方的変更が不当な結果を生むような場合，裁判所が契約の解釈としてそのような結果を回避する旨述べた判例がある[41]。

(E)　契約終了の自由　──　契約の終了も，原則として，当事者が合意する限り自由であるのみならず，いずれの当事者も，相手方に一定の予告期間を与えるかぎり，解約する自由を有するとするのがコモン・ローの原則である。もっとも，1971 年以降，使用者による一方的な終了（解雇）は，制定法上，厳しい規制がおかれている。このため，合意による雇用の終了に関しても，雇用審判所は，真に被用者の合意があったといえるか否かを慎重に判断している。しかし，制定法上の規制は，雇用審判所に対し，不公正な解雇につき復職命令または再雇用命令を発する権限を与えているものの，使用者がその命令に従わないときは，雇用審判所は使用者に対し補償金の支払いを命じる以上の権限を与えていない（本章第 10 節および第 11 節参照）。

[4]　雇用契約の内容

(1)　明示的契約条項と黙示的契約条項

契約内容は，基本的には，当事者が明示的な合意をしたか（明示的契約条項）による。明示的契約条項が，労働協約や就業規則などを明示的に契約内容に取り込んでいる場合がある。いわゆる，明示的橋渡し条項（bridging term）によるものである。場合によっては，労働協約条項や職場慣行が個々の契約条項に

---

[40]　Airlie v. City of Edinburgh District Council [1996] IRLR 517 (EAT).
[41]　Wandsworth London Borough Council v. D'Silva [1998] IRLR 193 (CA).

なる旨の黙示の合意があったとされることもあり得よう。しかし，裁判所が，より一般的に行うことは，コモン・ロー上の黙示的義務条項の個々の契約への読み込みである。なお，黙示的義務条項という場合の「黙示」とは，コモン・ロー上読み込まれる（implied in law）という意味であり，各事件の諸般の事情から両当事者の意思が推認される（implied in fact）という意味での黙示とは区別される。どのような黙示的義務条項があるかは，後に詳述することとして，ここでは，黙示条項と明示条項の関係について述べておきたい。

黙示条項は，一般に，明示条項がない場合に，それを補充するものとして機能する。しかもそれは，当該契約にその予定していた効果（business efficacy）を与え，または，無関係な第三者（officious bystander）の視点からそれが当然であると思われるものでなければならない[42]。まして，明示条項の内容を否定したり[43]，それを合理性や誠実（good faith）を理由にしたりして，制限的に解釈することはできないとするのが原則である[44]。しかし，この原則は，しばしば，困難な問題を引き起こす。例えば，Johnstone v. Bloomsbury Health Authority［1991］IRLR 118（CA）[45]では，病院の医師である被用者が，過重な労働時間により健康が害されたとして損害賠償および，彼の雇用契約は健康を害するほど長時間働くことを義務づけるものではない旨の宣告的判決を求めた。実際，その契約は，一週の基本的労働時間を40時間とし，加えて，48時間の呼び出し時間外労働時間を定めていた。彼は，安全に対する使用者の合理的注意義務違反であると主張した。判決は，2対1の多数で，使用者は，安全注意義務の制限に服してのみ契約上の権利を行使できるとした。少数意見のLeggatt判事は，明示条項は黙示条項により制限できないとし，Stuart-Smith判事は，これに反対し，明示条項は，使用者の契約上および不法行為法上の安全注意義務を排除することはできないとした。また，Browne-Wilkinson判事は，明示条項と黙示条項は，矛盾なく両立でき，この場合，明示条項の効果は，黙

---

[42] Liverpool County Council v. Irwin［1977］AC 239（HL）.
[43] Deeley v. British Rail Engineering Ltd［1980］IRLR（CA）.
[44] Express Lifts Co Ltd v. Bowles［1977］ICR 174（EAT）.
[45] 同判決の詳細については，有田謙司「イギリスにおける黙示条項と雇用契約観」九大法学64号（1992年）95頁以下参照。

第1節　雇用契約（contract of employment）

示的安全注意義務により狭められるが，時間外労働の合意は，単に使用者に呼び出しの権利を与えるだけであって，この権利の行使は被用者の健康に与える影響を配慮して合理的に行使されるべきであるとした。

　この判決にコメントを加えた Deakin および Morris は，Stuart-Smith 判事の見解を支持する根拠として4つの考え方を挙げ，4番目の見解が合理的と主張している。第一は，契約上の黙示的義務であると同時に不法行為法上の注意義務であるところの使用者の義務が通常はこの種の不法行為法上の義務を否定するために必要とされる公式の適用排除ないし除外条項の形式を踏まない明示的契約条項によって制限され得るとするのは妙なことであるとするもの。第二は，当該契約条項が使用者の不法行為法上の注意義務を制限するものであるとすると，その義務は被用者の身体の健康と安全に関係するものであるが故に，その条項は1977年不公正契約条項法第2条1項により無効となるとするもの。第三は，明示条項の効力は，公序（public policy）によって制限されるとするもの。第四は，契約は，その存立の基礎となっている相互信頼を損なってはならないという内容の制約不可能な使用者に対する義務を内包しているとするものである[46]。この信頼関係維持義務は，1997年の Malik v. BCCI [1997] IRLR 462 (HL) において，貴族院によって，その存在が確認されたのであるが，この義務の詳細については，(2)(B)(c)で別途検討する。

(2)　コモン・ロー上の黙示的義務条項

　コモン・ロー上，雇用契約は，明示の約定がなければ，上述の通り，business efficacy や officious bystander の観点から，その内容が決定される。これは，換言すれば，多くの場合，明示の約定がなければ，使用者がその経営特権（managerial prerogative）により，その内容を決定できるとするものと捉えることができる。そして，コモン・ロー上の黙示条項は，こうした経営特権を支持するものが中心的であったが，後にみるように，被用者の保護につながる黙示条項もあり，最近では，むしろ，そうした黙示条項を積極的に認める傾向が強い。例えば，使用者の安全に関する合理的注意義務は，当初は不法行為上の

[46]　S. Deakin & G.S.Morris, Labour Law (4th Ed.), (Hart Publishing, 2005), p.246.
[47]　Wilsons & Clyde Coal Co. v. English [1983] AC 57 (HL).

義務とされていたが⁽⁴⁷⁾，その後，契約上の黙示義務でもあるとされるようになった⁽⁴⁸⁾。従来は，被用者に対してのみ認められてきた誠実ないし忠実義務に類する義務が今日では使用者の信頼関係維持義務として認められるようになってきた⁽⁴⁹⁾。あえていえば，その信頼関係維持義務については若干の疑問があるが，黙示的義務条項は，わが国の任意規定に相当する役割を演じているということができよう⁽⁵⁰⁾。以下，被用者と使用者双方の主要な黙示的義務条項を挙げておきたい。

(A) 被用者の義務

被用者は，第一に，誠実に使用者に役務を提供する義務を負う。この義務は，経営目的に協力し，その目的を不能にしない義務であり，具体的には，協力義務，命令遵守義務（適法かつ合理的な命令に従う義務），合理的な注意と技術を用いる義務などを含む。筆者は，これを誠実労務提供義務と名づけておきたい。第二に，使用者の利益に忠実あるべき義務を負う。この義務は，広く忠実義務 (duty of fidelity or duty of loyalty) と呼ばれ，賄賂などを受け取らない義務，使用者の秘密 (confidential) 情報を開示・使用しない義務，競業避止義務，一定の事実を開示する義務などが含まれる。しかし，一般に，忠実義務と信任義務 (fiduciary duty) とは区別されて用いられていることは注意しなければならない。Fiduciary（受託者）とは，「信任関係 (a relationship of trust and confidence) を作り出す事情の下での特定の事項について他人のために行為することを引き受けた者」と定義される⁽⁵¹⁾。会社の信任を受けてその任務遂行を負担する取締役は，この定義に該当する。これは，イギリスでは，信託の技術を用いた会社が設立されたため，取締役の会社に対する義務の法理は信託者の義務として展開されているためである⁽⁵²⁾。この義務と雇用契約における被用者

---

(48) Lister v. Romford Ice and Cold Strage Co Ltd [1957] AC 555 (HL).
(49) Woods v. Car Service [1982] IRLR 413 (CA).
(50) Steyn 卿判事は補充規則 (default rules) として説明する。Malik v. BCCI [1998] IRLR 462, 468 (HL) 参照。
(51) Deakin and Morris, op.cit., 343.
(52) 鴻常夫＝北沢正啓編修『英米商事辞典』（商事法務研究会，1986 年）321 頁。
(53) Bell v. Lever Bros [1932] AC 161 (HL) では，取締役でない被用者の信任義務の存在が否定された。

第 1 節　雇用契約（contract of employment）

の地位とは多くは一致しない(53)。この点につき，高等法院は，Nottingham University v. Fishel [2000] IRLR 471 (QBD) において，次のように判示している。

> 「信任関係の基本的な特徴は，他人の利益のために行為する義務を意味する信任義務である。雇用関係は，この意味での信任関係ではない。雇用関係の目的は，自己の利益を犠牲にして使用者の利益を追求する義務を被用者に負わすことではないからである。雇用関係は契約関係であり，被用者の権限は使用者自身により与えられる。被用者の行動の自由は契約により規制され，その権限は（明示または黙示の）契約条項によって決定される。その結果，使用者は被用者の決定権限に著しい支配を及ぼし（または，少なくとも，及ぼす機会を有する立場にある）。信任義務が雇用関係から生じる場合，それは特定の契約関係の中で，衡平法が契約上の義務に加えてそうした厳しい義務を課する状態に被用者を置くことを引き受ける特約義務が存するという事実から生じるのである。この場合には，信任義務の範囲はその特約によって決まる。したがって，信任義務は雇用関係のほんの一部に関して生じるのである。」

ところで，誠実労務提供義務違反の場合は，その違反を理由として解雇され得るが，忠実義務違反の場合は，それに加えて，使用者が裁判所に対し，その義務違反を理由に被用者等の当該行為の差止命令を訴求し得る。差止命令は衡平法上の救済であるから，それを行うか否かは，基本的には，裁判所の裁量に委ねられる。したがって，どのような場合に，差止命令がなされるかは，判例により形成されてきた法理を検討するしかない。

さて，上記のことを前提として，次に，雇用契約上の上述した被用者の個々の義務を略述する(54)。

(a)　協力義務

被用者の誠実労務提供義務の 1 つとして，最初に挙げられるのが，協力義務である。典型的な例として，Secretary of State for Employment v. ASLEF (No. 2) [1972] 2 QB 455 (CA) が挙げられる。この事件では，組合が就業規則を遵守

---

(54)　労働者の義務に関する邦文の論文として，唐津博「イギリス雇用契約における労働者の義務」同志社法学 170 号（1981 年）102 頁以下，「イギリス雇用契約における労働義務（Obligation to Work）」同志社法学 183 号（1983 年）209 頁以下参照。

し時間外労働を行わないという戦術をとったが，組合は，被用者は就業規則を文字通り遵守しただけのことであるから，雇用契約違反にはなり得ないと主張した。しかし，控訴院は，この主張を退け，全ての雇用契約には，被用者は誠実に使用者に仕え，かつその使用者の営業利益を追求すべきであるという黙示的義務が内在すると判示したのである(55)。また，Sim v. Metropolitan Borough Council [1978] Ch. 216 (QB) は，教員が病気で欠勤している同僚の仕事を争議行為の一環としてカバーしなかったことが，雇用契約違反とされた。同事件では，雇用契約の内容は，全国協約で詳細に決められていたが，裁判所は，それらの約定は詳細かつ包括的ではあるがそれは個々の雇用契約で教師に課せられる義務を詳述したものではなく，その専門性と公共の期待により設定される職業的基準に基づく黙示の義務があるとするのが妥当だとしたのである。

(b) 適法かつ合理的な命令に従う義務

適法な命令に従う義務が雇用契約おいて基本的な義務であることはいうまでもない。Laws v. London Chronicle Ltd. [1959] 1 WLR 698 (CA) において，控訴院は「適法かつ合理的な命令に対する意図的な不服従は，雇用契約に基本的な条件，すなわち，サーヴァントはそのマスターの適正な命令に従わなければならず，それに従わない限り，その関係は，いわば根本的に破壊されてしまうのである」と述べている。したがって，被用者が従わなければならない命令は，適法で合理的なものに限定されることになる。まず，その命令が，違法なものであれば従う義務がないのは当然である。Morrish v. Henlys (Folkestone) Ltd. [1973] IRLR 61 (NIRC) では，ジーゼルオイルを汲み出す仕事に従事している被用者は，その汲み出し量につき虚偽の記載を放置するよう命ぜられる義務はないとされた。また，被用者の生命の危険を伴うような命令も適法なものとはいえない。Ottoman Bank v. Chakarian [1930] AC 277 (PC) では，銀行が，トルコ軍による死刑を危うく逃れたアメリカ人被用者に対し，トルコにとどまるように命ずることは，使用者の契約上の権限内にはあるが，被用者の危険に鑑みれば，被用者はこれに従う義務はないとされた。このように不合理または違法といえない場合，個々の雇用契約における被用者の義務の確定が必要となる。

---

(55) 類似の判例として，Ticehurst and Thompson v. British Telecommunications plc [1992] IRLR (CA) 参照。

第 1 節　雇用契約（contract of employment）

しかし，イギリスの雇用契約においては，明示的に広い職務上の義務を被用者に課している例は少ない。しかし，ごくまれに，使用者の命ずる職務はすべて行わなければならないといった包括的な契約条項を置いている例もある。こうした場合には当然のこととして，限定解釈が行われる。Haden v. Cowan [1982] IRLR 314 (CA) では，「合理的にみて被用者の能力の範囲内にあるあらゆる職務」を遂行するといった例外的な規定は，その被用者の主要な仕事に照らして解釈されなければならないとされた。また，明示の移動条項がある場合には配転命令に従う義務があるとされる。さらに，そのような規定がなくとも，産業や職務の性格，雇用の経緯などから黙示的な移動条項を読み込むこともあるが，Courtaulds Northern Spinning Ltd. v. Sibson [1988] IRLR 305 (CA) では，その移動義務が家から通える範囲内に限定して認められた。

(c) 合理的な注意と技術を用いる義務

まず，被用者は使用者の財産に対し合理的な注意を払う義務がある。Superlux v. Plaised (Times, 12 December 1958) では，セールスマンが不注意でバンのロックをしなかったため，掃除機の在庫が盗まれたのは，合理的注意義務違反とされた。被用者は，その仕事を予定された程度にこなす義務があり，これに達しない場合には契約上義務違反になるとされる。また，被用者は，使用者に対し，雇用契約上，その職務遂行上の不注意で第三者を傷つけないという黙示の義務を有するとされる[56]。

(d) 賄賂などを受け取らない義務

被用者は，その仕事の遂行に関して，使用者以外の者から不当に金銭を受領しない義務を負うとされる。Boston Deep Sea Fishing and Ice Company v. Ansell [1888] 39 Ch. 339 (CA) では，被用者がその使用者と造船所との契約に関し，使用者に内緒で造船所からコミッションを得たことが，雇用契約の重大な義務違反とされた。しかし，例えばチップのように，使用者が顧客からの金銭の受領を認めている場合には，義務違反が生じないことはいうまでもない。

(e) 使用者の秘密（confidential）情報を開示・使用しない義務

被用者は，雇用期間中に得た使用者の秘密の情報を開示しない義務を負うが，この義務は，雇用期間中はもとより，雇用関係の終了後も継続するとされる。

---

[56] Lister v. Romford Ice and Cold Storage Co Ltd [1957] AC 555 (HL).

この義務については，Faccenda Chicken Ltd v. Fowler [1986] IRLR 69 (CA) で，控訴院が詳しく論じている。原告は鳥肉販売等を業とする会社であり，被告はその元社員である。被告は，原告会社の販売マネジャーとして雇用されていたが，冷凍車を使って新鮮な鳥肉などを販売する競争会社を設立するために他の8人の被用者とともに原告会社を退職した。しかも，被告会社の顧客は，そのほとんどが元原告会社の顧客だったため，原告会社がその価格および顧客に関する販売情報を不法に使用したとして被告に対し損害賠償を請求したものである。控訴院は，秘密の情報を開示・使用しない義務は，被用者が雇用関係を離れた後には雇用期間中より，縮減されるとした上で，原告会社の訴えを退けた。控訴院は，秘密の情報を2つのタイプに分類した。1つは，営業秘密と同様に扱うべき秘密性の高い情報であり，被用者は雇用関係終了後もその開示・使用を禁止される。もう1つは，秘密性のそれほど高くないものであって，雇用期間中は，開示・使用は義務違反となるが，雇用関係終了後は義務違反とならないタイプである。使用者がその開示・使用を禁止するためには，雇用関係終了後にその禁止を義務づける制限約款（restrictive covenants）を必要とする。この制限約款に関しては，別の節を設けて説明することとして，論述をここではそれ以外の点に限定する。

　要するに通常は，雇用契約終了後には，使用者の利益は保護されにくいということである。しかし，雇用終了直前の場合は，この限りではない。Robb v. Green [1895] 2 QB 315 (CA) では，辞職前に使用者の顧客リストを写して，同一の事業を興し，そのリストの顧客を勧誘した元マネジャーに対する元使用者の差止命令が認められた。次に，保護されるべき秘密の情報はどのようなものかが問題となる。まず，法的に使用者の財産とみられる情報，すなわち営業秘密，秘密工程，顧客リスト等がある。これに加えて，Marshall (Thomas) (Exports) Ltd. v. Guinle [1979] Ch. 227 (CD) において，裁判所は，使用者が秘密として取り扱い，その開示が使用者の営業を害する情報も，次の判断要素によりその保護の必要が判断されるべきであるとした。すなわち，(i)情報の所有者がその開示が競争者を利し自己を害すると信じる合理性があること，(ii)秘密でありかつまだ公にされていないと信じる合理性があること，(iii)それらが特定の業種ないし産業の慣行を念頭にいれて判断されることである。

第1節　雇用契約（contract of employment）

被用者が雇用期間中に学んだ情報と秘密の情報の限界線の問題がある。Printers & Finishers Ltd. v. Holloway［1964］3 All ER 731 (QB) では，元マネジャーが元の会社の雇用において，フロック印刷工程の知識，フロック印刷装置の使用技術を修得したほか，その会社から得た書類からも情報を獲得した。元会社の請求に対し，裁判所は，書類から得た情報についてのみ情報の使用差止めを認めた。

ところで，コモン・ロー上，使用者の秘密情報の開示・使用も極めて限定された範囲においてではあるが，公益を理由として許される余地があるとされてきた。その典型的な判例が，Initial Services Ltd v. Putterill［1968］1 QB 396 (CA) である。この事件では，クリーニング業を営む会社を辞職した販売責任者が会社の文書を持ち出し，会社の内部事情に関する情報と共に新聞記者に渡した。その結果，クリーニング料金を高く維持するための業者間協定が存在している旨の記事が新聞に掲載された。そこで，会社は，その販売責任者と新聞社主に対する差止めおよび損害賠償請求の訴えを起こした。控訴院は，被用者が雇用終了前後を問わず雇用中に秘密に得た情報を開示しない義務を負っていたが，その義務は，その開示内容が例えば犯罪や詐欺のような場合には，公益により正当化されるという例外に服すると判示した。被用者の黙示的忠実義務は，1956年制限的取引行為法（Restrictive Trade Practices Act 1956）に違反する業者間協定の企てに関する文書の開示を妨げることはできないと判断したのである[57]。

コモン・ロー上，訴訟となった事案の数は数えるほどであるばかりか，そのほとんどが使用者からの損害賠償または差止請求であり，違法解雇の事案は見受けられない。また，1971年労使関係法制定（Industrial Relations Act 1971）以降，被用者は，制定法上，不公正な理由による解雇制度の保護を得られたはずであるが，そのような判例もほとんど見受けられなかった。しかし，1998年に公益情報開示法（Public Interests Disclosure Act 1998）が制定され，公益開示を行った被用者の解雇その他の不利益取扱いが禁止されることとなった。

---

[57]　コモン・ロー上の判例の分析に関しては，國武英生「イギリスにおける公益情報開示法の形成と展開」北大法学研究科ジュニア・リサーチ・ジャーナル，9号5頁―10頁参照。

そこで，便宜上，次の(f)で同法の概要を述べることにしたい。

(f)　公益情報開示を保護するための法律の制定

1998年公益情報開示法は，通常の労働法分野の制定法とは異なり，その目的が被用者の保護を手段として，まさに公益を保護することにある。というのも，同法制定以前の10年間の間にイギリスは被用者が危険を認知しながら企業の報復を恐れて不正状態を問題にしたり不正行為者に対して警告したりすることができなかった。結果として，多くの惨事や災禍が引き起こされてしまった[58]。こうした教訓に基づき，議員立法として提案され，制定に至ったものである。後述するように，不公正解雇制度上，(i)当時勤続2年未満（現在は1年未満）の被用者に訴えの権利はなく，(ii)解雇の公正・不公正の判断は，わが国の解雇権濫用法理のように使用者の最後の手段として妥当かという基準ではなく，如何なる合理的な使用者もその理由で解雇しなかったといえるかという基準で判断されるため，内部告発を理由とする解雇の処理は不鮮明であったし，(iii)救済は，特別の理由による解雇を除き仮救済の手段もなく，上限の定まった補償金の裁定にとどまり，(iv)さらに，内部告発に対する解雇以外の不利益取扱いの規制は用意されていなかったことなどから，従来，被用者の内部告発に対する報復的解雇その他の不利益取扱いは有効に規制されていない状態だったのである。1998年公益情報開示法は，これらの問題点を改善する内容となっている。なお，不公正解雇および解雇以外の不利益取扱いの救済については，本章第11節および8節を参照。

①　保護の対象者　　1998年公益情報開示法により1996年雇用権法 (Employment Rights Act 1996) に挿入された雇用権法第IVA部「保護される情報の開示」(43A条―43L) は，「保護される情報の開示」を理由とする解雇その他の不利益取扱いをも禁止している。これに反する解雇は，後述するように当然に不公正解雇とされる。不利益取扱いの禁止は，被用者のみならずその他の「労働者」をも対象としている。とりわけ，医師，歯科医師，眼科医等も対象としている（1996年法43K条）。被用者および労働者がその開示に関して不

[58]　クラパムジャンクション列車衝突事故，パイパーアルファ火災，BCCI崩壊，ジーブラッジ・フェリーの惨事，ベーリングス銀行崩壊，イラク武器輸出調査，連続的性的虐待調査，保健サービス不正調査など。

第 1 節　雇用契約（contract of employment）

利益取扱いから救済されるための 2 つの要件が定められている。その開示が「保護に値する開示（disclosures qualifying for protection）」といえる内容を有し，一定の範囲の者に対してのみなされるということである（43 A 条）。

　②　開示の事項　　「保護に値する開示」とは，次の 6 つの事柄のうち少なくとも 1 つが行われ，行われつつあり，または行われようとしていることを示す情報の開示である。この場合，被用者および労働者がそうと信じたことが合理的であることが必要である。(i)犯罪行為，(ii)ある者の法的義務の不履行，(iii)裁判上の誤審，(iv)健康または安全の危殆，(v)環境の汚染および(vi)以上の事柄を示す情報の故意的な隠蔽。この場合，以上の非違行為がイギリス国内で行われたか否か，およびそれらの非違行為に適用される法がイギリスの法か否かを問わない。しかし，その開示が犯罪を構成する場合または法的助言の過程でその開示を受けた者が行う情報開示は訴訟上法職特権が主張され得る情報に関するものである場合は保護に値する情報とはいえない（43 B 条）。

　③　開示の相手　　保護に値する情報が次のような相手に対してのみなされたものである必要がある。その相手方は，原則として，(i)当該被用者および労働者の使用者（ただし，その情報が他の者の行為または使用者以外の者が法的責任を有する事柄に関する場合は，その者），(ii)法的助言を得る過程にある法職者，(iii)被用者および労働者の使用者が大臣の命令に基づき任命された者あるいは大臣により任命されたメンバーからなる団体の場合は当該大臣，(iv)国務大臣により前記①から⑥の情報の開示を受ける目的で定められた命令に規定される者である。しかし，さらに，次の 2 つの特別規定がある。1 つは，被用者および労働者が誠意から開示をなし，その情報が真実であると信じたことが合理的であり，当該被用者が私益を目的としておらず，かつ，他の 3 つの法所定の要件を満足する場合には，全ての事情に照らして合理性を有すると判断されれば，前記(i)から(ii)の相手方以外に対して行われた開示も保護される（43 G 条）。もう 1 つは，その 3 つの法定要件に替えて，その非違行為の内容が例外的に重大な場合である（43 H 条）。なお，被用者および労働者が保護される情報の開示をしない旨の契約は無効とされる（43 J 条）。

　(g)　競業避止義務と制限約款（restrictive covenants）
　被用者は，雇用期間中に，その使用者と競業する自己の営業をなし，または

その使用者の競争会社のために働いてはならない義務を有する。Hivac Ltd. v. Park Royal Scientific Instruments Ltd.[1946] Ch 169 (CA) では，高度の製造技術を有する被用者がその休日に競争会社のために働くことも忠実義務違反となり得るとし，その使用者の競争会社に対する当該被用者の将来の雇用を差し止める命令が認められた。また，被用者が退職に際し，勤めていた会社の顧客に自分が始める会社の顧客になるように勧誘することも忠実義務違反となる(59)。しかし，被用者が雇用契約終了後に競業ができるように準備するだけでは義務違反にならない。例えば，Laughton and Hawley v. Bapp Industrial Supplies Ltd [1986] IRLR 245 (EAR) では，供給会社，顧客，価格付けを知っていたナットとボルトの販売会社の倉庫責任者等が供給会社10社に対し手紙を書いて，約1カ月後にナッツとボルトの販売業を行うつもりであるとして，製品・価格リストなどを求めたことは，忠実義務違反とならないとされた。なお，競争会社とは関係のない雇用に関する兼業避止の義務は，その雇用のために当該会社の仕事が十分にできないような場合に生じ得るが，これは，前述の合理的な注意と技術を用いる義務に分類されよう。

　コモン・ロー上の黙示条項に加えて，使用者がその営業を保護するため，特に上級の被用者が雇用終了後に競業該当行為をしないようにする明示的な競業避止条項に合意してもらうことが多い。これは，黙示的な忠実義務条項が雇用終了後には及ばないからである(60)。こうした契約条項は，一般に，公序 (public policy) 違反の一応の推定を受ける。なぜなら，「個人がその技術を維持・使用する機会は普遍的に重要な問題である」からであるとされる(61)。そして，(i)その制限が両当事者の利益に照らし合理的であり，かつ，(ii)公共の利益からみても合理的である場合に限って，その制限は適法とされる(62)。裁判所の合理性判断は3段階で行われる。すなわち，(i)制限条項の適切な解釈がどのような意味を持つかを決定し，(ii)使用者が当該被用者の雇用に関して保護されるべき適法な利益を立証したか否かを判断し，(iii)制限条項がその立証された

---

(59) Wessex Dairies Ltd v. Smith [1935] All ER 75 (CA).
(60) Faccenda Chicken Ltd v. Fowler [1986] IRLR 69 (CA).
(61) Credit Suisse Asset Management Ltd v. Armstrong [1996] IRLR 450, 454 (CA).
(62) Rock Refrigeration v. Jones [1997] 1 All ER 1 (CA).

第1節　雇用契約（contract of employment）

利益の保護に合理的にみて必要とされる範囲を超えないことが立証されているか否かを決定する(63)。制限条項の合理性判断に用いられる判断要素としては(64)，被用者の地位や仕事の性格，勧誘または取引が禁じられている顧客の範囲，雇用契約終了後の禁止期間の長さ，禁止地域の性格と規模，商業的利益に見合った範囲，禁止される活動の有害性の有無などである(65)。

(h)　雇用期間中の発明を開示しその権利を放棄する義務

　この義務は，被用者が使用者の営業利益を追求すべきであるという誠実義務によって説明される。しかし，今日では，この黙示的義務の意義はほとんど薄れてしまった。その理由は，1977年特許権法および1988年著作意匠特許権法により変革されたからである。被用者による発明は原則として権利として当該被用者に帰属するが，1977年法39条は，ただ，次の2つの場合は，例外的に使用者に帰属する。(i)発明が被用者の通常の任務の遂行過程でなされ，あるいは通常の任務ではなく特別に与えられた任務の遂行過程でなされ，かつどちらの場合も発明がその任務の遂行に起因する場合，または，(ii)発明が被用者の任務の遂行過程でなされ，かつ発明時に被用者がその使用者の事業場の利益を追求する特別な義務を有していた場合である。発明の権利が使用者に帰属する場合でも，同法40条は，次の2つの場合には，被用者は特許裁判所または特許事務所の補償申請をなすことができるとしている。(i)同法39条により発明は使用者の権利に帰属するが，使用者に過分な利益となる場合，または，(ii)発明は被用者の権利に帰属するが，被用者がその権利を発明から得ることができる利益に比して不十分な補償金で使用者に譲渡した場合である。1988年法11条は，著作権は，原則として，その著者に帰属する。ただし，著作が雇用遂行過

---

(63)　Office Angels Ltd v. Rainer-Thomas and O'Connor [1991] IRLR 214 (EAT).

(64)　E.Slade, Tolley's Employment Handbook (16th Ed.) (Butterworths Tolley, 2003), p.481; H. Desmond & D Antill, Employment Law (Sweet and Maxwell, 1998), pp.116-119.

(65)　制限条項の法理の詳細については，石橋洋「雇用契約と競業避止―イギリスにおける競業避止義務の法的構成とわが国の理論的課題―」秋田成就編著『労働契約の法理論―イギリスと日本』（総合労働研究所，1993年）176頁以下参照。また，同法理の形成については，石橋洋「イギリス法における営業制限法理の形成過程」常葉兼二他編『国際社会の近代と現代』（九州大学出版会，1997年）44頁以下参照。

程で被用者によってなされ，当該被用者がその著作のために雇用された場合には，反対の合意がない限り，著作権はその使用者に帰属するとしている。

(B) 使用者の義務

(a) 仕事を与える義務

使用者の仕事を与える義務は，被用者の就労請求権に対応するものである。しかし，イギリスでも，原則として，そうした義務はないとされる。Collier v. Sunday Referee Publishihg Co. Ltd.[1940] 2 KB 647 (KB) において，アスキス判事は「雇用契約は，当然に，あるいは一般的に，サーヴァントに仕事を与える義務をマスターに課すものではないというのが真実である。もし私が調理人に定期的に賃金を支払うなら，調理人は私が食事の全部ないし一部を外でとることに苦情を述べることはできない」と述べている。

しかし，これは原則であって，例えば，次のような例外が判例上明らかになっている。(i)俳優やコメディアンのように特定の仕事が与えられないことがその者の社会的評価または人気を低下させるような場合，例えば，Herbert Clayton & Jack Waller Ltd v. Oliver ［1930］ AC 209 (HL)。(ii)被用者の賃金が歩合制になっていたり，売り上げに応じたコミッションの支払いを受ける権利がある場合など，仕事を与えないことが被用者の賃金の減少を招きまたはその恐れがある場合，例えば，Turner v. Goldsmith ［1891］1 QB 544 (CA)。(iii)徒弟などのように，技術の維持向上のため実際に仕事を行う必要がある場合，例えば，Dunk v. George Waller & Sons Ltd ［1970］2 QB 163 (CA)。しかし，ここで問題とされているのは，使用者が当該被用者を自己の雇用において就労することを妨害することを禁止することを求めるという局面で議論されているわけではない。その意味で，わが国でいう就労請求権の問題とは区別しなければならない。具体的には，Herbert Clayton 事件は，コメディアンの社会的評価の喪失分の賠償および報酬の一部の賠償請求が認められた事案，Turner 事件は，有期契約で雇用された被用者の工場火災で営業を停止した会社に対する契約違反を理由とする損害賠償請求が認められた事案，Dunk 事件は，徒弟契約で雇われた被用者の徒弟契約残余期間中の収入・訓練の喪失および将来の職を得る期待の賠償請求が認められた事案である。

なお，最近，William Hill Organisation Ltd v. Tucker ［1998］IRLR 313 (CA)

第 1 節　雇用契約（contract of employment）

において，控訴院は，被用者が就労する権利があるか否かは，具体的契約をその諸般の事情のもとでどう解釈するかの問題であると判示した。しかし，この事件は，被用者が元の使用者との雇用契約を終了させる予告を与えた後，その予告期間中に元の使用者からの賃金支払いを得ながら，他の新たな使用者のもとで雇用されることができるか，という争いに応える形でなされたものである。同事件では，当該被用者が新たな使用者のもとで雇用されることを求める元の使用者の差止請求が棄却された(66)。

(b) 賃金支払義務

使用者が賃金の支払義務を負うのは当然のことであり，賃金額についての明示の条項が置かれるのが通常である。しかし，雇用契約が賃金の額について何の定めもしていないような場合には，合理的賃金が支払われるとの黙示的条項が読み込まれなければならない。この場合，通常，被用者の提供役務相当金額の請求（action for quantum meruit）に基づいて，裁判所がその労働の価値を決定することになる。むしろ，問題は，使用者が被用者に与えるべき仕事がない場合に，被用者の賃金請求権はどうなるのかである。コモン・ロー上，被用者が仕事をする用意がある限り使用者は賃金を支払う義務があるというのが一般的原則である(67)。したがって，通常は，仕事がなくても使用者は，被用者に賃金を支払う義務があるという黙示的条項があるということになる。しかし，仕事の不存在の原因が使用者の支配力の外にある場合には，使用者は賃金支払義務を免れるという黙示的条項があるとされる(68)。もっとも，これは黙示的義務であるから明示の規定を置くことによって，反対の結果に導くことができる。Hulme v. Ferranti Ltd.[1918] 2 KB 426 (KB) では，仕事がない場合には賃金は支払わない旨の規定に基づき，レイオフの期間は賃金請求権が存しないと判示された。なお，制定法上の賃金支払いに関する使用者の義務については別に 1 節を設けて説明する。

---

(66)　使用者の仕事を与える義務に関する詳細は，唐津博「イギリスにおける使用者の労働付与義務」同志社法学 37 巻 3 号 25 頁（1985 年），高木龍一郎「イギリスにおける就労請求」東北学院大学論集・法律学 58 号 35 頁（2001 年）参照。
(67)　Miller v. Hamworthy Engineering Ltd [1986] IRLR 461 (CA).
(68)　Browning v. Crumlin Valley Collieries [1926] 1 KB 522 (KB).

(c) 安全注意義務

　使用者には，合理的にみて予測できる危害から被用者を保護する安全注意の黙示的義務があるとされる。使用者の安全と健康に関する義務は，制定法により厳しく定められているが，ここでは，コモン・ロー上の義務に限定して論ずる。

　ただ，ここで注意しなければならないことは，この義務は，従来は，不法行為法上のネグリジェンス（過失）を肯定するために使用されてきた。そして，労働災害に関する民事訴訟などは，この義務に基づいて発展したネグリジェンスの法理に依拠している。しかし，最近では，不公正解雇を肯定するために使用されるなど，使用者の契約上の黙示的義務として雇用契約にとりいれられてきており，不法行為法上の安全注意義務の基準は雇用契約上も同様に妥当するというべきである。実際，Walker v. Northumberland County Council [1995] IRLR41 (HC) で，Coleman 判事は，「使用者が被用者に合理的な安全作業体制を与え，かつ合理的にみて予測可能な時期から被用者を保護するための合理的な措置を講ずる義務を有することは明らかな法である。この義務の範囲に関する法は精神的負傷から区別された身体的負傷の事案でもっぱら形成されてきたが，精神的負傷の危険が使用者の安全注意義務の範囲およびそれと同一範囲の雇用契約上の黙示的義務から排除されなければならない合理的な理由は存しないのである」と述べている。したがって，コモン・ローの基準は，ネグリジェンスの基準であり，使用者は予測される危害を防止するためにあらゆる努力をしなければならないことになる。例えば，Latimer v. AEC [1953] AC 643 (HL) では，工場が暴風のため水浸しとなり，使用者は工場の床は危険なところがあるとの警告をしながらも，被用者の職場復帰を求めた。使用者は床におがくずをまいたが，工場全体にまくには不十分だったので，原告被用者は，おがくずのまいてないところで，滑って負傷した。裁判所は，工場の床が乾くまで工場を閉鎖する方法があるがそれを使用者に期待するのは不当であるとし，使用者は，合理的になすべきすべてをなしたと判示した。

　この義務は，各被用者に個別的に負っている義務であるから，使用者の義務の不履行の有無も個別的に判断される。したがって，ある被用者が特に危害を受けやすい場合には，使用者は特別の注意を払うことが必要とされる。Paris

第 1 節　雇用契約 (contract of employment)

v. Stepney Borough Council ［1951］AC 367 (HL) では，通常，被用者にゴーグルを着用させるのは一般的ではない場合であるにもかかわらず，片目の被用者にゴーグルを着用させなかったことに使用者の義務違反があるとした。特定の危険に対応する原因に対する認識が十分に発展していない場合には，使用者の義務違反は肯定されないが，ひとたび認識が得られるようになったときには，使用者はそれに迅速に対応することが要求される。Baxter v. Harland & Wolff plc. ［1990］IRLR 516 (NICA) では，被用者が職場の騒音で難聴になった。控訴院は，1963 年に職場の騒音に対する労働大臣の指針が公表されていたのを重視し，1963 年以降は十分な医学的科学的情報があったのであり，使用者がそれに注意を怠ったとして被用者の難聴に対する責任を肯定した。

　使用者が安全に対する知識をどこまで追求し，どこまで費用を負担すべきかにつき，裁判所は，Stokes v. GKN Ltd. ［1968］1 WLR 1776 (QB) で，次のような点を配慮すべきであるとした。(i) 使用者は，その有する知識，または，有すべき知識に照らして被用者の安全を確保するような措置をなさなければならない。(ii) 使用者は，明らかに不当な場合を除き，周知の慣行に従うべきであう。(iii) 危険に対する認識の発展があった場合には，使用者はそれを吸収しかつ適用しなければならない。(iv) 使用者が危険に対する普通以上の知識を有する場合には，それに見合った注意を用いなければならない。(v) 使用者は，危険と対策の費用および対策の効率性とを比較・考量しなければならない。

　以上のような黙示的注意義務をもう少し具体的にみると，次のような 4 つの領域に分類することができる。

　(I)　安全な作業場

　使用者は，安全な作業場を維持するための措置をなさなければならないが，このために，安全に対する被用者の苦情を取り上げる制度があるか，苦情に対し使用者は十分な調査を行ったか，それに基づき適切な措置をとったか等が重要な判断要素となる[69]。使用者が被用者を社外の作業場で働かせる場合にはそれに応じた安全注意義務を負う。General Cleaning Contractors v. Christmas ［1953］AC 189 (HL) では，窓の清掃を営む使用者が安全ベルトを被用者に持たせていたが，1 つの建物には安全フックがなかった。そして，被用者は，作業

---

[69]　Braham v. Lyons & Co. Ltd. ［1962］3 All. ER 281 (QB).

中，サッシに手を挟まれ，バランスを失って，建物から落ちて負傷したものであるが，貴族院は，使用者が十分な安全対策をしなかったとして，使用者の義務違反を認めた。

(II) 安全な設備と用具

被用者の使用する機械，用具，工具は，安全なものでなければならない。従来，使用者が通常の検査では発見できない製造ミスのある工具を被用者に与え，それによって被用者が負傷した場合には，使用者の注意義務違反を問うことはできないとされ[70]，被用者は，直接，製造業者に対して，製造上の過失責任を追及する他に方法がない状態に置かれていた。このため，1969年使用者責任（欠陥用具）法は，被用者が，使用者によって与えられた用具の欠陥を原因して雇用の過程で負傷し，その用具の欠陥が第三者の過失に起因する場合，その負傷は使用者の過失によるものとみなすと規定した。また，1969年使用者責任（強制保険）法は，使用者に対し被用者の負傷をカバーする保険加入することを義務づけている。この場合，使用者または保険会社は，欠陥用具の製造業者に対して求償できるのは当然である。

(III) 安全な仕事の仕方

使用者は，被用者に対し，安全に仕事ができるようにしなければならない。裁判所は，職場のレイアウト，安全の訓練，指導，警告，および安全用具の支給等の各種の要素を考慮して，義務の履行の有無を判断する。裁判所が重視するのは，使用者が適切な安全用具の着用を指示したか否かである。その場合，被用者にも自己の安全に注意する責任を認めるため，どこまで使用者が指示したかが問題とされる場合が多い。危険が必ずしも明らかでないが，深刻な負傷の結果が生じ得るといったような場合には，使用者の強く立ち入った警告が要求される。Berry v. Stone Manganese Marine Ltd. [1972] 1 Lloyd's Rep. 182 (QB) では，被用者がイアマフを着装しないと難聴の危険があることを十分に理解しようとしない場合には，その着装の必要性を強く認識させるような措置をとらなければならないとした。

(IV) 安全な被用者の配備

職務遂行中に被用者が同じ職場の他の被用者を負傷させた場合の使用者の代

---

[70] Davie v. NewMerton BoardMills [1959] AC 604 (HL).

第1節　雇用契約（contract of employment）

位責任（後述）は別として，使用者が被用者の中に危険を起こしそうな者がいることを知りながら，他の被用者を保護すべき対策をとらなければならない義務があるとされる。Hawkins v. Ross Castings Ltd.[1970] 1 All ER 180 (QB) では，英語をほとんど話さず，溶鉄の取扱いの訓練も受けていないインド人の青年と一緒に働いていた被用者の溶鉄遺漏による負傷に関して，使用者の義務違反が肯定された。また，Hudson v. Ridge Manufacturing Co. Ltd.[1957] 2 QB 348 (QB) では，裁判所は，悪ふざけで知られていた被用者が，悪ふざけが過ぎて他の被用者に負傷を負わせたことにつき，使用者の義務違反を認めた。

なお，以上のような使用者の被用者に対する安全注意義務とは異なるが，密接な関連のある使用者の代位責任について，以下に言及しておきたい。

(V)　使用者の代位責任（vicarious liability）

使用者は，その被用者が職務の遂行中に犯した不法行為に関し代位責任を負うものとされる。その理論的根拠は，被用者は，職務遂行中は使用者の支配下にあるから，その職務のネグリジェントな遂行については，究極の支配を有する使用者が責任を負うべきだとするものである。Limpus v. London General Omnibus Co.[1862] 7 LT 641 では，バスを待って並んでいる人々の中にバスを突っ込んで負傷させたバス運転手の不法行為につき使用者の代位責任が認められた。この場合は，バスの運転の権限を認めているので職務遂行過程にあることは明らかである。これに対し，Keppel Bus Co. v. Sa'ad Bin Ahmed [1974] 1 WLR 1082 (QB) では，バスの車掌が，乗客の取扱いに関し乗客と口論となり，その乗客を殴って負傷させたような場合，車掌にはバスの中でのトラブルを防止するために合理的な程度の実力行使はできるが，その権限の程度を越えた場合は，使用者の代位責任はないとされた。使用者が被用者の一定の行為を明示的に禁止している場合は，その行為の権限を認めていないので，使用者の代位責任は否定される。Conway v. George Wimpey [1951] 1 All ER 56 (QB) では，バンに人を乗せて運転することの使用者の明示の禁止にもかかわらず，人を乗せて事故を起こした場合，使用者は代位責任を負わないとされた。しかし，使用者が一定の行為を禁止していた場合でもその行為が使用者の利益になるものである場合，例えば，Rose v. Plenty [1976] 1 WLR 141 (CA) のように，ミルク配達人が，明示の禁止を破って，少年を同乗させてミルク配達を手伝わせた場

合，その子どもの負傷に関して使用者は代位責任を免れない。

(d) 信頼関係を維持する義務

すでに述べたように被用者は，使用者の営業利益を追求するように行動する誠実労務提供義務や忠実義務を有する。しかし，使用者が被用者に対して，これに類する義務を有することが判例上明らかにされるようになったのは，不公正解雇制度（後述）の導入以後のことである。この義務が，裁判所により明確に認知されたのは，同制度上の「みなし解雇」の存否が争われたCourtaulds Northern Textiles v. Andrew［1979］IRLR 84（CA）においてである。「みなし解雇」に関しては，その判断基準を，立法目的を重視して使用者の行為の不公正さに置こうとする見解[71]と使用者のコモン・ロー上の履行拒絶の存在に置こうとする見解[72]との対立があったが，最終的には，後者の見解が控訴院によって採用された[73]。そこで，使用者の履行拒絶の存在を立証するため重大な義務違反が存することが必要となったのである。そうした契機から，契約当事者は信頼関係を破壊する行為を行わないという義務として，信頼関係維持義務が判例上確立されてきたといえるのである。

Courtaulds Northern Tectiles事件において，Arnold判事，原告側弁護士の主張する「使用者は合理的かつ適切な理由なく両当事者の信頼関係を破壊しまたはひどく傷つけ『そうな』（calculated）またはその『見込みのある』（likely）仕方で行動しないということが黙示されていた」との見解を受け入れたのである。そして，Arnold判事の定義が一文字一句完全に支持・確認されているといえないが，その基本的趣旨を有する信頼関係維持義務という黙示条項の存在は，後の控訴院判決，そして貴族院判決によっても支持・確認されてきているといってよい[74]。

そこで，この義務が具体的にどのような場合に認められるのかについて，例えば，監督職務において満足な職務成績を上げている思慮ある被用者に対して

[71] Gilbert v. Goldstone Ltd［1976］IRLR 257（EAT）．
[72] Witherall Ltd v. Lynn［1977］IRLR 337（EAT）．
[73] Western Excavating Ltd v. Sharp［1978］IRLR 27（CA）．
[74] Lewis v. Motorworld Garages Ltd［1985］IRLR 465（CA）; Malik v. BCCI［1997］IRLR 462（HL）; Brown v. Merchant Ferries Ltd［1998］IRLR 682（NICA）．
[75] Courtaulds Northern Tectiles事件判決．

第1節　雇用契約（contract of employment）

経営者が「お前はろくな仕事もできない」と述べるなどしたこと[75]，理由なく突然にマネジャーを降格し，職務室を奪い，時給を引き下げたこと[76]，女性秘書の賃下げ，勤務時間延長，職名変更などを行おうとして拒否されるたびに理由なく彼女の行為を非難したこと[77]，理由なく他の被用者に与えられるものと同一の有利な剰員整理手当を与えなかったこと[78]，被用者の将来の雇用の機会を傷つけるような経営を行うこと[79]，などが挙げられる[80]。これらの行為は，わが国においては，信義則上の配慮義務違反ないし人格権や人格的利益を侵害する不法行為などに該当する行為ということができよう。

　この使用者の黙示的信頼関係維持義務条項に関しては，それがどのような性格を持つものなのかについて幾多の疑問がある[81]。とりわけ，この義務条項は明示的に排除できるのかということが問題とされている[82]。これについて，貴族院の Malik v. BCCI 事件判決における Steyn 卿判事の見解は，「被用者達は，法的に黙示される標準的条項，すなわち，すべての雇用契約の付随物といわれる条項に依拠している。…その黙示条項は補充規則（default rules）として機能する。当事者はそれを自由に排除または修正できる。」というものである。これに対して，すべての雇用契約に付随する条項がなぜ排除できるのかとの疑問が提示されている。また，信頼関係維持義務条項を制限する権利は「誠実に」行使されなければならないとの制限が課せられるとする見解もある[83]。

---

[76]　Lewis v. Motorworld Garages Ltd 事件判決。
[77]　Woods v. WM Car Services (Peterborough) Ltd [1981] IRLR 347 (EAT) affirmed by [1982] IRLR 413 (CA).
[78]　Transco plc v. O'Brien [2002] IRLR 444 (CA).
[79]　Malik 事件判決。
[80]　信頼関係維持義務に関する文献として，有田謙司「イギリス雇用契約法における信頼関係維持義務の展開と雇用契約」山口経済学雑誌46巻3号183頁（1998年），龔敏「イギリス雇用契約法における implied terms の新動向に関する一考察」九大法学88号51頁（2004年）。
[81]　Justice Lindsay, 'The Implied Term of Trust and Confidence', ILJ, Vol.30, No.1, p. 1 (2001).
[82]　Deakin & Morris, Labour Law (4th Ed), (Hart Publishing, 2005), pp.336-337.
[83]　Imperial Group Pension Trust Ltd v. Imperial Tobacco Ltd [1991] IRLR 66 (Ch. D).

(e) 安全以外の注意義務

コモン・ロー上，被用者は使用者に対して合理的な注意と技術を用いる義務を負っているとされてきたのであるが，使用者が被用者に対して類似の義務を負うとの見解を示す判例は存在しなかった。しかし，使用者の信頼関係維持義務の展開と軌を一にして，Scally v. Southern Health Board [1991] IRLR 522 (HL) において，貴族院は，雇用契約上，使用者は被用者に対してその価値のある権利について知らせるべき黙示的義務を負っていると判示した。その全額の受給資格を得るためには40年の勤続を要とする法定老齢退職年金が原告の雇用契約に読み込まれていたが，原告のような医師は通常その要件を満たさないという理由から，それを補うための年金加算を購入できる権利を期間限定で与える規則が制定された。ところが，使用者が，その権利の存在を知りながら，その権利について原告ら被用者に知らせなかったことから，原告らが使用者の契約上の義務違反および不法行為に基づく損害賠償請求を提起したものである。

また，Spring v. Guardian Assurance plc [1994] IRLR 460 (HL) では，保険会社の保険証券販売担当者であった原告が解雇後，就職活動のため会社に紹介状を出すように求めたところ，原告に不利な不正確な事実を記した紹介状を出したため，再就職できなかった原告が会社に対して，名誉毀損を理由とする不法行為および合理的注意を払うべき黙示条項違反を理由とする損害賠償を求めて訴えを提起した。貴族院は，次のように判示した。すなわち，名誉毀損の存在にかかわらず，紹介状を与えた者が虚偽の事実を述べまたは述べる行為に不当または不注意があった場合にその相手方を保護するためには，ネグリジェンスの不法行為が拡張されなければならない。その者は名誉毀損では十分に保護されない。紹介状付与者の抗弁に打ち勝つためには，その者の害意を立証しなければならず，それは非常に困難だからである。元被用者に関する紹介状を与える使用者は，その紹介状の記述に関し，その元被用者に対する注意義務を負い，過失で虚偽記述をした結果として被った損害を賠償する責任を負うことになり得るのである。

(f) 被用者情報非開示義務と個人情報保護法

コモン・ロー上，被用者が使用者の事業に関する秘密情報を開示しない義務を負っているのと同様に，使用者は被用者の秘密情報を第三者に開示してはな

第 1 節　雇用契約（contract of employment）

らない義務を負う。例えば，Dalgleish v. Lothian and Borders Police Board [1991] IRLR 422 (Ct of Sess) では，人頭税未納入者調査のため地方官庁に求められた使用者の被用者全員の氏名・住所の開示に対する被用者の差止命令が認められた。しかし，コモン・ローは，個人にプライバシーが保護されるという一般的な権利を認めていない。例えば，Halford v. United Kingdom [1997] IRLR 471 (ECHR) において，イギリス政府は，使用者がその被用者に供与した電話機で当該被用者がかけた電話を盗聴することはできると主張した。しかし，欧州人権裁判所（European Court of Human Rights）は，そのような盗聴はプライバシーの尊重を規定する欧州人権条約 8 条（私生活および家庭生活の尊重）に違反すると判示した。

　ところで，欧州人権条約 8 条は，「すべての者は，私生活，家庭生活，住居および通信を尊重される権利を享有する。この権利の行使は，法律に基づき，かつ，国家の保安，公共の安全または国家の経済的福利のため，健康または道徳の保護，暴動または犯罪防止，もしくは他人の権利および自由の保護のため，民主的社会において必要なものを除き，いかなる公的機関による干渉も受けてはならない」と規定している。イギリスでも，1984 年には，一応，個人情報保護法（Data Protection Act 1984）が制定されたが，その保護の内容は十分ではなく，ブレア労働党政権誕生直後に同法を廃止して，その内容を欧州連合の個人情報保護指令（95/46/EC）に沿うものとする 1998 年個人情報保護法（Data Protection Act 1998）が制定された。旧法のもとでは，コンピューターに保存された個人情報の保護のみを対象としていたが，新法はその対象をペーパーファイルにも及ぼした（同法 1 条 1 項 c 号および d 号）。また，同法は「センシティブな個人情報」という新たな概念を導入し，個人情報収集活動にも規制を加えた。なお，イギリスでは，2000 年には，公的・私的電話システムによる通信の秘匿性の保護と盗聴を規制する法的枠組みを定める調査権限規制法も制定された。これは，通信の秘匿性を一般的に保護しながら調査権限を確保するものあり，警察当局が電子メール・インターネットおよび情報の暗号化へアクセスすることを可能にする。また，1998 年個人情報保護法とは別に，医療情報に関する規制を定める 1988 年医療報告書アクセス法（Access to Medical Report Act 1988）および 1990 年健康記録アクセス法（Access to Health

Record Act 1990）が制定されている。なお，1998年個人情報保護法制定の年，イギリスが欧州人権条約を国内法化する1998年人権法を制定したことはすでに指摘した通りである（第1章第4節参照）。

以下，1998年個人情報保護法等について略述する[84]。

(g) 1998年個人情報保護法

(I) 規制対象としての個人情報

同法が新たに規制の対象にした「関係ファイリングシステム（relevant filing system）」とは，「その情報が目的に対応して自動的に機能する設備によって処理されないが，いつでも特定の個人に関する特定の情報にアクセスできるかたちで，その個人または個人の特性に関して集められている個人情報の集合」と定義されている。保護される「個人情報（personal data）」は，その情報自体からまたはそれに加えて「個人情報管理者（data controller）」（個人情報処理の目的・方法を決定する者）の所持（またはその見込み）にある他の情報から同一性が認識できる（生存する）個人の情報をいい，それはその個人についての意見の表明またはその個人に関する個人情報管理者その他の者による意向の表示をも含む（1条1項）。

(II) 情報処理の原則

同法付則1は，個人情報の処理（収集，保管，編成，訂正，修正，開示，廃棄を含む）に関し次の8原則を定めている。①個人情報は公正かつ適法に処理されなければならない。②個人情報は特定された適法な目的のためにのみ取得され，かつ，その目的にあった仕方でのみ処理させなければならない。③個人情報はその処理目的に鑑みて，相当，妥当かつ相応なものでなければならない。④個人情報は正確なものとし，必要があれば，更新されなければならない。⑤個人情報はその処理に必要な期間を超えて維持してはならない。⑥個人情報は本法上の諸権利を遵守して処理されなければならない。⑦個人情報は適切な技術的・組織的な手段に服さなければならない。⑧個人情報の欧州経済地域外の国家または領土への移動は当該国家または領土の十分な情報保護の保証がない

---

[84] なお，これらの法律の内容とプライバシーの保護に関する詳しい研究として，砂押以久子「イギリス」『労働者の個人情報保護と雇用・労働情報へのアクセスに関する国際比較研究』（日本労働研究機構，2003年）105頁以下。

第1節　雇用契約（contract of employment）

限り行ってはならない。

　個人情報の対象者たる「個人情報主体（data subjects）」（被用者を含む。）は，個人情報管理者（使用者を含む。）によって自分の情報が処理されているか否かを知らされ，当該情報の内容とその受領者を知らされ，かつ，当該情報をわかりやすく提供される権利を有する。この個人情報主体から個人情報管理者に対する請求は，書面でかつ，特定の場合を除き，有料で行わなければならない。その請求がなされた場合，個人情報管理者は40日以内に請求に応じなければならない。ただし，その請求された情報が他人の情報の開示を要するものである場合には，その者の同意がある場合または同意がなくとも請求に応じることが諸般の事情から合理的であるといえる場合でない限り，個人情報管理者はその請求を拒否できる（同法7条）。

　(III)　「センシティブな個人情報」

　1998年法は，新たに「センシティブな個人情報」という概念を導入した。これは，民族的または人種的出身，政治的見解，宗教的または類似の信仰，組合員資格，身体的・精神的健康状態，性的生活，犯罪，刑事訴追などに関する個人情報をさす（2条）。これに関しては，すでに述べた同法付則1の1部に規定された8つの原則に服する他，付則3に定める次の条件の少なくとも1つを満たさなければならない。その条件とは，①個人情報主体がその個人情報の処理に明示的に合意したこと，②その処理が雇用に関し法によって個人情報管理者に付与されまたは課せられた権利または義務の行使または履行のために必要であること，③個人情報主体または他の者の重大な利益の保護に必要であること，④その処理が政治，哲学，宗教または組合の目的のために存する非営利団体の適法な活動の中で行われ，個人情報主体の権利および自由の保護を伴い，当該団体の構成員または日常的関係者のみに関し，かつその開示が当該個人情報主体の同意を条件としていること，⑤個人情報主体の意識的にとった措置の結果としてその個人情報が公開されたこと，⑥その処理が訴訟手続に関し，または法的助言を得るために必要であること，⑦その処理が裁判の実施および制定法上与えられた機能の実施のため必要であること，⑧その処理が医療目的でかつ医療専門家またはそれに準ずる者によってなされる必要があること，および，⑨人種または民族的出身の情報の処理が機会均等または平等取扱いのため

必要であること，である。

(Ⅳ) 執行機関と救済方法

1998年法の執行は，旧法によって設けられた個人情報保護記録管 (Data Protection Registrar) が担当し続けているが，その後，1998年以降情報保護委員 (Data Protection Commissioner)，2000年情報自由法 (Freedom of Information Act 2000) 制定後は，情報委員 (Information Commissioner) と呼ばれるようになった。同委員は女王により開封勅許状をもって任じられる（6条2項）。また，1998年法および2000年情報自由法に関する特別な審判所として，情報審判所 (Information Tribunal) が設置されている（6条3項以下）。その構成員は，国務大臣との協議の後，大法官により任命される法曹の審判長と同様に任命され法曹の副審判長および国務大臣の任命するその他の審判員である。審判員は，個人情報主体，2000年情報自由法に基づいて情報を求めるもの，情報管理者，公的機関の利益を代表する者から成る。

情報委員は，個人情報管理者に上記の原則の違反があると思料する場合，その原則に従うように求める履行通知を発する。履行通知を決定するときには，当該違反が損害または精神的苦痛を生ぜしめるものか否かを思料する（40条）。委員は，自らまたは個人情報管理者の書面の申請に基づき，書面の通知をもって履行通知の撤回または変更をなすことができる（41条）。個人情報の処理によって直接影響を受ける者またはその代理人は，情報委員に当該個人情報の処理が本法の規定に従ったものか否かの評価を求めることができる（42条）。履行通知の不遵守は犯罪を構成する（47条）。履行通知を受けた者は個人情報保護審判所に異議申立てをなすことができる（48条および6条）。

被用者は，自分に関する個人情報が不正確であるとの理由で，裁判所に訴えを提起することができる。裁判所は，使用者に対し，場合によっては，不正確な情報に基づく意見の表明を含む個人情報の修正，破棄または削除することを命じることもできる。その不正確な個人情報が第三者に開示された場合，裁判所は，その使用者に対し，その個人情報はすでに修正されていることをその第三者に通知するように命じることもできる（14条）。被用者は，使用者に対して，その個人情報が重大かつ不当な損害と精神的打撃を生ずる虞がある場合，その処理をしないように求める書面の通知を発することができる（10条）。個

人情報主体は，不正確な個人情報の処理，権限のない開示の結果として生じた損害の補償のみならずそれによる精神的打撃の補償も請求できる（13条）。被用者は，使用者に対し，個人情報の自動的な処理のみに基づいて自分に重大な影響を与える決定をなさないように求めることができる（12条）。以上の裁判管轄は，イングランドでは高等法院または郡裁判所にある（15条1項）。

(h) 労働者の医療・健康情報の保護

上記のような個人情報の一般的保護に加え，1988年医療報告書アクセス法は，個人が雇用に関し医師によって提供された自己の医療報告書を閲覧する権利を与えている（同法1条）。使用者は，被用者の同意を得ずに医師に対して医療報告書を求めることはできない（3条1項）。その場合，被用者は同意を与える前に自己の医療報告書にアクセスする権利がある（4条1項）。そのアクセスを与えられた被用者が自己の医療報告書に対する申請に同意する旨を当該医師に通知しない限り，使用者は当該報告書を得ることはできない（5条1項）。また，被用者は，当該申請に同意する前に，当該医療報告書が不正確または誤解を与えるものと考える場合は，医師に対して，その部分に修正を加えるように求めることができる（5条2項）。同法の違反に関し，被用者は郡裁判所に提訴し，郡裁判所は同法の遵守を命じることができる（8条）。

また，1990年健康記録アクセス法（Access to Health Record Act 1900）は，個人が自己の健康記録または健康の親権者，後見人等，患者と一定の関係にあるものが当該患者の健康記録にアクセスする権利を与えている（同法3条）。したがって，被用者は医療専門家の有する自己の健康記録を閲覧する権利を有する。また，不正確な健康記録の修正を請求することもできる（6条）。健康記録の保持者が同法に違反する場合，被用者は郡裁判所に提訴することができる（8条）。

第2節　賃　金

コモン・ロー上の使用者の賃金支払義務については，すでに説明したので，ここでは，制定法上の使用者の義務を中心に解説する。

[1] 賃金明細書

1978年雇用保護（統合）法8条以下により，被用者を有する使用者に雇用される被用者は，賃金の支払い時またはそれ以前に賃金明細書を得る権利を与えられた。この規定は現在，1996年雇用権法8条以下に引き継がれている。その明細書は，賃金総額，変動的または固定的控除額およびその控除の目的，手取り賃金額を明記したものでなければならない。手取り賃金の各部分が異なったかたちで支払われる場合には，各々に支払額とその支払方法が記載されなければならない（8条）。固定的控除がある場合，例えば，組合費支払いのための控除の場合，控除の度に明細を与えるのではなく，12カ月間の控除をカバーする一括的な明細を与えてもよい。一括的な明細は，控除額，控除の周期，およびその目的を記載するものでなければならない（9条）。使用者がこの賃金明細を付与せず，または，その内容に争いがある場合には，被用者は雇用審判所に訴えることができる。この場合審判所は，その明細書に記されるべき内容を宣言し，審判所の審問に先立つ13週間になされた被用者の賃金からの不記載控除を記載するよう命ずる（11条）。

[2] 賃金控除

従来，賃金の控除に関する問題は，1831年以来のトラック法（Truck Acts 1831, 1887 and 1896）により処理されてきた。しかし，その名称がフランス語のtroquer（物々交換）に由来するといわれるトラック法は，基本的には，肉体労働者が，賃金全額が現行通貨（現金，小切手，郵便為替を含む）で支払われることを保障するものであった。銀行振込みが認められたのは，1960年賃金支払法の制定によってである。しかし，トラック法には，肉体労働者の定義，通貨による支払いの危険性や不便さ，店員やガソリンスタンド被用者を出納上の損失分の控除から救済できないことなどの欠陥があったとされる[85]。こうした欠陥を除去することを目的として，1986年賃金法（Wages Act 1986）が制定された。同法の賃金控除の規定は，現在，1996年雇用権法13条以下の規定に引

---

[85] M. Whincup, Modern Employment Law (8th ed.), p. 86 (Butterworth-Heinemann, 1995).

き継がれている。

　同法13条は，使用者は，次の場合にのみ賃金控除を行えると規定している。すなわち，(i)制定法の規定または契約上の規定により控除が認められている場合，または(ii)労働者が控除について事前に書面で合意しているとの場合である（同条1項）。契約上の規定により控除がなされる場合，その規定が書面のものであれば，その写しが事前に労働者に示されているか，あるいは，その規定が書面のものでなければ，その存在と効果が事前に労働者に書面により告知されていなければならない（2項）。また，同法15条は，使用者が労働者から金員を受領することについても同様の規制を加えている。

　しかし，以上のような賃金控除の制限は，次の場合には適用されない。(a)賃金および実費弁済の過払い。(b)制定法の規定に基づく懲戒手続による場合（例えば警察官や消防職員の場合）。(c)官公庁への支払いのための控除が法定されている場合（例えば，賃金差押命令）。(d)使用者により第三者に支払われることが労働者によって合意されている場合（組合費のチェックオフ。これについては，第4章集団的労働関係法で別途取り扱われる）。(e)労働者が参加するストライキその他の争議行為に参加したことを理由とする場合（すなわち，労働者の不就労）。(f)労働者が裁判所ないし審判所により使用者に対する支払いを命じられた場合（14条）。また，このうち，(a)，(b)，(e)および(f)に関しては，使用者の労働者からの金員受領規制も適用されない（16条）。

　以上の使用者による賃金控除および金員受領の規制に関して，何が賃金に該当するかについては，1996年雇用権法27条が事細かく定めている。それによれば，「賃金（wages）」とは，「雇用に関して労働者に支払われる金員」であり，「契約に基づいて支払われるか否かにかかわらず，雇用に帰することのできるフィー，ボーナス，コミッション，休暇手当その他の報酬（emolument）」，法定傷病手当（statutory sick pay），法定母性手当（statutory maternity pay），法定保障手当（statutory guarantee payment），法定タイムオフ手当，法定休職手当，復職または再雇用の賃金，中間的救済命令の履行のため支払われる金員，保護裁定に基づく報酬を含む。しかし，他方で，貸付契約や賃金前払いのかたちで支払われる金員，実費弁済金，退職に伴う年金・手当，謝金として支払われる金員，剰員整理に関して支払われる金員，労働者以外の資格で支払われる

金員は賃金とはされない。

　なお，賃金控除に関しては，上記の規定に加え，小売業に働く労働者に特別な保護規定が設けられている。金銭または在庫の不足に関して労働者の賃金を控除する場合は，その控除可能限度額はその特定の日の総賃金の10％である。しかし，その不足総額が回復されるまで日々継続して控除することができるのであり，労働者の契約が終了する場合には，その1日の控除限度額は適用されないものとされている（17条から22条）。使用者が当該金銭または在庫の不足を理由に労働者から支払いを要求するには，使用者がその不足に関し当該労働者が不法行為責任があることを書面で通告し，かつ書面で当該労働者の賃金支払日に支払いの要求がなされなければならない（20条2項）。そして，当該要求は書面の通告以降の最初の賃金支払日より前または使用者が金銭または在庫不足を発見しまたは合理的にみて発見すべきであった日より後には，当該要求はできないとされている（20条3項）。

　同法に基づく訴えは，それが合理的に実行可能であれば，3カ月以内に雇用審判所になされなければならない（23条2項）。一連の賃金控除に関する場合は最後の支払い日から起算する（5条3項）。審判所は，違法な控除または受領に当たることを宣言し，使用者に対して，労働者に控除しまたは受領した金額の支払いないし払戻しを命じる（25条）。

[3] 最低賃金

(1) 全国最低賃金法

　イギリスには最低賃金を定める包括的な法律はもともと存在しなかった。ただ，第1章第2節(6)で述べたように1909年の産業委員会法を起源とする交渉機構の未発達な部門（例えば，流通，配膳，ホテル部門など）に設立される三者構成の委員会（1945年賃金審議会法＝Wages Councils Act 1945により産業委員会から賃金審議会へと名称変更）に最低の賃金，労働時間および年休を決定する権限を与える法律が1979年の賃金審議会法まで制定されてきた。しかし，1965年のドンヴァン報告は，賃金審議会制度に期待された低賃金の改善と団体交渉の育成という目的がほとんど達成されていないとの批判を加えていた。1985年には，保守党政府により，賃金審議会制度は，雇用の柔軟性と効率性に悪影

第2節　賃　金

響を与え，雇用創造を阻害しているとして，その廃止を提案した[86]。それに基づき，1986年賃金法で，新たな賃金審議会設立の途を閉ざし，その権限を限定した。そして，さらに，1993年労働組合改革・雇用権法第35条がその全面的廃止をもたらした。(なお，農業労働者に関する最低賃金を定める1948年農業賃金法は廃止されず，現在でも同法に基づき農業賃金委員会が最低賃金を決定している。) しかし，保守党とは対照的に，労働党は，1992年には，すでに党の綱領に全国的な法定最低賃金の導入を掲げていた。そして，1997年の総選挙で政権に返り咲くや否や，全国的な最低賃金法を雇用法改正の最優先課題とし，1998年7月31日，1998年全国最低賃金法 (National Minimum Wage Act 1998) を成立させた。この法律は，イギリスにおける最初の包括的な最低賃金を定めるものであるばかりか，労働時間等などの多くの立法とは異なり，EUの立法の履行として制定されたものではない点でも画期的なものである。ただ，同法が果して，ブレア労働党政府が旗印として掲げる「基本的公正取扱い」のみを目的とするものであったといえるかは，明らかではない。社会給付の源資の節約という目的も見え隠れするからである。

同法の主な内容は次の通りである。

(2) 適用対象者

最低賃金法制は，義務教育年齢を超え，契約上，連合王国 (およびその領海) で労働しまたは通常労働する「労働者」に適用される (1条，45条および1999年全国最低賃金 (沖合雇用) 規則 (National Minimum Wage (Offshore Employment) Regulations 1999)。「労働者」の定義は，第3章第1節の [1] に指摘したように広い概念である。囚人 (prisoners) (45条)，無報酬労働による罰金免除者 (45A条)，分益漁師 (share fishermen) (43条)，慈善団体またはそれによって設立された宗教的な信条の実践または促進を目的とする団体の全てまたはいくらかのメンバーが共同して生活する共同体の雇用および慈善団体，任意団体等に雇われるボランタリー労働者には適用されないが (44条—44A条)，国王の雇用，軍隊，庶民院および貴族院の職員，連合王国に登録されている船舶上のほとんどの仕事 (36条—40条) に適用される。加えて，ホームワーカー

---

[86] Department of Employment, Consultative Paper on Wages Councils, 1985.

(home workers) および派遣労働者 (agency workers) にも適用される (34条および35条)。

(3) 最低賃率

　規則によって時間あたりの賃率を定める権限が国務大臣に与えられている (2条)。また, 国務大臣は, 26歳未満の労働者を除外する権限を与えられている (3条)。これらの権限の行使に当たって, 大臣は, 同法によって設立された独立的諮問委員会である低賃金委員会 (Low Pay Commission) に諮問しその勧告を受けなければならない (5条―8条)。2005年10月から, 最低賃率 (時給) は, 22歳以上の労働者で5.05ポンド, 22歳以上26歳未満の認定職業訓練を受けている労働者の最初の6カ月間は4.25ポンド, 18歳以上21歳までの労働者で4.25ポンド, 16歳から17歳の労働者 (ただし徒弟を除く) で3.00ポンドとなっている[87]。ところで, 出来高製賃金の場合, その時給をどう算定するかが問題となる。それは, 実際に働いた時間でやるか, 労働者と使用者の労働時間に関する「公正見積契約」でやるかのいずれかで行わなければならないとされてきた。後者の場合, 同一の条件で同一の仕事を行う平均的労働者がかかった時間の5分の4以下では公正でないとしてきた。しかし, 最低賃金委員会の第4報告書 (2003年) は, 実際には, 使用者の評価によると, 1時間に1～2ポンドしか支払われない場合があるとし, 当該労働者が1時間内にどれだけ生産することを期待するのが合理的であるかによるべきことを勧告した[88]。そこで, 2004年10月からは「割合的出来高労働」という新たな制度によることになり, しかも2005年4月からはその算出された額に1.2を乗ずることになった[89]。これによれば, ある使用者の通常の労働者が1時間に10個の製品を生産できる場合 (時間当たりの通常出来高率), その商品一個当たりの「公正」賃金は, 2005年10月以降は50.5ペンス (通常の最低賃金の10分の1) ×1.2 ＝60.6ペンスとなる。そして, その時間当たりの通常出来高率

---

[87]　National Minimum Wage Resolutions 2005.

[88]　The National Minimum Wage-Building on Success (Fourth Report of the Low Pay Commission)(TSO, 2003), pp.101-102.

[89]　DTI, Guidance on new system providing for 'fair' piece rates -'rated output work'.

第2節　賃　金

は，その製品を生産する当該使用者のすべての労働者の生産速度の調査を行い，その時間当たりの生産商品の総数をその労働者数で除するなどして算出する（26A条）。

(4)　書面の記録と賃金明細書

　最低賃金の設定に加え，同法は使用者に規則に定める方法で労働した時間および労働者に支払われた賃金に関する記録を保存する義務を課している（9条）。労働者は使用者にその記録を提出するよう求め，また労働者は実際に最低賃金が支払われたか否かを確認し，そのコピーをとることができる（10条）。使用者の義務の不履行に対して，労働者は雇用審判所へ訴訟を提起することができる（11条）。また，項目化された賃金明細に対するものと同様の権利が，雇用権法所定の規定に基づく項目化された明細を求める資格のない全ての労働者に与えられる（12条および1996年雇用権法8条以下）。

(5)　最低賃金の支払い不履行

　全国最低賃金の支払いを確保する手段として，同法は2つの途を用意している。1つは，労働者が不払い最低賃金の支払請求訴訟を雇用審判所または郡裁判所（county court）に提起する方法であり，もう1つは国が労働者のために行う強制手段である。

(A)　労働者の訴訟

　労働者は，自分に支払われた金額と全国最低賃金の差額を回復する訴訟を雇用審判所または郡裁判所に提起できる。請求は，1996年雇用権法第2部違反の賃金からの違法な控除として，同法23条に基づいて行うこともできるし，契約違反の訴えとしてもなすことができる（全国最低賃金法17条）。1996年雇用権法230条3項の「労働者」の特別な定義を満足しないために，雇用権法第二部の適用されない労働者（派遣労働者，家内労働者等）に関しては，1998年全国最低賃金法18条の規定により，雇用権法の規定が適用されるものとみなされる。また，労働者は，全国最低賃金の実施に関する訴訟を提起したことを理由に不利益（detriment）を受けたり不公正解雇されたりしない権利を有する（23条から25条）。全国最低賃金不払いに関する訴訟は，雇用審判所の審判長

表2 国内税歳入庁への問合せ・苦情の受付と同庁の過料通知

	1999年4月―2000年3月	2000年4月―2001年3月	2001年4月―2002年3月	2002年4月―2002年9月	全期間総計
問合せ件数	120,562	77,473	77,610	28,994	304,639
苦情件数	4,591	1,823	1,813	999	9,226
臨検件数	4,548	4,475	4,288	2,855	16,166
履行通告件数	136	213	86	16	451
過料通告件数	1	61	65	6	133
不払い総額（100万ポンド）	1.2	3.0	5.17	1.63	11

出典：Department of Trade and Industry, Inland Revenue

によって審理され得る。その場合の立証責任は通常とは異なる。すなわち，労働者は使用者が反対の立証をしない限り，最低賃金を下回る額しか支払われていないとの推定を受ける。この原則は，その訴えが雇用権法第2部に基づいて雇用審判所に提起されたのか，雇用審判所あるいは郡裁判所において契約違反の訴えとしてなされたか，のいずれにおいて同様に適用される。したがって，労働者が実際に少なくとも全国最低賃金を支払われたことを立証することができるようにする目的で使用者に要求される適切な記録の保存義務の履行を強化する効果を有する。

(B) 国による強制手段

国務大臣は全国最低賃金法の実施のために行動する歳入税関局（Revenue and Customs）の係官を任命する（13条）。同係官は，同法の問題を解決するため，使用者などに記録を提出し，記録の説明をし，その他の情報を与えるように求め，また構内に入る等の活動を行うことができる（14条）。使用者が全国最低賃金を下回る額しか支払っていないと思われる場合は，使用者に対し最低賃金の支払いおよびその特定期間のバックペイ支払いの義務を遵守するように求める履行通告（enforcement notice）を発すること権限を有する（19条1項から3項）。この通告を受けた使用者は雇用審判所に異議を申し立てることができる（同条4項から10項）。使用者の履行通告に示された義務を履行しない場合，次の2つの手段が用意されている。1つは，係官が労働者のために，雇用

第 2 節　賃　金

審判所において，労働者に 1996 年雇用権法第 2 部の規定に基づく訴えまたは支払われるべきであった金額の回復の民事訴訟を提起することである (20 条)。もう 1 つは，係官が使用者に対して国務大臣に過料を支払うことを義務づける過料通告 (penalty notice) を与えることである。この場合，過料金額は不履行の各日につき最低賃金の時給額の 2 倍の額であるが，使用者はこれに対して異議申立ての権利が与えられている (22 条)。記録保存および最低賃金支払義務違反を含め全国最低賃金法の義務に故意に違反する使用者に対しては刑罰が科せられる (31 条)。なお，歳入関税局は，全国最低賃金ヘルプラインを設置して，全国最低賃金に関する問合せや苦情を受け付け，違反を摘発している。同局は以前は内国税歳入局が再編されたものであるが，全国最低賃金の監督行政を同局が行っているのは，ユニークである。

[4] 保 障 手 当 (Guarantee payment)

第 1 節 [4](2)(B)(b)で述べたように，使用者は仕事がなくても賃金支払義務を負うとの黙示的条項がある。したがって，雇用契約の終了を伴わない一時帰休 (レイ・オフ) の場合，使用者は賃金支払義務を負う。しかし，使用者がこれを免れるためには，その旨を雇用契約に明示的に定める必要がある。そこで，雇用契約は，通常，レイ・オフ条項を定めていると思われる。そして，レイ・オフ中の賃金に関して，協約がその賃金を補償する規定を定めていることが多い。しかし，そうした協約がなくとも，使用者は，一定の保障手当の支払いを法律上義務づけられている。保障手当制度は 1975 年雇用保護法 (Employment Protection Act 1975) で導入されたものであるが，現在は，1996 年雇用権法の 28 条から 35 条までに規定されている。その概要は，次の通りである。(i)手当受給権は，当該被用者が遂行すべき職種に対する業務上の必要性の減少，または当該職種に関する業務運営に影響を及ぼすその他の何らかの出来事により，当該被用者が仕事を得られない期間に対し発生する。例えば，停電，原料供給の停止等もこの「その他の何らかの出来事」に該当する。(ii)被用者は，当該レイ・オフの発生時までに最低 1 カ月間継続雇用されていなければならない。(iii)所定労働日の所定労働時間の全時間レイ・オフされなければならない。(iv)被用者が，諸般の事情に鑑みて適切になされた代替的雇用を不当に拒否した場合は，

手当受給権は生じない。(v)使用者が当該被用者の労務提供を確保するために行った合理的な要求に応じなかった場合は，手当受給権は生じない。(vi)被用者が当日の雇用に就く用意がなかった場合は，手当受給権は生じない。(vii)レイ・オフがストライキ，ロック・アウトその他の争議行為による場合は，手当受給権は生じない。(viii)手当の額は，当該労働者の週給をその所定労働時間で割った額を基礎として算出されるが，1日につき，2005年12月現在で18.40ポンドの限度額に服する。しかも，手当を得られる日数は，3カ月間で5日に限定されている。(ix)使用者が保障手当を支払わない場合，被用者は，実行可能であれば3カ月以内に雇用審判所に訴えを提起しなければならない。

[5] 傷病休職手当（Medical suspension payment）

1996年雇用権法64条および65条は，傷病休職手当について規定している。この手当は，同法が定める一定の法定事由（有害物質に関する規則に基づくもの）または1974年安全衛生法16条に基づき作成された行為準則上の勧告に従ってなされた傷病休職に関して，当該被用者に，その休職期間の中26週の期間に限り，約定賃金の支払いを受ける権利を与えるものである。この手当に関しては，保障手当同様，雇用審判所が，管轄権を有する。ただし，この権利を得るためには，次の要件を満足する必要がある。(i)被用者が休職までに最低1カ月間継続雇用されていたこと。(ii)自己の傷病により労働不能の状態ではないこと。(iii)適切な代替的雇用を不当に拒否しなかったこと。(iv)使用者が当該被用者の労務提供を確保するために行った合理的な要求を拒否しなかったこと。なお，この休職と解雇の関係については，不公正解雇の記述に譲る。

[6] 母性休職手当（Maternity suspension payment）

1996年雇用権法66条および67条は母性休職について規定している。この制度は，当該被用者が妊娠しているか，出産または育児をしており，かつなんらかの制定法条の規定または1974年安全衛生法16条に基づき作成された行為準則上の勧告に従って，使用者によってなされる休職に関し，その休職期間中，約定賃金を受ける権利を与えるものである。この権利を得るためには，被用者は継続雇用されているのに使用者から仕事を与えられず，または，それま

で通常行っていた仕事を行うことができない状態にならなければならない。後者の場合，使用者が休職させる前に適切な代替的仕事を与えたならば，当該被用者はその権利を得られない。なお，適切な代替的仕事がある場合，それを与えられることは被用者の権利とされており，当該被用者にはその義務の不履行につき雇用審判所に訴える権利を与えている。このような代替雇用がなく休職させられた被用者には約定賃金が支払われる。

[7] 傷病手当 (Statutory sick pay)

使用者が雇用契約で明示・黙示に被用者の傷病時の手当の支払いを約すればその支払義務を有するのは当然である。雇用契約に手当て支払いの権利を定めてはいるが，期間が定まっていない場合には，裁判所はその合理的な期間を読み込むことになる[90]。ところで，使用者が労働者に与えるべき労働条件記述書 (written statement) (第2章第1節 [1] (7)参照) は，傷病手当についての記述を含まなければならないので (1996年雇用権法1条4項(d)号)，その記述がない場合，雇用審判所は，諸般の事情を考慮して，その内容，すなわち傷病手当を支払うか否か，その手当の内容がどのようなものかを確定しなければならない[91]。

ところで，以前，被用者は，1948年国民保険法 (National Insurance Act 1948) により，社会保険給付としての傷病給付を受けることができた。しかし，1982年社会保障家族給付法 (Social Security and Housing Benefit Act 1982) は，使用者に法定傷病手当の支払いを義務づけ，使用者は支払い後，社会保険基金から払戻しを受けることができるとした。1992年社会保障拠出給付法は，払戻し額を80％としたが，1994年法定傷病手当法 (Statutory Sick Pay Act 1994) は，払戻し制度を廃止した。1992年法による制度の概要は次の通りである。

① 要件：(i)労働者は，労働義務のない日を含む連続4日以上の期間傷病のため労働不能でなければならない。(ii)制定法の条件および合意に服して使用者に労働不能を告知しなければならない。(iii)最初の7日までは自己証明，その後に関して医師の証明書その他証拠を提出しなければならない (151条，152条，

---

[90] Howman & Son v. Blyth [1983] IRLR 139 (EAT).

[91] Mears v. Safecar Secuity Ltd [1982] IRKR 183 (CA).

156条）。

② 支払い期間・額：(i)労働不能期間開始時から，その期間の終了時，傷病手当満額受領時，または雇用契約の終了時までの期間が傷病手当支払い期間となる。(ii)手当の支給対象日は，通常所定労働日に限られ，労働不能期間開始3日間は待機期間として支給対象日とならない。(iii)手当の額は，2005年5月現在，標準額週68.20ポンド，最長28週分（153条）。

③ 適用除外：(i)傷病の初日に65歳を超えている者，(ii)3カ月未満の期間で雇われた者，国民保険拠出の最低週給を下回る収入しかない者，以前何らかの社会保険給付を受けて57日以内に傷病に罹患した者，当該労働者の傷病の最初の日が，労働争議期間中に生じ，かつ，その争議が当該労働者の利益に直結している場合である（争議に参加しているか組合員であるかは問わない）など（附則11）。

第3節　労働時間等

[1]　労働時間・年次休暇

(1)　労働時間法制の変遷

第1章第1節(4)でみたようにイギリスの労働時間規制は，1802年以降の工場法を中心に，婦人・年少者を対象に行われてきた。そして，成人男子の労働時間規制は，特に安全上規制が必要な業種に対してのみ限定的に行われてきたに過ぎない。また，婦人・年少者の法的強制力をもった10時間労働制と10歳未満の児童の工場労働の禁止が投入されたのは1874年に至ってのことである。そして，労働時間等に関する諸法を統合し，最初の近代的工場法が制定されたのは，1878年であった[92]。第二次大戦後も適用されてきた代表的な労働時間規制法は，1938年雇用時間（条約）法，1950年商店法，1954年鉱山採石場法，1954年パン製造業（労働時間）法，1961年工場法，1979年賃金審議会法等であり，このうち，1979年法は，特定産業の最低賃金の観点から労働時間などを定めるものに過ぎなかった。しかし，工場法と商店法は，広範な婦人・年少

---

[92]　Lord Wedderburn, The Worker and the Law (3rd ed.), p. 404 (Pelican, 1986).

者を対象とし，また商店法は，成人男子の日曜日の労働をも禁止しているという意味で特に重要な法律であった。しかし，1980年代に至って，保守党政府は，男女平等原則に反し，かつ，市場経済を阻害するとの理由から，労働時間規制を廃止する方針を明らかにした。そして，1986年性差別禁止法が女性の深夜労働，日曜労働，週労働時間，休憩時間などを廃止し，1989年雇用法が年少者の労働時間規制を全廃した。さらに，1993年労働組合改革・雇用権法が1951年商店法の定める日曜労働などを廃止し，1994年日曜営業法（Sunday Trading Act 1994）が日曜日の営業禁止を廃止した。ただし，日曜日の営業は，午前10時から午後6時までの継続6時間を限度とした。また，鉱山労働者の坑内労働も1991年石炭産業法（Coal Industry Act 1991）で廃止された。結局，1997年5月まで続いた保守党政権のもとでは，残った労働時間規制は，1933年および1963年の児童年少者法（Children and Young Person Act）による13歳以上の就学児童の労働時間，日曜労働および深夜労働の禁止のみとなった。

(2) EC労働時間指令

こうした状況は，欧州共同体（EC）加盟国としてはきわめて特異だった。なぜなら，ECではすでに1979年には労働社会相理事会が「労働時間の適応化に関する決議」を採択するなど労働時間規制の動きが開始され，1983年9月にはEC委員会が「労働時間の短縮と再編に関する理事会勧告案」を提出されていた。しかし，当時，イギリスの経済競争力の回復のためには徹底的な自由市場経済政策を追求する必要があると考えていたサッチャー政権は，労働法の規制緩和が必要であるとし，ECの社会政策立法にことごとく反対する立場を取っていた。こうしたなか，1985年にEC委員会の委員長に就任したドロールは，イギリスの拒否権でEC社会政策立法が阻止される状況を克服すべく同年12月のルクセンブルグ欧州理事会で「1987年単一欧州議定書（Single European Act 1987）」により，安全衛生に関する指令の提案を全会一致から特定多数決によって可能とするローマ条約の改正を実現した。その条項が安全衛生に関する現行の欧州共同体設立条約137条（旧ローマ条約118A条）である。そして，この条項に基づき，1990年にEC委員会が労働時間指令案を提案し，1993年6月にようやく理事会で合意に達し，理事会は「共通の立場」を採択

し，同年 11 月指令案は採択され，イギリスの棄権のもと，EC 労働時間指令が成立した。しかし，イギリスは，一方で，条件闘争により同指令上の最大限の特別な緩和取扱いを得た上で，労働時間指令案を安全衛生に関する規定を根拠にすることは誤りであるとして欧州司法裁判所に提訴した[93]。

(3) 1998 年労働時間規則

しかし，こうしたイギリスの労働時間規制に対する姿勢は，1997 年 5 月に労働党が政権に返り咲いてから，事情は一変した。保守党政権が無効を主張していた欧州連合の労働時間指令（Council Directive 93/104/EC）の有効性が 1996 年 11 月の欧州司法裁判所の判決で確認され，半年前からイギリス政府は同指令の履行義務を受ける立場に置かれていたが，ブレア新内閣は，直ちに，1998 年労働時間規則（Working Time Regulation 1998（SI 1998 No.1833））によって，労働時間指令の国内法化を実施したのである（なお，同規則の内容は，その後の法令（SI 2001 No.3256 and SI 2002 No.3028）等により一部改正されているので以下の記述は修正されたものとしての 1998 年規則のそれである）。同規則は，年少者（最低学校卒業年齢に達してはいるが 18 歳未満の者）に関する年少者指令（「職場における年少者の保護」に関する欧州連合指令（Council Directive 94/33/EC））の視点にも合わせている。その規制内容は比較的緩いものではあるが，労働時間に関する法規制が成人男子を含めて一般的に規制されたことはイギリス史上特筆すべき画期的な出来事であったといわなければなるまい。ただし，他の立法規制と同様に，その履行強制が弱いことに注意する必要がある。以下，同規則の内容を簡単に紹介しておきたい。また，労働時間規則は年次休暇をも規定しているので，この点についても，下記(H)で解説する。

(4) 適用範囲

同規則は，適用対象を被用者（employee）とはせず広く「労働者（worker）」とした。そして「労働者」とは，次のように定義される。「次の契約を締結し

---

[93] EC 労働時間指令の立法の経緯等については，小宮文人・濱口桂一郎「欧州連合（European Union）の労働時間指令とイギリスの対応」季刊労働法 181 号（1997 年）128 頁以下を参照。

またはそれに基づいて労働する（すでに雇用が終了している場合には，それに基づいて労働していた）個人である。—(a)労働契約（contract of employment）または(b)明示または黙示を問わず，また（明示であれば）口頭または書面を問わず，その者がその専門的または事業的仕事の顧客（a client or customer of any profession or business undertaking）ではない契約の相手方当事者に自分自身で労働またはサービスを行いまたは果たすことを約するその他の契約」である（2条1項）。したがって，「労働者」とはその契約の相手方と顧客関係にある真正に独立した事業を営む者を除く労働またはサービス提供者の全てを包含する。ただし，同規則の成人労働者に関する規定は，次の者を適用除外している。すなわち，訓練途上の医師，運輸労働者，軍隊・警察その他市民保護サービスの特定の活動に従事する者，海上漁業その他の海上労働（18条）には適用されず，家事使用人（domestic servant）に規定の一部が適用されない（19条）。

(5) 労働時間の定義

同規則は労働時間を次のように定義している。(a)労働者が使用者の処理に委ねて（at his employer's disposal）労働し，かつ労働者の活動ないし義務を遂行する時間，(b)労働者が適切な訓練を受けている時間，および(c)「適切な合意（a relevant agreement）」に基づき，同規則上，労働時間とみなされるその他の付加的時間（2条1項）。そして，「適切な合意」とは，労働協約，労使協定（workforce agreements）（投票により選ばれた代表者によって署名されたもの，また労働者が20人以下の使用者に関しては，労働者の過半数によって署名されたものでも可），または労働者と使用者の間で法的強制力のあるその他の書面の合意をいう（労働契約上の条項も含む）をいう（付則1の1条）。なお，欧州司法裁判所判決によれば，呼出待機期間（職場以外の場所での待機期間）は労働時間に含まれない[94]。

(6) 労働時間数

使用者は，労働者の「オプト・アウト」の書面の合意を得ていない限り，当該労働者が17週の期間（基準期間＝reference periodという）を時間外労働を含み，平均して各週48時間以上労働しないようにするため，あらゆる合理的

な措置をとらなければならない（4条1項および2項）。この基準期間は17週未満の雇用ならその期間とされ，一定の労働者に関しては26週まで延長することができる。延長できる場合とは，労働者が職場から遠く離れて暮らしている場合，警備産業の場合，役務または生産の継続が必要な場合（例えば，保険，報道，通信，公益施設)，予見可能な活動時間の波がある場合，活動が不測のあるいは例外的な事件，事故または緊急の事故の危険によって影響を受ける場合である（21条)。基準時間は，また，労働の編成に関する客観的で技術的な理由に基づいて労働協約または労使協定が例外規定を置く場合には52週まで延長できる（23条b号)。また，労働者が，特定または不特定の期間に関し，使用者に7日以上の書面の予告（3カ月を超える期間を定めることはできない）を与えることにより解除できる旨の合意した場合には，48時間規制は当該労働者には適用されない（5条)。この場合，使用者は，48時間規制の適用されない労働者の記録を保存する義務を負う（4条2項)。年少労働者（a young worker ＝ 15歳以上18歳未満で義務教育年齢を超えている者）の労働時間は，1日8時間または週40時間を超えてはならない（5A条1項)。ある日またはある週に複数の使用者によって年少労働者が雇用される場合は，各使用者のもとでの労働時間を合計したものとする（同条2項)。

(7) 労働時間のオプト・アウト

労働者は，前記のように使用者と週平均48時間の労働時間規制を外す「オプト・アウト」の合意をすることができる。労働者は，最低7日前に書面の通知をすれば，いつでもその合意を破棄することができる（5条2項)。労使は，この告知期間を3カ月を限度として延長することができる（同条3項)。欧州司法裁判所の判決によれば，労働協約における組合代表の同意は労働者のオプト・アウトの合意とはいえない[95]。労働時間指令22条によると，労働時間のオプト・アウトは，2003年11月23日の前に，閣僚理事会が欧州委員会の評

---

[94] Sindicato de Medicos de Asistencia Publics (SIMAP) v. Coselleria de Sanidad y Consumo de la Generalidad Valenciana, Case C-303/98.

[95] Sindicato de Medicos de Asistencia Publica (SIMAP) v. Conselleria de Sanidad y Consumo de la Generalidad Calenciana, Case C-303/98.

価報告に伴う提案に基づいて，再検討し，とるべき行動を決定するとされている。欧州委員会は，同条に基づく報告書でイギリスのオプト・アウトの実態を批判したが，廃止を主張せず，規制強化を主張した。結局，2005年5月31日の欧州議会および閣僚理事会の指令案修正案では，オプト・アウトを労働協約もしくは労使協定によって，または国内法によって明示的に示されるものとする。そして，その場合，各国は，合意は1年を超えることはできず，雇用契約締結時または試用期間中の合意は無効，合意を与えようとしないことを理由に不利益を課すことはできないこと，労働協約または労使協定の定めがない限り1週間に55時間を超えないことのほか，使用者に記録の保管を義務づけ，管轄官庁が安全・健康に関する理由で禁止・制限できること，使用者が労働者の同意があった場合に関する情報および指令が遵守されていることを明らかにする記録を管轄官庁の求めに応じて提出できることを確保する措置をとるようにしなければならないとしている。

(8) 深夜労働

「深夜労働」とは「深夜時間」，すなわち，7時間以上で，かつ，午前零時から5時までを含む期間で適切な協定により決定される期間，または，その決定がない場合には，11時から午前6時までの期間，に行われる労働をいう。また，「深夜労働者」とは，通常，1日の労働のうち深夜時間に3時間以上労働する者，または，深夜時間に，労働協約または労使協定に特定され得る年間労働時間の割合以上労働する者をいう（2条1項）。このように定義された深夜労働者の通常労働時間は，17週の基準時間を通じて（6条3項），24時間毎に8時間の平均を超えることはできない（6条1項）。労働が特別な危険または重度の肉体的精神的緊張を伴う場合には，平均化は認められない（6条7項）。使用者は，次の場合でなければ成人労働者を深夜労働に就けてはならない。すなわち，当該成人労働者が深夜労働に就く前に無料の健康評価（a free health assessment）の機会を確保するか，または，それ以前に健康評価を受けていて，それが深夜労働就労時に無効であると信じる理由がない場合である。また，深夜業に就いている労働者が適切な期間ごとに定期的に無料の健康評価の機会を確保できるようにしなければならない（7条1項）。使用者は，年少者労働者

が「制限時間（restricted period）」（午後10時から午前6時までの時間）に働かないことを確保しなければならない（6A条）。使用者は，当該年少労働者がその労働に就く前およびその後定期的に無料の健康評価の機会を確保するか，または，それ以前に健康評価を受けていて，それが深夜労働就労時に無効であると信じる理由がない場合である。使用者は，「制限時間」の労働に就いている年少労働者が適切な期間ごとに定期的に無料の健康評価の機会を確保できるようにしなければならない（7条2項）。なお，この健康評価の内容を当該労働者以外の者に開示することは，当該労働者が書面の承諾を与え，または，その開示内容が当該労働者がその仕事に耐える旨の記述に限られる場合にのみ許される（7条5項）。使用者は，登録医師（registered medical practitioner）によって，労働者には深夜労働に関連する健康上の問題がある旨の助言を与えられた場合，当該深夜労働者をできるだけ適当な昼間労働に移さなければならない（7条6項）。なお，DTIの労働時間指針によれば，健康評価において，使用者は，次の2つのことをする必要があるとする。まず，労働者に従事してもらうことを予定している深夜労働に関係する健康に関する質問を記した質問票への記入を求め，質問票の結果が深夜労働に適するとの確信がもてない場合には，労働者に健康診断を受けるよう求める，というものである[96]。

(9) 日ごとの休息期間および週ごとの休息時間（すなわち休日）

成人労働者は，少なくとも11時間継続した日ごとの休息時間（daily rest period）を与えられなければならない（10条1項）。年少労働者は，毎日，12時間以上継続した休息時間の権利を有する（10条2項）。成人労働者は，日毎の休息期間に加えて，毎週，24時間以上の週毎の休息時間（weekly rest period）の権利を有する。その24時間は，14日の基準期間の平均でもよい。すなわち，労働者は，各14日の期間で2つの中断のない最低24時間の休息期間を与えられても，または各14日の期間で1回の最低48時間の休息期間を与えられてもよい。年少労働者は，原則として，週毎に可能な限り継続した2日の休息期間を得る権利を有する（11条）。

---

[96] DTI, Your Guide to the Working Time Regulations (July 2003), p.13.

第3節　労働時間等

⑽　休憩時間 (rest breaks)

　成人労働者の1日の労働時間が6時間以上である場合，継続20分以上の休憩時間をとる権利があり，その時間にはその職場 (workstation) を離れる権利を有する。ただし，労働協約や労使協定に定めがある場合は，その規定に服する（12条1項，2項および3項）。年少労働者の場合は，その1日の労働時間が4時間30分以上である場合，最低30分のできるだけ継続した休憩時間をとる権利がある（12条4項）。年少労働者が複数の使用者に雇用されている場合には，休憩時間との関係では，その1日の労働時間は，各使用者のもとで労働する時間を合計した時間である（12条5項）。

⑾　年次休暇

　イギリスには，合計8日の公的休暇日 (public holiday) があるが，これを定める1971年銀行金融取引法 (Banking and financial Dealings Act 1971) は，公的休暇日における一定の金融取引を禁止しているだけで労働者の休暇を保障するものではない。ただ，年次有給休暇に関しては，1979年までは，団体交渉が未発達な一定の産業に関し，賃金審議会法が，審議会に年休日数と年休手当を決定させていただけに過ぎなかった。1986年には，その審議会の権限も賃金法 (Wages Act 1986) により廃止され，年休の決定はもっぱら雇用契約ないし労働協約に委ねられることになってしまった。しかし，1998年，年次休暇も労働時間と同様に労働時間規則の規制を受けるに至ったのである。この年次休暇権の制定法による保障も，イギリス法上，初めてのことである。

　労働時間規則は，労働者は休暇年 (leave year) ごとに4週間の年次有給休暇を得る権利を有すると規定する（13条1項）。なお，2002年規則による改正以前は，継続して13週雇用されていなければならないとされていた。1週間の年次休暇の意味は，1週間労働から解放されることである。したがって，実際に1週間に付与される休暇日数は，その労働者の所定労働日数分ということになる。各労働者の年次休暇年は，「適切な合意」に定められた暦年の特定日，そうした定めがない場合は，当該労働者が勤務を開始した日およびその後1年後ごとの日に始まる（同条3項）。雇用開始日が年次休暇年開始の後である場合は，休暇日数はその年次休暇年の残余期間に比例する（同条5項）。年次休

139

暇は分割して取ることができるが，それはその年次休暇年に権利が発生している分に限られ，また，その年次休暇は，その雇用が終了した場合を除き，手当に置き換えられることはできない（同条9項）。労働者は，権利を有する年次休暇期間に関し，各週1週給分の手当を支払われる権利を有する（16条1項）。この手当の支払いは労働者の契約上の報酬の権利に影響を与えないが（同条4項），使用者はその支払い分についてはその報酬を支払う責任を免れ，その報酬の支払い分についてはその手当を支払う責任を免れる（同条5項）。労働者は，使用者に対し自分が取ろうとする休暇期間の長さの2倍に相当する長さの予告期間を与えなければならない（15条1項）。これに対し，使用者は，休暇を禁じようとする期間の休暇日数に相当する長さの予告を与えることにより特定の日の休暇を阻止することができる。使用者は，また，当該休暇禁止日数の2倍の長さに相当する予告を与えることによって，一定の日に休暇の全部または一部を取るよう求めることができる（同条2項，3項および4項）。以上の取扱いは，「適切な合意」をもって除外または修正することができる（同条5条）。

⑿ 適用制限

1998年労働時間規則は，船員の労働時間に関する欧州協約，2004年漁船（労働時間：航海漁夫）規則および2003年商船（労働時間：内陸水路）規則の適用を受ける者には全く適用がないほか，多くの規定が当該規定と必然的に抵触する可能性がある軍隊，警察その他の活動，民間航空機移動職員の労働時間に関する欧州協約適用者および移動型道路運送事業労働時間指令適用者には適用されない（18条）。また，週平均48時間労働，日ごと，週ごとの休息時間（成人労働者に関してのみ）および深夜労働者に加えられた制限は，労働時間の長さが測定または予め決定されないかまたは当該労働者自身によって決定され得る特別な性質の活動に従事する労働者には適用されない。そうした例は，独立の決定権限を有する経営幹部（managing executives），家内労働者（family workers），宗教的儀式の司祭労働者である（20条1項）。なお，その活動の性質が，労働時間の一部は測定または予め決定されるかまたは当該労働者自身によって決定され得ないが，労働者が，使用者により義務づけられずに，測定されまたは予め決定できないかまたは当該労働者自身によって決定され得る期間労

働することも可能な場合は，週平均48時間労働および深夜労働時間の規制は前者の部分にしか適用されない（20条2項）。また，日ごと，週ごとの休息時間（成人労働者に関してのみ）および深夜労働者に加えられた制限は，次の場合には適用されない。すなわち，労働者が職場から遠く離れて暮らしている場合，警備産業の場合，役務または生産の継続が必要な場合（例えば，保険，報道，通信，公益施設），予見可能な活動時間の波がある場合，活動が不測のあるいは例外的な事件，事故または緊急な事故の危険によって影響を受ける場合である（21条）。この場合には，できるだけ同等の補償休息期間（period of compensatory rest）を認め，それが客観的な理由で不可能な例外的な場合は，労働者の健康と安全を守るための適切な保護を与えなければならない（24条）。労働協約または労使協定は，どのような労働者に関しても深夜労働者の労働時間規定の適用を修正または除外できるが，日ごとおよび週ごとの休息時間や休憩時間に関しては成人労働者に関してのみその適用の修正または排除ができるだけである（23条）。その場合も，適用を除外されまたは修正を受けた労働者に補償休息時間または適切な保護が与えられなければならない。また，日ごとおよび週ごとの休息時間の規制は，交替制の労働者に関しても，補償休息時間または適切な保護を条件として修正できる（22条）。さらに，年少労働者の日ごとおよび週ごとの休息時間の規制は，不可抗力の場合には，補償休息時間が3週間以内に与えられることを条件として適用除外される（27条）。

⒀ 記録の保存

週労働，深夜労働および健康診断の規則を遵守したことを証明するために十分な記録が2年間保存されなければならない（9条）。この記録保存義務に違反した場合は犯罪として罰せられる（29条）。

⒁ 労働時間規則の実効性の確保

使用者によってその権利を侵害された労働者は補償裁定を行う権限のある雇用審判所に申し立てることができる。申立ては，通常，その権利行使が許されるべきであった日から3カ月以内に提起されなければならない（30条）。労働時間規則に基づく権利を主張したこと，または，労働者代表であることを理由

として不利益取扱いを受けた労働者は，雇用審判所に訴えることができる（雇用権法45A条）。そうした理由で解雇された被用者は，自動的に，不公正に解雇されたものとみなされる（雇用権法101A条）。健康と安全に関する行政機関（すなわち，安全衛生局（Health and Safety Executive）または地方行政機関）は労働時間の週の限度および深夜労働と記録保存に関する規定を執行する。この違反は犯罪を構成する（規則28条および29条）。

[2] 日曜労働

　前述した1994年日曜営業法（Sunday Trading Act 1994）は日曜の営業禁止を解除したが，日曜に労働したくない被用者を保護するための規定を置いた。また，1994年規制緩和・除外契約法（Deregulation and Contracting Out 1994）によって，賭け事産業の労働者に関する1963年ベッティング，ゲームおよびロッタリー法（Betting, Gaming and Lotteries Act）にも同様の規定が置かれた。現在，これらの規定は1996年雇用権法の第4部に統合されている。第4部の適用対象は，「商店労働者（shop workers）」と「賭博場労働者（betting workers）」である。商店労働者とは，労働契約（contract of employment）上，「商店労働（shop work）」に従事しまたは従事するよう命ぜられ得る者をいう。そして，「商店（shop）」とは，小売業（retail trade or business）」が営まれる構内であり，理容，美容または取引または営業の過程で行われる場合以外の商品の賃貸借および競売による小売り販売を含むが，配膳業や劇場その他の娯楽場での販売を含まない（雇用権法232条）。賭博場労働者とは，雇用契約上，「賭博業務（betting work）」に従事しまたは従事するよう命ぜられ得る者である。賭博業務とは，競馬，ドッグレースの賭元のための競技場での賭博取引を含む労働および賭博取引のための公認賭博店での労働をいう。雇用権法で日曜労働から保護される労働者は，「要保護商店労働者・賭博場労働者」と「オプテッドアウト商店労働者・賭博場労働者」である。前者は，次の要件を満足する者である。(i)1994年の2つの法律が導入される日以前に雇われていたこと, (ii)日曜労働に限定されて雇われた者ではないこと, (iii)法律の施行と雇用の終了との間継続雇用されていたこと。さもなければ，労働契約上，日曜労働する義務がなかったこと，である（36条）。「オプテッドアウト商店労働者・賭博場労働

者」は，次の要件を満足する者である。(i)日曜労働の義務を有しまたは義務づけられ得るが，日曜労働に限定されて雇われた者ではないこと，(ii)使用者に日曜労働に反対する旨の書面の「オプティングアウト予告」を与えたこと，である（41条1項および2項）。なお，この予告は，与えてから3カ月後に効力を発するものであるが（同条3項），労働者が日曜労働を希望しまたは日曜労働に反対しない旨の書面の「オプティングイン予告」を与え，使用者がこれに同意すれば，オプテッドアウトによる日曜労働からの保護は解除される（同条2項）。「要保護商店労働者・賭博場労働者」と「オプテッドアウト商店労働者・賭博場労働者」が日曜労働の拒否を理由に解雇されたまたは剰員整理の対象者として選抜された場合は，解雇は自動的に不公正とみなされる（101条および105条4項）。また，解雇以外の不利益取扱い（例えば，昇進，残業，職業訓練をさせないなど）がなされた場合にも，雇用審判所に救済を申し立てることができる（45条および48条）。

[3] 育児休暇，母性休暇，父性休暇等

(1) 制度発展の経緯

イギリスは，仕事と家庭生活の両立を支える分野では他のヨーロッパ先進諸国に後れを取ってきたということができる。時系列でみると，まず，1891年に産後4週間の強制休業が法定され，1911年に母性一時金（maternity grant），1946年に産前産後13週の母性給付（maternity allowance），1975年に6週分の母性手当（maternity pay）がそれぞれ法定された。また，1975年には妊娠などの理由による解雇が不公正解雇とされ，同年に妊娠・出産のための就労中断後の職場復帰の権利，1980年に妊娠期間中のタイム・オフの権利がそれぞれ法定された[97]。育児休暇（parental leave）についても，その後進性は否めず，それが法定されたのは，わが国よりずっと後の1999年である。特に，1980年以降，仕事と家庭生活の両立に関する法制の発展にみるべきものはなかったといってよい。これは主にサッチャー以降の保守党政権の労働の分野における規制排除の政策に原因があったといってよいであろう。例えば，欧州共

---

[97] 詳しくは，内藤忍「イギリスにおける仕事と家庭生活の両立のための法政策の進展」労働法律旬報1609号（2005年）39頁以下参照。

同体では育児休暇に関する共同体の規則を作るべきであるとの提案が長年存在してきた。その最初の提案は1983年の指令案であったが，その提案は欧州閣僚会議における全会一致の採択要件の下でサッチャー首相率いるイギリスの反対に遭い頓挫した。その後，1996年，イギリスを除く加盟諸国は社会条項に基づいて，育児休暇の枠組協定に関する指令を採択した[98]。これに対し，イギリスがこの社会条項に署名し，Directive 97/75/EC が育児休暇指令をイギリスに拡張適用するために採択されたのは，ブレアの率いる労働党が総選挙に勝利して政権に返り咲いた年である1997年の12月15日である。結局，他の欧州諸国には長年にわたり存在してきた育児休暇がイギリスに初めて導入・実施されたのは1999年母性・育児休暇規則（Maternity and Parental Leave etc Regulations 1999（SI 1999 No.3312）（1999年12月15日施行）によってである。同規則は，育児休暇と合わせて母性休暇（maternity leave）の変革も同時に行った。イギリスでは，母性休暇も十分に整備されていなかったからである。もちろん，女性労働者が妊娠または分娩のため欠勤した場合の職場復帰などの権利については，すでに1975年雇用保護法に規定があった。しかし，母性休暇の一般的権利の詳細な規定が置かれたのは，欧州共同体の母性保護指令（92/85/EEC）[99]の実施として1993年労働組合改革・雇用権法が1978年雇用保護（統合）法を改正してからであった。そして，これも，「家族に優しい諸政策」の一環として1999年母性・育児休暇規則によって修正されたのである。

(2) 1998年の白書

前述の育児休暇指令の適用を受けることになった翌年，政府が発表した『職場における公正』という白書は，6章編成となっていたが，その第5章「家族に優しい諸政策」は，仕事と育児は対立し得るが，育児休暇は親たちが職場にいるときは，仕事に集中できることになり，企業にとっても有益であると主張した。その投資の対象でありかつ依存関係に立っている従業員を維持することの重要性を知っている多くの成功企業は，従業員が多くの時間をその子供と一

---

[98] この指令の内容および採択の経緯に関しては，濱口桂一郎『EU労働法の形成（増補版）』（日本労働研究機構，2001年）211頁以下参照。

[99] この指令の内容および採択の経緯に関しては，濱口・前掲書208頁以下参照。

緒に過ごせるようにするために勤務の弾力性を認めているとし，政府は家族に優しい企業文化を支持，強化すると述べた。仕事と家族生活のバランスが取れるようにするための自主的な措置は制定法上の枠組みによって支えられなければならない。長時間労働に対処するため親たちに労働時間の柔軟性を与え，働く親たちのために全国最低賃金と労働時間指令の実施，パートタイムの差別をなくしパートタイムに従事しやすくするパートタイム労働指令を歓迎する。これらは，男女の親が仕事と家族生活を按配するのに役立つと論じた(100)。ここに至って，イギリス政府は「家族に優しい」雇用政策にはじめて本腰を入れて取り組むようになったということができる。そして，その後進性のゆえに，パートタイム労働等をも含め，働く親たちの家族生活と仕事の両立に向けた総合的な施策を同時に行わなければならなかったのである。

(3) 2002年雇用法

この「家族に優しい」雇用政策は，その後も発展を続け，2002年に制定された雇用法は，父親に対し子の出生（または養子縁組）から56日間以内に2週間の父性休暇（paternity leave）をとる権利を与える規定と，養子休暇の規定を導入した。後者は，養子縁組の場合，実子のような母性休暇が存在しないことから，母性休暇に匹敵する養子休暇（adoption leave）を導入したものである。養母だけではなく養父にも当然にその権利が与えられることはいうまでもない。しかし，育児休暇との関係で特筆すべきは，2002年法に基づいて，弾力勤務（flexible working）の制度が導入されたことであろう。これは，子を持つ被用者が使用者に労働時間帯および労働時間の長さの変更，労働場所の変更（在宅でするか職場でするか），その規則で定める諸条件の変更を請求する権利を与えるものである（もっとも，使用者の拒否理由は広範である）。1998年の白書『職場における公正』に述べられた「家族に優しい諸政策」は，形式上は一応整ったといえよう。なお，2002年雇用法は障害をもつ子に関する育児休暇期間を延長した。以下各休暇権およびその手当等につき概説する。

---

(100) Fairness at Work, Cm 3968, May 1998.

(4) 母性休暇

女性被用者は，出産予定週前11週間以内の日を開始日として選択できる26週の「通常母性休暇」の権利を有する。被用者は，妊娠，出産予定週および休暇開始日を出産予定週の15週前の週の終わりまでに使用者に予告しなければならない。この権利を行使する被用者は，欠勤しなければ得られた雇用条件の利益（諸手当を含まない賃金を除く）を有し，休暇権に矛盾しない限り，その雇用条件の下で生じる義務に拘束され，また休暇後は，欠勤前の職に戻る権利を有する。「通常母性休暇」の権利を有しかつ出産予定週の14週前に最低26週の継続雇用を有する被用者は，通常母性休暇終了日の翌日から26週の「付加的母性休暇」の権利を有する。これらの休暇期間中に，剰員のため既存の労働契約で雇用し続けることができない場合は，適切なポストの空きがあれば一定の条件に従って代替雇用を提供される権利を有する。休暇期間終了日より早期に職場復帰する場合は，少なくともその28日前に使用者にその旨を通知しなければならない。母性休暇期間中は，26週間につき法定母性手当（statutory maternity pay）が支給される。最初の6週は賃金の90％，その後の20週は2006年4月より一律に108.85ポンドとされている[101]。

(5) 養子休暇

2002年雇用法3条は，1996年雇用権法を改正して，新たに養子休暇を導入した。その目的は，母性休暇と同様の養子休暇の規定を定めることであった。したがって，「通常養子休暇」と「付加的養子休暇」の権利が設けられた。養子をもらった者または夫婦が合同で養子をもらった場合にはその一方の者がそれらの休暇を取る権利を有する。ただし，それには，養子縁組斡旋所により養子を迎え，その者がその養子縁組が整ったとの通知を受けたときまでに26週

---

(101) Social Security Contributions and Benefits Act 1992, s.166 and Statutory Maternity Pay (General) Regulations 1986 (IS 1986 No.1960), reg.6 and Social Security Benefits Up-rating Order 2005 (SI 2005 No.522), art.10.

(102) Social Security Contributions and Benefits Act 1992, s.171ZN, Statutory Paternity Pay and Statutory Adoption Pay (Weekly Rates) Regulations 2002 (SI 2002 No.2818), reg.2 and Social Security Benefits Up-rating Order 2005 (SI 2005 No. 522), art.11.

第 3 節　労働時間等

の継続雇用を有しなければならない。そして，法定母性手当の権利と同様の法定養子手当（statutory adoption pay）が支払われる(102)。

(6)　父 性 休 暇

2002 年雇用法 1 条は，1996 年雇用権法を改正して，父性休暇を導入した。父性休暇を得るためには，その者がその子の親責任を有し，その子の父親または母親の夫またはパートナーであり，その子の出生の 15 週前までに 26 週間の継続雇用を有することが必要である。この要件を満たすものは，その子の出生または養子縁組から 8 週間以内に少なくても 2 週間の父性休暇を取る権利がある（2002 年雇用法 1 条により挿入された 1996 年法 80 A 条）。父性休暇期間中は賃金比例の方の法定母性手当と同様の法定父性手当（statutory paternity pay）が支払われる(103)。

(7)　被扶養者タイム・オフ

被用者は，被扶養者が病気になり，負傷しまたは暴行を受けたこと，傷病にある被扶養者のケアの取決めをすること，被扶養者の出産を手伝うこと，被扶養者の死亡のため葬儀の準備または葬儀に出席すること，子が修学時間中に喧嘩に巻き込まれたり，通学途上に事故にあうなどの不測の事故に対処することなどを目的とする合理的な期間の被扶養者タイム・オフを取る権利を有する（1996 年法 57 A 条）。ここでいう「被扶養者」とは，配偶者，子，親および同一世帯に住む者（被用者の被用者・借家人・間借人・下宿人を除く）をいう(104)。

(8)　育 児 休 暇

育児休暇制度が初めて導入されたのは，1999 年雇用関係法により改正された 1996 年雇用権法に基づく 1999 年母性・育児休暇規則（以下 1999 年規則とする）によってである。その後，2 回の規則改正がなされて今日に至っている。

---

(103)　Social Security Contributions and Benefits Act 1992, s.171ZE, Statutory Paternity Pay and Statutory Adoption Pay (Weekly Rates) Regulations 2002 (SI 2002 No. 2818), reg.2 and Social Security Benefits Up-rating Order 2005 (SI 2005 No.522), art.11.
(104)　DTI, Time Off for Dependants, URN 99/1186.

育児休暇は母親と父親が利用できる休暇であるが，被扶養者タイム・オフと同様に無給である。

(A) 権利を得る資格要件

(a) 被用者であること

育児休暇の権利を得るためには，被用者が1年以上の期間継続雇用されてきて，その子に対する親責任（parental responsibility）を有しまたは有することになることが必要である（1999年規則13条1項）。被用者とは，雇用契約に基づいて雇用関係に入った者を意味し，雇用契約とは雇傭契約および徒弟契約（contract of apprenticeship）以外の契約を含まない（同年規則2条）。したがって，自営業者（self-employee）は被用者とはいえない。また，育児休暇等の休暇は，警察官（1996年法200条），軍人（192条）および分益漁船乗組員（199条）については適用除外となっている。

(b) 1年の継続雇用

第二の要件は，1年以上の雇用の継続である。この場合，注意する必要があるのは，使用者に変更があっても，次の場合にはその継続性が肯定されるということである。その場合とは，①企業間で事業が譲渡された場合（1996年法218条2項），②使用者たる法人の制定法による他法人への代替（同条3項），③使用者の死亡またはパートナー変更後の人格代表者（personal representative）または受託人による雇用の維持（同条4項，5項），関連使用者（associated employer）の雇用（同条6項）である。なお，関連使用者とは，要するに，一方の企業が他の企業を支配しまたは両企業が第三の企業に支配されていることである（231条）。この場合，支配とは，法的意味のそれであり，株式支配が重要となる。

(c) 親責任の存在

母性休暇，父性休暇および養子休暇を取得するための26週の継続雇用を有していても，育児休暇が得られない被用者が生じることになる。また，その被用者が親責任者でなければならないから，親責任者となるための要件が問題となる。

① 1999年規則13条2項は，次のいずれかに該当する場合には，その被用者はその子に親責任を有するものとされる。

② 当該被用者が1989年児童法に基づいて児童に対する親責任を有するか，または，同法の規定に基づいてその親責任を得た場合，

③ 当該被用者が1995年児童法（スコットランド）に基づいて児童に対する親責任を有するか，または，同法の規定に基づいてその親責任を得た場合，

当該被用者が1953年出生・死亡登記法10条1項または10A条1項もしくは1965年出生・死亡および婚姻規則（スコットランド）に基づいてその子の父親として登記された場合。

したがって，③の登記がある場合は，その被用者とその子との関係の有無は問題とならないが，その他の場合は，父親は自分がその子に対して親責任があることを立証しなければならない。

1989年児童法2条2項は，その子の父親および母親が出生のときお互いに結婚していた場合，いずれもその子の親責任を有するとする。したがって，出生のとき婚姻していれば，親責任は自動的に両親のものになる。また，1987年家族改革法1条によって，その子の出生の後に婚姻した場合も親責任を自動的に両親のものにすることができる。両親が結婚していない場合は，父親が1989年法の規定に基づいて親責任を取得しない限り母親が親責任を負うとされる。同法4条は，父親の申立てにより裁判所が命令する場合と父親が母親とその子の親責任を有する旨を定める親責任契約による場合とを定めている。

(B) 休暇権の内容

(a) 休暇の日数

資格を有する被用者は，通常の子一人一人について13週の休暇，障害を持つ子（障害生活給付受給権のある子）に関しては18週の休暇を取得する権利がある（1999年規則14条1項，1A項）。休暇権は「一人一人の子」についてのものであるから（同規則14条1項），一度に多数の子を出産した被用者はそのそれぞれの子について13週の休暇権を有することになる。複数の年齢の異なる子をもつ被用者も同様である。

(b) 13週（または18週）の休暇権は企業間で総計される

13週の育児休暇権は前記(A)(b)に掲げた例外的な場合を除き同一の使用者との継続雇用に基づくので，他の雇用に移った場合，その被用者が再び休暇の権利を得るには，その新たな使用者との1年の継続雇用を確立しなければならな

い。この結果，使用者間における当該被用者の休暇権の収支の移転という問題が生じる。例えば，当該被用者が使用者Aにおいて4週間の休暇をとった後で使用者Bに移った場合，1年継続雇用の後，9週の休暇権を有することになる。そこで，使用者Bは，当該労働者が離職の際にどれだけの権利があったかを知る必要があるが，使用者が育児休暇の取得記録を保持する義務が法定されていないため，使用者Bは使用者Aまたは当該被用者からその情報を得るしかないとされる[105]。

(c) 1週間の休暇のもつ実際的意味

1週間の休暇とは，事情により異なった実際的意味を有する。まず，被用者が雇用契約上，各週同一勤務をする義務がある場合（例えば，月曜日から金曜日まで），1週間の休暇とはその勤務の義務を有する期間である（月曜日から金曜日まで）（1999年規則14条2項）。これに対し，被用者が雇用契約上異なった週において異なった期間勤務をする義務がある場合や週によって勤務する義務があったりなかったりする場合，1週間の休暇とは1年間の勤務義務期間を総計し，それを52週で除して算出される（同条3項）。被用者が以上の定義による1週間より短い期間の休暇をとる場合，その取得休暇期間の総計が1週間の休暇期間になるとき，1週間の休暇期間が終了したことになる（同条4項）。

(d) 休暇権の発生と消滅

育児休暇権は5歳未満の子に関して生じる。したがって，その子が5回目の誕生日を迎えたとき，その子に関する休暇権は消滅する（1999年規則15条1項）。この例外は次の3つである。

① 当該被用者に養子縁組された子がいる場合。この場合には，その権利はその縁組の日から5年目に消滅する。ただし，18歳の上限が置かれている（同条1項b号およびc号）。

② 当該被用者が障害生活給付受給権を有する子をもつ場合（同条3項）。この場合は，18歳まで。

③ 使用者が育児休暇を延期する権利を行使した場合（後掲参照）。この場合は，その子が5歳を超えても，その休暇延長期間分まで休暇期間が延長される。

---

[105] M. Sargeant, Employment Law (2nd ed.), p. 352 (Longman, 2003).

(C) 休暇権行使の手続
(a) 証拠条件

反対の規定が契約，協約または労使協定にない限り（1999規則16条），育児休暇を取得しようとする被用者は，証拠条件，予告条件および延期条件という3つの条件に服する他，その行使には一定の制限に服する。まず，前者の証拠条件であるが，使用者は，休暇を要求する被用者に対して，その子に対する責任を負担することの合理的な証拠，また，休暇の請求が障害生活給付受給権を有する子についてなされているときは，その受給権の証拠を要求することができる（同規則附則2の1項）。

(b) 予告条件

休暇を請求する被用者は，使用者に対して，休暇期間の開始日と終了日を特定して，その開始日の少なくとも21日前に予告を与えなければならない（同附則3項）。これには，2つの特別な規則がある。1つは，子が生まれる日にその休暇を開始したいと希望する場合は，その出産予定週の始まる少なくとも21日前に，その出産予定週と育児休暇期間を特定して予告しなければならないというものである（同附則4項）。もう1つは，養子に関して休暇を請求する場合であり，その予告には養子縁組が行われる週とその育児休暇の期間を特定する必要があるということである。縁組の週の開始より少なくとも21日前，それが合理的にみて不可能な場合は，合理的にみて可能になったとき，その予告を与えなければならない（同附則5項）。

(c) 延期条件

被用者の休暇の予告に対して，使用者は「その事業の運営が過度に阻害されると考える場合」，その休暇の取得を遅らせることができる。これは，同時期，例えば学校の休暇などに，被用者が休暇を希望することが多いために設けられた規定である。使用者は，被用者が求めたのと同じ長さの休暇を認める限り，6カ月間まで休暇を延期できるが，そのためには，前記予告を受けた日から7日以内に，当該被用者に対し，その理由，休暇の開始日および終了日を記した書面で通知しなければならない（同附則6項）。

(d) 休暇権行使の制限

育児休暇の権利の行使は次のような制限に服する。被用者は1人の子につい

て1年に4週間を超えて休暇をとることはできず（同附則8項），その取得目的が障害生活給付受給権を有する子の場合を除き，最低1週間の単位でとらなければならない（同附則7項）。この場合，1年とは，当該被用者がその子に関して育児休暇権を取得した日に始まる12カ月の期間を意味する。

(e) 労使協定

前記のように，(a)から(d)の規定は，労働契約，労働協約または労使協定（workforce agreement）で別の合意をすることを妨げない（1999年規則16条）。この場合において，労使協定とは，労働者全員または特定の集団に属する労働者全員に適用され，それらの労働者の代表者の署名のある有効期間5年以内の書面の協定を意味する。ただし，使用者が20名以下の被用者しか雇用していない場合には，その過半数の被用者でもよい。なお，その署名に先立ち，使用者は適用を予定している被用者全員に対しその協定の写しとその内容を理解するために合理的にみて必要と解される説明書の写しを与えなければならない（同規則附則1の1項）。労働者の代表者とは，関係する被用者の選挙により適切に選ばれた者を指す（同附則2項，3項）。

(D) 休暇期間中の被用者の権利・義務

(a) 雇用上の利益を得る権利

育児休暇で欠勤する被用者は，欠勤しなければ得たであろう雇用条件の利益を得ることができる。これは，報酬に関する事項を除き，雇用契約に基づいて生じるか否かを問わず，当該被用者の雇用に関係するすべての事項を含む。被用者は，使用者の黙示的信頼関係維持義務，使用者による雇用契約の終了の予告，剰員整理解雇の場合の補償金，懲戒・苦情処理手続に関する雇用条件の利益を有する（1999年規則17条）。なお，この規定は，母性休暇にも適用される。

(b) 雇用上の義務の負担

育児休暇で欠勤する被用者は，雇用条件のもとに生じる義務に拘束される他，1999年規則に基づき，黙示的誠実関係維持義務，雇用契約終了の予告，秘密情報の開示，贈答その他の利益の受領，競業に関する雇用条件に服する。被用者の休暇期間中の活動は，原則として，使用者の関知しないものであるが，その事業に重大な損害を与えることが証明される場合には，解雇理由となる。

(c) 職場復帰の権利

第3節　労働時間等

　育児休暇をとった被用者が職場復帰する権利は，その休暇期間の長さによって次のような違いがある。
　①　独立した期間であるかもしくは付加的母性休暇，付加的養子休暇または4週間を超える育児休暇を含まない連続する複数の法定休暇期間の最後のものとしての付加的母性休暇または4週以下の育児休暇をとった場合は，欠勤前に雇用されていた仕事に復帰する権利を有する（1999年規則18条1項）。
　②　それに先立つ他の法定休暇があるか否かを問わない付加的母性休暇または4週を超える育児休暇をとった場合，または，①に該当しない付加的母性休暇または4週間以下の育児休暇をとった被用者は，欠勤前に雇用されていた仕事，または使用者がその仕事に戻すことが合理的にみて不可能である場合には，その事情において適切かつ妥当な他の仕事に復帰する権利を有する（同条2項）。
　復帰の権利とは，欠勤がなければ得られたであろう先任権，年金権，その他類似の権利を伴い，欠勤がなければ適用されたであろう条件に劣らない条件での復帰の権利である（18 A条1項）。
　(E)　休暇取得の妨害に関する救済
　使用者が育児休暇期間を不当に延期し，または，被用者が育児休暇をとることを妨害しまたは妨害しようとした場合，被用者は雇用審判所に申立てを行うことができる（1996年雇用権法80条1項）。申立ては，その対象となる使用者の行為から3カ月以内，または，それが不可能な場合は，審判所が決定するそれより長い期間内に，提起される必要がある（同条2項）。審判所がその申立てに理由があると判断する場合は，その効果を宣言し，使用者の行為とその結果として被用者が被った損害を考慮して，当該被用者に対する正義かつ衡平と思料する補償金を裁定する（同条3項，4項）。
　(F)　不利益取扱いおよび解雇からの救済
　育児休暇をとった被用者は，使用者による如何なる作為または故意的な不作為による不利益（detriment）を受けてはならない（1999年法47 C条，1999年規則19条）。育児休暇をとったという事実に関する理由により解雇された被用者は自動的に不公正に解雇されたものとして不公正解雇制度上の救済を受ける権利を有する（同法99条，同規則20条1項）。また，解雇理由が当該被用者が剰

員であることにあり，その剰員を生ぜしめた事情が同一の営業に従事し当該被用者と類似の地位にあるのに解雇されなかった複数の被用者にも同様に当てはまる場合で，しかも，当該被用者を解雇者に選んだ理由が育児休暇を取ったことにある場合にも，同様に不公正解雇に該当するものとみなされる（同条2項）。ただ，使用者または関連使用者が当該被用者に妥当かつ適切な地位を与えたのに当該被用者がそれを合理的な理由なく拒否した場合には，当該被用者は不公正解雇の訴えの権利を失う（同条7項）。

これらの訴えは雇用審判所に原則として3カ月以内に提起することができる（1996年法48条3項，111条2項）。審判所が不利益取扱いの訴えに理由があると判断した場合は，その旨の宣言を行い，使用者の作為または不作為に帰することのできる損失に照らし，事案のすべての事情に鑑みて正義かつ衡平に適すると思料する補償金の裁定を行うことができる（同法49条）。また，不公正解雇の訴えに理由があると判断した場合は，審判所は，復職または再雇用の命令，それが実行不可能と判断する場合は，金銭金の裁定をなす（同法112条）。補償金の裁定は，基礎裁定と補償裁定からなり，基礎裁定金額は4,000ポンド（同法120条），補償裁定金額は58,400ポンド（2006年2月以降）[106]の上限に服する（同法124条）。

(9) 弾力勤務制度

(A) 制度の趣旨

前掲(3)で述べたように，2002年法は，その47条によって弾力勤務制度の規定を1996年雇用権法80F条以下に挿入した。親の育児活動を援助するための被用者の勤務時間を弾力化するものである。したがって，育児休暇制度の一部を構成するものとみることができるであろう。要するに，母親と父親が弾力的な勤務を求めることを可能にする権利であるが，親と使用者のニーズに合わせて，弾力的な勤務形態を促進し，両者にあった解決を図ることを目的としている。

(B) 権利を有する者

この弾力勤務を申請する権利を有する被用者は，6歳未満の子または18歳

---

(106) Employment Rights (Increase of Limit) Order 2004 (SI 2004 No.2989), art.3.

第3節　労働時間等

未満の障害生活給付受給権を有する子の母親，父親，養親，里親，またはその配偶者またはパートナーであり，かつ26週以上の継続雇用を有しなければならない（1996年法80F条3項，2002年弾力勤務（資格，申立ておよび救済）規則3条）。派遣労働者および軍人は適用除外される（同法80F条8項）。なお，この権利は，12カ月に1回しか行使できない（同条4項）。

(C)　申請できる勤務変更の種類

a．労働時間の変更

b．労働時間帯の変更

c．在宅勤務への変更

d．担当大臣が命令で定めるその他の勤務条件（同条1項）

貿易産業省は，勤務の仕方として，年単位労働時間制，圧縮労働時間制（例えば，週5日労働制から4労働制にして，時間外手当なしで1日の時間を延長），フレックスタイム制，在宅勤務制（安全衛生の問題が指摘されている），ジョブシェアリング制，交替勤務制，時差勤務制，学期間勤務制（学校の休暇中は無給休暇とする）などのメニューを提示している（DTI, Flexible Working: the right to request and the duty to consider, PL520 (2003), p.10）。

(D)　使用者が申請を拒否できる理由

上記申請を使用者が拒否できる理由として，次の広範な理由が定められている。

①付加的な費用負担，②顧客の要求に対応する能力への悪影響，③既存の従業員間での仕事再編成の不可能，④増員雇入の不可能，⑤質への悪影響，⑥業績への悪影響，⑦被用者の希望する期間の仕事不足，⑧構造変革の計画，⑨その他，担当大臣が命令で特定する事由。

(E)　申請手続

申請は，①書面（ファクスも可），②以前の勤務変更の存否（あればその日付），③法律に基づく申請権を伴う申請であること，④勤務変更の内容と開始日の特定，⑤その使用者への影響とその対処可能性の説明，および⑥日付を明記して，行わなければならない（同条2項，2002年弾力勤務（資格，申立ておよび救済）規則4条）。

使用者は，その申請が実現可能か否かを次のような段階を踏んで考慮する義

務がある。まず，申請受理後28日以内に申請を考慮するための被用者との会合を開かなければならない（1996年法80G条2項a号，2002年弾力勤務（手続要件）規則3条，14条）。当該被用者が希望する場合，この会合にはその被用者の同僚の付き添いを認めなければならない。使用者は，会合終了後14日以内に申請に関する決定の通知書を与えなければならない（同項b号，規則4条）。申請を拒否する場合はその理由を示さなければならない（同項c号，規則5条）。

被用者が決定に不服の場合，その決定の通知から14日以内に理由を示して書面で不服を申し立てることができる（同項d号，e号，規則6条，7条）。これに対し，使用者は14日以内に被用者との会合を開かなければならない（同項g号，規則8条，11条）。この会合にも付添い人を認めなければならない。（同項k号，規則14条）また，使用者は，会合の14日以内に不服申立てに関する決定およびその理由を書面で通知しなければならない（同項i号，j号，規則9条，10条）。

なお，以上の規定に定められた各当事者の通知の期限は，被用者と労働者の合意でそれを延期することができるが，その場合，使用者はそれを書面に記録し，その写しを被用者に送らなければならない（規則12条）。

(F) 救済

(a) 使用者が申請を適切な手続に乗せず，または誤った事実に基づいて拒否した場合，被用者は雇用審判所に訴えをなすことができる（80H条）。訴えは，不服申立てに関する決定の通知を受けた日または各規則の違反があった日から原則として3カ月以内になされなければならない。この場合の救済は，正義と衡平に沿うと考えられる8週給分を超えない補償金または使用者が弾力勤務を再考することの命令である。

(b) 使用者が会合に被用者の同僚に付き添ってもらう権利またはその付添い人が得られない場合に会合を遅らせる（5日を限度として）権利を認めず，認めないと脅した場合は，3カ月以内に雇用審判所に訴えて，2週給を限度とする補償金の裁定を得ることができる。また，当該被用者に伴う付添人となった被用者は組合任務遂行休暇（time off for trade union duties）に関する規定が準用され，その保護と雇用審判所の救済が与えられる（規則15条）。

(c) 被用者が弾力勤務申請を行い（または行う提案をし），その申請の各権利

第3節　労働時間等

を行使し（または行使する提案をし），これらに関する訴訟を提起し，またはその訴訟の理由をなす事情の存在を主張したことを理由として，使用者が当該被用者を作為または故意的不作為によって不利益に取り扱った場合には，育児休暇に関する場合と同様，1996年法48条および49条の規定に基づいて3ヵ月以内に雇用審判所に訴訟を提起して，不利益取扱いからの救済を受けることができる（1996年法47E条）。また，不公正に解雇されたことを理由に不公正解雇の訴えを提起することができる（104C条，111条以下）。

[4] タイム・オフ

タイム・オフとは，有給または無給で労働者が労働義務を免除される時間と定義することができる。現行法上，労働者に次のようなタイム・オフが認められている。(i) 1996年雇用権法50条：公務遂行のためにとるタイム・オフ（無給）。例えば，治安判事，地方議会議員，審議会委員，審判所審判員等の職務遂行。(ii)同法52条：剰員整理の通告を受けた被用者がその予告期間満了前に新たな雇用を探しまたは職業訓練の準備をするためにとるタイム・オフ（有給）。(iii)同法55条：医師，助産婦または保健官の助言に基づく産前ケアを受けるためにとるタイム・オフ（有給）。(iv)同法57A条：配偶者，子，親，その他の扶養者のためのタイム・オフ（無給）。なお，この場合，その具体的内容としては，被扶養者が病気になり，出産し，負傷しまたは暴行を受けたこと，傷病にある被扶養者のケアの取決めをすることまたはその取決めの混乱または終了，被扶養者の死亡の結果，子の教育施設がその子に責任を有する時間に生じその子を巻き込んだ不測の事故の処理である。(v)同法63A条：16または17歳の年少労働者で全日制中等教育以上の教育を受けておらず，規則で要求される水準に達していない被用者の資格達成に必要な勉学または訓練のためのタイム・オフなど（有給）。(vi) 1992年労働組合労使関係（統合）法168条：交渉団体として使用者の承認を受けた自主的労働組合の組合役員がその任務の遂行ないし労使関係上の訓練のためにとるタイム・オフ（有給）。(vii)同法170条：交渉団体として使用者の承認を受けた自主的労働組合の組合員がその組合の代表として活動するためにとるタイム・オフ（無給）。(viii) 1977年安全代表安全委員会規則付則2 (safety Representatives and Safety Committees Regulations

1977）：安全代表がその任務の遂行または健康と安全の訓練を受けるためにとるタイム・オフ（有給）。(ix) 1996 年雇用権法 58 条：1995 年年金法（Pension Act 1995）上の職業年金制度の受託者たる労働者がその任務の遂行のためにとるタイム・オフ（有給）。(x) 同法 61 条：被用者代表（employee representatives）またはその候補者がその任務の遂行のためにとるタイム・オフ（有給）。(xi) 1999 年雇用権法 10 条：他の被用者の規律処分および苦情処理の審理に立ち会うためにとるタイム・オフ（無給）。(xii) 1999 年多国間被用者情報協議規則 25 条および 26 条：欧州労使協議会制度との関係（第 4 章第 6 節 [2] 参照）で，特別交渉団体，欧州労使協議会，情報・協議代表またはその選挙の候補者がその任務の遂行のためにとるタイム・オフ（有給），使用者が被用者から以上に掲げたタイム・オフを請求した場合，これを不当に拒否し，または有給のタイム・オフに関してその支払いの全部または一部を支払わない場合，被用者は雇用審判所に救済を申し立てることができる。なお，タイム・オフを請求しまたは取ったことを理由とする不公正解雇および不利益取扱いについては別途述べる。

第 4 節　雇 用 差 別

[1]　序

　コモン・ロー上の仕事を与える義務に基づいて，使用者の雇用差別行為を救済することは困難である。貴族院は，Allen v. Flood [1898] AC 1 (HL) で，次のように述べた。「使用者が，全くの思い違い，気まぐれ，あるいは悪意ないし道徳的に非難されるべき動機をもって雇い入れを拒否することがあり得るが，労働者は当該使用者を訴える権利を有しない」。また，賃金差別についても，1920 年代の地方公共団体の男女平等賃金原則に基づく賃金制度の導入につき，貴族院は権限踰越（Ultra vires）の判決を下し，判事アトキンソン卿は「社会主義的な奇怪な原則または性的平等を確保するフェミニストの野望」によるものだと論じた[107]。しかし，こうした状況は，1970 年代以降の各種の制定法，そして何よりも欧州共同体法によって大きく変化してきている。従来，それは，

　　(107)　Roberts v. Hpwood [1925] AC 578, 594 (HL).

男女同一労働同一賃金を定めるローマ条約119条（現行の欧州共同体設立条約141条は同一または同一価値労働同一賃金と改正されている）およびそれに基づく規則や指令によってもたらされたが，1977年のアムステルダム条約によりローマ条約13条が新設されたことにより更なる発展がもたらされたのである[108]。すなわち，同条は，「閣僚理事会は，欧州委員会の提案に基づき，欧州議会と協議して，全会一致により，性別，人種的もしくは民族的出身，宗教もしくは信条，障害，年齢または性的志向に基づく差別と戦う適当な行動をとることができる」と定め，きわめて広範な種類の差別を禁止する条約上の根拠を与えることになったからである。これに基づき，2000年には，一般均等指令（2000/78/EC）と人種民族均等指令（2000/43/EC）という2つの重要な閣僚理事会指令が採択された。こうした背景の中で，イギリスでも，欧州共同体法を国内において実施すべく雇用差別に関する法制が整備・改革されてきたのである。現行の雇用差別に関する法としては，1970年同一賃金法，1975年性差別禁止法，1976年人種関係法，1995年障害者差別禁止法，1998年公正雇用・取扱（北アイルランド）令，2003年雇用平等（宗教または信条）規則，2003年雇用平等（性的志向）規則，2006年雇用平等（年齢）規則，2000年パートタイム労働者（不利益取扱防止）規則，2002年有期被用者（不利益取扱防止）規則がある。さらに，1974年犯罪人更生法も雇用差別禁止法の1つといえる。また，労働組合の組合員資格および組合活動を理由とする差別も主要な雇用差別の1つであるが，その検討は，別途行う。

[2] 同一賃金法

(1) 男女同一賃金の原則

1970年同一賃金法（Equal Pay Act 1970）（以下，同一賃金法）と1975年性差別禁止法（Sex Discrimination Act 1975）（以下，性差別禁止法）は，重複することのない相互補完的関係にあるといわれる。同一賃金法は，雇用契約に定められた賃金その他の労働条件につき性別を理由に不利な取扱いを受けないことを

---

[108] 欧州共同体の差別禁止法制の内容および立法経緯については，濱口桂一郎「EU労働法形成過程の分析(2)」比較法制研究シリーズ7号（東大大学院政治学研究科付属比較法政国際センター，2005年）187頁以下参照。

定め，性差別禁止法は，雇用関係事項（例えば，採用，職業訓練，昇進，解雇など）につき性別および婚姻上の地位を理由に不利な取扱いを受けないことを定めているということができる。

　同一賃金法は，労働党政権（第一次ウィルソン内閣）下で制定されたが，使用者へ猶予を与えるため，実際に施行されたのは，第二次ウィルソン内閣下で性差別禁止法が制定されたときである。男女平等賃金の原則は1888年にはすでに労働組合会議の政策の１つになり，1944年から1946年の王立委員会の対象事項ともなったが，政府を立法に駆り立てた契機は男女平等賃金を要求項目とした一連の争議とイギリスの欧州共同体への加盟準備にあった[109]。同法は，同一労働同一賃金に関するローマ条約141条（当時の旧119条）および欧州共同体指令（男女同一賃金指令75/117/EEC）の影響が著しい。ローマ条約141条は，次のように定めている。「各加盟国は，同一労働又は同一価値労働に対して男女労働者の同一賃金原則が適用されることを確保するものとする……。本条において，『賃金（pay）』とは，現金か現物給付かを問わず，使用者から雇用に関して，直接または間接に労働者が受け取る通常の基本的なまたは最低の賃金または給与およびその他のあらゆる報酬を意味する。」同条は，欧州共同体加盟国の裁判所において個人により直接的に適用することができるとされている[110]。したがって，もしイギリスの法律が同条の基準を下回る場合には，個人は同条に訴えることができるのである。しかし，条件を下回っているか否かは，その法律の条文解釈の問題でもあるため，むしろ，例えば，Pickstone v. Freemans Plc.[1988] ICR 697 (HL)のような状況が多く生じ得るのである。すなわち，控訴院が，同一賃金法の規定は明確であり，その規定によっては原告（女性被用者）を救済できないが，141条によれば救済し得るとしたのに対し使用者が上訴したが，貴族院は，同規定を141条の趣旨に適合するように解釈して，使用者の上訴を棄却した。

　なお，同一賃金法は，欧州共同体法の影響下で，1975年性差別禁止法，1983年同一賃金（改正）規則（Equal Pay (Amendment) Regulations 1983），

---

(109)　詳細は，浅倉むつ子『男女平等法論―イギリスと日本』（ドメス出版，1991年）370〜374頁。

(110)　Defrenne v. Sabena, C-43/75 [1976] ECR 455 (ECJ).

1986年性差別禁止法，1995年年金法（Pension Act 1995）および1996年軍隊法（Armed Force Act 1996）によって改正されてきた。

(2) 同一賃金法の規制対象

同一賃金法の規制対象は，賃金のみならず傷病手当や徒弟制度等の諸雇用条件に関する男女の平等取扱いの確保にあり，その範囲は広いが，同法6条は，次のような条件については規制対象としないとしている。(i)女性の雇用を規制する法律の履行により影響を受ける条件。(ii)妊娠・出産に関し女性を特別に取り扱う条件。例えば，女性の労働契約が出産休暇を認めているからといって，男性が父性休暇を請求できる訳ではない。(iii)死亡または退職またはそれに関係する給付に関する一定の条件についても規制対象とされていない（6条1B項，1C項，1995年年金法62条および64条）。

(3) 平等条項の効果

イギリス国内の事業場で雇用される女性の契約の条件が（直接，または労働協約その他に委ねるかたちで）平等条項（equality clause）を包含しない場合は，それが契約に包含されているものとみなされる。平等条項の効果は，次の場合において，女性に男性と同一の賃金を得る権利を与えることである。(i)女性が同一の雇用（the same employment）にある男性と「類似の仕事（like work）」に就いている場合。(ii)女性の行っている仕事が職務評価調査により男性の行っている仕事と「同等と評価される仕事（work rated as equivalent）」である場合。ただし，使用者が合意しない場合でも職務評価調査が行われなければならないという根拠はない。(iii)女性が行っている仕事が，課せられる要求の程度からみて，同じ雇用にある男性の仕事と「同一の価値（equal value）」がある場合。このうち，「同一の価値」は，当初の平等賃金法の規定にはなかった。これは，欧州共同体が141条の内容を明確にするため発した1975年男女同一賃金指令（75/117/EEC）に盛り込まれたものである。EC Commission v. United Kingdom, C-61/91 [1982] ECR 2601 (ECJ)で，イギリスが同指令を履行していないとの判断が下された後，その履行を目的として，1983同一賃金（修正）規則で，導入されたものである。

(4) 比較対象としての男性

比較の対象としての男性につき，同一賃金法1条6項は，(i)当該女性被用者の使用者に雇われる男性または当該使用者の関係使用者（すなわち，当該使用者を直接または間接的に支配する他の使用者，または第三者よって当該使用者とともに支配されている他の使用者＝必ずしも株式の過半数を有する使用者とは限らない）に雇われる男性で，かつ，(ii)同一の事業場（the same establishment）または「共通の労働条件（common terms and conditions）」が一般的にまたは特定の種類の被用者につき遵守されているイギリスの他の事業場に雇われている男性でなければならない，と規定している[111]。

(5) 重要な定義

「類似の仕事」とは，同法1条4項により，次のように定義されている。すなわち，「女性の仕事が男性らの仕事と同一あるいは概ね同様（broadly similar）の性質を有し，彼女がやっていることと彼らがやっていることの間に（もし違いがあるとしても）その違いは雇用条件に関して実際的に重要なものではない場合には，そしてその場合に限って，彼女は彼らと類似の仕事に雇われているとみなされる。したがって，彼女と彼らの仕事を比較する際は，その違いの性質と程度と同様にその違いが実際に生ずる頻度が考慮されるべきである。」この規定は，同一賃金の支払いを正当化するために不当に違いを主張することを阻止する趣旨である。異なる賃率を正当化するための仕事の付加的負担は，実質的なものでなければならない。

女性が「同一と評価される仕事」であるとの主張を行うためには，同法1条5項の要件を満足する必要がある。同項は「一企業または企業集団に雇われる被用者の全部または一部によってなされるべき仕事を，いろいろな事項（例えば，努力，技術，決定等）といったいろいろな項目に関して労働者に要求される条件に照らして評価することを目的として行われた調査に基づき，女性の仕事と男性らの仕事が，同一の評価が与えられていたか，または，如何なる項目に関しても同一の要求を課せられた男女に異なった評価を与える制度に基づい

---

(111) S. Deakin & G.S. Morris, Labour Law (3rd ed.), pp.671-675 (Hart Publishing, 2005).

て評価されたのでなければ同一の評価を与えられたであろう場合には，そしてその場合に限って，彼女は男性と同一と評価される仕事に雇われたものとみなされる」と定めている。

「同一の価値の仕事」に関する同法1条2項(c)号の規定は，「類似の仕事」および「同一と評価される仕事」に関する規定が適用されない場合にのみ適用される。雇用審判所は，「同一の価値の仕事」に関する争いが生じた場合，(i)その争いを決定する手続を進めること，または(ii)審判所が独立の専門家の名簿記載の委員にその仕事が同一の価値があるものか否かに関する報告書を求めることのいずれかを選択できるが，(ii)を選択した場合には，その要請を取り下げて，特定する他の文書の提出を求めまたはその要請取下げと関係するその他の要請をなすことができる。そして，その要請を取り下げない場合には，当該独立の専門家委員の報告書を受理しないで，その争いにつき決定することはできない（2A条）。この「同一の価値の仕事」であるとの主張をなす手続は，現在，2004年雇用審判所（構成および手続規則）規則（Employment Tribunals (Constitution and Rules of Procedure) Regulations 2004）の16条4項および附則6に定められている。しかし，その仕事が同一の価値のものか否かは審判所が決すべき事実問題であるから，この専門家委員の報告書は審判所を拘束しない[112]。審判所が専門家委員の報告書を省かないことに決定した場合，審判所は両当事者が自身の証拠を提出する機会を与えず問題を決定することはできない[113]。

(6) 真正な実質的要因（genuine material factor）

女性被用者が「類似の仕事」または「同一と評価される仕事」あるいは「同一の価値の仕事」に雇われていることを証明したとしても，使用者には平等な賃金の支払いを拒否するための同法1条3項所定の抗弁の途が残されている。それは，賃金格差が「真に性別ではない実質的要因によるものである」との主張である。もし，使用者の主張が「類似の仕事」または「同一と評価される仕事」に対しての主張であれば，使用者は，賃金格差を生ぜしめる実質的要因は当該男女間の実質的な違いによることを証明する必要がある。これに対し，

---

(112) Tennants Textile colours Ltd v. Todd [1989] IRLR 3 (NICA).
(113) Wood v. William Ball Ltd [1999] IRLR 773 (EAT).

「同一の価値の仕事」に対してなされる場合には，実質的要因は，そうした実質的な違いであり得ることを証明することで足りる。すなわち，前者の場合には，賃金格差は，勤続年数による増額，付加的責務手当，教育上の資格に対する手当，勤務地，「赤丸」被用者（性別ではなく過去の経緯で優遇されてきた集団に属する被用者）であることなど性別以外の実質的違いに基づくものに限られる。これに対して，「同一の価値の仕事」の場合は，その類似性自体に価値があるため，賃金格差の原因は，例えば，特定の男性技能労働者が不足しているため賃金を上げる必要があるとか，男性の仕事の方がより利益率がよいなどいろいろある。

(7) 救済方法

被用者（女性および男性）は，その雇用の終了から6カ月間以内は，雇用審判所に平等条項違反の訴えを提起することができる。のみならず，その使用者も平等条項の効果に関する争いに関し訴えを提起することができ，また，場合によっては，雇用大臣も訴えを提起することができる。審判所は，訴えに理由ありと判断した場合は，その旨の宣言と6年を限度とする差額分を命ずることができる（2ZA条および2ZB条）。

(8) 欧州共同体法の効力

欧州共同体法は，イギリスの裁判所で直接執行できるし，また，国内法の解釈に関して，依拠することができる。ローマ条約141条は，すでに述べたように，イギリスの国内裁判所に直接的効果を有する。141条の「賃金（pay）」の定義が，すでにみたように，広義で定義されているため，雇用契約が未だ存在

---

(114) Rinner-Kuhn v. FWW Spezial Gebudereingigung GmbH, C-171/88 [1989] ECR 2743 (ECJ).

(115) Garland v. British Rail Engineering Ltd, C-12/81 [1982] ECR 359 (ECJ).

(116) Fisscher v. Voorhuis Hengelo, C-128/93 [1994] ECR I-4583 (ECJ).

(117) Barber v. Guardian Royal Exchange Assurance Group, C-262/88 [1990] ECR I-1889 (ECJ).

(118) R. v. Secretary of State for Employment, ex p Seymour-Smith and Perez, C-164/97 [1999] IRLR 253 (ECJ).

しているか否かにかかわらず，適用される。したがって，病気で欠勤している間の賃金[114]，退職した被用者の旅行手当[115]，職域年金[116]，制定法上の剰員整理手当[117]，不公正解雇の補償金[118]なども「賃金」に含まれる。また，男女同一賃金指令は，ローマ条約の賃金とは「同一労働または同一価値労働に関し，報酬のあらゆる側面および条件について性別に基づくあらゆる差別を撤廃することを意味する」と定めている（1条1項）。国によって雇われている個人は，その指令が十分に明確である限り国内の裁判所にその指令に基づいてその国を相手に訴えることができる。ここでいう国とは，国の一部を構成する機関，例えば，地域健康局（area health authority）や国営企業を含み得る広い概念として捉えられている[119]。ただ，私人としての使用者が国の指令不実施について不利益を受けることを正当化できないから，なにをもって国の一部を構成する機関をさすかは微妙となる。Foster事件で，貴族院から先決判決を求められた欧州司法裁判所は，その判断要素として，次の4つを示した。(i)その機関は公務を遂行すること，(ii)国の決める仕方でその公務を遂行すること，(iii)国の支配下で公務を遂行すること，および(iv)その機関が私人関係に通常存する以上の特別の権限を有していること[120]。貴族院は，British Gas plcは，イギリスに効率的にガスを供給する制定法上の義務があり，大臣が制定法上の監督権限を有し，ガス供給の独占権を与えられているので，(i)から(iv)の全ての要素を満足し，国の一部を構成する機関であるとの結論を下した。これに対し，Doughty事件で，控訴院は，Rolls-Royce plcが国の一部を構成することを否定した[121]。

[3]　性差別禁止法

(1)　欧州共同体への加盟と性差別禁止法

イギリスの性差別の最初の規制法として，1919年性別欠格（排除）法（Sex Disqualification (Removal) Act 1919）が挙げられる。この法律は，弁護士など

---

(119)　Marshall v. Southampton & South West Hampshire Area Health Authority, C-152/84 [1986] ECR 723 (ECJ).

(120)　Foster v. British Gas, C-188/89 [1990] ECR I-3313 (EC).

(121)　Doughty v. Rolls-Royce [1992] IRLR 126 (CA).

特定の専門職，公務，大学へ女性が参入する資格に対する公式な制限を廃止したに過ぎず，また，実効性を担保するサンクションを規定していなかったので，実際的な効果はなかったといわれる[122]。そして，本格的な性を理由とする雇用差別を規制する法律が制定されるまでにはさらに半世紀以上を要したのである。1975年性差別禁止法（以下性差別禁止法）は，イギリスの欧州共同体加盟の約3年後に制定されたものであり，同法の制定に欧州共同体法が全く影響を与えなかったとは考え難いのであるが，当時の内務大臣（Home Secretary）の差別禁止法に関するアドバイザーは，法案作成段階では，折しも準備されていた欧州共同体の男女均等待遇指令案を考慮しなかったと述べたとされる。そして，当時の性差別禁止法の構造，立法過程，および制定後の欧州共同体との関係を考えると，欧州共同体への加盟は当時の性差別禁止法の内容面にはほとんど影響を与えなかったといわざるを得ない[123]。しかし，その後，欧州司法裁判所の幾多の判決を通じて，欧州共同体法の要請に沿うように性差別禁止法は度重なる改正がなされてきていることはいうまでもない。

(2) 適用除外

性差別禁止法は，使用者が性別を理由とし，または，婚姻上の地位を理由として雇用上差別することを違法とする。そして，雇用とは，「雇傭契約，徒弟契約または何らかの労働または労務を自分自身で実施する契約に基づく雇用」（82条）と定義されているので，自営業者にも適用し得る。ただし，次の場合は，除外される。(i)就労が全てイギリス以外である場合（同法6条，10条，Equal Opportunities (Employment Legislation) Territorial Limits Regulations 1999 SI 3163)。(ii)妊娠・出産に関する女性の特別取扱いによる差別（同法2条2項）。(iii)前の年に，男女のどちらかにおいて，特定の仕事を遂行した者が全くないしほとんどいない場合に，その性に属する者を有利に取り扱うことによる差別（48条1項）。(iv)どちらかの性に属することが「真正職業資格（genuine occupational qualification）」（後掲）に該当する場合における採用，昇進，訓練の差別（7条）。(v)警察官，監獄の監視員，聖職者に関する特別な規則による

---

(122) 浅倉むつ子『男女平等論—イギリスと日本』（ドメス出版，1991年）378頁。
(123) S. Deakin & G.S. Morris, Labour Law (3rd ed.), p. 576 (Hart Publishing, 2005).

場合（17～19条）。(vi)職域年金制度上の資格・権利に関しては，死亡または退職に関する特別な規定がある場合（6条4項）。(vii)国家安全保障上なされた場合（42条）。(viii)女性保護のために制定法規の遵守または1974年健康安全法の遵守のためなされた差別（51条および51A条）。なお，軍人（person serving in the armed forces）に関しては，訴訟前に内部手続を経なければならない（85条）。なお，使用者がその雇用上の特定の仕事に関してなす行為，すなわち専ら女性（または男性）に当該仕事の遂行に役立つ職業訓練施設へのアクセスを与え，または，当該仕事をなす機会の利用を奨励するため，または，それに関連してなす行為は，次の場合には違法でないとする。当該行為以前の12カ月以内において，女性（または男性）に当該仕事を行う者がおらず，または，男性（または女性）に比して少ない場合である。使用者の是正的差別（positive discrimination）は，この場合に厳格に，制限されている（48条1項）。

(3) 規制対象としての差別

性差別禁止法6条によれば，同法の対象とする雇用差別とは，次の5つの事項における差別である。(i)被用者の採用のための取決め。(ii)採用の条件（労働条件は，1970年同一賃金法の対象事項）。(iii)採用の拒否。(iv)昇進，訓練，配転，その他の利益，施設，サービスを受ける機会。(v)解雇，その他の不利な取扱い。また，38条1項により，同法の禁止する行為を行う意図を示し，または，合理的にみて示すものと捉えられる広告をなし，または，なさしめることは違法とされる。したがって，職業広告にセールス・ガールないしウエイター等の表現を掲載することは違法となる。この広告に関する規定については，機会平等委員会のみが訴え提起の権限を有し，郡裁判所に対し当該広告の違反宣言およびその差止めを求めることができる（72条）。

(4) その他の違法な差別と責任主体

同法は，以上の他，次のような差別をも違法とし，または，差別行為の責任主体に関する特別の規定を置いている。(i)まず，39条は，他の者に対して権限を有する者（例えば使用者）（または他の者が通常その望みにしたがうような立場）にある者（例えば使用者）が第三者を差別するように指示することを違法

としている。これに関する訴訟は，72条に基づき機会平等委員会が行う。(ii) 40条は，利益を与え（またはその旨申し出）または不利益を与える（またはそのように脅す）ことによって，他人に差別させ（または差別させようとする）ことを違法としている。(iii) 41条は，被用者が業務遂行中に行った差別行為は，使用者によってなされたとみなすとしている。(iv) 42条は，ある者が他の者の差別をそれと知りながら援助した場合，その者自身が差別したものとみなされるとしている。

以上の規定とは別に，4条は性差別の訴訟などに対する報復（victimisation）による差別を禁止している。すなわち，性差別禁止法，同一賃金法または1995年年金法62条から65条（年金の男女平等規定）に関し，ある者（例えば被用者）が，他の者（例えば使用者）に対する訴訟を提起し，証拠や情報を与え，その他の行動をとり，または，違反行為を主張しまたは主張を生ぜしめたことを理由として，後者が前者を不利益に取り扱う場合である。しかし，虚偽かつ不誠実な主張に対してなされた不利益取扱いは違法とはされない。因みに，通常の直接差別の場合と同様に，使用者が「意識的に」にではなく「潜在意識的に（subconsciously）」差別した場合でも，この見せしめ的行為としての不利益取扱いは成立する[124]。

(5) 差別の概念

(A) 直接差別

同法は，次のような場合，1条2項a号（性別）および3条1項a号（結婚していることまたは登録された同性愛者であること）を理由とする差別は違法であるとしている。すなわち，性別または婚姻者または登録同性愛者を理由として「不利に取り扱う」ことは違法とされる。こうした差別的な取扱いを直接差別という。なお，直接差別も後に述べる間接差別も，妊娠出産に関する女性に特別な取扱いを除いては，必ずしも女性に対してのみではなく男性に対しても成立することは注意しておく必要がある（3条）。直接差別には，取扱いが異なることおよびそれが比較して不利であることが必要とされる。すなわち，取

---

[124] これに反する控訴院の判決は貴族院によって破棄された（Nagarajan v. London Regional Transport [1998] IRLR 73 (CA),[1999] IRLR 572 (HL)）。

扱いが異なることだけでは，不利な取扱いであるとはいえない。そして，取扱いが不利か否かは客観的に判断されるのであり，労働者の主観によるものではない。例えば，女性被用者にスカート，男性被用者にネクタイの着用を義務づける場合，これは不利な取扱いに該当するかといった問題である。Schmidt v. Austicks Bookshops Ltd.[1977] IRLR 60 (EAT) で，書店の店主が，女性被用者には上っ張りの着用を義務づけてズボンの着用を禁じ，男性被用者にはTシャツの着用を禁止する規則を維持し，この規則に従わない女性被用者を解雇したことが争われた。雇用審判所は，その規則は男女の服装をいずれも制限する規則であるから，違法な差別を構成しないと判示した。男女が異なっていても同等の (comparable) な服装要件に服している場合には，差別とはならないとするものである。こうした判決は，控訴院においても支持されている。すなわち，Smith v. Safeway plc. 事件では，雇用控訴審判所が，食堂の男性被用者がポニーテールを結うことを禁止する規則は違法差別に当たると判示した。その理由は，他の身だしなみ要件とは異なり，男女間に生理学的違いはなく，長髪制限の影響は労働時間中のみに限定できないからというものであった[125]。しかし，控訴院は，その判決を取り消した。慣例的基準を定めかつ均衡の取れた男女の被用者の服装を定める規則は性を理由とする差別的なものとはいえない。性別の区別と一方の性の他方の性に対する差別との間には違いがあるというのである[126]。

　直接差別を確立するためには，雇用審判所は，他の性に属する者に与えられた取扱いと原告のそれとを比較するため，まず，他の性に属する現実の比較対象者を確定しなければならない。その現実の比較対象者は，すべての実質的観点から，原告と同一である必要がある。そうした現実の比較対象者がいない場合，入手可能なあらゆる証拠から推測して仮の比較対象者を作り出さなければならない[127]。ある規則が男女に平等に適用される場合，通常，直接差別はないことになるが，欧州司法裁判所判決は，妊娠女性に関しては，そうとはいえ

---

(125)　[1995] IRLR 132 (EAT).
(126)　[1996] IRLR 456 (CA).
(127)　Sharmoon v. Chief Constable of the Royal Ulster Constabulary [2003] IRLR 285 (HL).

ないとする。すなわち，26週以上病欠した場合は解雇するとする規則を有する会社が妊娠に関連した病気で26週欠勤した女性を解雇した Brown v. Rentokil Ltd 事件において，欧州司法裁判所は，その期間に欠勤した男性が同様に解雇されたとしても，妊娠またはそれに関連した病気で欠勤した女性を解雇することは均等取扱指令に反すると判示した[128]。

直接差別の立証に関しても，1997年の欧州共同体の挙証責任転換指令（97/80/EC）4条の規定を履行するために2001年の性差別禁止（間接差別・挙証責任）規則（SI 2001/2660）で性差別禁止法に挿入された63 A条が，挙証責任を実質的に使用者に課している。すなわち，原告が不利益に取り扱われたことを証明すると，一応の推定証拠のある状態（prima facie case）が確立され，立証責任が被告に移り，使用者が当該行為は差別的なものではないことを立証できなければ，審判所は訴えを認容しなければならないのである。

(B) 間接差別

1975年性差別禁止法1条2項b号および3条1項b号は，間接的なかたちの差別（間接差別）をも違法としている。間接差別とは，次のような場合をいう。すなわち，①使用者がある「規定，基準または慣行（a provision, criterion or practice)」を男女または結婚しているまたは登録された同性愛者（civil partner）である者とない者に平等に適用しまたは適用しようとするが，②男性（女性）と比べまたは非婚姻者・登録同性愛者でない者と比べ，女性（男性）または婚姻者・登録同性愛者を特に不利な立場に置きまたは置こうとし，③当該女性（男性）または婚姻者・登録同性愛者をそうした不利な立場に置き，かつ④使用者がそれが正当な目的を達成するために相当な手段であることを証明できない場合をいう。例えば，被用者が一メートル80センチ以上でなければならないというような採用基準はその典型である。この場合，雇用を求める女性労働者は，女性がこの基準を満たすことはできないので，この基準は情勢に不利になることを証明する必要があるが，これが証明されたならば，次に，使用者が，この基準は，性別と無関係な正当な目的を達成するために相当な手段であることを証明しなければならない。

---

(128) C-394/96 [1998] ERC I-04185 (ECJ).

この間接差別の要件は，2005年雇用平等（性差別禁止）規則によって改正されたものであり，従来，要件①は，次のように規定されていた。使用者がある「要件または条件」を男女に平等に適用されるが，それを応じることができる者の割合が一方の性に比べた他方の性に属する者に著しく小さい場合とされていたのである。2002年理事会指令（2002/73/EC）の履行として行われたものである。この改正によっても，原告は使用者が自分に不利になる慣行を適用したことを証明しなければならないが，それに応じることが不可能な厳格なルールがあったことまで証明する必要はなくなった。のみならず，時間外労働のように女性がそれに応じることが困難な慣行がある場合，そのことが間接差別になる可能性がある。例えば，育児が困難なためパートタイムで働くことまたは在宅勤務することを求めた女性被用者の願い出を拒否することは，それが客観的に正当化することができない限り差別的な慣行の適用となるとすると解される(129)。この改正により，従来の審判所・裁判所の判例の多くが先例としての意味を失う可能性がある。したがって，従来の間接差別の解釈に関しては今後の判例の動きを待つことにしたい。

(6) 差別禁止対象事項

　性差別禁止法6条は，次のような求職者と被用者に対する差別を違法としている。①誰に雇用が与えられるべきかを決定する目的で作られる取決め，その雇用を与える条件，またはその雇用を与えることを拒否しまたは故意に与えないことによる差別，②昇進，配転，訓練の機会，その他何らかの手当，施設またはサービスを与える方法，またはそれらを与えることを拒否しまたは故意に与えないことによる差別，または③解雇またはその他の不利益を与えることによる差別。

(7) 「是正的」または「積極的」措置

　性差別禁止法は，過去1年間に明らかになったある仕事における両性間の不

---

(129) NW Selwyn, Selwyn's Law of Employment (13th ed.), p. 110 (LexisNexis, Butterworths, 2004).

(130) C-450/93 [1995] ECR I-13051 (ECJ).

均衡を是正するために認められる訓練の場合を除き,「是正的」または「積極的」措置を認めない。欧州司法裁判所も,Kalanke v. Freie Hansestadt Bremen 事件において,資格が同等なら男性志願者より女性が優先されると規定する法律に従って,同等の資格を有する女性を自分を追い越して昇進させたことは違法な差別にあたるとの男性の主張を認容した(130)。しかし,その規定が女性に対する絶対的かつ無条件の優先を保障するものでなければ,それは雇用均等指令に違反しないとされる。すなわち,公務の特定ポストに男性より女性が少なかった事案で,同等な資格を有する男性志願者に有利な特別な理由があるなら女性優先を保障しない旨の留保条項を定めている場合,法律は女性優先を規定することができると判示された(131)。

(8) 妊娠を理由とする不利益な取扱い

妊娠を理由とする不利な取扱いは,通常,性差別に該当する。Hayes v. Malleable Working Men's Club and Institute [1985] ICR 703 (EAT) で,雇用控訴審判所は,類似の事情にある男性被用者(例えば,妊娠を理由とする欠勤と同様の期間を病気で欠勤する欠勤男性)ならば解雇されなかったであろうといえる場合は,妊娠による欠勤を理由とする解雇は違法差別に当たるとした。Webb v. EMO Air Cargo (UK) Ltd.[1993] ICR 175 (HL) で,貴族院は,Hayes 事件の雇用控訴審判所の判断方法を支持して,性差別を立証するためには,仮定された男性より不利に取り扱われたであろうといえなければならない,したがって,特定の時間に仕事ができないことを理由として女性を解雇した使用者が,その時間に仕事ができない男性を解雇したであろう場合には,たとえその女性の欠勤理由が妊娠によるものであっても,直接的差別にはならないとした。しかし,貴族院は,この問題の判断を欧州司法裁判所に委ねた。これに対して,欧州司法裁判所は,妊娠は病気と同視できないとし,期間の定めのない雇用契約で雇われた女性被用者を,妊娠のため働けないからというだけの理由で解雇することは,直接差別に当たるとした(132)。事件が再び貴族院に戻ってきたとき,貴族院は,欧州司法裁判所の判決に従い,1975年性差別禁止法1条1項a号お

---

(131) Marschall v. Land Nordrhein-Westfalen, C-409/95 [1997] ECR I-6363 (ECJ).
(132) Webb v. EMO Air Carg Ltd, C-32/93 [1994] ECR I-3567 (ECJ).

よび5条3項は，女性が期間の定めなく雇われている場合，彼女の勤務が必要とされるとき，彼女が妊娠により一時的に勤務に就けないのは，仮定された男性が勤務できないのと同様に適切な事情であると解釈されるべきであると判示した[133]。

(9) セクシャル・ハラスメント（sexual harassment）

2002年に改正されたものとしての欧州共同体の男女均等待遇指令（76/207/EEC）2条2項は，「セクシャル・ハラスメント」を「いかなる形態であれ言語的，非言語的または身体的な性的性質を有する行為が，人の尊厳を侵犯するとともに脅迫的，敵対的，冒瀆的，屈辱的もしくは攻撃的な環境を作り出す目的によりまたは結果として発生する」ことと定義している。したがって，セクシャル・ハラスメントは，必ずしも直接的差別だけではなく，間接的差別にも該当し得ると思われる。この指令に対応し，1976年人種関係法は2003年に「ハラスメント」に関する特別の規定を新設した。性差別禁止法上，セクシャル・ハラスメントに関する特別の規定が置かれていないが，従来から，性差別となるとしてきた。ある者にセクシャル・ハラスメントになる不快な性的な取扱いをすることは，性を理由として不利益に取り扱うこと（1条1項a号）に該当し，あるいは，その者の不利（同項b号）に該当し得るからである。例えば，Strathclyde Regional Council v. Porcelli［1986］IRLR 134 (CS) は，学校の化学実験技官であった女性が2人の男性技官が自分をやめさせる運動のひとつとしてわざと接触したり性的な言辞を行って，セクシャル・ハラスメントを行っていると主張した。スコットランド上級裁判所は，原告は男性なら傷つかない性格の性的取扱いに服せしめられたのであるから，違法な差別があったと判示した控訴審判所の判決を維持した。しかし，2005年雇用平等（性差別禁止）規則は，1975年性差別禁止法に新たに4A条を挿入し，明文でハラスメントを禁止するに至った。同条によれば，ハラスメントとは「性を理由として，ある男性が (i) 女性の尊厳を侵害しまたは女性に対する脅迫的，敵対的，冒瀆的，屈辱的または攻撃的環境を作り出す目的または効果をもつ不必要な行為を行

---

[133] Webb v. EMO Air Cargo (UK) Ltd (No.2) [1995] IRLR 645 (HL).

い」または「性的性質を有する何らかの不必要な言辞，非言辞または肉体的な行動を行い」または「それらの不必要な行為を拒否またはそれに服したことを理由として，その行為を拒否またはそれに服しない場合よりも不利益に取扱う」ことをいう。

性転換した同僚に対するハラスメントも不利益取扱いとなり得る。欧州司法裁判所は，もっぱらその者の性に基づかなくとも基本的にそれに基づく場合には，違法な差別となると判示し[134]，雇用控訴審判所も，性差別禁止法はこの広い解釈の仕方で解釈できると判示し，男性から女性に性転換した被用者に対する男性の同僚からのハラスメントが性差別禁止法の性差別に当たるとした[135]。もっとも，この性転換後の差別については，その後，1999年に性差別禁止（性転換）規則（SI 2001 No.2660）が制定され，それによって性差別禁止法に2A条および7B条が挿入されることになった。2A条は，性転換手術を受けようとし，受けまたは受けたことを理由として，もしくは性転換手術のための欠勤を理由として傷病その他の原因で欠勤する場合より不利益に取り扱うことにより差別することは違法であると定めている。

なお，故意的ハラスメントについては，刑罰をともなった法律，1994年刑事裁判公序法（Criminal Justice and Public Order Act 1994）が他人に対してハラスメント，恐怖，精神的苦痛を感じさせる一定の行為を禁止している。

(10) **性的志向**（sexual orientation）

同性愛者の性的志向を理由とするハラスメントは，ローマ条約141条に関しては，欧州司法裁判所によって性的志向を理由とする賃金差別の事案で厳格に解された[136]。このため，高等法院は，欧州司法裁判所が性的志向を理由とする差別が1976年男女均等待遇指令に違反するとする見込みはないとして，欧州司法裁判所への先決判決の付託を取り下げた[137]。しかし，ゲイの男性をレ

---

(134) P. v. S and Cornwall County Council, C-13/94 [1996] ECR I-2143 (ECJ).
(135) Chessinton World of Adventures Ltd v. Reed [1997] IRLR 556 (EAT).
(136) Grant v. South West Trains Ltd, C-249/96 [1998] ECR I-621 (ECJ).
(137) R. v. Secretary of State for Defence ex parte Perkins [1998] IRLR 508.
(138) Smith v. Gardner Merchant Ltd [1998] IRLR 510 (CA).

スビアンの女性より不利益に取り扱う場合は，性差別禁止法の性差別になるとされていた(138)。しかし，欧州共同体の2000年一般雇用均等指令（2000/78/EC）の履行として制定された2003年雇用平等（性的志向）規則（SI 2003 No. 1661）は，より積極的に，性的志向を理由とする差別を禁止することにした。

同規則は，性的志向を「(a)同一の性の者達，(b)反対の性の者達または(c)同じ性および反対の性の者達への性的関心」と定義した上，直接差別，間接差別，報復的差別およびハラスメントなどを含め，性差別禁止法とほとんど同一の規定を定めている。

(11) 「真正職業資格」(genuine occupational qualification)

男女の差別は，ある者の性が「真正職業資格」に該当する場合には，違法とされない（7条1項）。ある者の性別は，次のような場合には真正職業資格とされる（7条2項）。

(a) その仕事の不可欠な性格が本当の男性または女性であることを必要とする場合。例えば，男性または女性の役を演ずる場合。

(b) その仕事が，次のような理由で品位またはプライバシーの保護のために一方の性の者により保持されることを必要とする場合。すなわち，(i)人が合理的にみて他の性の者によって行われることに反対できるような肉体的接触を伴う蓋然性が存するという理由，(ii)一方の性の者が衣服を着けない状態でまたはサニタリー施設を用いているため他の性の者の存在に反対することに合理性があるという理由，および(iii)その仕事が私的な家庭で働きまたは生活することを必要とし，そこに生活する人との肉体的または社会的に接触し，あるいは，その人の一身上の問題の知ることが必要とされるという場合。例えば，スイミング・クラブやトイレの係員など，品位とかプライバシーとかが絡む場合のように(139)，ある者の性がその仕事にもっとも重要な部分であることが必要である。同様に，例えば，男性の股下を測るなどの作業を必要とする背広の仕立屋の場合は女性(140)，女性被用者のプライベートな問題や女子トイレの管理等を取り

---

(139) Sisley v. Britannia Systems [1983] IRLR 404 (EAT).
(140) Etam v. Rowan [1989] IRLR150 (EAT).
(141) Timex Corporation v. Hodson [1981] IRLR 530 (EAT).

扱わなければならない管理者の場合は(141)男性を排除することは性差別とならない。

(ba) その職の保持者が私的居所で仕事しまたは生活する可能性が高く，かつ，その職または居所の性質または環境の故にその職の保持者に許可または入手可能性の高い当該居所の住民との肉体的または社会的接触の程度またはそのような私的生活の詳細な私的な知識を合理的にみて女性に認めることに反対することが許されるが故に，その職が男性によって保持されることが必要な場合。

(c) 被用者が使用者の提供する施設に住むことを義務づけられ，その施設に分離した寝室とサニタリー施設がなく，かつ使用者がそれらを備えることを合理的にみて期待できない場合。

(d) その仕事が病院，監獄，その他の場所で行われ，かつその本質的な性格からみて特定の性の者によって保持されるのが合理的な場合。

(e) その仕事がそれを受ける人の福利または教育の向上のために一方の性の者による個人的なサービスによってもっとも効率的になされる場合。

(f) その仕事が他の性の者によって有効に遂行できないような法律や慣行を有する国における労務遂行を伴うためにその性の者によって保持されることが必要な場合。

(g) その仕事が結婚した夫婦によって保持される2つの仕事の1つである場合。

(12) 差別の救済手段

救済の訴えは，差別行為のあったときから3カ月以内に雇用審判所に対して行わなければならない（76条1項）。ただし，審判所は，時期に遅れた訴えについても，諸般の事情に照らして，そうすることが正義かつ公正であると判断する場合には，当該訴えについて審理することができる（76条5項）。審判所は，訴えに理由があると判断する場合には，被用者の権利を宣言し，使用者に補償金の支払いを命じ（補償金裁定），差別行為により生じた不利益を除去しまたは減殺する措置を勧告（命令ではない）することができる（65条1項）。もし，使用者が，合理的な理由なく，この勧告に従わなかった場合は，すでに補償金裁定を行っていれば増額し，補償裁定を行っていなければ補償金裁定を行うこ

第4節 雇用差別

とができる（65条3項）。このうち，勧告については，判例は，特定の差別行為を矯正することを越えて，積極的な措置を採ることを勧告することに消極的である。例えば，Noone v. North West Thames Regional Health Authority (No. 2) [188] IRLR 530 (CA) で，控訴院は，健康局（health authority）の差別のためあるポストに任用されなかった原告に関して，次回当該ポストに欠員が生じた場合，原告をそのポストに就けるため，局が大臣に対し欠員公示義務を免除するように求める旨の勧告はできないとした。

　補償金の性質は不法行為の損害賠償である。すなわち，その差別がなければ，置かれたであろう状態に原告を戻すことである[142]。それ故に，また，損害緩和の原則（principle of mitigation）も適用され，差別的解雇の場合は，原告が職探しの合理的な努力を怠った場合にはその補償金額が減額され得る。間接差別については，使用者が差別の意思がなかったことを立証した場合は，補償金裁定は行われない（66条3項）。補償金裁定は，慰謝料の裁定をも含む（同条4項）。Marshall v. Southampton and South West Hampshire R.H.A. (No.2), C-271-91 [1993] ECR I-4367 (ECJ) の結果制定された1993年性差別禁止・同一賃金（救済）規則（Sex Discrimination and Equal Pay (Remedies) Regulations 1993）は，従来設けられていた補償金の最高限度額を撤廃，従来認められなかった補償金に関する利息の支払命令を可能とした。

　また，差別を受けた者は，機会平等委員会（Equal Opportunity Commission）に援助を求めることができる。委員会は，その差別事件が根本的な問題を提起するものであるか，または，その者が援助なく訴えを提起することが困難と判断する場合には，助言，紛争解決の助力，弁護士の手配等の援助を与えることができる（75条）。委員会は，被用者等による訴えがなくても自ら調査し，証人の出頭を求めることができる（59条）。委員会は，差別的広告，差別的慣行，および差別行為を行うように他人に圧力をかけることを禁ずる宣言的判決ないし仮処分を郡裁判所ないし執行官裁判所に求めることができる（72条）。また，差別を発見した場合，警告を発して1カ月後に使用者その他の者がその差別行為を止め，新たな取決めを委員会その他の関係者にその中止と新

---

(142) Ministry of Defence v. Cannock and others [1994] IRLR 509 (EAT).

たな取決めを行ったことを知らせるよう求める「差別禁止」通告（non-discrimination notice）を発することができる（67条）。これに対して，使用者らは，6週間以内に雇用審判所に不服申立てを行うことができる（68条）。もし，そうした差別が継続すると判断する場合，委員会は，郡裁判所ないし執行官裁判所に仮処分を求めることができる。

[4] 人種関係法

(1) 1976年人種関係法

1976年人種関係法は，1975年性差別禁止法をモデルとして1965年および1968年の人種関係法を再制定したものである。このため，規制対象こそ人種差別であるが，その基本的な規制原則は，性差別禁止法と同一である。その後何度かの改正が行われ，2000年人種関係（改正）法および2003年人種関係法（改正）規則（SI 2003 No.1626）を含めた数度の改正が行われ現在に至っている。後者の改正は，欧州共同体の人種民族均等指令（2000/43/EC）を履行するものとして行われたものである。以上の経緯から，人種関係法に関する記述は最小限に止めることとする。

(2) 人種差別

人種関係法1条は，人種差別を次のように定義している。皮膚の色，人種，国籍，または民族的（ethnic）ないし国家的出身を理由として直接的または間接的に不利益な取扱いをすること。イングランドとスコットランドは元々別の国だったのであるから，そのどちらの出身かで差別することは国家的出身による違法差別となる[143]。しかし，特定の言語を話す能力は，それ自体，特定の人種集団を定義するための不可欠の要素とはいえないので，ウエールズ語を話すウエールズ人と英語を話すウエールズ人とは違いがないとされる[144]。この中で，特に問題とされてきたのは，「民族的」の意味である。Mandla v. Dowell Lee [1983] 2 WLR 620 (HL) で，貴族院は，民族的集団とは，長期にわたる共通の歴史とその文化的伝統によって特有の社会を形成しているものをいうとし，

---

(143) BBC Scotland v. Souster [2001] IRLR 150 (Ct of Sess).

(144) Gwynedd County Council v. Jones [1986] ICR 833 (EAT).

シーク教徒は，ターバンが基本的には宗教的象徴であり，人種関係法の規制していない宗教的差別であるけれども，ターバン取り外しを拒否したことによる差別から保護されると判示した。同様に，ユダヤ人やジプシーも同法の保護を受けるとされた(145)。これに対し，Dawkins v. Crown Suppliers [1993] IRLR 284 (CA)で，控訴院は，ラスタファリアン（エティオピア皇帝ラスタファリを神として信仰するジャマイカ黒人）は，歴史的，道徳的または言語的集団ではなく，単なる宗教的一派であり，同法の保護の対象外にあると判示した。また，宗教的信条を直接的差別として救済することはできないが，それが人種と結びついている場合には人種による間接的差別として救済される可能性がある。例えば，5月から7月までの被用者の有給休暇取得を禁止することは，アジア人の全てがイスラム教徒である場合には，イスラムの祭典期間とぶつかり，アジア人が非アジア人と比べて従いにくい要求ないし条件に当たるとされた(146)。

(3) 差別の概念，救済方法など

性差別禁止法と同様に直接差別（1条1項a号）と間接差別（1条1A項）が規制されている。また，ハラスメント（3A条）や報復的解雇（2条）も規制されている。救済方法も性差別禁止法と同様である（54条，54A条および58条）。なお，人種関係法は，機会平等委員会に対応するものとして，人種平等委員会に関する定めを置き，同委員会にほぼ同様の権限を与えている（43条～52条）。ただ，人種関係法は，幾つかの点で，性差別禁止法と異なっている。その主要な点は，次の通りである。まず，間接差別の概念は，従来の性差別禁止法が定めていたものと同様であり，現行のそれとは異なっている。すなわち，人種などを理由とする間接差別の方が立証が難しいということができる。第二に，1条2項に，人種等を理由とするある者の隔離（segregation）もその者に対する「不利益な取り扱いを行うこと」とみなすとのみなし規定を置いている。したがって，アフリカ人とそれ以外の人種の者に同等であっても別のトイレを用意するのは違法な差別に当たる。第三に，性差別禁止法とは異なり，人種な

---

(145) Seide v. Cillette [1980] IRLR 427 (EAT).
(146) Walker v. Hussain [1996] ICR 291 (EAT).

どを理由とする嫌がらせは違法差別である旨の明文の規定を置いている（3A条）。

(4) **真正職業資格および適用除外**

　人種関係法も，性差別禁止法と同様に，ある差別が「真正職業資格」に該当する場合には，違法とはされない。すなわち，次のような場合は，特定の人種等の集団に属することが真正職業資格に該当するものとされる（5条2項）。その仕事が(i)その集団の者であることが真正さの故に要求される演劇その他の興行への参加を伴う場合，(ii)同様な理由で，芸術的または視覚イメージの作品の芸術家的または写真モデルとしての参加を伴う場合，(iii)同様な理由で，飲食物が特定の雰囲気の下で大衆に対しまたは大衆により消費される場所での労働を伴う場合，(iv)福利を向上させる個人的なサービスをその人種等の集団の者に与え，かつ，そのサービスがもっとも効果的にその集団に属する者によって与えられる場合。(iv)にいう「福利を向上させる」という文言は広義に解されるが，それは役務を与える者と受領する者との人種の同一性が重要である場合（主に顔と顔をつきあわせ，または人的接触を伴わない場合）であり，そうでない管理職の場合などには，その理由による差別は適法とされない[147]。

　また，性差別禁止法と同様に，就労が全てイギリス以外である場合には人種関係法も適用を除外される[148]。ただし，就労場所が欧州共同体加盟国にある場合は，適用除外されない[149]。人種関係法の皮膚の色と国籍による雇用差別禁止は見せしめ的差別による場合を除き，家庭内労働には適用されず（同条4条3項），法律，枢密院令，国務大臣の課した条件または要求に従うためになされた（人種，民族および国家的出身理由とするものを除く）差別（41条）や通常イギリスに居住しない者の専らイギリス国外で使用する技術の訓練の差別は禁止されない（6条）。また，海外で雇われた船員は一定の例外を除き適法に差

---

(147)　5条2項d号。London Borough of Lambeth v. Commission for Racial Equality [1990] IRLR 232 (CA).

(148)　4条，8条，Equal Opportunities (Employment Legislation) Territorial Limits Regulations 1999 SI 3163.

(149)　Bossa v. Nordstress Ltd [1998] IRLR 284 (EAT).

別され得るし（9条），特定の仕事に志願するための訓練機会の付与に関して特定の人種を優遇する是正的差別は一定の条件の下で許される（38条）。

なお，性差別禁止法とは異なり，人種関係法は，契約労働者（contract worker）という概念を設定して，職業紹介者や企業内の別会社従業員に関しても[150]，そのユーザーである使用者の差別を直接禁止している。すなわち，人種関係法7条1項は，「本条は，個々人（契約労働者）によって行われることになっているある者（本人）のための仕事に適用される。この場合，その契約労働者は，その本人自身によって雇用されているのではなく，本人との契約に基づいて供給する第三者によって雇用される者である。」そして，同条2項は，その本人が本条が適用される仕事に関して契約労働者を次のように差別することは違法であるとする。(i)その仕事をすることを認める条件，(ii)その仕事をすることを認めないこと，(iii)手当，施設またはサービスを与える方法または(iv)その他の不利益に服させること。

[5] 障害者差別禁止法

(1) 立法経緯

従来，障害者に対する雇用差別に関しては，障害者（雇用）法（Disabled Persons (Employment) Act 1944）が，使用者に対し，一定の割合の障害者の雇用を，罰則を以て義務づけていたに過ぎない。しかし，1995年11月に障害者差別禁止法（Disability Discrimination Act 1995）が制定され，1996年末に施行された。同法は，当初，被用者20人未満の使用者を適用対象から除外していた。しかし，この除外は，1998年12月より15人未満の使用者と改正され（Disability Discrimination (Exception for Small Employers) Order 1998, SI 2618)），2003年10月からは，被用者の人数による適用除外はなくなった。同様に警察官や消防士などの適用除外も廃止された（Disability Discrimination Act 1995 (Amendment) Regulation 2003)。また，同法は，障害差別の一掃に関する事項，障害差別を減少ないし一掃するための措置，同法の運用に関する事項につき雇用大臣に助言を与えるための機関として，全国障害審議会の設置を定めていたが，同審議会は，機会平等委員会や人種平等委員会のような調査権能を与えら

---

(150) Harrods Ltd v. Remick [1997] IRLR 9 (EAT).

れていなかった。しかし，1999年障害者権利委員会法により全国障害審議会は機会平等委員会や人種平等委員会と類似の障害者権利委員会に置き換えられ，他の委員会と同様に障害者に関する行為準則の作成権限を与えられた（1995年法53A条）。

(2) 「障害（disability）」および「障害者（disabled person）」

障害差別禁止法は，ある者が通常の日々の活動を行う能力に実質的かつ長期にわたる悪影響もたらす肉体的または精神的欠陥（impairment）を有する場合，その者は障害を有するものとしている（1条1項）。精神的欠陥とは，臨床上公知の精神病に起因し（resulting from）またはそれから構成される（consisting of）欠陥を含む（付則1の1条1項）。ある欠陥の影響が少なくとも12ヵ月継続し，または，継続する見通しであるか，あるいは，その者の余生の間継続する見通し，または，現に鎮静しているとしても再発の見通しである場合，その欠陥は，「長期にわたる影響」であるとされる（付則1の2条1項および2項。）。ある欠陥が次のいずれかに影響を与える場合に限り，その欠陥は通常の日々の活動を行う能力に影響を与えるものとみなされる。移動，手作業の機敏さ，肉体運動的協調，日常的な物体を持ち上げ，運びまたは移動させる能力，話し，聞き，見る能力，記憶または集中する能力，肉体的危険を関知する能力（付則1の4条1項）。「障害者」とは，以上のように定義された障害を有する者を意味する（1条2項）。障害を有していると自覚している者，潜在的な条件（例えば，HIVヴァイルスに感染しているが発病していない者）および疾病素因を有する者は，障害者とはいえない。なお，雇用に関しては，過去に障害を有していた者についても「障害者」と同様の規制が適用される（2条および付則2）。

(3) 「差別」の意味

障害者差別禁止法3A条は3つの類型の雇用差別を禁止している。

まず，第一の類型は，(a)使用者が，障害者を，障害に関する理由により，その理由のない者より不利に取り扱い，かつ(b)使用者がその取扱いを正当化できない場合，障害者に対する差別になるとする（1項）。

これとは別に，第二の類型は，使用者が障害者を，その障害を理由として，諸事情がその障害者と同一または実質的に異ならない障害のない被用者を取り扱う（または取り扱ったであろう）よりも不利益に取り扱う場合には，その使用者はその障害者を直接的に差別することになるとする。この場合，その取扱いの正当化は抗弁とはならない（5項および6項）。

これらの第一，第二類型の違いは，その比較対象者の存否にある。第一類型では，障害関連理由が適用されない者との比較であるが，第二類型では，使用者は障害ないしその効果についてステレオタイプ的な推測を行っているだけなのである。

第三の類型は，使用者が障害者に関して自己に課せられた合理的な調整義務を履行しない場合にも，それは障害者に対する差別となるとする。使用者により適用される規定，基準または慣行，あるいは，使用者が有する不動産の物理的形状が障害のない者と比較して障害者を実質的に不利益にする場合，使用者は，その規定，基準または慣行または不動産の形状がそのような効果をもたないようにするために合理的な措置をとる義務がある（4A条）。

(4) 使用者の調整義務

18B条は，使用者が合理的な調整をなす義務の履行のためとり得べき処置例を列挙している。それらは，次のようなものである。不動産の調整，障害者の義務の他の者への再割り当て，障害者の既存の空いている仕事への配転，労働時間の変更，異なる職場への配転，リハビリ，診断または治療のための欠勤許可，訓練の付与，設備の取得または変更，指示またはマニュアルの変更，評価または試験手続の変更，朗読者または通訳者の提供，監督その他の援助の提供等である。調整がなされたか否かの決定のため，考慮されるのは，その措置が差別的効果をどの程度防止するか，掛かる金銭，その他の負担とそれが使用者の活動を阻害する程度，その措置をとるために使用者が利用できる金銭その他の支援，使用者の活動の性格や事業規模などである。

(5) ハラスメント等の差別

障害者差別禁止法は，障害を理由とするハラスメントを禁止し（3B条），

同法に基づく訴訟を提起し，それに関する証拠や情報を与えたことまたは同法の違反を主張したことを理由とする見せしめ的差別を禁止している（55条）。さらに，人種関係法と同様に，契約労働者に対するユーザーたる使用者の差別を禁止している（4B条）。

(6) 救済方法

雇用差別を受けた者は，3カ月以内に雇用審判所に訴えを提起しなければならない。ただし，審判所は，時期に遅れた訴えについても，諸般の事情に照らして，そうすることが正義かつ公正であると判断する場合には，当該訴えについて審理することができる（8条1項，3条，付則3の3条2項）。審判所は，訴えに理由があると判断するときは，被用者の権利について宣言し，補償金の裁定を行う。この裁定には，慰謝料および補償金の利息をも含めることができる。また，最高限度額の規定はない。また，差別行為により生じた不利益を除去しまたは減殺する措置を命ずることができる。使用者が審判所の勧告した措置に従わなかった場合には，審判所は，補償金額を増額し，補償金裁定を行っていない場合には，その裁定を行うことができる（8条2項から6項）。

1999年障害者権利委員会法によって設置されることとなった障害者権利委員会は，教育・雇用大臣により任命される10名から15名の委員（うち半数以上が障害者でなければならない）からなり（同法付則1），雇用平等委員会や人種平等委員会と同様の権能を有する。

[6] 宗教または信条による差別の禁止

2000年の一般雇用均等指令（2000/78/EC）の採択を受けて，2003年に制定された2003年雇用平等（宗教または信条）規則（Employment Equality (Religion or Belief) Regulations 2003, SI 2003 No.1660）は，イギリスにおいてはじめて，宗教と信条を理由とする差別を禁止することにした。その規制構造および救済方法は，性差別禁止法や人種関係法とほぼ同様であるが，差別を調査，訴追しまたは労働者を援助する機会平等委員会や人種平等委員会のような専門的行政委員会は置かれていない。紙幅の都合上，ここでは，宗教と信条および基本的な差別の定義について述べるにとどめる。

(1) 宗教と信条の定義

同規則2条は、「宗教または信条」とは、「あらゆる宗教、宗教的信条、または同様な哲学的信条」を意味すると定義している。これがどの範囲までの信条を含むのかは、今後の審判所および裁判所の解釈に待つところが多い。例えば、カルト的信条や無宗教主義者はどうなるのか不明である。また、この定義だと政治的信条は、宗教的信条または同様な哲学的信条に結びつかない限り差別禁止の対象とならない。

(2) 差別の定義

同規則3条は、直接差別と間接差別、4条は見せしめ的解雇、5条はハラスメントについてそれぞれ規定している。ここでは、直接差別および間接差別の定義についてのみ記述する。

3条は、次のような場合には、ある者(A)は、他の者(B)を差別するものとすると定義する。(a)直接差別──宗教または信条を理由として、AがBをその他の者を取り扱いまたは取り扱うであろうより不利に取り扱う場合。

(b)間接差別──AがBに対してBと同一の宗教または信条を有しない者にも同様に適用されまたは適用されるであろう規定、基準あるいは慣行を適用するが、Bと同一の宗教または信条を有する者をその他の者に比べ特に不利にしまたは不利にするであろう場合で、かつ、それがBをそうした不利にし、かつ、それが適正な目的を達成する相当な手段であることをAが立証できない場合。

上記(a)における宗教または信条はAの宗教または信条を含まないものとする。また、(a)および(b)にいうBの場合とその他の者の場合の比較は、一方の事情が他方の者の事情とと同一または実質的に異ならないものでなければならない。

[7] 年齢差別の禁止

イギリスでは、教育・雇用省が1999年に「雇用における年齢の分散」という行為準則を作成した。これは、他の行為準則と異なり、雇用審判所がその訴訟において考慮することを義務づけるものではないが、事実上は、これを考慮する可能性があるとされてきた。同準則は、例えば、使用者が仕事に必要な技術と能力に基づく募集を行うよう奨励し、募集に関し年齢制限や年齢の幅を設

定しないよう求め，剰員整理の決定は営業に必要とされる技術を確保するための客観的かつ仕事に関連する基準によるべきこと，退職制度は個々の労働者と営業の必要性を考慮して公正に運用されるべきことなどを定めていた。また，準則に添付されていた指針は，労働力削減手段としての年齢に基づく早期退職制度の思慮のない使用は好ましくないなどとしていた。

しかし，2000年に採択された欧州理事会の一般雇用均等指令（2000/78/EC）が採択され，宗教または信条，性的志向とともに年齢に基づく差別を禁止する国内法の制定が要求されることになり，2003年に初めて立法化の提案がなされ，立法化の期限である2006年に至って，遂に，2006年雇用平等（年齢）規則（Employment Equality（Age）Regulation 2006, SI 2006, No.0000）が制定された。同規則の細かい内容について検討する余裕はないので，その概要のみ紹介する。

(1) 差別の定義

同規則3条は，直接差別と間接差別，4条は報復的解雇，6条は差別の指示，7条はハラスメントについてそれぞれ規定している。間接差別および直接差別の規定の仕方は，「宗教または信条を有する者」が「同一の年齢集団の者」に置き換えられているほかは，宗教または信条の差別について述べたところと同じである。なお，「年齢集団」とは，「特定の年齢か，ある年齢幅かを問わず，年齢によって特定される人の集団を意味する」と定義されている。

(2) 同規則の内容

同規則は，雇用および職業訓練における差別，見せしめおよびハラスメントを禁止している。その保護は被用者のみならず，コントラクト・ワーカー（その使用者がその労務を供給する契約を他の者または他の企業と締結している労働者）（9条，10条7項），オフィス・ホルダー（12条），警察官（13条），弁護士の修習生（15条），パートナー（17条），組合員（18条），資格申請者（19条），職業訓練，教育，雇用志願者（20条）などにも及んでいる。このうち，求職者および被用者に対する差別については，7条が次のように定めている。すなわち，使用者が，①求職者に対して雇用決定の取り決め，雇用の条件において，また

は，雇用を拒否することによって差別すること，②雇用している者に対して雇用条件，昇進・配置・訓練・その他の利益の機会において，またはその機会を拒否しまたは解雇または不利益を与えることで差別すること，および③雇用している者または求職者に対しハラスメントを行うことを違法とする。ただし，特定の例外を除き，①の雇用決定の取り決めおよび雇用の拒否に関しては，その求職者の年齢が通常の退職年齢，または通常の退職年齢がない場合は65歳以上である場合，あるいは，求職から6カ月以内にその年齢に達する場合には違法とならない。

(3) 裁判管轄，救済手続，救済方法

同規則の禁止する差別またはハラスメントに関しては，雇用審判所，郡裁判所，またはsheriff court（スコットランド）に訴訟を提起できる（35条，36条および39条）。雇用審判所には訴えの対象となる行為から，原則として3カ月，裁判所には，原則として6カ月以内に訴訟を提起しなければならない（42条）。高等教育に関するものを除き，雇用および職業訓練に関する訴訟の管轄権は雇用審判所が有する（35条）。雇用審判所で原告が差別またはハラスメントの一応の推定を確立した場合，被告は差別またはハラスメントの行為はなかったことを証明する責任を負う（37条）。審判所は，宣言または勧告，あるいは補償金の支払いを命じることができる（38条1項）。故意によらない間接差別の場合，審判所は，宣言または勧告あるいはその両方をなし，かつ，補償金を裁定することが正義と衡平に適うと思料する場合にのみ，補償金裁定を行うことができる（同条2項）。

(4) 現行法の改正

同規則は，現行制定法の規定を大幅に改正している。その対象は，1967年国会委員法（Parliamentary Commissioner Act 1967），1987年水先案内法（Pilotage Act），1992年社会保障拠出金給付法（Social Security Contributions and Benefits Act 1992），1993年健康局委員法（Health Service Commissioners Act 1993），1996年雇用審判所法（Employment Tribunals Act 1996），1996年雇用権法（Employment Rights Act 1996），その他の制定法の諸規定を改正してい

る。このうち，以下に1996年雇用権法の改正規定を略述する。

(5) 1996年雇用権法の主な改正規定の内容
(A) 不公正解雇の「解雇理由」に関する規定の変更（1996年法98条関係）

不公正解雇制度の［是認される理由］に「被用者の退職」が加えられた。解雇理由の証明責任は使用者が負う。解雇理由が退職か否かを定める規定とその決定を雇用審判所に委ねる規定とが置かれた。使用者が退職を解雇理由と主張しようとする場合，附則6条に規定された手続に従う必要がある。それは，解雇の最低6カ月前に（ただし，1年以上前であってはならない），使用者は，退職すべきとする日を被用者に通知し，かつ，被用者が退職年齢を超えて勤務することを求める権利のあることを通知する手続である。退職が解雇の唯一の理由と扱われる場合とは，次の場合をいう。したがって，これらの場合，被用者は，解雇は退職以外の理由であるとは主張できない。

① 被用者に通常退職年齢がなく，使用者が上記の通知を与え，かつ，被用者の65歳の誕生日以降の予定された退職日に解雇の効力が生じる場合。

② 被用者に65歳を超えた通常退職年齢があり，使用者が上記の通知を与え，かつ，被用者が通常退職年齢に達した日以降の予定された退職日に解雇の効力が生じる場合。

③ 被用者に65歳以下の通常退職年齢があり，当該退職年齢が年齢差別に該当せず，使用者が上記の通知を与え，かつ，被用者が通常退職年齢に達した日以降の予定された退職日に解雇の効力が生じる場合。

これに対し，次の場合は，退職が解雇理由となりえない。すなわち，使用者は退職が解雇理由であると主張することはできない。

① 被用者に通常退職年齢がないが，65歳到達前に解雇が効力を生じる場合。

② 被用者に通常退職年齢がなく，使用者は上記の通知を与えたが，被用者に予告した退職予定日以前に解雇の効力が生じる場合。

③ 被用者に通常退職年齢（65歳以上・以下を問わない。）があるが，被用者がその年齢に達する前に解雇の効力が生じる場合。

④ 被用者に65歳を超える通常退職年齢があり，使用者が上記の通知を与

えたが，予告した予定退職部以前に解雇の効力が生じる場合。
⑤　使用者が上記の通知を与えず，退職予定日を被用者に通知したが，その予定日前に解雇の効力が生じる場合。
⑥　被用者に65歳以下の通常退職年齢があり，その年齢到達後に解雇の効力が生じるが，その退職年齢が違法な年齢差別になる（その退職年齢が客観的に正当化されない）場合。
⑦　被用者に65歳以下の通常退職年齢があり，その退職年齢が客観的に正当化され，使用者が上記の通知を与えたが，その退職予定日の前に解雇の効力が生じる場合。

最後に，以下の場合は，退職が解雇理由か否かは雇用審判所の決定に委ねられる。
①　使用者が上記の通知を与えない（遅れて与えるか全く与えない）場合（被用者に通常退職年齢があるか否かを問わない）。
②　使用者が上記の通知を与えたが，退職予定日の後に解雇の効力が生じる場合。

この決定に際して，審判所は，①の場合，被用者が上記の通知を与えられたか，その通知が与えられたのはいつか，使用者はその通知を与える際に所定の手続に従ったかを考慮しなければならないが，②の場合には，それらを考慮するか否かは審判所の裁量による。そして，審判所が退職が解雇理由であると決定した場合は，その解雇の公正・不公正の判断の仕方は，通常の不公正解雇制度の場合と同様である。

(B)　その他の重要改正点（カッコ内は修正される現行1996年法の該当条文）
①　不公正解雇訴訟を提起することのできる年齢上限の撤廃（109条）。
②　特定の場合に解雇を不公正と判断した雇用審判所への4週間分の命令の権限の付与。同様な場合に基礎裁定額4週間分以下となる場合の4週間分までの増額の権限の付与（112条5項a号，120条1A項）。
③　不公正解雇に対する64歳以降の基礎裁定額漸減の廃止（119条4項，5項）。
④　剰員整理解雇手当受給権の上限年齢の撤廃（156条）。
⑤　剰員整理手当の64歳以降の基礎裁定額漸減の廃止（162条）。

(C) 適用除外

同規則は，27条以下に8つの適用除外規定を置いているが，それらを略述する。

① 制定法上の義務の遵守のためになされる行為（27条）。
② 国家安全保障の目的により正当化される行為（28条）。
③ 一定の場合における特定の年齢または年齢集団への職業訓練のアクセスの付与または特定の仕事の機会を利用することの促進に関連する行為などの是正措置（29条）。
④ 解雇が定年による場合で65歳以上の解雇（30条）。
⑤ 全国最低賃金の年齢による賃率の区別（31条）。
⑥ 勤続に基づき与えられる一定の利益（32条）。
⑦ 剰員整理手当の増額（33条）。
⑧ 傷病を理由とする早期退職後をカバーする生命保険の取決め（34条）。

[8] 罪人更生法

1974年罪人更生法（Rehabilitation of Offenders Act 1974）は，ある者が重大な刑事犯罪で有罪とされた後，社会的更生の真摯な努力をした場合に，その者をその過去の不徳の開示の屈辱と精神的苦痛から解放することを目的としている。同法によれば，その更生期間はその者の有罪判決がなされたときの年齢および犯罪の重さによって決められている。そうした更生期間を経過した者は，一定の例外を除き，有罪判決を受けたことまたはその事実を開示しなかったことを理由として，いかなる雇用からも解雇されまたは排除されることはない（4条3項b号）。しかし，使用者の採用の自由はコモン・ロー上保障されているし，罪人更生法は特別な救済手段が設けていない。このため，現在明らかなのは，使用者が過去の犯罪歴が発見されたとの理由だけで更生者である被用者を解雇した場合には，その解雇は不公正解雇に該当するということだけである[151]。

---

(151) Property Guards Ltd v. Taylor and Kershaw [1982] IRLR 175 (EAT); Hendry v. Scottish Liberal Club [1977] IRLR 5 (T).

第 4 節　雇用差別

[9]　パートタイム労働者差別禁止

　社会条項がアムステルダム条約によって欧州共同体設立条約（Treaty establishing the European Community）に盛り込まれた結果，パートタイム労働指令（97/81/EC）を国内法化する義務を負うことになった。同指令は，パートタイム労働者の不利益取扱いの禁止（4条1項），適切な場合における時間比例原則の適用（4条2項），労働者の要求によるフルタイムからパートタイムへの転換およびその反対を考慮すること（5条3項）等を規定している。イギリスにおける同指令の履行期限は2000年4月7日とされたため，イギリス政府は，1999年雇用関係法で一定の規定を置いた。19条は，特定の目的に関し，パートタイムの雇用にある者がフルタイムの雇用にある者より不利益に取り扱われないようにするための規則を制定する旨定めた。また，20条は通産大臣がパートタイム労働の行為準則を発する権限を定めた。そして，2000年パートタイム労働者（不利益取扱防止）規則（The Part-time Workers (Prevention of Less Favourable Treatment) Regulations 2000）は，次の事項を定めた。

　1．この規則でパートタイム労働者とは，賃金を全部または部分的に労働する時間に基づいて支払われ，かつ，同一の種類の契約に基づいて当該使用者によって雇われる労働者達に関する慣習および慣行に鑑みて，フルタイム労働者と同一視できない場合をいう（規則2条1項）。

　2．パートタイム労働者は，その労働条件または当該使用者の作為または意図的不作為によるその他の不利益に服せしめられることによって，比較可能なフルタイム労働者に比べ，不利益に取り扱われない権利を有する（5条1項）。この比較にはそれが不適当でない限り比例原則が適用される（同条3項）。

　3．使用者が規則5条によって与えられた権利を侵害するような仕方で取り扱ったと考えるパートタイム労働者が書面で要求すれば，21日以内に使用者からその理由書を得る権利がある（6条1項）。

　4．被用者は，次の理由により解雇された場合は不公正解雇とみなされ（7条1項），また労働者は，次の理由によって，使用者の作為または意図的不作為による不利益に服せしめられない権利を有する（同条2項）。その理由とは，本規則に基づく訴訟を提起し，理由書を要求し，他の労働者の訴訟に関し証拠

191

または情報を与え，本規則に基づくその他の行為をし，使用者の本規則違反を主張し，本規則上の権利の放棄を拒否し，あるいは，使用者が以上の行為を行ったまたは行うと信じまたは疑ったことにある場合である（同条3項）。

5．パートタイム労働者は，3ヵ月以内に権利侵害を雇用審判所に訴えることができる。不公正解雇については，通常の不公正解雇制度のもとで救済され，不利益取扱いについては，審判所が正義と衡平に沿うと思料する次のような措置のいずれかまたはすべてを取ることによって救済される。すなわち，審判所は，訴えに理由ありと判断する場合，原告とその使用者の権利を宣言し，使用者が原告に補償金（権利侵害の結果として被った費用およびその侵害がなければ支払われたと期待される得べかりし利益の損失額を含むが，精神的損害の補償は含まない）の支払いを命じ，原告への悪影響を除去または軽減するものと思料する措置を一定期間内にとるよう勧告する（8条7項，9項，10項，11項）。なお，損害緩和の原則が適用され（同条12項），権利侵害への原告の寄与行為がある場合には補償金が減額される（同条13項）。他方，使用者が合理的理由なく，前記勧告に従わない場合，既に補償金裁定がなされていればその増額，なされていなければ新たに補償裁定がなされる（同条14項）。

[10] 有期労働者の差別禁止

パートタイム労働者の差別禁止と類似して，有期労働者に関しても，1999年に有期労働指令（1999/70/EC）が採択されたため，イギリスも同指令を国内法化する義務を負うこととなり，2002年有期被用者（不利益取扱防止）規則(Fixed-term Employees (Prevention of Less Favourable Treatment) Regulations 2002) が制定された。

同規則は，パートタイム労働者の不利益取扱いの禁止・救済と同様なパートタイム労働者の不利益取扱いの禁止・救済を定めている。注目すべきは，一定の条件の下で有期労働契約を無期労働契約とみなす規定である。すなわち，一の有期契約または反復更新された有期契約により被用者が4年を超えて雇用されることになる場合，その契約は契約締結時または更新時における特別な客観的正当理由がない限り，期間の定めのない契約とみなされるとする（8条2項）。ただし，労働協約または労使協定（workforce agreement）によって，そ

の雇用継続年数，更新の回数または更新を正当化する客観的理由を特定する規定を定めることによって，被用者または特定の被用者につき，上記の規則の規定を修正することができるとする（同条5項）。

第5節　安全衛生に関する制定法

[1]　概　説

(1)　1974年職場健康安全法

　安全衛生に関しては，すでに，本章第1節[4](2)(B)(d)で，コモン・ロー上の雇用契約の黙示的義務条項の1つとして，使用者の安全注意義務について述べているので，ここでは，制定法上の規定についてのみ説明する。ローベン報告（1972年に公表された職場の安全に関する委員会の勧告書）に基づいて，1974年職場健康安全法が制定される以前は，職場の安全と健康に一般的に適用される制定法は存在しなかった。1961年工場法，1963年事務所商店鉄道構内法（Offices, Shop and Railway Premises），1954年鉱山採石場法などの法律が特定の職場の安全と健康について規定していたが，多くの職場がそのような規制によりカバーされていなかった。しかし，1974年法の制定により，職場で働く，または，職場の活動により影響されるすべての者が制定法の適用を受けることになったのである。もっとも，1974年法により当然に従来の制定法上の規定が廃止されるのではなく，同法に基づく新たな規則にとって代わられるまで，従来の制定法上の規定は効力を有するわけである。なお，1974年法は，使用者，被用者，自営業者（self-employed）のみならず，職場で使用する物品および物質の製造者，供給者，設計者および輸入者にも安全と健康上の責任を課していることを特筆しなければならない。

(2)　1974年法上の民刑事責任

　1974年法は，基本的には刑罰法規の性格を有する。そして，同法は，民事責任を生ぜしめない一般的義務条項を有するが，同法の規定に基づいて制定された規則の違反は，反対の趣旨が規定されていない限り，民事責任を生ぜしめ

るのである。同法は，事故の防止にその主眼があるため，監督官に新たな権限を与えている。また，産業の当事者に自己規制を促すように企図されており，このため安全代表と安全委員会の仕組みが導入されたのである。

[2] 一般的義務

(1) 序

1974年法は，いろいろな種類の者に一般的な義務を課している。そうした義務条項には，多くの場合，「合理的にみて実行可能な限り」という条件が付いている。これは，当該義務が課せられている者が，一方で，その義務を達成するために用いる費用と努力と，他方で，生じる危険とのバランスをとることを認めるものであるといわれる(152)。下記の(2)から(7)までに，一般的義務の内容を略述する。

(2) 使用者の義務

(A) 同法2条は，まず，「合理的にみて実行可能な限り，すべての被用者の職場における健康，安全および厚生を確保することはすべての使用者の義務である」と定めている（1項）。使用者は，殊に，安全な機械設備および作業組織，安全な物品および物質の使用，取扱，保管および運送，安全のための情報，指示，訓練および監督，安全な職場および入出の手段，および，安全な職場環境および十分な厚生施設の設置と取決めに配慮しなければならないとしている（2項）。すなわち，この義務は，きわめて広く，コモン・ロー上の安全注意義務違反として損害賠償の対象とされるようなものはすべて同法の監督官による調査・刑事訴追の対象となし得るものである。

(B) 使用者は，被用者の職場における安全と健康に関する一般的な方針およびその実施のための組織と取決めを記述した文書を準備し，すべての被用者に知らせなければなければならない（2条3項）。使用者は，2条4項に基づいて制定された1977年安全代表安全委員会規則（Safety Representatives and Safety Committees Regulations 1977）に従って任命された安全代表を承認し，便宜を与え，その訓練のためのタイム・オフを認めなければならない。安全代

---

(152) Edward v. NCB [1949] 1 KB 704 (CA).

第5節　安全衛生に関する制定法

表は，組合員である被用者の中から使用者に承認された組合により任命される（規則3(1)および8(2)）。安全代表は，それが実行可能である限り，過去2年間当該使用者に雇用されていたか，あるいは，2年以上の類似の雇用経験を有する者でなければならない（規則3(4)）。安全代表は，職場の安全と健康の取決めに関する使用者との協議において被用者を代表する。そして，使用者はその協議を行う義務がある（1974年法2条6項）。また，使用者は，規則所定の安全と健康に関する事項について協議し，安全代表が1974年法2条4項に定める任務を遂行するために必要な便宜および援助を与えなければならない（規則4A）。安全代表は，有害物質の調査，ならびに，安全，健康および厚生に関する苦情の調査を含むその他の任務を有する。それらの問題について主張し，また，安全委員会の会議に参加することができる（規則4(1)）。2名以上の安全代表の書面による要求がある場合，使用者は，少なくとも1名の安全代表を含む安全委員会を設置しなければならない（1974年法2条7項および規則9）。安全委員会は，職場の安全と健康の確保のための対策の審議その他を行う。これを超える問題は，使用者と組合が決定することになる。なお，1996年健康安全（被用者協議）規則（Health and Safety (Consultation with Employees) Regulations 1996）は，1977年規則に基づいて安全代表によって代表されない被用者らが存する場合，使用者は，それらの被用者と直接，また，一定の被用者集団の場合は，その集団から選挙で選ばれた「安全被用者代表（representatives of employee safety）」と協議する義務を有するものとした。

(c) 使用者の義務の履行に関して，使用者が被用者を次のような理由で解雇した場合には，解雇は不公正とみなされる（1996年雇用権法100条）。(a)被用者が職場の安全と健康に対する危険を防止し，または，減少させることに関する活動の任務を与えられてきた者がその活動を行い，または，その活動をしようとしたこと，(b)職場の安全と健康に関する被用者の代表または安全委員会の委員であるものがその任務を遂行し，または，遂行しようとしたこと，(c)そうした被用者の代表または安全委員がいないか，または，それらの機関を通して問題を提起することが合理的にみて実行可能ではなかったときに，その被用者が安全と健康に有害と信じる事情につき，合理的手段により，使用者の注意を促したこと，(d)その被用者が重大かつ緊急の危険回避のためと合理的に信じて，

その職場またはその職場の危険な部分を離れ，または，離れようとし，あるいは，危険の存する間その場に戻らなかったこと。(e)その被用者が重大かつ緊急な危険があると合理的に信じて，自分または他の者を保護するに適切な措置をとり，または，とろうとしたこと。不公正解雇の救済申立ては，雇用審判所が取り扱う。以上の理由による不公正解雇のうち，(a)および(b)を理由とするものに関しては，後述する第11節の通常の不公正解雇の救済より，被用者に有利な救済が与えられる（128条1項）。すなわち，基礎裁定の最低限度額が設定され（122条3項），また，仮救済が与えられる（128条）。また，以上の不公正解雇の場合と同様な理由により，使用者が，解雇以外の不利益処分をした場合にも，被用者は審判所に救済を申し立てることができる（44条）。この場合の救済は，同規定に違反する行為があったことの宣言と補償金の裁定である（48条）。

(3) **使用者と自営業者の義務**

使用者および自営業者は，合理的にみて実行可能である限り，自分または他の者（被用者でない者）が健康または安全に対する危険に曝されないような仕方でその事業を行わなければならない（1974年法3条1項および2項）。また，使用者および自営業者は，その事業の影響を受ける可能性のある者に，その事業の仕方に関する情報を与えなければならない（3条3項）。

(4) **不動産を支配する者（occupiers）の義務**

1974年法4条は，その不動産で労働し，または，その不動産での使用のため提供された機械設備または物質を使用している被用者以外の者に関し，家事用の不動産以外の不動産を支配している者に対し義務を課している。その者は，合理的にみて実行可能である限り，その不動産が安全で，そこで労働する被用者以外の者の健康に危険がないようにするために合理的な措置をとらなければならない。

(5) **製造者等の義務**

職場で使用する物品および物質の製造者，供給者，設計者および輸入者は，

それが合理的にみて実行可能な限り，その製品の企画が安全であるようにし，そのための必要な検査を行い，その使用およびその安全な使用条件に関する十分な情報を与えなければならない（6条）。ただし，その顧客が，その物品が適切に使用されれば，安全で，健康に危険はないということを十分に保証する特定の措置をとる旨の書面の保証を得た場合には，この限りではない。

(6) **被用者の義務**

職場にいる被用者は，自分の健康と安全および自分の作為・不作為による影響を受ける可能性のある者の健康と安全に合理的な注意を払う義務があり，また，制定法上の規定により課せられた義務が履行されるようにするために，その使用者その他の者に協力する義務がある（7条）。このため，使用者が被用者に保護眼鏡を付与するように義務づけられている場合，その担当の職長は，保護眼鏡が付与されるようにする義務があり，労働者はそれを着装する義務がある。

(7) **その他の義務**

制定法の規定に基づき，健康，安全または厚生のために与えられたものを故意または認識ある過失で（recklessly）妨害または悪用してはならない（8条）。使用者は，制定法上の義務の履行として行い，または，付与したものについて，被用者に費用負担させてはならない（9条）。

[3] 健康安全委員会および執行局

(1) **組織・任務**

1974年法10条は，健康安全委員会（Health and Safety Commission）と健康安全執行局（Health and Safety Executive）を設置した。委員会は，雇用大臣が任命する議長と6名ないし9名の委員からなる。執行局は，委員会が雇用大臣の承認を得て任命する3名の執行局員からなる。まず，その中1名が執行局長として任命され，次に，執行局長と協議の上，他の2名の施行局員が任命される。健康安全委員会の主要な任務は，1974年法の諸規定の執行に関する助言，研究の承認および提案（法規の制定に関するものも含む）である。また，執

行局の主要な任務は，大臣の求めに応じて，情報と助言を与えることである（11条）。委員会は，執行局に命ずるか，その他の者にその権限を与えて，事故，事件，状態，その他調査が必要または適切と考える事項につき，調査し，報告書を作成させることができる。また，雇用大臣の承認を得て，そのような事項について審問調査の開催を命ずることができる（14条1項および2項）。事故についての民事または刑事責任がこの審問調査による可能性があるので，その手続に関しては，特に1975年健康安全審問調査（手続）規則が定められている（14条4項）。健康安全委員会は，その任務の遂行に必要な情報，または，執行機関の任務遂行に必要な情報を得る権限がある（27条）。

(2) 健康安全に関する行為準則

委員会は，同法の一般的義務条項および他の既存の法規の運用のための行為準則を承認し，発布する権限を有する（16条）。委員会は，すでに，安全代表・安全委員会の任務，安全代表の訓練のためのタイム・オフ，健康に有害な物質の規制，発ガン性物質の規制，有害生物の規制に関する行為準則を発布している。刑事民事責任を負わされている者が法定で行為準則の規定を遵守しなかったことが明らかになった場合，その者は，当該規定を遵守以外の方法で法令上の義務を履行し，または，禁止を避けたことを証明しなければならない。

[4] 執 行 手 続

(1) 執 行 権 限

同法その他の健康と安全に関する法規の執行権限は，健康安全執行局にある。ただ，雇用大臣は一定の規定に関する執行権限を地方自治体に委ねることができる。執行局その他の執行機関は監督官を任命する権限を有する（18条）。そして，監督官には，不動産への立ち入り検査を行うこと，物品および物質のサンプルを取ること，必要な調査をし，人を尋問し，書類の提出を命じ，その写しをとることなど広範な権限が与えられている（20条）。さらに，差し迫った人身の危険の恐れがあると判断する場合には，不動産に立ち入って，その物品または物質を押収し，または，危険性を除去することができる（25条）。

第5節 安全衛生に関する制定法

(2) 是正通告 (improvement notice)

監督官は，ある者が同法その他の健康と安全に関する法規に違反し，その違反が継続または繰り返される恐れがあると判断する場合，是正通告を発することができる。その通告は，どの規定を，どのように違反しているのかを特定し，21日以内の特定の期間に是正するように求めるものである (21条)。是正通告に対する異議申立ては，21日以内に雇用審判所に対して行わなければならない (2004年雇用審判所 (組織および手続) 規則付則4)。審判所は，その通告を取り消し，確認し，または，変更することができる (24条2項)。申立てが処理されるまでは，是正通告の効力は停止する (24条3項a号)。

(3) 禁止通告 (prohibition notice)

監督官は，ある活動が人身に重大な危険があると判断する場合，問題が処理されるまでその活動を停止することを命ずる禁止通告を発することができる。その通告は，即時に効力を発することも，それに特定された期間まで効力の発生を延期することもできる (22条)。禁止通告に関する異議申立ての申立期間および審判所の権限は，是正通告と同じであるが，その申立ては，審判所が特にその旨を命じない限り，通告の効力を停止する効果を有しない (24条3項b号)。

[5] 刑事・民事訴訟

(1) 刑事責任

対象となる犯罪は，一般的義務規定違反，健康安全規則の違反，監督官の業務の妨害，是正または禁止勧告違反などであり，刑事訴追は，略式の場合は治安判事裁判所，正式の場合は刑事裁判所で行われる。同法33条は，治安判事裁判所に対し，(a)一般的義務規定違反 (被用者のものを除く)，(b)是正または禁止勧告違反，および(c)裁判所の是正命令 (裁判所は，刑罰の代わりに被告に是正を命ずることができる) 違反の場合には，最高20,000ポンドの罰金の支払いを命じ，また，(b)および(c)の場合には，それと同時またはそれに代えて，6カ月までの自由刑を命ずる権限を与えた (33条1A項および2A項)。また，健康安全規則の違反，監督官の業務の妨害，および被用者の一般的義務規定の違反に

関しては，略式判決で，最高 5,000 ポンドの罰金が課せられる（1991 年刑事裁判法 17 条）。なお，1974 年法は，会社が同法その他健康と安全に関する法規に違反し，その取締役，支配人，秘書その他同様の地位にある者がその違反行為に同意または黙認し，または，過失ある場合には，会社とともにそれらの者にも責任を課する両罰規定を有する（37 条）。

(2) 民 事 責 任

すでに述べたように，一般的義務規定の違反は，民事責任の根拠とならない（47 条 1 項 a 号）。ただし，健康安全規則（15 条，附則 3）の違反は，当該規則が反対の趣旨を明示していない限り，民事責任の根拠となる（47 条 2 項）。また，安全規則に違反する場合の責任を免除する契約は，当該規則が反対の趣旨を明示していない限り，無効である（47 条 5 項）。

第 6 節　労働災害補償

[1]　労働災害の法制

イギリスにおいては，第 3 章第 1 節 [4](1)(B)(C)でみたように使用者に雇用契約上の黙示的義務として安全注意義務が認められており，その義務に基づき，労働災害に関して利用者の不法行為法上の賠償責任を問うネグリジェンスの法理が発展したといわれる。そして，近代産業発展期におけるイギリスの労働災害からの救済は，主に，過失責任に基づくコモン・ロー上の不法行為法および各種の制定法上の規定によってなされてきた。しかし，その限界から，19 世紀末期に「業務に起因し，かつ業務遂行中に発生した事故（accident arising out of and in the course of the employment）によって」労働者が負傷・死亡した場合に，その労働者またはその生計依存者に補償を与える目的で 1897 年労働者災害補償法（Workmen's Compensation Act 1897）が制定された。同法はその後修正発展されてきたが，1946 年の国民保険（業務災害）法（National Insur-

---

(153)　イギリス労災補償の発展とその理論的考察については，岩村正彦『労災補償と損害賠償』（東大出版会，1984 年）参照。

ance (Industrial Injuries) Act 1946) により国民保険法に取り込まれることとなった[153]。しかし，社会保険による労働者の災害補償は，その後の修正を経て社会保障制度の一部として統合され，現在では，1992年社会保障拠出給付法（Social Security Contributions and Benefits Act 1992）および1992年社会保障管理運営法（Social Security Administration Act 1992）に規定されている。すなわち，1975年社会保障法（Social Security Act 1975）の成立後，労災保険基金は廃止され，国民保険基金に一本化され，1990年からは労災給付の費用の全額が税金で賄われる統合基金（Consolidated Fund）から支払われ，労災補償給付は保険料に依拠しない無拠出給付となった。この結果，現在では，労働災害は，不法行為に基づく損害賠償と労災補償制度に基づく労災給付の二者択一の状態にあるといってよい。過失責任に基づく損害賠償に関する法についてはすでに述べたので，本節では，社会保障制度としての労災補償について概説する[154]。

[2] 業務災害（industrial accidents）

何が業務災害に該当するかの基準は，1897年労働者災害補償法で定められていた「業務に起因し，かつ業務遂行中に発生した事故（accident arising out of and in the course of the employment）によって生じた身体的負傷（personal injury）」という判断基準が今日の制定法規定にも継承されており（1992年社会保障拠出給付法94条1項），膨大の裁判例が蓄積されているといわれる。そして，この条文に含まれる文言については以下のような解釈がなされてきた。

---

(154) 本節の記述については，労災補償研究会『イギリスの労災補償法制等に関する調査報告書』（労働福祉共済会，1995年）に負うところが多い。イギリスの文献としては，Tokkey's Health and Safety at Work Handbook (Tolley, 2000); R. East, Social Security Law (MacMillan, 1999); Wikeley, Ogus & Barendt's The Law of Social Security (5th ed.)(Butterworths, 2002); I. T. Smith & J. C. Wood, Industrial Law (5th ed.)(Butterworths, 1989).

(155) 本節では，R(I)22/52等の記号・数字を付加する。それらは，社会保障審査会（前身は国民保険審査会）の裁決例を意味する。このうち，記号は，Rが裁決集に登録されたことを示し，記号（I）が労働災害給付に関する裁決例であることを示す。数字は，前者が裁決の通し番号，後者が裁決年次を示している。

(1) 身体的負傷 (personal injury)

「身体的負傷」とは身体的および精神的な損傷 (impairment) を含み，したがって，精神的疾患またはショックを含む (R(I)22/52; R(I)22/59)(155)。人工的な補助具の損傷は，それが身体の一部となっていない限り，身体的負傷とはいえない (R(I)7/56)。人工的な股関節の損傷は身体的負傷とされた (R(I)8/81)。なお，疾病は身体的損傷たり得るが，疾病に罹ることは「事故」とみられないことがある。このため，ある仕事に一般的に起こり得る病気を，わが国と同様に，リストに掲載し補償の対象（「指定疾病」という）としている。わが国との違いは，リストに掲載されていない場合には，職業病としての補償の可能性がないという点である。

(2) 事故 (accident)

「事故」の定義は，制定法にはなく，一般に，Fenton v. Thorley & Co.Ltd. [1903] AC 443 (HL) の傍論として Macnaghten 卿判事が述べた「予期しない災難または予想または企図されない不運な出来事」を意味すると理解されている。しかし，Ogus 教授らは，次の2つの点で，この定義が正確なものでも十分でもないことが明らかになったとする(156)。その1点目は，その定義は被害者自身による故意的な行為は排除するが，第三者の故意的な，しかも違法な行為は排除しないと判示されてきたことである。したがって，被害者の負傷が加害者の完全に故意的な行為，例えば，暴行によって生じたものであっても，「事故」によるものといえる。生徒が懲戒処分の責任者たる校長を襲って殺害した事件などでこの点が明らかにされた(157)。このため，その定義は被害者の見地からみてのことであると制限的に解されている。その2点目は，「予想されない」文言は重くは捉えられてこなかったことである。ある出来事が必ずしも予想できず例外的なものなくとも「事故」に該当し得る。例えば，無理をして働けなくなった労働者は，その労働の負荷がその仕事にとってひどく重いまたは例外的であったことを証明する必要はないとされる(158)。なお，自殺行為と仕事に

---

(156) Ogus et al., op.cit., p.723.
(157) Trim Joint District School Board of Management v. Kelly [1914] AC 667 (HL).
(158) Chief Adjudication Officer v. Faulds, 1998 SLT 1203 (Ct of Sess).

関係する要因との間に強い因果関係がある場合，例えば，その要因が死に至らしめる抑鬱ないし精神障害を作り出す場合，その自殺行為はMacnaghtenの「事故」の定義に該当し得る，とされる[159]。「事故」の定義に関するグレーゾーンとして問題にされてきたのが，「事故」と「経過（process）」の関係である。「経過」とは，特定の出来事に帰することのできない身体的，肉体的変質を意味し，これは「事故」とは区別される。この「経過」による健康の損傷は，指定疾病（prescribed disease）とされない限り，業務災害（industrial injury）に当たらないとされる。しかし，そもそも，「事故」と「経過」のいずれに該当するのか自体がきわめて曖昧なのである。すなわち，Roberts v. Borothea Slate Quarries Co Ltd.[1948] 2 All ER 201 (HL) で，貴族院は，事故は継続的な経過による労働不能の増大を含まないが，ある出来事あるいは一連の出来事が疾病の発症またはその進行の原因となりまたはそれに寄与したことを示すことができたら，被用者は勝訴できたであろう，と述べた。なお，「事故」によって「身体的負傷」が生じたものでなければならないので，その因果関係が問題となる。しかし，因果関係が中断されるような特別の場合を除き，一般に，必ずしも，厳格な処理がなされてはいない。当該事故が背景的要因に過ぎない場合を除き，たとえそれが唯一の原因でなく，寄与的原因（contributory cause）であればよいとされる。したがって，事故が既存の状態を悪化させた場合や既存の状態のために身体的負傷が生じた場合も事故に「よって」身体的負傷が生じたとみとめられる (R(I)12/52; R(I)19/63)。

(3) 業務遂行性と業務起因性
(A) 業務遂行性

事故は「業務に起因し，かつ業務遂行中に」発生したものでなければならない。Moore v. Manchester Liners Ltd.[1910] AC 489 (HL) で，貴族院のLoreburn卿判事は「雇用されている者がその勤務時間内に合理的にみて行うことのできることを，合理的にみて行うべき場所で行っている間に事故が起こる場合，その事故はその業務の『遂行中に』その者に生じる」と判示した。したがって，業務遂行性の存在は，場所，時間および活動の3要素によって判断される。当

---

(159) Smith & Wood, op.cit., p.556.

該事故が通常の労働時間に通常の労働場所で生じた場合には，業務遂行性が推定される。通常の就労場所や就労時間の外で事故が起こった場合に，業務遂行性をみとめるためには，当該被用者がそのとき何を行っていたかが決め手となる。そこで，当該活動が当該業務と十分に関係しているかが問題となる。仕事に必要な道具や衣服を収受 (R(I)72/54)，坑内作業終了後の入浴 (CI22/49)，賃金受領のための出頭 (R(I)34/52) は明らかに業務に入るとされ，また，特定の使用者との労働条件に直接関わる労働組合の会議への参加も業務の範囲に入るとされる (R(I)63/51)。レクリエイション活動もその参加が使用者により要請されていた場合は業務となる (R(I)3/81)。移動・旅行中の事故に関しては，まず，被用者が業務に必要または付随して旅行することを義務づけられている場合には，その旅行は業務であることは明らかである。次に，被用者の業務が販売または渉外のように通常頻繁に旅行する必要がある場合には，その目的での旅行は業務に当たる。しかし，使用者が交通の経路または仕方を特定しない限り，その業務は最初の訪問地に到達するまで開始されない (R(I)19/57)。最後に，被用者が通勤する場合であるが，この被用者は他の大衆と同様の地位に置かれるので，一般に，通勤は労災補償の対象とされない。ただ，緊急事態で使用者によって自宅から呼び出され，最短経路をたどってできるだけ早く職場に到達するよう要求された場合は，一番目の事案と同様労災補償の対象となる (R(I)21/51)。

(B) 業務起因性

業務遂行性に加え，事故が業務から生じたこと，すなわち，業務起因性が必要とされる。業務起因性とは，「業務」と「事故」との因果関係を意味する。1992年社会保障拠出給付法94条3項は，「業務災害給付に関して被用者の業務の遂行中に生じた事故は，反対の証拠のない限り，当該業務に起因して生じたものとみなす」とのみなし規定を置いている。なお，1992年社会保障拠出給付法には，以下のような業務遂行性と業務起因性に関する補充規則が定められている。まず，被用者が明示または黙示の許可を得て，就業場所との往復を乗客として乗り物（船，大型船，ホーバークラフト，飛行機）で移動している間に生じた事故は，被用者がその移動を義務づけられていなくとも，義務づけがあった場合には業務遂行中に業務に起因して生じたであろうと考えられ，使用

者またはそれに代わる者または使用者との取決めで乗り物が運行されており，かつ，公共輸送の通常のサービスがない場合には，通常の就労場所や就労時間外での事故も業務遂行中に業務に起因して生じたものとみなされる（99条）。次に，被用者の就労している建物またはその付近で，他人の危険や財産に対する損害を防止するための緊急事態の措置を行っている間に生じた事故は，業務遂行中に業務に起因して生じたものとみなされる（100条）。また，業務遂行中に生じた事故であれば，それが(i)他の者の非行，悪ふざけまたは過失，(ii)動物の行動や存在，もしくは(iii)物体または雷に打たれたこと，によって生じ，かつ，その業務の範囲外または業務に付随しない行為により，被用者が直接または間接に事故発生を誘発しまたはそれに寄与したといえない場合には，被用者の業務遂行中に業務に起因したものとみなされる（101条）。

[3] 指定疾病（prescribed desease）＝職業病

「事故」によらない疾病については，イギリスにおいても，いわゆる職業病のリストが作成されていてこれに掲載されている疾病を指定疾病という。そこで，被用者は，(i)指定疾病に罹患したこと，(ii)自己の業務が指定疾病の原因業務に該当すること，(iii)自己の罹患が当該業務に従事したことに起因すること，を立証することにより，労災補償を受けられる。このうち，特に，(iii)について補足すると，この因果関係の立証は，事故による業務災害と同様に，業務が疾病の唯一の原因である必要はなく，実質的な原因であることを証明すればよい。特定の疾病を除き，被用者が疾病の発症前1カ月以内に当該業務に従事していた場合には，当該疾病は，反証のない限り，当該業務に起因するものと推定される。

[4] 労災補償給付

(1) 独自の給付

イギリスにおいては，労災補償給付は，労災に独自な給付としては，業務障害年金（industrial injuries deisablement pension）およびその補足的給付としての常時付添手当（constant attendance allowance）および特別重度障害手当（exceptionally severe disablement allowance）があるだけであり，あとはすべ

て，一般の社会保障給付に依拠している。業務障害年金とは，業務上の負傷または疾病の結果として残った身体的精神的な機能喪失につき，どの程度の障害が生じたかを障害評価表に照らして判断して支給される年金である。なお，上記の労災補償独自の給付とその他の社会保障給付との調整および不法行為に基づく損害賠償との調整については省略する。

(2) 給付請求

労災補償給付についての請求は，通常，請求が可能となってから社会保障省の地方給付事務所に対して3カ月以内に行わなければならない。この給付請求は，国務大臣の任命した裁定官（adjudication officer）によって行われる審査される。ただし，重度障害手当および障害手当に関わる障害の問題は，医療問題の裁定を行う裁定医事官（adjudicating medical practitioner）が判断する。この医療問題の決定の再審査は医事上訴審判所である。前記給付請求者が裁定官の決定に不服である場合は，原則として3カ月以内に，社会保障上訴審判所（social security appeal tribunal）での審判を求めることができる。この審判所は，法律家，労使を代表する者からなる三者構成機関である。障害および障害に関する給付についての裁定官の決定に関する不服は障害上訴審判所に対して行われる。さらに，請求者がいずれかの上訴審判所の審判に不服な場合は，社会保障コミッショナーに再審査を求めることができる（1992年社会保障管理運営法17条から29条）。

第7節 懲戒処分 (disciplinary action)

[1] 懲戒処分の権限

(1) 矯正的機能

一般に懲戒処分は制裁的機能ではなく矯正的機能を有するものと考えられている。すなわち，規律処分は被用者の労務遂行の量的質的レベルの維持向上

---

(160) N.M. Selwyn, Selwyn's Law of Employment (13th ed.)(Butterworths, 2004), p. 331.

第7節　懲戒処分 (disciplinary action)

(労働規律の維持も含む) をはかるものであり、そのために妥当な種類の処分が選択されるべきであるとされる[160]。規律処分として一般に認められているものには次のようなものがある。

(2) 減　給

1996年雇用権法13条により契約上の規定があるか、事前の書面の合意がある場合に限定されている。また、小売業に働く労働者に関しては、同法18条が金銭または在庫の不足に関しする控除の控除限度制限を置いている (第3章第2節 [2] 参照)。黙示条項や慣行に基づく減給処分はできない。

(3) 停職 (無給)

雇用契約上、停職 (無給) 処分を認める契約条項がある場合には、使用者はその特定の事由に基づいて被用者に対して停職処分をなすことができる。これは、明示の契約の場合のみならず、就業規則、労働協約、慣行などによって契約内容となっていると認められる場合でもよい[161]。被用者は、停職期間終了後に職場復帰する権利を有する[162]。また、その停職処分が違法なら被用者は停職処分を使用者による履行拒絶として取り扱い[163]、違法解雇または不公正解雇の訴えをなすことができる (次節以下参照)。ところで、この停職 (無給) 処分と異なるものとして、予防停職 (precautionary suspension) と称されるものがある。これは警察の捜査および起訴の結果を待って無給で出勤停止するものであり、わが国の起訴休職に近いものである。審判所は、使用者の利益と財産を保護するための予防措置として予防停職を行うことは合理性があるとしている[164]。もっとも、訴訟の結果、被用者が無罪となった場合は、使用者は、この予防停職期間の未払賃金の支払義務を有する。

---

(161) Bird v. British Celanese Ltd [1945] 1 All ER 488 (CA); Tomlinson v. London, Middland and Scottish Rly Co [1944] 1 All ER 537 (CA).
(162) Marshall v. English Electrick Co Ltd [1945] 1 All ER 653 (CA).
(163) Davies v. Anglo Great Lakes Corps [1973] IRLR 133 (T).
(164) Jones v. British Rail Hovercraft Ltd [1974] IRLR 279 (T).

(4) 降　格

契約上の明示の条項があり，かつ，公正な仕方でなされた降格処分は適法とされる。違法な降格処分は，停職処分の場合と同様，違法解雇または不公正解雇の訴えの対象となる。

例えば，舞台大工として14年間働いてきた被用者が1回の不注意で賃金の劣るビルメインテナンスの大工に降格された事案では，降格を理由に辞職した大工の不公正解雇の訴えが認められた[165]。

(5) 解　雇

イギリスでは，解雇が懲戒処分のうちでもっとも厳しい処分として位置づけられている。しかし，解雇については，論点が多いので第10節および第11節で詳述する。

(6) その他の処分

使用者は，契約で認められる範囲内で労働者に規律目的の配転を行い，契約に基づき一定の期間にわたり年功に基づく利益を停止し，契約外の利益供与を停止することができる。

[2] 解雇以外の不利益取扱い (detrimental treatment)

(1) 不利益取扱い

上記の [1] では，被用者の労務遂行の量的質的レベルの維持向上（労働規律の維持も含む）をはかるための懲戒処分を概説した。しかし，そこで掲げられた処分ないしその他の手段（例えば，昇進や職業訓練をさせないなどの不作為的行為）を用いて使用者が労働者の権利行使を阻止しまたは権利行使に報復する場合がある。そこで，一定の労働者の制定法上の権利保障を守るため，制定法は当該権利行使を阻止委または報復する解雇や不利益取扱いから被用者ないし労働者を保護・救済しようとしている。しかし，解雇以外の不利益取扱いからの保護・救済規定により実効性を確保しようとしている制定法上の権利規定の多くについては，他の章や節で記述しているのであるから，ここでは，重複を

---

(165)　BBC v. Beckett [1983] IRLR 43 (EAT).

第7節 懲戒処分 (disciplinary action)

避けるため，次のような規定と救済があることを挙げておきたい。

(2) 主な規定

①使用者が職場の安全と健康に関する義務の履行に関して被用者に対して行った不利益取扱い（1996年法44条）（第6節[2](2)参照）。②日曜労働拒否を理由とする不利益取扱い（45条）（第3節[2]参照）。③1998年労働時間規則の諸規定に違反する理由での不利益取扱い（1996年法45A条）。④職域年金制度の受託者であることまたはその活動を理由とする不利益取扱い（46条）。⑤1992年労働組合労働関係（統合）の剰員整理協議規定（同法188条から198条）および1981年営業譲渡（雇用保護）規則の協議規定（同規則規則10条および11条）に基づいて被用者代表 (employee representatives) またはその候補者がその地位に基づく活動をすることを理由とする不利益取扱い（1996年法47条）。⑥16または17歳の年少労働者で全日制中等教育以上の教育を受けておらず，規則で要求される水準に達していない被用者が資格達成に必要な勉学訓練のためのタイム・オフまたはその時間の報酬の権利を行使したことを理由とする不利益取扱い（47A条）。⑦保護される情報の開示を理由とする不利益取扱い（47B条）。⑧妊娠，出産，母性 (maternity)，通常・強制・付加的母性休暇，育児休暇 (parental leave) または配偶者，子，親，その他の扶養者のためのタイム・オフ（57A条）に関しかつ労働大臣が定める規則に規定される理由とする不利益取扱い（47C条）。⑨全国最低賃金の実施に関する訴訟提起を理由とする不利益取扱い（1998年全国最低賃金法23条）（第2節[3](S)(A)参照）。⑩労働組合員資格または組合活動を理由とする不利益取扱い（1992年労働組合労働関係（統合）法146条）（第4章第4節［3］参照）。⑪組合承認に関する活動を理由とする不利益取扱い（1992年法付則A1，第8部156条）（第5章5節[1](7)参照）。⑫2000年パートタイム労働者がパートタイム労働者（不利益取扱防止）規則上の権利を行使したことを理由とする不利益取扱い（パートタイム労働者（不利益取扱防止）規則7条2項）（第3章第4節[9]参照）。2002年有期被用者（不利益取扱防止）規則6条2項の同様の規定を置いている（第4章第2節[10]参照）。⑬被用者の懲戒処分または苦情処理の審理の同伴者としての権利の行使を理由とする不利益取扱い（1999年雇用関係法12条）。⑭欧州労使協議会制度との関

係で，特別交渉団体，欧州労使協議会，情報・協議代表またはその選挙の候補者がその任務を遂行し，その者またはその者のために行為する者がそのためにタイム・オフを申請したことを理由とする不利益取扱い（1999年多国間被用者情報協議規則31条2項および3項）。欧州労使協議制との関係で，被用者が1999年規則に定める自己の権利を行使したことなどを理由とする不利益取扱いの保護の対象とされている（同条5項および6項）。同様な規定が2004年被用者への情報・協議規則32条および33条に定められている。

(3) 救済方法

以上のうち，ここでは1996年雇用権法に定められている①から⑧の救済について述べるが，これらの場合，被用者または労働者は，3カ月以内（一連の作為・不作為の場合は最後のものから3カ月以内）に雇用審判所に訴訟を提起し（48条），審判所がその訴えに理由があると判断する場合には，その旨宣言しなければならず，また，その侵害およびその作為・不作為に帰することのできる損失に照らし，事案の全ての事情に鑑み正義かつ衡平に適すると思料する補償金の裁定を行うことができる。考慮できる損失は，合理的にみて当該作為・不作為の結果被った経費および合理的にみて得べかりし利益の喪失を含む（49条）。なお，⑨から⑭までの救済も1996年雇用権法の定めと同様である。

[3] 懲戒・苦情処理手続

(1) 行為準則

1996年法3条は，同条1項の労働条件記述書の中に使用者が懲戒の規則，決定，苦情処理およびその手続を記載しなければならないと定めている。したがって，被用者の雇用開始から2カ月以内にそれらについて書面の通知をしなければならない。また，助言斡旋仲裁局が1975年雇用保護法に6条（現在，1992年労働組合労働関係（統合）法199条）に基づいて作成した「助言斡旋仲裁局行為準則一：懲戒処分と苦情処理手続」が懲戒処分と苦情処理を取り扱う場合の合理的な行為は何かを定めている。この行為準則は，最初は1977年に定められたが，その後改定を重ね現行のものは4回目の改正版であり，2002年雇用法（Employment Act 2002）29条，31条から38条と関連付則および2004

第7節　懲戒処分 (disciplinary action)

年雇用法（紛争解決）(2002年) 規則に沿って改正された。この行為準則に付せられた序は，2002年法の定める法定解雇，懲戒処分および苦情処理手続は被用者にのみ適用されるが，すべての労働者が懲戒処分および苦情処理手続を利用できるようにすることが望ましい行為 (good practice) であるとしている。また，この行為準則の違反は，それ自体が訴訟の対象にならないが，雇用審判所および ACAS が任命する仲裁人は，それが適切と思料する場合には，行為準則を考慮する。

(2) 法定の解雇・懲戒処分および苦情処理手続
(A) 法定手続遵守義務

2002年雇用法30条は，次のような規定を導入した。「すべての雇用契約 (contract of employment) は，法定の手続が適用される事項に関して，使用者または被用者がその手続要件に従うことを要求する効力を有する」(1項)。これは，「これに反する合意にもかかわらず効力を有するが，法定手続の要件に加えてかつ法定手続の要件に違背しない要件に従うことを使用者または被用者に求める特定の手続に従わなければならない旨の合意には影響を与えない」(2項)。「国務大臣は本条に関し規則をもって法定手続の適用に関する規定を定めることができる」(3項)。したがって，使用者と被用者は少なくともこの法定手続に従う義務を有する。この手続の内容は，後述するようなものであり，2002年法付則2に規定されている。法定手続遵守義務規定は，紛争解決のために訴訟を起こすことは費用がかかり，しばしば原告被用者の雇用関係とエンプロイアビリティーを傷つけることから，紛争の内部的解決を奨励するという目的で導入されたものである。ただし，30条1項は，2005年末現在では，発効していない[166]。

使用者または被用者が法定解雇・懲戒処分手続を完全に遵守しない場合，付則3に掲げられた管轄権に基づく被用者の請求に関する雇用審判所の訴訟において，金銭的制裁を受ける。それらの訴訟とは，①1970年法の平等条項，②1975年法の雇用における性差別，③1976年法の雇用における人種差別，④

---

[166] 神吉知郁子「個別労働紛争処理における手続的規制」本郷法政紀要14号 (2005年) 49頁以下，70頁。

1992年法の労働組合資格・活動を理由とする不利益取扱いおよび組合承認権に関する不利益取扱いおよび団体交渉等に関する不当な誘導行為，⑤1995年法の雇用における障害者差別，⑥1996年法の不当な賃金控除，雇用における不利益取扱い，不公正解雇，剰員整理手当，⑦1998年法の最低賃金に関する不利益取扱い，⑧1994年規則の労働契約違反，⑨1998年法の労働時間規制違反，⑩1999年規則の労使協議会に関する不利益取扱い，⑪2003年規則の雇用における性的傾向差別，⑫2003年規則の雇用における宗教・信条差別である。もし，使用者または被用者が法定苦情処理手続に完全に遵守しない場合，付則4に掲げられた管轄権に基づく被用者の請求に関する雇用審判所の訴訟において，金銭的制裁を受ける。それらの訴訟とは，上記⑧を除くすべてである（31条）。すなわち，審判所は，適用されるべき手続が訴訟前に完了せず，かつ，その原因が主に使用者または被用者にあるときは，裁定額を10％増減し，さらに諸般の事情に照らして正義および衡平と思料する場合には増減幅を50％まで拡大することができる。

また，被用者がその使用者に苦情を書面で送付せず，または，送付から28日を経過せず，もしくは，苦情書面送付の日が訴え提起期限の1カ月以上の後である場合，被用者は上記付則4に掲げられた訴訟を提起する権利を失う（32条）。

(B) 解雇・懲戒処分手続の内容

(I) 標準手続

第1段階　使用者は，解雇または懲戒処分を予定する被用者に対し嫌疑をかけられている非違行為，性格その他の事情を書面化しなければならない。その書面またはその写しを被用者に送付し，当該問題を話し合う会合への出席を求めなければならない（付則2第1条）。

第2段階　その懲戒処分が停職である場合を除き，処分がなされる前に会合が開催されなければならない。その会合が開催される前に，使用者はその処分がどのような理由によるかを知らせ，その通知に対する対応を考える機会を与えなければならない。被用者は会合に参加するための合理的な措置をとらなければならない。会議終了後，使用者はその決定を知らせ，かつ不服の場合は異議申立ての権利のあることを知らせなければならない（付則2第2条）。

第7節　懲戒処分 (disciplinary action)

第3段階　被用者が異議申立てを希望する場合，使用者にそれを知らせなければならない。使用者は，当該被用者に新たな会合への出席を求めなければならない。被用者はその会合に出席するための合理的措置をとらなければならない。異議申立ての会合の後，使用者はその最終決定を知らせなければならない（付則2第2条）。

(II)　修正手続

第1段階　使用者は，解雇理由としての非違行為，非違行為を犯したと考えた根拠および異議申立ての権利を書面に記載し，その書面またはその写しを被用者に送付しなければならない（付則2第4条）。

第2段階　被用者は異議申立てを希望する場合は，使用者にそれを知らせる。使用者は，当該被用者に新たな会合への出席を求めなければならない（付則2第5条）。

(C)　苦情処理手続

(I)　標準手続

第1段階　被用者は苦情を書面化して，その書面ないしその写しを使用者に送付しなければならない（付則2第6条）。

第2段階　使用者は，被用者に当該苦情について話し合う会合に出席するよう求めなければならない。その会合が開催される前に，被用者はその苦情がどのような理由によるかを知らせ，その通知に対する対応を考える機会を与えなければならない。被用者は会合に参加するための合理的な措置をとらなければならない。会議終了後，使用者はその決定を知らせ，かつ不服の場合は異議申立ての権利のあることを知らせなければならない（付則2第7条）。

第3段階　被用者は異議申立てを希望する場合，使用者にそれを知らせなければならない。使用者は，当該被用者に新たな会合への出席を求める。被用者はその会合に出席するための合理的措置をとらなければならない。異議申立ての会合の後，使用者はその最終決定を知らせなければならない（付則2第8条）。

(II)　修正手続

第1段階　被用者が苦情およびその根拠を書面化し，その書面またはその写しを使用者に送付しなければならない（付則2第9条）。

第2段階　使用者はその対応を書面化し，その書面またはその写しを被用者

に送付しなければならない（付則2第10条）。

(D) 一般的要件および適用除外

以上の法定手続には，次のような一般的要件が課せられる。各段階および行動は不合理な遅滞なく行われ，会合の時期と場所は合理的であり，会合は使用者，労働者双方が自分の主張を説明できるような仕方で行われ，異議申立ての会合では，使用者はより上級の管理者によって代表されることである（付則2第12条および13条）。また，次の場合には，以上の法定手続は適用されない。①一方の当事者が手続を用いることが自身または他の者もしくは自身のまたは他の者の財産に対する重大な脅威となると信じるに足る合理的な根拠を有する場合。②一方当事者がハラスメントを受けているか，手続を用いることが更なるハラスメントの結果になると信じるに足る合理的な根拠を有する場合。③一方の当事者がコントロールできない事由により合理的な期間内に手続を用いることが実行可能でない場合（2004年規則11条）。④国家の安全保障に関する場合（2004年規則16条）。

(E) 標準解雇・懲戒処分手続が適用される場合

標準手続は，使用者が解雇または「相当な懲戒処分」を企図するときに適用される。「相当な懲戒処分」とは，使用者が被用者の行為または能力に基づくものと主張する有給の停職または警告以外の解雇より軽い懲戒処分をいう。修正手続は，労働者に重大な非違行為があり，諸事情を調査するまでもなく即時解雇が正当化される場合に適用される。しかし，修正手続は，嫌疑をかけられている非違行為，その根拠および異議申立ての権利を記した書面を送付しなかった解雇に関する訴えを雇用審判所に提起する場合には適用されない（2004年規則3条）。

(F) 解雇・懲戒手続が適用されない場合

次の場合には，標準，修正のいずれの手続も適用されない。①すべての被解雇被用者が同じ種類の被用者であり，使用者がその全員に再雇用を申し出た場合。②20名以上の被用者が剰員として解雇される場合。③解雇時に，被用者が非公認の争議行為に参加しており，または使用者がロックアウト中で，当該被用者が3カ月以内に再雇用されなかったのに他の被用者が再雇用された場合。④解雇理由が被用者の公認の争議行為への参加であり，かつ当該解雇がその8

第7節 懲戒処分 (disciplinary action)

週以内になされた場合。⑤使用者の事業が不測の出来事により機能を停止した場合。⑥被用者が制定法違反を犯さないで労働を継続することができない場合。⑦その被用者が国務大臣の命令で認定された解雇手続協定の適用を受ける場合（4条）。

　(G)　標準解雇・懲戒手続が遵守されたとみなされる場合

　次の場合には，標準手続が遵守されたとみなされる。①被用者が雇用審判所に仮救済（interim relief）の申請を行い，かつ，使用者が処分理由を書面化し会合を開催したが，被用者が異議申立ての権利を行使しない場合。②被用者が2名以上の使用者と自主的の労働組合（independent trade union）の間で締結された労働協約により運営される手続に基づいて異議申立てをした場合（5条）。

　(H)　苦情処理手続が適用される場合

　「苦情」とは，被用者との関係で使用者がとりまたはとろうと企図している措置に関する当該被用者の不服をいう。標準苦情処理手続は，雇用審判所管轄権内の訴訟の基礎となる使用者のすべての措置に適用される。修正手続は，雇用が終了しており，終了前に使用者がその苦情を知らず，または，知っていたがそれまでに標準手続が開始または完了しておらず，かつ両当事者が修正手続の適用されるべきことを知り書面で合意した場合に適用される（6条1－3項）。

　(I)　苦情処理手続が適用されない場合

　次の場合には，苦情処理手続が適用されない。①被用者の雇用が終了し，苦情手続が開始されず，かつ雇用が終了したために被用者が書面の苦情をその使用者に送付することが合理的にみて実行不可能になった場合。②使用者が当該被用者を解雇しまたは解雇しようと企図している場合。③使用者が当該被用者に対しその非違行為または能力を理由に手当てつき停職または警告以外の解雇に至らない処分を企図している場合（6条4-6項）。

　(J)　苦情処理手続が遵守されたとみなされる場合

　次の場合は，手続が遵守されたものとみなされる。①使用者が被用者に懲戒処分を行いまたは行おうと企図しており，かつその苦情の理由のひとつがその処分が各種の差別禁止法上の違法差別に当たるとするものである場合。②使用者が被用者に懲戒処分を行いまたは行おうと企図する理由が使用者の最初に主張した理由と無関係な場合（7条）。

(3) 手続同伴者

　以上の法定手続とは別に，1999年雇用関係法（Employment Relations Act）は，「労働者」が使用者によって懲戒処分または苦情処理の審問への出席を求められた場合には，次のような1人の同伴者（companion）に付き添われることを求める権利を導入した。その同伴者となり得る者は，自主的労働組合の幹部，審問の同伴者としての経験を有しまたはその訓練を有することを組合によって証明された組合幹部，または，当該使用者に雇われる他の労働者である。これらの者は同伴者となることを拒否することができる。同伴者として選ばれた者が予定された審問の時間に都合が付かない場合は，使用者は労働者の提案するときまで延期しなければならない。その場合，代替的日時は使用者の提案した日から5日以内の合理的時間でなければならない。同伴者は，審問で陳述し，当該労働者と協議する権利は有するが，当該労働者に代わって質問に答えることはできない。使用者は同伴者の同伴のためのタイム・オフとを認めなければならない。また，同伴者が使用者に承認された自主的労働組合の組合幹部である場合，同伴時間は1992年労働組合労働関係（統合）法168条1項の組合用務の遂行の時間とされ，その時間は有給のタイム・オフとされる（10条）。使用者が同伴請求権を認めなかった場合には，労働者は，3カ月以内に，雇用審判所に訴訟を提起することができる。そして，審判所が訴えに理由があると認める場合は，2週給を限度とする補償金の裁定をなさなければならない（11条）。また，労働者が同伴してもらおうとし，または，他の労働者に同伴しようとしたことを理由として解雇された場合は，その解雇は当然に不公正解雇となる。また，不公正解雇訴訟の資格期間や年齢制限は適用されず，また中間的救済（interim relief）が適用される。また，解雇以外の不利益取扱い（detriment）をした場合には，1996年雇用権法48条および49条に基づき救済が与えられる（12条）。

第8節　雇用の終了

(1) 雇用の終了の形態

　雇用契約は，当事者の変更・消滅，フラストレーション（契約目的達成不能），

第8節　雇用の終了

契約期間の満了，仕事・プロジェクトの完了，合意，解雇，辞職，および履行拒絶の承認によって，終了する。このうち，当事者の変更・消滅，フラストレーション，仕事・プロジェクトの完了および期間の満了は，その事実の発生により当然に契約終了がもたらされる。しかし，プロジェクトの終了および期間の満了は，それが広い意味での契約当事者の合意に基づいているとみることができる。また，契約時の合意に基づく契約終了事由といってもよいであろう。しかし，典型的な当事者の意思に基づく終了は，合意，解雇および辞職であり，そのうち，解雇と辞職は，契約の一方当事者による契約の終了である。ところで，こうした解雇と辞職に関しては，コモン・ロー上の適正な予告が与えられる必要がある。しかし，もし，その解雇または辞職が相手方の重大な契約違反（履行拒絶）による場合には，その解雇または辞職には予告は不要とされる。このような契約の終了は，履行拒絶の承認による契約の終了とみることができるのである。解雇については後に詳述することとし，ここでは，重要と思われるいくつかの終了事由について簡単に述べておきたい。

(2) 当事者の変更・消滅

契約当事者の変更・消滅は，契約の履行不能をもたらし契約を自動的に終了させる。この当事者の変更・消滅は，広い意味でのフラストレーションによる契約の終了に該当する。具体的には，労働者または使用者の死亡，会社の強制解散（compalusory winding up），財産保全管理人（receiver）の任命，会社の営業譲渡，パートナーシップ（民事上の組合および合名会社）に雇用される被用者の場合のパートナーシップの解散または重大な変更などがこれに入る。しかし，任意解散の場合は，営業が停止されない限り雇用契約を自動的に終了させない。ただ，以上はコモン・ロー上の原則であり，また，今日では，雇用の継続が，制定法上，特に保障されている場合がある。例えば，営業譲渡に関しては，1981年営業譲渡（雇用保護）規則（Transfer of Undertakings (Protection of Employment) Regulations 1981）が雇用上の地位と雇用条件の継続を保障した（5条1項）。また，1996年雇用権法218条は，営業譲渡，使用者の地位の変更（パートナーの変更，代表者，受託者等の変更）は雇用の継続を破らないと規定している。また，同法136条5項は，使用者に影響を与える出来事（自然人の場

合の使用者の死亡を含む）により雇用の終了を解雇とみなしている。

(3) フラストレーション（frustration）

　フラストレーションとは，当事者の過失なく，契約当事者の契約目的の達成が不可能になること，あるいは，契約が当事者の意思に全く沿わないものになってしまうこと，と定義することができる。この場合，コモン・ロー上，契約は，当事者の意思表示によることなく当然に終了する。ラジオのディスクジョッキーが徴兵されて仕事を継続できなくなった事案に関する Morgan v. Manser［1948］2 All EA 666 (K.B.) で，Streatfeild 判事は，フラストレーションの法理を次のように要約している。「総体としての契約の根底に打撃を与え，両当事者の予測を超えるものと法的にみなされる出来事や変化が存在し，それ故に契約の維持を求めることは，その出来事や変化の発生を予測したなら合意しなかったであろう条件に両当事者を縛り付けることになる場合，両当事者の意志または意思ならびにその出来事に関する知識に関わりなく，その出来事により即時的に当該契約はフラストレートされるのである。このことは，しばらくの間，両当事者がその契約はまだ存在すると取り扱ってきたとしても異ならない。」

　フラストレーションの成立が，特にしばしば争われてきたのは，病気と投獄による就労不能の場合である。裁判所は，適用を否定はしないが，雇用契約にフラストレーションを適用することには一般にきわめて慎重である。例えば，病気については，Williams v. Watsons Luxury Coaches Ltd.［1990］ICR 536 (EAT) で，雇用控訴審判所は，次のように述べている。「まず，裁判所は余り安易なフラストレーション法理の適用を抑制すべきである。剰員状態があり，また，本当は職務能力不良を理由とする解雇かも知れない場合はとくにそうである。第二に，フラストレーションが生じた特定の日を決定する必要はないが，その日を決定する試みは，実際にフラストレーションの状態があったのか否かにつき裁判所が意を決するのに役立つのであるから，無意味なものとはとうてい言えないのである。第三に，フラストレーションか否かを決定するのに，そのポイントとなる多くの要素がある。これらは，Egg Stores (Stamford Hill) Ltd. v. Leibovici［1977］ICR 260, 265 におけるフィリップス判事の次の判示から

得られるのである。『そのような事案で決定に際し考慮すべき事項の中には，次のようなものがある。(1)今までの雇用期間，(2)見込まれる雇用期間，(3)仕事の性格，(4)傷病の性格，期間および効果，(5)その仕事の必要性と代替労働者の必要性，(6)使用者が剰員整理手当，または，不公正解雇の補償金を支払うリスク，(7)賃金の支払いが継続されたか否か，(8)当該被用者の解雇の是非を含む雇用に関する使用者の言動，(9)諸般の事情からみて合理的使用者がこれ以上待つことができなかったか否か。』」

ところで，投獄がフラストレーションを構成するかは興味深い問題である。なぜなら，投獄は労働者の側の事情で生じた事柄であるから通常は過失ある被用者の就労義務を免れさせることが不合理にみえるからである。判例上，使用者が自己および当該被用者に過失がないことを主張・立証しなければならないが，これに対して被用者の方が自己に過失があるということを主張することはできないとされる。このことは，被用者が不公正解雇制度上（この制度については後に詳述する）の救済を申し立てた F.C.Sepherd & Co.Ltd v. Jerrom 事件控訴院判決で明らかにされた。控訴院によれば，それはフラストレーションによる相互的義務免除をもたらすであろう出来事が自己の過失によって生じたという理由でその法的効果が否定されるという主張により被用者の立場を有利にすることを認めることは，常識に反することであり，また「人は自己の非違行為を有利に利用することは許されないという基本的で法的かつ道徳的な原則」として言い表された原則に反するからである(167)。しかし，この見解に対しては，フラストレーション法理の適用を認めず，解雇として不公正か否かを判断することにより実質的には被用者敗訴の結論に至れるのであるから，この処理の仕方は不公正解雇制度の適用を安易に回避するもので妥当でないとの批判を加える有力学説が存する(168)。

(4) 合意解約

契約は，いつでも自由に合意により終了させることができる。しかし，被用者が解約に合意するしかほかに選択の余地がなかったと主張するような場合は，

---

(167) [1986] IRLR 358 (CA).
(168) S. Deakin & G. S. Morris, Labour Law (2nd ed.), p. 461 (Butterworths, 1998).

裁判所はなお真の合意があったか否かを審理する。そして，雇用終了の合意の原因が，解雇の脅威のみであった場合には，解雇があったものとするのが一般的である。しかし，他の要因，例えば，金員の支払い等がある場合には，合意による解約があったとの結論に達しやすい。例えば，剰員整理解雇の可能性も否定できない状況を告げられて，早期退職制度のもとでの早期退職募集に応じた被用者は，相互的合意解約で退職したものと判断された[169]。のみならず，会社の取締役兼被用者が同社の支配的株主と喧嘩し，もし辞職しないなら解雇すると脅されたが，その日のうちに辞職に応じるための金員支払いを含む合意が成立したという事案でも，「その意思が他の配慮によって引き起こされ，辞職の実際の原因がもはやその脅しにはなく，辞職する被用者の心理状態にあり，その被用者が交渉して満足を得た条件で納得して退職する場合」には解雇にはあたらないと判断された[170]。なお，一定の事実が発生した場合に契約が終了するとの合意（例えば，休暇延長に際し，一定の日までに会社に戻らなければ，雇用は自動的に終了することを合意した場合）は[171]，雇用保護に関する制定法上の権利を否定する効果を有さないとされる。（1996年雇用権法203条1項）。

(5) 辞　職

辞職に際して被用者は，コモン・ロー上，使用者の解雇と同一の長さの予告を与える必要がある。これに違反する場合は，債務不履行責任を負う。しかし，使用者が行った重大な契約違反（例えば，理由なく賃金を与えない停職処分を行った場合）を理由として，辞職する場合には，その使用者の行為自体が履行拒絶を構成するため，被用者は予告を与える必要がない。そして，そのような場合には，不公正解雇および剰員整理解雇法上，被用者はその使用者の行為を解雇（厳密には，「みなし解雇」に該当する）として不公正解雇の救済または剰員整理解雇手当の請求をなすことができる。

---

(169)　Birch v. University of Liverpool [1985] IRLR 165 (CA).
(170)　Sheffield v. Oxford Controls Ltd [1979] IRLR 133 (EAT).この判決は，Jones v. Mid-Glamorgan County Council [1997] IRLR 685 (CA)で，控訴院によって支持された。
(171)　Igbo v. Johnson Matthey Chemicals Ltd [1986] IRLR 215 (CA).

第9節　違法解雇法

[1]　違法解雇

(1)　違法解雇の意味と予告期間

　違法解雇とは，雇用契約に違反する解雇を意味する。したがって，後に考察する制定法によって創造された不公正解雇とは異なり，コモン・ロー上の原則に服する。コモン・ロー上，期間の定めがある雇用契約は，その期間の満了により当然に終了する。その期間の途中で被用者を解雇する場合は，労働者側の重大な契約違反などの雇用を継続できない特別な理由がない限り期間満了まで雇用すべき使用者の義務に違反する。したがって，そのような理由のない解雇は違法解雇（wrongful dismissal）となる。これに対し，雇用契約に期間の定めがない場合，その契約の当事者も，相手方にいつでも適切な予告を与えて，契約を終了させることができる。予告期間は，当事者の合意によって決定される。もし，契約が予告期間について何も定めていなければ，合理的な予告期間が必要とされる。判例によれば，その合理性を決定する要素としては，特定の職種に関する慣行的予告期間の存否，その被用者の地位および賃金支払い期間が上げられ，例えば，肉体労働者の場合は，1日ないし1週間とされていた[172]。しかし，合理的予告期間は，1963年雇用契約法により導入された法定の最低予告期間の規制を受けるに至り，現在，その規制は1996年雇用権法86条に引き継がれている。これによれば，1週間以上2年未満勤続した被用者は1週間，2年以上勤務した被用者は，その雇用期間1年ごとに1週間の予告期間が与えられ，その雇用期間の長さにより最高12週間の予告期間が与えられることになっている。しかし，ホワイトカラーの場合は，一般に月単位または年俸で賃金が支払われるので，合理的予告期間は，その雇用期間によって決まる法定の最低予告期間より長いことが多い[173]。

---

(172)　P.Davis & M. Freedland, Labour Law (2nd ed.), (Weidenfeld and Nicolson, 1984), p. 433.

(173)　Nokes v. Dooncaster Amalgamated Collieries Ltd [1940] AC 1014 (HL).

(2) 適法な即時解雇

前記のような適切な予告期間を与えない場合，被用者は，違法解雇の訴えを裁判所に提起できる。しかし，これに対しては，使用者は，解雇の理由として被用者の重大な雇用契約違反行為（履行拒絶）があったことを立証することにより，違法解雇の責任を免れることができる。これが正当事由による適法な即時解雇（summary dismissal）であり，重大な非違行為が正当事由となる。この場合，その違反行為は，その解雇のときに使用者が気づかなかった事由であってもよいとされている[174]。また，使用者は，被用者に対して予告期間相当分の賃金（money in lieu of notice）を支払うことにより，即時かつ適法に被用者を解雇することができる。この予告に代わる手当の支払いは，法的には，損害賠償額支払いの性格を有するので，手取り賃金額でよいとされている[175]。

(3) 契約上の解雇制限

ところで，雇用契約が直接的に，または，協約などを通じて間接的に被用者に雇用保障を与える旨規定している場合がしばしばある。例えば，雇用契約が使用者に一定の解雇手続に従うことを義務づけていたり，解雇の理由を限定していたり，あるいは，独立の解雇審査委員会に解雇の決定を委ねている場合がある。こうした例は，多くの場合，公共部門の雇用契約にみられるところである。違法解雇は，前述のように，雇用契約違反の解雇であるから，こうした場合にも違法解雇としてコモン・ロー上の救済を受けることができるはずである。そこで，例えば，Gunton v. Richmond-upon-Thames London Borough Council [1980] IRLR 321 (CA) で，控訴院は，使用者に対して，契約上の手続遵守義務違反に関し，予告付与義務違反に関して与えられるべき額を超える損害賠償額の支払いを命じた。また，McClelland v. Northern Ireland General Health Services Board [1957] 1 WLR 594 (HL) で，貴族院は，被用者の雇用契約は解雇を正当事由がある場合に限定しているとの理由で，その契約は解雇によって終了せず存在していることを確認する宣言的判決を下した。さらに，Jones v. Gwent County Council [1992] IRLR 521 (QB) では，契約上の規律処分手続に従

---

(174) Bonner v. H. Gilbert & Co [1989] IRLR 475 (EAT).
(175) Dixon v. Stenor Ltd [1973] IRLR 28 (NIRC).

って規律処分委員会により処分理由なしとの判断が下されているにもかかわらず，カレッジの学長がその講師の解雇を決定したため，同講師が郡議会の解雇の差止めを求めた。高等法院は，郡議会が学長の決定に基づいて解雇することを差し止める判決を下した。

[2] 違法解雇の救済

(1) 解雇予告・解雇手続違反

違法解雇の救済は，通常，損害賠償に限定されている。期間の定めのない雇用契約の場合，その額は予告が与えられたとすれば得られたと考えられる手取り賃金額である。使用者は，適切な予告期間を置きさえすれば，いつでも解雇できるからである。したがって，被用者が前記 Gunton 事件のように，一定の手続に対する契約上の権利を有する場合には，適正な予告期間を置いた場合得られたであろう手取り賃金額では，賠償額として不十分ということになり，手続に要する期間の手取り賃金額が請求できるとされる。所定の手続がとられたならば雇用が継続したであろうことを前提として，雇用の喪失に対する損害まで請求することはできない。なぜなら，使用者の雇用契約上の義務は，合理的理由によってかつ公正な仕方で解雇するか否かを決定する義務まで含まないからである[176]。また，期間の定めのある雇用契約についていえば，その期間中は予告を置いても適法に解雇できないのであるから，その期間満了までの期間に見合った手取り賃金額が損害賠償額であるとされるのが通常である[177]。

(2) 損害賠償額の決定の考慮要素

裁判所はその損害賠償額の決定に当たっては，使用者の明確な契約上の支払義務が存在することを前提とするわけであるから，裁量的なボーナスなどは損害額に含めることはできない。しかし，その支払いが契約上使用者に義務づけ

---

(176) Janciuk v. Winerite Ltd [1998] IRLR 63 (EAT).
(177) Isleworth Studios Ltd v. Rickard [1988] IRLR 137 (EAT).
(178) Addis v. Gramophone Co Ltd [1909] AC 488 (HL).
(179) Marbe v. George Edwards (Daly's Theatres) Ltd [1928] 1 KB 268 (CA); Dunk v. George Waller & Son Ltd [1970] 2 QB 163 (CA).

られているものである限り，コミッションといえども損害額に含まれる。また，慰謝料は損害賠償の対象とならないが[178]，芸人の人気の低下や徒弟の将来性の低下などは損害賠償の対象となるとされる[179]。なお，慰謝料の問題は，後掲第12節[4]で再度検討する。すでに述べたように，賃金の喪失に対する損害賠償は，税金および社会保障拠出金等を控除した手取り賃金である。そして，失業給付分は控除され[180]，また，後に述べる不公正解雇の補償裁定等も将来の収入に代わるものであるから控除される[181]。反対に，被用者が不公正解雇の訴訟を提起する資格を得るための1年の勤続を得ることを阻止するために使用者が勤続1年到達の2週間前に被用者を解雇した場合は，被用者はその訴訟の機会を奪われたことによる損害の賠償を求めることができる[182]。さらに，損害賠償を求める者は，コモン・ロー上，損害を緩和すべき義務を負うため，被用者は，解雇の後に代替雇用を探す合理的な努力をする必要があり，それを怠った場合には相応の額が損害賠償額から控除される。因みに，当該使用者から代替雇用の提供があった場合，それを合理的な理由なく拒否することは，被用者に要求される合理的努力の不履行とされる[183]。

(3) 差止命令・宣言的判決

上記のように違法解雇の救済は，通常は，損害賠償に限定されているが，特別な事情がある場合には，裁判所は，その裁量で，衡平法（equity）上の救済，すなわち，差止命令または解雇が無効である旨の宣言的判決（わが国の確認判決に該当する）を行うことができる。例えば，Hill v. Parsons [1972] Ch. 305 (CA) は，クローズド・ショップ協定に基づく組合加入を断っていたため，1カ月の予告を与えられて解雇された被用者が仮差止を求めたのである。控訴院は，適切な予告が与えられていたなら，新法の施行により不公正解雇制度で保護された可能性が強いこと，および，使用者はクローズド・ショップに基づき解雇したのであって，使用者の原告の仕事に対する信頼は失われていないこ

---

(180)　Parsons v. BNM Laboratories Ltd [1964] 1QB 95 (CA).
(181)　Babcock FATA Ltd v. Addison [1987] IRLR 173 (CA).
(182)　Raspin v. United News Shops Ltd [1999] IRLR (EAT).
(183)　Shindler v. Northern Raincoat Ltd [1960] 1 WLR 1038 (QB).

とを理由として，仮差止めの請求を認容したのである。この事件以降，裁判所による衡平法上の救済の付与が以前と比べて多くなってきた。そして，先に述べたように，雇用契約上，手続または実体的雇用保障が定められている場合にも，その違反に対して，衡平法上の救済を与える判例が出てきたのである。こうした衡平法上の救済について若干付け加えておくと，まず，差止めは，通常，労働者と使用者の間に必要な信頼の要素が失われていない場合にのみ命じられ得るのである。この判定のため，裁判所は，仕事の性格，仕事の同僚，使用者への影響など諸般の事情を考慮している[184]。また，宣言的判決は，かつては，オフィス・ホルダー（この役職保持者とは，特定の役職が財産として取り扱われ，それゆえに特別の保護を与えられていた時代の名残である）または制定法上の特別の地位を有する者に限って認められてきたのである。なお，オフィス・ホルダーとして取り扱われてきた例としては，聖職者，受託人，組合役員，警察官，会社役員などがある。また，制定法上の特別の地位を有する者として宣言的判決が認められた例としては，登録港湾労働者の例がある[185]。従来，通常の被用者には宣言的判決は認められなかった[186]。しかし，比較的最近になって，オフィス・ホルダーでもなく制定法上の特別の地位を有する者でもない被用者にも適用されることが明らかになっている[187]。さらに付言すれば，公的機関の決定に関して，公的な権利が争われた場合には，裁判所は，その決定を審査し，取り消すことができる。例えば，国家公務員審査委員会（Civil Service Appeal Board）の裁定はこの司法審査の対象となり得る[188]。しかし，同事件で控訴院は，原告を雇用審判所の救済のみに委ねるのが妥当でない例外的な場合に限られると判示した。

ところで，雇用契約上，解雇手続が定められている場合に被用者が差止命令を求められるとすると，2002年雇用法によって導入された法定懲戒処分・苦

---

(184) Irani and Powell v. London Borough of Brent [1987] IRLR 466 (CA); Peace v. City of Edinburgh Council [1999] IRLR 417 (Ct of Sess).
(185) Vine v. National Dock Labour Board [1955] 1 QB 658 (HL).
(186) Francis v. Municipal Councillors of Kuala Lumpur [1962] 1 WLR 1411 (PC).
(187) Gunton v. Richmond-upon-Thames London Borough Council [1980] IRLR 321 (CA); Jones v. Gwent County Council [1992] IRLR 521 (QB).
(188) R. v. Civil Service Appeal Board, ex parte Bruce [1988] 2 All ER 907 (CA).

情処理手続は，差止命令・宣言的判決との関係でも重要になる。というのは，使用者は，それに従って懲戒処分・苦情処理手続を定めなくとも最低限度の法定された懲戒処分・苦情処理手続に従うことが契約上要求されることになるから，この契約上の手続違反を理由とする差止命令・宣言的判決の可能性も生じるからである（2002年雇用法30条1項。ただし，未だ発効していないことについては，本章第7節［3］(2)(A)参照）。

(4) 提訴期間

高等法院または郡裁判所に対する違法解雇の提訴期間は，他の雇用上の権利に関する提訴期間と同じであり，契約違反時から6年以内とされている。ところで，後に第12節［4］で述べるように，1994年以降，雇用審判所は契約違反を理由とする損害賠償の訴訟についても管轄権を取得した。ただし，雇用審判所に対し違法解雇の訴えを提起することができるのは，有効雇用終了日 (effective date of termination)（予告が必要な終了の場合は予告期間満了日，予告なく終了できる場合は解雇当日，有期契約の場合は，その満了日）から3カ月以内となっている（1996年雇用権法97条1項）。

第10節　不公正解雇法

［1］　不公正解雇制度の導入

イギリスにおける解雇に関する制定法が労働組合やショップ・スチュワードに代表される職場集団のストライキの削減を重要な目的の一つとして制定されたものであるということは注目に値する。そうしたストライキが特に注目されるようになったのは，1950年の後半になってからであるが，最初に注目されたのは，賃金問題に次いで，剰員の整理や懲戒解雇を原因とするストライキが多いことであった。1960年代の前半，労働党政府は，労働力流動化による労働力の効率化と経営の効率化を図ろうとした。当時，戦後の完全雇用政策の下で力を蓄えてきた労働組合および職場集団は，しばしば技術革新や合理化を阻止する姿勢をとり，使用者がこれを無視すれば，ストライキに出た。このため，

第 10 節　不公正解雇法

使用者は過剰労働力を抱えながらも時間外労働のカットさえできない状態だった。そこで，政府は，被用者の抵抗を和らげることを目的の一つとして，コモン・ロー上の予告手当とは別に使用者が被用者に整理解雇の補償金の支払いを義務付ける剰員整理手当法（Redundancy Payment Act 1965）を制定した。
　不公正解雇制度の導入も，頻発するストライキの削減をその立法目的の一つとしていた。保守党政府の 1970 年労使関係法案の協議文書は，イギリスは解雇が頻繁にストライキの原因となっている数少ない国の一つであり，不当解雇からの保護という原則と労働争議の重要な原因の除去手段として不公正解雇の規定を設けることを提案していたのである。そこには，コモン・ロー上，解雇の救済が全く不十分であり，それが労働組合や職場集団のストライキの原因となっているから，被用者に制定法による救済を与えて，ストライキを減らそうとする目的があったことは明らかである（第 1 章第 4 節 [1] 及び [2] 参照）。
　ところで，イギリスでは，不公正解雇をはじめとする制定法上の紛争処理の管轄権を雇用審判所に与えている。雇用審判所は，当初，もっぱら雇用訓練税に関する争いを取り扱う行政処分の審査機関として設立されたものであり，例えば，出入国審判所，金融租税審判所，運輸審判所等と同様に，その紛争の専門的な処理に適した行政審判所として設置されたもので，1971 年労使関係法で不公正解雇に関する管轄権が与えられるまでは，主に使用者ないし被用者と雇用大臣との紛争を処理してきたが，1971 年以降は私人間の紛争，すなわち，被用者・使用者間の紛争処理が中心となった。その意味で，現在の雇用審判所は，他の行政審判所とかなり違った性格を有するものとみられている。それは，行政処分の審査ではなく，使用者と被用者の間の紛争を審査する機関であり，通常の裁判所の判決と同様の仕方で執行されるからである。また，通常の訴訟手続より簡易・柔軟といえ，比較的厳格な手続が採用されている。政府の省庁を代表しない三者構成機関であり，審判長は法曹資格者であり，上訴も法律問題に限定されている。この特色は，雇用審判所制度が「使用者と被用者がその違いを平和的に解決できるようにするための可能な限りの機会を与えることを意図している」からだとされている。制定法上の紛争の処理をコモン・ロー裁判所から切り離して被用者の近寄りやすい三者構成の雇用審判所に委ねたことは，労働法の専門性はもとよりコモン・ロー裁判所が労働法の分野で果たして

きた歴史的な役割と無関係ではないように思われる。

[2] 解雇の定義

(1) 法律の規定

不公正解雇制度は，1971年法労使関係法により導入された後，いろいろな修正を受けてきたとはいえ，その制度的枠組みは，ほぼ現在までそのまま維持されてきたといってよい。ところで，この不公正解雇制度および次節で述べる剰員解雇制度などに関しては，1996年雇用権法が，解雇の意味を広くとらえる定義を置いて，その規制対象を広げている。同法95条1項は，解雇を次のように定義している。

「次の場合，そして，その場合に限って，被用者は，その使用者に解雇されたものとされる。(a)使用者が，その被用者を雇用している契約を終了させた場合。この場合において右の契約が予告を与えられて終了せしめられたか否かは問わない。または，(b)被用者が期間の定めのある契約で雇用され，その期間満了時に，更新されなかった場合。または，(c)被用者が，その使用者の行為を理由として予告なくその契約を終了させることができる状況のもとで，予告を与えまたは与えず，その契約を終了させた場合。」

(2) 「解雇」概念

このうち，(a)号の解雇は，コモン・ローの「解雇」概念に相当するものといえる。(b)号の解雇は，期間の定めのある契約の自動的な終了を解雇として取り扱うものである。これに関しては，1年以上の雇用期間を定める有期契約で雇われる被用者が不公正解雇の救済の権利を放棄する旨，書面をもって，合意した場合には，期間満了後更新されなかったことを理由に救済を申し立てることはできないとされていた（197条）。しかし，この規定は，雇用権法1999年18条1項によって廃止された。なお，1つの有期契約または有期契約の反復更新で4年を超えて雇用される場合，その契約は契約締結時または更新時における特別な客観的正当事由がない限り，期間の定めのない契約とみなされる（第4節[9]参照）。(c)号の解雇は，みなし解雇（constructive dismissal）と呼ばれるものであり，コモン・ロー上，使用者に履行拒絶に該当する行為があった場合，

被用者はそれを承認して雇用を終了させることができるのであるから，この場合の被用者による雇用の終了を解雇として取り扱うことにしたのである。

(3) **みなし解雇該当性**

被用者がみなし解雇を主張・立証するためには，被用者は契約が使用者によって履行拒絶されたものと取り扱う旨を明らかにする必要がある[189]。そのためには，①使用者が重大な契約違反を犯し，②そのために自分は離職し[190]，③その契約違反を承認していない[191]ということを証明する必要がある。使用者が契約の重大な違反をなし解雇に該当する場合としては，例えば，使用者が契約上の賃金，休暇手当，コミッションなどを支払わず，あるいは，それらを一方的に減額した場合，契約で定まっている勤務場所や職務内容を一方的に変更した場合，権限なく停職処分を行った場合，所定の懲戒手続を遵守しなかった場合，安全問題に関する合理的な苦情を無視した場合，管理職をその部下の前で不当に罵倒した場合など，契約の根幹に関わる明示または黙示的義務に違反する使用者の行為を理由に被用者が離職する場合である。とりわけ，今日では，使用者による雇用契約上の黙示的信頼関係維持義務違反を理由とする離職がみなし解雇において重要な問題を提起している（第3章第1節 ［4］(2)(B)(d)参照）。

[3] **不公正解雇**

(1) **資格要件としての勤続と年齢制限**

不公正解雇制度の導入以来，被用者は，使用者に不公正に解雇されない権利を与えられることになった。しかし，この制度の適用を受けられない被用者もいる。もっとも重要な適用除外者は，1年以下の勤続しか有しない被用者（108条1項）と定年年齢または65歳以上の被用者である（109条1項）。しか

---

(189) Western Excavating (ECC) Ltd v. Sharp ［1978］IRLR 27 (CA); Logabax Ltd v. Titherely ［1977］IRLR 97 (EAT).
(190) Holland v. Glendale Industries Ltd ［1998］ICR 493 (EAT).
(191) WE Cox Toner (International) Ltd v. Crook ［1981］IRLR 443 (EAT).
(192) Hollister v. National Farmer's Union ［1979］IRLR (CA).

し，これらの被用者は，①陪審員として召喚されまたはそのために欠勤したことを理由とする解雇（98 B条），②家族的理由による休暇（妊娠，出産，母性，通常の，強制的または母性休暇，育児休暇および被扶養者に関するタイム・オフ）を理由とする解雇（99条），③健康または安全の管理活動等を理由とする解雇（100条），④商店労働者または賭博場労働者の日曜労働拒否を理由とする解雇（101条），⑤労働時間規則に違反する労働を拒否したことなどを理由とする解雇（101 A条），⑥職域年金受託人の任務遂行を理由とする解雇（102条），⑦剰員整理・営業譲渡に関する被用者代表の任務遂行等を理由とする解雇（103条），⑧保護される情報の開示を理由とする解雇（103 A条），⑨制定法上の権利の主張を理由とする解雇（104条），⑩全国最低賃金法に違反する解雇（104 A条），⑪1999年税金免除法に違反する解雇（104 B条），⑫弾力労働（flexible working）の権利行使等を理由とする解雇（104 C条），⑬労働組合員資格または組合活動を理由とする解雇（108条3項，109条2項および1992年労働組合労働関係（統合）法154条），⑭組合承認に関する活動を理由とする解雇（1992年法付則A 161条および163条）第4章第2節［5］参照），⑮剰員整理の解雇選抜理由が組合承認活動の理由による場合（105条），⑯違法でない公認の争議行為参加から12週以内の解雇（1992年法238 A条および239条），⑰被用者の規律処分または苦情処理の審理の同伴者としての権利の行使を理由とする場合（1999年雇用関係法12条），⑱1999年多国間被用者情報協議規則に違反する解雇（1999規則28条3項および6項），⑲パートタイムおよび有期労働の不利益取扱防止規則に反する解雇（2000年規則7条1項および2002年規則6条1項），⑳2004年欧州会社規則（42条3項および6項）および2004年情報協議規則違反の解雇（30条3項および6項）に関する不公正解雇の訴えには適用除外されない。

(2) 是認される理由

解雇の公正・不公正の決定のため，1996年法98条1項は，まず，使用者が解雇理由または主な解雇理由を立証する義務を課している。解雇の理由は，被用者の資格または行為，被用者が剰員に該当すること，被用者の雇用の維持が法律の義務または制限に違反すること，解雇を正当化する「その他の実質的理由」に限られる。最後の「その他の実質的理由」は，その意味を相当広く解さ

第10節　不公正解雇法

れている。すなわち，被用者が会社の組織再編などにより，契約内容に該当するような職務変更を要求された場合でも，その組織変更が健全かつ良好な経営上の理由による場合は，その職務変更の上受け入れ拒否による解雇は，「その他の実質的理由」[192]に該当すると解釈されるのである。また，経歴詐称を理由として解雇した場合や禁固刑に処せられた被用者を解雇した場合のみならず，使用者が資金上の理由で被用者を解雇した場合[193]，支配的な顧客の要求に応じるために正月休暇に労働を命じたがこれに従わなかった被用者を解雇した場合[194]，夫が使用者の競業会社を設立したことを理由として解雇した場合[195]などについても，この「その他の実質的解雇理由」が適用されてきたのである。また，前記のような労働者の申立権の放棄がなされていない場合，その有期契約が真に一時的な性格を有する場合，有期契約の更新拒否が解雇にあたっても，「その他の実質的理由」に該当し，不公正解雇に当たらないとした例がある[196]。なお，1981年企業譲渡（雇用保護）規則8条2項は，企業譲渡の前後における労働者の解雇を伴う経済的，技術的または組織的変更は「その他の実質的理由」を構成するとするが，詳細は次節に譲る。その他，特に制定法上の規定を有するものとして，妊娠のため欠勤中の労働者または法定の傷病休職（medical suspension）および母性休職（matanity suspension）をとって休職中の労働者を職場復帰させることは，その休職者の代替労働者の解雇に関して「その他の実質的理由」を構成する（106条）。

(3) 当然不公正理由

使用者が上記の是認され得る解雇理由を立証できないとき，解雇は不公正とされる。また，次のような理由による解雇は，当然に不公正とされる。前掲(1)の①から⑳までは，当然不公正とされる理由となる。

---

(193)　Wilson v. Underhill House School Ltd [1977] IRLR 475 (EAT).
(194)　Branclon v. Murphy Bros.[1983] IRLR 54 (EAT).
(195)　Foot v. Eastern Counties Timber Co Ltd [1972] IRLR 83 (T).
(196)　North Yorkshire County Council v. Fay [1985] IRLR 347 (CA).

(4) 理由立証の程度と書面の理由

是認され得る解雇理由の立証について，どの程度の立証を必要とするかが問題となる。この場合，コモン・ロー上の違法解雇の場合と対照的に，雇用審判所は，解雇のときに使用者が知っていた理由のみを審査対象としなければならない[197]。他方，立証されなければならないことは，使用者がその主張する理由が実際にあると信じたという事実であり，その理由が実際にあったという事実ではない。したがって，使用者は，解雇理由を裏付ける事実を立証する必要はなく，ただ，解雇はその理由によったということを立証するだけでよいのである[198]。ここで指摘すべきことは，1年以上の勤続を有する被用者は，使用者に対し，解雇理由書の交付を要求することができるということである。この要求がなされた場合，使用者は2週間以内にそれを交付しなければならず，この不履行または不十分ないし虚実の理由書の交付があった場合には，被用者の申立てに基づき，雇用審判所は，裁量により本当の理由が何かについて宣言することができ，また，2週給分の補償金の裁定をしなければならない。なお，解雇理由書の交付に関する訴えは，その解雇に関する不公正解雇の訴えが同時になされている場合にのみ審査対象とすることができる（93条）。ところで，使用者が渡した理由書の内容を後で否定することは，禁反言の原則に反して，許されないとされるべきとの主張もあるが[199]，控訴院のAbernethy v. Mott, Hay and Anderson事件判決はこの主張を否定するものといえる。同事件判決で，Cairnes卿判事は，「解雇のときに使用者がある解雇理由を与えたら，それはともかく真実の理由に関して彼に不利な証拠となることは疑いない。しかし，それが常に真の理由を構成するとは限らない」と述べた。彼によれば，与えられた理由が真実でない場合としては，(i)用語または法的誤解により間違った理由を与えてしまった場合，(ii)親切心から虚偽の理由を与えた場合，および(iii)実際の解雇に至らしめた事実の立証が困難な場合が考えられるとする。そして，(i)の場合のみならず(ii)の場合には是認される真の理由の立証は必ずしも困難ではないと考えられる。

---

(197) Davis & Sons Ltd v. Atkins [1973] IRLR 314 (HL).
(198) Taylor v. Alidair [1978] IRLR 82 (CA).
(199) S. Deakin & GS Morris, Labour Law (4th ed.), p. 473 (Hart Publishing, 2005).

(5) 是認される理由で解雇することの公正性の立証

　是認される解雇理由が立証された場合には，次に，その理由で解雇するのが当該事件の諸般の事象に照らして，公正か否かが問われるのである。1996 年法 98 条 4 項は，「(a)(使用者の事業の規模および管理資源を含む) 諸般の事情に照らして，使用者が当該理由を当該被用者を解雇するための十分な理由として取り扱うために合理的に行動したか否かにより，かつ(b)衡平（equity）と当該訴訟の実体的事項（the substantial merits of the case）に従って決定される」と定めている。そして，この立証責任は，一般原則に基づき，不公正を主張する被用者側にあると解されるようにみえる。しかし，審判所がこの判断に用いている基準は，「如何なる良識ある使用者も解雇しなかったであろう」場合には[200]，解雇は不公正とされるとするものである。そして，審判所は「労使陪審としての労使審判所（industrial tribunal）の役割は，各事案の特定の事実関係の下で，被用者の解雇の決定が良識ある使用者がなし得ると考えられる合理的な対応の範囲内にあるか否かを判断することにある」としており，むしろ立証責任は被用者に課せられているものではなく労使に中立であると考えられている[201]。

(6) 公正判断における手続的側面

　使用者が合理的に行動したか否かを決定するにあたって，解雇の決定に至る手続が重要な判断要素となる。そして，ACAS が 1975 年雇用保護法に 6 条（現在，1992 年労働組合労働関係（統合）法 199 条）に基づいて作成した「助言斡旋仲裁局行為準則一」が従来から公正解雇手続のガイドラインを定めてきた。この準則は，今日までに 4 回にわたって改正されてきたが，その間に裁判所の規律処分手続の重要性に関する見解が大きく変容してきた。すなわち，最初のうちは，審判所も裁判所も詳細な手続的ガイドラインを重視し，それに反する解雇を不公正とする傾向があった。しかし，その後，1979 年の雇用控訴審判

---

(200) British Leyland UK v. Swift ［1981］ IRLR 91 (CA).
(201) Elizabeth Slade (ed.), Tolley's Employment Handbook (13th ed.), p. 631 (Tolley, 2000).
(202) ［1979］ IRLR 94 (EAT).

所 British Labour Pump v. Byrne 事件判決[202]が実体的公正を重視する判決を行い，これが後の控訴院判決[203]で支持されるに至り British Labour Pump 原則と称すべきものが定着した。それは，「解雇の時点で知られていた諸事情に照らし，使用者の決定が何らかの公正な手続を遵守しなかったので合理的ではないとしても，審判所で認定された事実に基づいて，使用者が公正な手続を遵守したなら合理的に解雇することができたとの結論に至るなら解雇は公正と判定され得る」[204]というものである。しかし，1987年の貴族院 Polkey v. Dayton Services Ltd 事件判決[205]で手続的公正の重要性が再認識された。Polkey 判決で，貴族院は，次のように述べている。「審判所の考慮すべき問題は，解雇理由を被用者を解雇する十分な理由として取り扱う使用者の行動である。それは，その行為であり，審判所がそれが合理的か否かを決定しなければならない行為なのである。審判所には，使用者が違う行動をしたならば，被用者を解雇し得たか否かを判断する余地は残されていないのである。判断されるべきは，使用者がどうしたかであり，どうすることができたかではない。他方，使用者が行ったことが合理的であったか否かを判断するに際しては，良識のある使用者であれば，解雇を決定したとき，協議または警告を与えなかった結果として何を考えたかを判断すべきなのである。」すなわち，ある使用者が例外的な事情のもとで通常の適切な段階的手続を踏むことが無意味であると考えて手続を踏まないで解雇し，その判断が良識ある使用者の判断といえる場合に限って，手続を踏まない解雇も公正と判断されるというのである。

　しかし，2002年雇用法34条によって，1996年雇用権法に98A条が挿入され，前掲第8節［3］で述べた解雇・規律処分手続が不公正解雇にも適用され，その手続が完了せず，その手続の未了がもっぱらまたは主に使用者の不遵守による場合には，解雇は不公正とみなされると規定された。その場合，審判所がそうすることが使用者に対する不正義になると判断しない限り，被用者は4週給分の最低補償を得られる（120条1A項および1B項）。また，第8節［2］（2）でみたように，本節の［3］で考察する補償裁定に関して，それが「正義と衡

---

(203)　Binns v. W & J Wass Ltd ［1982］IRLR 283 (CA).
(204)　Sillifant v. Powell Duffryn Timber Ltd ［1983］IRLR 91 (EAT).
(205)　［1987］IRLR (HL).

平」に反する例外的な場合を除き，10％増額され，場合によっては50％まで増額される。反対に，手続未了の原因が被用者にある場合は，例外的な場合を除き，補償裁定が10％減額され，場合によっては50％まで減額され得る（1996年法124A条および2002年法31条）。もっとも，98A条2項は，使用者がある手続に従ったとしたら解雇したであろうことを証明する場合は，使用者の行為は不合理とはみなされない，と定めている。これは，法定手続を超えた手続要件については，Polkey判決以前の原則に戻ることを意味している[206]。

[4] 不公正解雇の救済

(1) 復職・再雇用命令

被用者は，雇用終了から3カ月以内（それが実行不可能な場合はそれ以上の合理的期間）に審判所に不公正解雇救済の訴えをすることができる（1996年法111条）。雇用審判所は，訴えに理由があると判断するときは，第一次的（優先的）救済として，復職または再雇用の命令，それが実行不可能な場合には，第二次的（副次的）救済として金銭補償を与えるものとされている（112条）。復職を命ずる際，審判所は解雇の日から復職までの期間に解雇がなければ使用者が支払うべきであった金額，被用者が回復すべき権利と利益，当該命令が履行されるべき期間を特定しなければならない。また，被用者は解雇がなければ改善されたであろう雇用条件をも得たものとして処理しなければならない（114条）。復職命令をなすべきか否かを決定するに際し，(i)当該被用者が復職を希望しているか，(ii)当該使用者が復職命令に従うことが実行可能か，(iii)当該被用者が解雇に相当の原因を与えまたは寄与している場合には，復職を命ずることが妥当かを考慮しなければならない（116条1項）。

再雇用の命令は，復職命令を行わないことに決定した場合に考慮されるものである（116条2項）。再雇用命令とは，被用者を以前の雇用に比すべき雇用，その他適切な雇用につけることを使用者，その承継者または関連使用者に命ずることである。審判所が解雇に対する被用者の寄与的過失があると判断する場合を除き，再雇用命令は，合理的にみて実行可能な限り，復職命令と同等に有

---

(206) S. Deakin & G. S. Morris, Labour Law (4th ed.), p. 496 (Hart Publishing, 2005).

利な条件のものでなければならない（115条）。再雇用命令をなすか否かの決定に際しては，復職と同様の3つの基準を考慮しなければならない（116条3項）。

　復職または再雇用の命令がなされたが，その命令の内容が完全に履行されなかった場合，審判所は，その不履行の結果として被用者の被った損害に相応する補償金の裁定を行わなければならない（117条1項および2項）。被用者が全く復職または再雇用されなかった場合は，不公正解雇の補償金の裁定を行わなければならない。それに加えて，使用者が命令の履行が実行不可能であったことを立証しない限り，審判所は，26週から52週給分の付加裁定を行わなければならない（同条3項および4項）。この具体的な額の上限は，2005年2月現在で11,960ポンドとなる。

(2) 基 礎 裁 定

　審判所は，復職または再雇用を命じないことに決定した場合，2つの異なる裁定，すなわち，基礎裁定（basic award）および補償裁定（compensation award）と呼ばれる補償金の裁定を行う（118条1項）。基礎裁定は，被用者の先任権または職の喪失を補償するものである。それは，3つの要素，すなわち，被用者の年齢，勤続年数および週給に基づいて算出される（119条）。この算出方式は剰員整理手当と同じであり，2005年2月現在の基礎裁定額の最高額は，計算上，8,400ポンドとなる。剰員整理解雇の場合はその主な選抜理由または，その他の解雇の場合はその主な理由が，健康または安全の管理活動等にある場合（第6節[2]参照），1998年労働時間規則に定める労働者代表またはその候補者としての地位または活動を理由とする場合，職域年金制度の受託人の地位または活動を理由とする場合，および1992年労働関係労働組合（統合）法の剰員整理協議規定（同法188条から198条）および1981年営業譲渡（雇用保護）規則の協議規定（同規則規則10条および11条）に関する被用者代表（employee representatives）またはその候補者がその地位に基づく活動をすることを理由とする場合には，以下に規定する控除がなされる前の額に最低限度額が定められている（121条1項）（2005年2月現在，3,800ポンド）。また，主な解雇理由または剰員整理解雇の場合はその主な選抜理由がその労働者の組合員資格または組合活動にある場合も同様である（1992年法152条，153条および156条）。

基礎裁定は，次のような4つの法定控除に服する。(i)審判所が解雇以前の被用者の行為に照らして妥当と考える割合（ただし，その剰員整理解雇選抜理由が前記の組合員資格・組合活動，健康または安全の管理活動，労働者代表・候補者および被用者代表に関する場合を除き剰員整理解雇には適用されない），(ii)剰員整理解雇に関し被用者に支払われた手当，(iii)使用者の行った職の提供を被用者が不当に拒否した場合には，審判所がその事実に照らして妥当と考える額，(iv)後述する「解雇手続協定」に基づいて補償金が支払われた場合の支払額（1996年法122条および1992年法156条）。なお，解雇理由が剰員整理であり，かつ，当該労働者が適切な代替雇用を拒否または契約更新または再雇用されたが故に剰員解雇との関係では解雇とみなされない場合には，基礎裁定額は2週給分となる（121条）。

(3) 補償裁定

補償裁定は，被用者が被った金銭的損害の補償を目的とするものである。その損害とは，解雇の結果として合理的にみて当該被用者が被った出費と解雇がなければ合理的にみて当該被用者が得たであろう利益の喪失とを含む（123条1項，2項および3項）。損害額の確定に際して，審判所は，使用者に課せられた争議行為またはその脅しの圧力を考慮してはならない（同条5項）。また，コモン・ロー上回復されるべき損害に適用される損害軽減義務を適用しなければならない（同条6項）。したがって，被用者が解雇の後に新たな雇用を得たならば，その雇用から得た準収入が損害賠償額から控除されなければならない。のみならず，実際に新たな雇用を得なくとも，合理的な努力をしたならば得られたであろう収入額が控除されなければならないとされるのである。また，審判所が，被用者の行為が解雇に相当の原因を与えまたは寄与したと判断する場合は，それに相応して妥当と考える額を補償裁定額から控除する（同条6項）。なお，剰員解雇に関し被用者に支払われた手当で，基礎裁定額から控除しても余りある額は，補償裁定額から控除される（同条7項）。補償裁定額および復職または再雇用の命令の内容が完全に履行されなかった場合には補償金の裁定（117条1項，2項）を行い，その命令が全く履行されなかった場合には補償金の裁定に加え26週給以上52週給までに相当する付加裁定（additional award）

を行う（同条3項）。付加裁定の最高額は，2005年2月現在で計算上，14,560ポンドとなる。復職または再雇用命令がなされなかったか（112条4項），または，されたが，全く復職または再雇用されなかった場合で，使用者が企業内の不服申立手続を有しかつその旨当該被用者に書面で通知した場合には，審判所は正義と衡平に鑑みて補償裁定額を減額し，反対に，その不服申立手続上の被用者の権利行使を妨げた場合には，新判所は正義と衡平に鑑みて相当な補充的裁定（supplementary award）を含む補償金の裁定となる（127A条）。以上にみた補償裁定および補償金の裁定には，一般的には，上限額が設定されているが（124条）（2005年2月現在，56,800ポンド），下限額は設定されていない（124条1項）。しかし，健康または安全の管理活動等を理由とする解雇（100条），保護される情報の開示を理由とする解雇（103A条），選抜理由が健康または安全の管理活動等，または，保護される情報開示を理由とする剰員整理解雇健康に関しては，この一般原則は適用されない（124条1A項）。

(4) **仮救済**（Interim relief）

ところで，次のような場合には，解雇された被用者は仮救済の申立てを行うことができる。健康または安全の管理活動等を理由とする解雇，労働時間規則に違反する労働を拒否したことなどを理由とする解雇，職域年金受託人の任務遂行を理由とする解雇，1992年労働関係労働組合（統合）法の剰員整理協議規定（同法188条から198条）および1981年営業譲渡（雇用保護）規則の協議規定（同規則規則10条および11条）に関する被用者代表（employee representatives）またはその候補者がその地位に基づく活動をすることを理由とする解雇，保護される情報開示を理由とする解雇，組合の承認に関連してなされた解雇（1992年法付則A 161条2項）の場合である（128条1項）。この仮救済の申立ては，雇用の終了日から7日以内に雇用審判所に対してなさなければならない（128条）。審判所は，申立人がそのような理由で解雇されたと判断される見込みが強いと思料し，かつ，使用者が復職する意思を有する場合には，復職を命じる。使用者が再雇用する意思を有し，かつ，被用者が再雇用を受け入れる場合には，再雇用を命じる。もし，被用者が合理的理由で再雇用を拒否する場合は，審判所はその事件の審問が完全に終了するまで被用者の雇用が継続する旨

の命令を下す。使用者が審問に出頭せずまたは被用者を復職または再雇用する意思を有しない場合も同様の命令を下さなければならない（129条）。しかし，使用者が最終的に雇用継続命令に従わない場合でも，審判所ができるのは，使用者に補償金の支払いを命じることしかない（132条）。

(5) 解雇手続協定

最後に，雇用審判所による不公正解雇の救済に代替する紛争処理制度について簡単に触れておきたい。まず，1996年法110条の定める「解雇手続協定」に基づく紛争処理がある。この協定についての規定は，1978年雇用保護（統合）法に定められていたものであるが，1998年雇用権（紛争処理）法（Employment Rights (Dispute Resolution) Act, 1998）によって実効性が強化されている。まず，次のような要件を満足する協定の全ての当事者が共同で申請した場合は，国務大臣はその協定を解雇手続協定として指定することができる。その要件としては，①その協定の当事者たる全ての組合が自主的労働組合であること，②その協定は被用者が不公正に解雇された（またはされる）場合に従うべき手続を定めていること，③その手続はその適用対象範囲に入る差別なく全ての労働者に利用できること，④不公正解雇に関しその協定が与える救済が不公正解雇制度により与えられるものと同等のものであること，⑤その協定があらゆる事案の仲裁に関する規定を有するか，または，（賛否票が伯仲するなど）仲裁がなければ協定に基づく決定ができない場合の仲裁と当該決定から生じる法律問題を仲裁に委ねる権利に関する規定を有していること，⑥その協定の規定が特定の被用者が協定の対象になるか否かを合理的に確定できるものであること，である。解雇手続協定に指定された場合，雇用および被用者がその協定の適用対象である場合，本節で解説した不公正解雇制度に関する規定の適用はない。

(6) 仲 裁 制 度

もう1つは，1998年雇用権（紛争処理）法7条によって，1992年法の212A条として盛り込まれた新制度である。ここでいえることは，212A条がACASに不公正解雇についての紛争を処理する仲裁制度を設けることができる

旨定めたということである。雇用審判所の不公正解雇手続遅延の問題が深刻化し，この問題の解決に仲裁制度の活用を求める声が強くなり，すでに1996年の保守党政府の法案も任意仲裁の導入が盛り込まれていたのであるが，労働党政府のもとで制定された1998年法によって実現されることになった。ACASは，この任意仲裁手続を設立するに当たっては，労働争議の仲裁制度の特質，すなわち，任意性，迅速性，非公式性，秘密性と非法律性に固執して制度設計するとしている[207]。同条によれば，新制度に基づいて紛争当事者が紛争を仲裁に委ねることを書面で同意する場合，当該紛争はACASが任命する仲裁人の仲裁に付託される。この場合，被用者は不公正解雇の訴えを雇用審判所に提起する権利を失う。

[5] 不公正解雇と違法解雇の関係

以上に不公正解雇制度を概説したが，近時，違法解雇との関係が問題とされる事案が増加してきた。その中でも，ここでは，2つの問題を取り上げることによって，両者の微妙な関係を明らかにする。1つは，1971年労使関係法によって導入された不公正解雇制度の「みなし解雇」の解釈に絡んで生まれたといって過言ではない黙示的信頼関係維持義務条項（implied term of trust and confidence）がコモン・ロー上の違法解雇でどのように扱われているかである。そして，もう1つは，コモン・ロー上の違法解雇では，認められていない精神的苦痛に対する損害賠償（慰謝料）が不公正解雇上の補償裁定において，どのように扱われているかである。

(1) 黙示的信頼関係維持義務条項と違法解雇

(A) 不公正解雇制度と黙示条項の関係

黙示的信頼関係維持義務条項の内容については，すでに第3章第1節 [4] (2) (B)(d)で述べたが，この条項は，制定法上の「みなし解雇」規定を契機に出現した。それは，「みなし解雇」該当性の判断に契約テストが用いられ，使用者の重大な契約条項違反を理由とする被用者による契約解除がみなし解雇であると

---

[207] ACAS, ACAS Arbitration Scheme for the Resolution of Unfair Dismissal Disputes (1998).

第10節　不公正解雇法

理解されるようになったからである。すなわち，契約維持を困難にする使用者の不当な行為が何らかの黙示条項違反に該当するとする必要が生じたからである。したがって，この黙示条項は，当初は，もっぱら不公正解雇上問題とされてきたのであるが，いったんこうした黙示条項が雇用契約に付随するとされるなら，その条項違反がコモン・ロー上の損害賠償の訴訟原因になることは避けられないことであった。そして，1997年には，そうした訴訟が貴族院に係属したのである。これが Malik 事件である(208)。この事件では，会社の暫定精算人によって整理解雇された16年間勤続の支店長が，会社が不正営業（賄賂，マネーロンダリング，テロ活動関与）を行っていたため金融業界に再就職することができなくなったとして，黙示的信頼関係維持義務条項違反を理由とする損害賠償請求を行った。下級審は請求原因なしとして訴えを却下したが，貴族院は，BCCI の元従業員としてその評価に押された烙印が上告人を労働市場において不利にしたとして，黙示条項違反に基づき損害賠償請求を求めることは可能であるとして却下判決を取り消した。その後，控訴院の Gogay 事件判決(209)は，被告郡議会が運営する児童ホームがその児童からの性的虐待の申告を受け，その児童の面倒をみていたケア・ワーカーを何の配慮もなく停職に付したことが被用者に対する黙示的信頼義務条項に違反するとして損害賠償を認めた下級審判決を支持した。

(B)　黙示条項違反の解雇に対する損害賠償請求

しかし，上記の事件は，解雇の仕方が黙示的信頼関係維持義務条項違反に該当するとされたものではない。では，そのような場合には，その解雇に関してコモン・ロー上損害賠償請求ができるのか。このことが問われたのが Johnson v. Unisys Ltd 事件貴族院判決(210)である。同事件は，会社が弁護の機会を与えずまた規律手続を履践せず被用者を即時解雇したことにつき黙示的信頼義務違反が問われたのであるが，貴族院は，不公正解雇の救済としての法定補償金に対する権利に鑑みて，裁判所が被用者の解雇の仕方に対するコモン・ロー上の救済を発展させることは国会の明白な意思に反することになり司法権の妥当な

---

(208)　Malik v. BCCI [1997] IRLR 462 (HL).
(209)　Gogay v. Hertfordshire County Council [2000] IRLR 703 (CA).
(210)　[2001] IRLR 279 (HL).

行使ではないなどと述べ，黙示的信頼関係維持義務条項は労使間に存する継続的な関係の維持を目的とするものであり，その関係の終了の仕方には適用できないと判示した。その後，直上の上司との諍いから従業員が集団的なハラスメントを受けたと主張する被用者が停職処分後の解雇の結果として被った精神的疾病による損害賠償を求めた Eastwood 事件(211)で，控訴院は，解雇を伴わない場合またはその違反が解雇に先立ちかつ解雇の重要部分ではない行為には Johnson 事件判決は適用されないとの主張を退けた。ところが，その後の McCabe 事件では，会社が停職処分のときには確固たる解雇の意思は有せず，解雇に向けられた手続の開始前から精神的侵害がなされていたと認定された McCabe 事件(212)では，控訴院は停職による精神疾患を賠償することも可能とした。控訴院は「本件において，当該被用者の定職がコモン・ロー上の訴訟を許さないほどにその最終的な解雇に密接に結びついていたということは決して明らかではない」からであるとした。この判決は，貴族院によって維持された(213)。

(2) 精神的損害に関するコモン・ローと不公正解雇

(A) コモン・ローの一般契約法理

イギリスでは，コモン・ローの一般契約法理上，債務不履行に関しては精神的苦痛に対する慰謝料は原則として認められないとされている。そのリーディングケースは，雇用契約違反が問われた 1909 年の貴族院 Addis v. Gramophone Ltd 判決(214)である。同事件は，会社がカルカッタの支配人に予告を与えて解雇したものの解雇時に後任者を採用し同支配人の就労を拒否したのに対し，支配人がその突然かつ強圧的・侮辱的雇用打切りにより受けた精神的損害の賠償

---

(211) Eastwood v. Magnox Electric plc [2002] IRLR 447 (CA).
(212) McCabe v. Cornwall County Council [2003] IRLR 87 (CA).
(213) こうした限定解釈を行っても，解雇過程に含まれるか否かの限界線の確定は相当困難であると思われる。とりわけ，「みなし解雇」の場合にはどうなるのであろうか。Johnson 判決の妥当性は疑わしい。小宮文人「外国判例研究会―イギリス―労働契約上の黙示の信頼条項に基づくコモン・ローと制定法上の権利の関係」労旬 1561 号 60 頁（2003 年）。
(214) [1909] AC 488 (HL).

を求めたものである。しかし，控訴院はこの請求を退けた。その後，多くの判例・学説が同判決を引用し，契約法では，感情侵害または精神的苦痛，困惑，世評または社会的信用喪失に対する損害賠償は得られない(215)。ただ，「今日では，当該契約が娯楽を提供しまたは苦痛を防止する内容のものである場合や原告の苦痛が契約違反に起因する物理的な損害から直接的に生じた場合は，その苦痛に対する損害賠償が認められることが確立されていると思われる。」とする(216)。ただ，Addis 判決に依拠して，一般契約法上，債務不履行による精神的苦痛の賠償が認められないとする支配的見解を批判する有力説が現れている。Enonchong 教授によれば，Addis 判決は，契約違反に該当する解雇を行う際に攻撃的または侮辱的な仕方で感情または世評を侵害する行為だったから，その行為自体は契約違反ではなく不法行為の問題であり，slander または libel という不法行為を理由とすれば，損害賠償は認められる可能性があった。契約違反を理由とする訴訟で，不法行為を持ち出すことは，被告の不法行為に対する防御の機会を奪うことになるから不当と考えられたとするのである(217)。

(B) コモン・ロー上の不法行為法理と慰謝料請求

そこで，不法行為に目を向けると，精神的苦痛に対する慰謝料請求は，不法行為法上の救済としては，人身損害において補償的損害賠償として認められているほか，感情や自尊心の侵害に対する加重的損害賠償額（aggravated damages）として認められている。加重的損害賠償額は，補償的損害賠償額の一種であり，不法行為者の常軌を逸した行為またはその目的が被害者に対する傷害を「一層悪化させる」がゆえに加重される補償額をいうとされる(218)。これは，加害者に制裁を加えるための懲罰的損害賠償（exemplary damages）とは性格が異なるものである。懲罰的損害賠償が認められる場合はきわめて限定されていて，その裁定の可否は，範疇基準（政府職員による抑圧的，専断的または違憲

---

(215) Chitty on Contracts (27th ed.), Vol.1, p. 561.

(216) Anson's Law of Contract (27th ed.), p. 561.

(217) Nelson Enonchong, 'Breach of Contract and Damages for Mental Distress', 16 Oxford Journal of Legal Studies 616 (1996).

(218) Law Commission, *Aggravated, Exemplary and Restitutionary Damages,* Report No.247 (1997), para. 1. 14.

的行為の範疇に入るか否か），訴訟原因基準（特定の種類の不法行為の訴訟原因に該当するか否か）およびその他の裁量的要素により決定される。

(C) 不公正解雇制度上の慰謝料としての補償金請求

この点に関するリーディングケースとされているのが全国労働関係裁判所（NIRC）の Norton Tool Co Ltd 判決[219]である。同判決は，現在の雇用法 123 条に引き継がれた 1971 年法 116 条の規定に基づいてなされたものであるが，全国労働関係裁判所（現在の雇用控訴審判所の前身といえる）は，不公正解雇された被用者の補償金の算定に関し，①コモン・ロー上のルールは損害緩和の原則を除き妥当しないこと，②「損害」とは経済的損害のみをさし，感情，プライドの侵害，不快その他の非経済的損害を含まないこと，③審判所は補償金を算定するそれぞれの具体的項目を特定すること等を説示した。その後，②の説示については，貴族院の Johnson v. Unisys Ltd 事件判決[220]で，Hoffmann, LJ が疑問を提示するまでは，雇用控訴審判所や控訴院はこれに従ってきた。こうした状況下で，控訴院は，Dunnachie 判決で，上司達から人格的なハラスメントを受けたとして不公正解雇訴訟において精神的損害に対する補償金を請求した。雇用控訴裁判所は非経済的損害を回復できないとしたが，控訴院はこれを取り消した[221]。しかし，貴族院は上告を認容し，雇用控訴審判所の判決を回復した[222]。貴族院は，次の要素を指摘している。① Norton Tool 判決は 30 年以上支持されてきた。②各種雇用差別法が明示的に感情侵害の補償を定めているのに対しそうした規定が不公正解雇に関して存在しない。③ 123 条 1 項の「損害」に非経済的損害を含むとする見解は同条項が使用者に対する加重的または懲罰的損害賠償の裁定を含めることを意図したと認められないから採用できない。④ 1971 年法が王立委員会の 1968 年勧告に従って感情や世評侵害の補償を含めたとすれば「損害」の補償規定がこれほど簡潔なものとしたはずがない。123 条 1 項の「あらゆる事情の下において正義かつ衡平と思料する金額」とは，損害の判断基準に弾力性を与えるものであり，損害の対象を拡大するも

---

(219) Norton Tool Co Ltd v. Tewson [1972] IRLR 86 (NIRC).
(220) [2001] IRLR 279 (HL).
(221) Dunnachie v. Kingston upon Hull City Council [2004] IRLR 287 (CA).
(222) Dunnachie v. Kingston upon Hull City Council [2004] IRLR 727 (HL).

のではない，というのである(223)。

第11節　剰員整理と企業譲渡

[1]　剰員整理

(1)　剰員整理解雇の定義

　1996年法139条は，剰員整理解雇を次のように定義している。その解雇が，主に「使用者が当該被用者をそのために雇った事業または当該被用者が雇われている場所における事業を止めまたは止めようとし」または「特定の種類の仕事を当該被用者が遂行することに対する事業の要求が止み，もしくは，減少するか，または，そのことが予想される」という事実に起因する場合をいうとする。したがって，剰員整理解雇は，次の3つの場合に生じる。第一に，被用者がそのために雇われた事業が停止した場合。停止が一時的である場合も含む。第二に，被用者が雇われた場所における事業が停止した場合。被用者の労働契約が明示的または黙示的の移動条項を含んでいる場合には，合理的な範囲内で勤務場所を変えることができるから，剰員整理解雇に該当しない場合が生ずる。第三に，「特定の種類の仕事」の必要がなくなりまたは減少する場合である。特定の種類の仕事が技術革新や職務再編成などにより以前よりも少ない人数で行えるようになった場合をも含む。

(2)　剰員整理手当

　剰員整理手当は，1965年剰員整理手当法（Redundancy Payments Act 1965）により導入されたものであるが，現在は，1996年法135条ないし181条に規定されている。163条2項は，解雇は，反対の証明がない限り，剰員を理由とするものと推定すると定めている。なお，剰員整理解雇に関しては，解雇についての特別に定義がなされており，その内容は，ほぼ不公正解雇の場合と同じ

---

(223)　この判決については，これらの全要素につき，筆者は検討を試みた。小宮文人「外国判例研究―イギリス―不公正解雇制度と慰謝料の補償」労旬1597号12頁（2005年）。

であるが（136条1項），それに加えて，使用者の死亡，会社の清算，パートナーの解散も解雇とみなされる（同条5項）。剰員整理手当の額は，当該被用者の年齢，勤続期間および週給額に基づき決定される（162条1項）。剰員整理手当の請求権は，一定の被用者には与えられていない。その勤続期間が2年未満の者（155条）（第3章第4節[7]参照），通常の65歳未満でかつ男女同一の定年退職年齢または65歳に達した者（156条）などである。また，当該被用者がそのようなカテゴリーの被用者に該当せず，かつ，解雇が剰員を理由とする場合でも，被用者が剰員整理手当を請求できない場合がある。それは，解雇に先立ち使用者が当該被用者に対し，その契約の終了の直後またはその4週間以内に当該労働契約を更新しまたは再雇用する申込みを行い，かつ，更新される契約の条項または新たな契約が従来の契約とその条件において異ならず，または，異なるが使用者の申込みが被用者に適した雇用の申込みである場合に，それらの申込みの承諾を不当に拒否した場合である（141条1項ないし3項）。被用者が適した代替雇用を与えられ，法定試用期間内にその契約を不当に終了させた場合も同様である（同条4項）。なお，剰員整理手当の請求に関しては，6カ月以内に，審判所に訴えを提起しなければならない（164条1項）。使用者が執拗に手当の支払いを拒否し，あるいは，支払不能状態にある場合，被用者は国務大臣に対して手当支払いを求めることができる（166条）。

(3) 不公正剰員整理解雇

剰員は，不公正解雇制度上，是認される理由の1つとされているのであるが，一般原則に従い，使用者がその理由を解雇理由として取り扱うのに不合理な行動をした場合には，その解雇は不公正とされる。この判断に関しては，Williams v. Compair Maxam Ltd.[1982] IRLR 83 (EAT)における雇用控訴審判所の判決がガイド・ラインを与えている。その後の審判所の判決は，ほぼこれに従っており，これを否定する裁判所の判例も出ていない。雇用控訴審判所は，そのガイド・ラインとして，雇用審判所は，客観的な剰員選抜基準が採用され，かつ，公正に適用されたか，他の雇用に配転される可能性が検討されたか，および，組合がもっとも公平に剰員整理を行う方法について協議を要請されたか，を考慮すべきであると述べている。また，審判所および裁判所が，行為準則の

手続規定を重視し，被用者への警告および組合および被用者との協議の存否を不公正解雇の重要な判断基準としてきたことは，前述の通りである。

⑷　レイ・オフおよびショート・タイム期間と剰員整理手当

すでに第3章第1節 [4] (2)(B)(b)で述べたように，コモン・ロー上，使用者は，その原因がその支配力の範囲にある限り，仕事がない場合でも，賃金支払義務を免れない。言い換えれば，レイ・オフまたはショート・タイムが，使用者の全く制御できない事由による場合には，使用者は賃金の支払いを免れる。また，使用者が労働契約上，被用者をレイ・オフする権利を与えられている場合には賃金支払いの義務はない。ただ，制定法上，被用者が使用者に対し一定の保障手当（guarantee payment）を請求できるだけである（第2節 [4] 参照）。しかし，1996年法は，さらに，レイ・オフおよびショート・タイムが一定の条件を満足させる場合には，被用者は，自ら雇用を終了させ，かつ，剰員整理手当を請求することができるようにしている。その条件は，まず，被用者が継続する4週あるいは13週間の中の継続6週以上において賃金が全く支払われないか，または，通常の週給の半分以下しか支払われなかったことである（147条および148条）。この場合，被用者はその期間の後4週間以内にその旨を文書で使用者に通知する必要がある。この通知の後7日以内に，使用者は，仕事が次の4週間以内にできるようになり，少なくとも13週間はレイ・オフまたはショート・タイムを行わず仕事を継続できる旨の反対通知をなすことができる。反対通知がない場合，被用者は4週間以内に離職する旨の予告を与えなければならない。反対通知がなされたが，後に撤回された場合には，その撤回通知の3週間以内に予告を与えなければならない。仕事の回復の見通しにつき争いがあり，審判所がその判断を下した場合には，その決定通知受領後3週間以内に予告を与えなければならない（149条および150条）。

[2]　企 業 譲 渡 (transfers of undertakings)

⑴　コモン・ロー上の企業譲渡の効果

コモン・ロー上，労働契約は人的な契約関係であることから，一般に，使用者とその被用者と関係が消滅すれば労働契約は終了する。したがって，被用者

の同意を得ない使用者の企業譲渡は，当該被用者に対する履行拒絶を構成し，当該被用者は違法解雇の救済を求めることができる。しかし，使用者は適切な予告期間を置きさえすれば適法に解雇できるから，被用者は予告期間分の賃金を請求することができるに止まり，被用者は企業譲渡の差止めを求める労働契約上の権利を有しない[224]。他方，企業が譲渡された場合，譲受人は誰を雇うかの自由を有し，被用者は誰に雇われるかの自由を有する[225]。したがって，企業譲渡がなされる場合，雇用の継続を譲受人に求めることはできない。このように企業譲渡は被用者の雇用に重大な影響を与える。

(2) 欧州共同体の既得権指令

上記の法的効果を大きく変えたのは，欧州共同体の「既得権指令（Acquired Rights Directive）」（77/187/EEC）である。この指令は，次のような目的を有する。①使用者がその企業またはその一部を他の使用者に譲渡する場合は，譲渡した使用者（譲渡人）と譲受した使用者（譲受人）は，その譲渡の影響を受ける被用者の代表者に通知し，かつ，彼らと協議することを確保すること。②企業譲渡がなされる場合，譲渡人の被用者の労働契約は譲受人に譲渡されることを確保すること。③被用者の代表者と譲渡人により締結された労働協約の諸条件は最低1年間は譲受人によって遵守されること。④譲渡それ自体は譲渡人および譲受人による解雇の理由とはならないこと。ただし，経済的，技術的または組織的理由により解雇することは妨げられない。⑤譲渡の結果，被用者が労働条件の実質的な変更を被ったなら，これは解雇を構成し得ること。イギリスでは，この既得権指令の国内法化として1981年企業譲渡（雇用保護）規則（Transfer of Undertakings (Protection of Employment) Regulation 1981，以下1981年TUPE）が制定された。その後，指令自体が多くの欧州司法裁判所の判例をも踏まえて1998年および2001年に改正された[226]。したがって，2001年の指令が現行指令（2001/23/EC）である。イギリスでも，欧州司法裁判所判決

---

(224) News v. British Airways plc [1992] IRLR 575 (CA).
(225) Nokes v. Donckster Amalgamated Collieries Ltd [1940] AC 1014 (HL).
(226) 同指令の採択理由，経緯，内容については，濱口桂一郎「EU労働法形成過程の分析」東大比較法制研究シリーズ7号（2005），9頁以下参照。

や指令改正により，改正が必要となり，1993年労働組合改革・雇用権法，1995年集団的剰員整理企業譲渡（雇用保護）（改正）規則（SI 1995 No.2587）および同名の1999規則（SI 1999 No.1925）により改正された。なお，2001年の改正に対応するため，イギリスは2006年に1981年規則を全面的に改正する2006年企業譲渡（雇用保護）規則が制定されたが，これについては，後に，概要のみ記述する。制度の骨子は次のようになっている。①「企業譲渡の直前に」譲渡人に雇われていた被用者らは，企業譲渡のときから，それ以前の労働条件で，譲受人の被用者となる。②譲受人は譲渡人の当該被用者らの権利義務を承継する。③譲渡人によって承認されていた労働組合との間で締結された労働協約は譲受人に承継される。④譲渡人が譲渡対象の企業に雇われる被用者に関して労働組合を承認している場合で，かつ，譲渡後，当該企業が譲受人の他の事業部分と区別できる場合，譲受人は当該被用者らに関し当該組合を承認しなければならない。⑤譲渡人は企業譲渡の結果について自己の承認した組合（承認組合）に情報を与え，譲受人はこれに関して譲渡人に十分な情報を与えなければならない。⑥場合によっては，譲渡人または譲受人は企業譲渡に関し承認組合または選出された被用者代表（employee representatives）と協議する必要がある。⑦企業譲渡に関する理由で解雇された被用者は，その理由が労働者構成の変化を伴う経済的，技術的または組織的理由でない限り，当然に不公正に解雇されたものとみなされる。なお，同規則は企業の譲渡にのみ適用になるのであって，企業を行う会社の株式の譲渡などには適用されない[227]。

(3) 「企業（undertakings）」および「譲渡（transfer）」の意味

1981年TUPEにいう「企業」とは，あらゆる種類の事業（any trade or business）を含み（同規則2条1項），「企業の一部の譲渡」とは「1つの事業として譲渡される部分の譲渡を意味する」（2条2項）。商業的性格を有しない事業も含まれる。したがって，専門的職業活動や慈善団体の活動をも含むと解されている[228]。また，現行指令1条1項(c)号は「本指令は，営利目的で運営さ

---

(227) Brookes v. Borough Care Services [1998] IRLR 638 (EAT).
(228) Jeetle v. Elster [1985] IRLR 227 (EAT); Dr Sophie Redmond Stichting v. Bartol, C-29/91 [1992] IRLR 366 (ECJ).

れているか否かにかかわらず，経済活動にかかわる公的および私的な企業に適用されるものとする。公的行政機関の行う行政的再編または公的行政機関相互間の行政機能の移転は，本指令にいう譲渡ではない。」と規定し，公的機関の再編に絡む企業譲渡の例外はきわめて限定されている。例えば，Collino v. Telecom Italia SpA 事件(229)で，欧州司法裁判所は，国家行政に属する公的機関によって経営される公衆電気通信サービスを運営する独立機関が，全資本を保有する別の公共体によって設立された私企業に，有償で移転される対象である場合には，適用されると解さなければならないと判示した。

　「譲渡」は，それが売買による場合，その他の処分による場合，あるいは法律による場合でも 1981 年規則の対象となる（3 条 2 項）。例えば，自己所有のレストランをリースしていた者が，リースの相手の違反を理由にリース契約を解約し自ら経営を引き継いだ場合(230)や会社が解散された後以前の取締役達がその事業を継続した場合(231)などを含む。また，譲渡が 1 回の取引でなく複数の取引で生じまたは財産が譲渡人によって譲受人に移転させられたかどうかを問わない（3 条 4 項）。高等法院は，Maxwell Fleet 事件判決(232)で，実際は 1 回の移転しかないかどうかを確かめ，被用者に対する責任を負わないで企業譲渡しようとする契約の両当事者の願望を達成する目的だけで仲介会社を介する巧妙な手法を見破るだろうと述べた。欧州司法裁判所も，直接の契約関係がなくとも契約関係網があれば十分だとしている(233)。Daddy' Dance Hall 事件判決(234)では，レストランのリースを受けていた者がリース決定時にその被用者達に予告を与え，リースをしていた者が新たなリースを第三者に与え，その第三者が間断なくレストランの営業を継続する場合には譲渡があったとされた。

---

(229) C-343/98 [2000] IRLR 788 (ECJ).
(230) Landsorganisationen I Danmark v. Ny Molle Kro, C-287/86 [1987] ECR 5465 (ECJ).
(231) Charlton v. Charlton Thermosystems (Romesey) Ltd [1995] IRLR 79 (EAT).
(232) Re Maxwell Fleet and Facilities Management Ltd (No.2) [2000] 1 All ER 464 (CD).
(233) Temco Service Industries SA v. Imzilyen, C-51/00 [2002] IRLR 214 (ECJ).
(234) Foreningen af Arbejdsledere I Danmark v. Daddy's Dance Hall A/S, C-324/86 [1988] IR LR 315 (ECJ).

経済単位の同一性が維持されていれば，譲渡が何回なされても関係がない。

Spijker事件判決[235]において，欧州司法裁判所は，譲渡の存否はその事業の同一性の維持とその譲受人による継続があるか否かにかかっている。その決定のためには，すべての事情が考慮されるが，特に重要な要素は，次のものであるとされる。企業または事業 (business) の種類，建物，動産のような有形財産が譲渡されるか否か，譲渡時の有形財産の価値，大多数の被用者が新しい使用者に雇用されるか否か，譲渡の前後に行われている活動の類似性の程度，そうした活動の停止があるとすればその期間であるとした。この判断要素を適用し，例えば，Schmidt事件判決[236]では，そのサービスがたった1人の被用者によって行われ，有形財産の譲渡がなくとも，委託されたクリーニング・サービスの譲渡はあったといえると判示された。しかし，Rygaard事件判決[237]では，譲渡とは「安定した経済的実体」の譲渡を伴わなければならず，Süzen事件判決[238]では，活動はそれだけで「安定した経済的実体」とはいえず，委託先変更の前後で同様な活動が行われているという事実だけで企業譲渡があることにはならないと判示された。委託クリーニングのようにさしたる財産もない労働集約的事業においては，新たな委託先が前の委託先の職員の大多数を採用しない限り，企業譲渡はないとされるだろう[239]。イギリスでは，地方政府の強制的競争入札に関して委託先の変更が問題となった。これらの事件では，委託先の変更の前後で類似の活動が行われていれば，有形財産の譲渡がなくても，あるいは，有形財産，職員のいずれの譲渡がなくても，企業譲渡があるとされ得るとされていた。しかし，控訴院は，Betts事件判決において，Süzen事件判決に基づいて，新しい委託先が職員を採用せず，前の委託先の有形財産

---

(235) Spijkers v. Gebroeders Benedik Abbattoir CV, C-24/85 [1983] ECR 2559 (ECJ).
(236) Schmidt v. Spar- und Leihkasse der Früheren Ämter Bordesholm, Kiel und Cronshagen, C-392/92 [1994] IRLR 302 (ECJ).
(237) Rygaard v. Stro Molle Akustik, C-48/94 [1996] IRLR 51 (ECJ).
(238) Süzen v. Zehnacker Gebaudereingung GmbH Krankenhausservice, C-13/95 [1997] IRLR 225 (ECJ).
(239) Francisco Hernández Vidal v. Pérez, C-127/96, C-74/97 and C-74/97 [1999] IRLR 132 (ECJ).

の一部しか獲得しない場合，ヘリコプターサービスを提供する委託先の変更は企業譲渡[240]とはいえないと判示した。労働集約的な事業を区別し，その場合は，新しい使用者が大多数の被用者を雇い入れることが決定的な判断基準となり，その他の場合は，より広い要素が考慮に入れられるべきであるとした。しかし，控訴院は，ECM Ltd事件判決[241]で，Süzen事件判決の適用範囲を再考した。それによれば，同判決の重要性は強調されすぎてきたとする。Süzen事件判決はそれ以前の欧州司法裁判所の判決を否定するものではない。Spijker事件判決で挙げられた要素を考慮して必要な事実の評価をするのは国内裁判所の役割である。1つの適切な要素は，その企業の活動を常態的に行うことを可能にするため大多数の被用者が新たな使用者によって雇用されたかどうかである。この見解は，その後の判決でも維持されている[242]。

(4) 労働契約上の権利・責任の承継

　企業譲渡の直前に労働契約により譲渡人に雇用されていた被用者は，そのことに反対しない限り，当該企業譲渡のときからそれ以前の労働条件で当然に譲受人により雇用されたものとされる。このことは，譲渡人と譲受人の反対の意思あるいは合意により妨げることはできない[243]。譲受人は，企業譲渡により労働契約と関連するあらゆる既得の権利や責任を承継する。これには，ネグリジェンス，制定法上の義務違反，契約違反，人身傷害に関する請求権などが含まれる。ただし，刑事責任および老齢，廃失，遺族給付に関連する職域年金規定に関する権利や責任を含まない（5条4項および7条）。このように労働契約上の権利や責任が承継されるのは，5条3項の文言上は「企業譲渡の直前」に雇われていた労働者に関してであるとされているのであるが，貴族院は，この文言の意味を限定する解釈を行っている。すなわち，Lister事件[244]で，貴族院は，8条1項の『『譲渡の直前に』という文言の後に，『または，8条1項に

---

(240)　Betts v. Brintel Helicopters Ltd ［1997］IRLR 361 (CA).
(241)　ECM (Vehicle Delivery Service) Ltd v. Cox ［1999］IRLR 559 (CA).
(242)　RCO Support Services Ltd v. Unison ［2002］IRLR 401 (CA).
(243)　Rotsart de Hertaing v. J Benoidt SA, C-305/94 ［1996］ECR I-5927 (ECJ).
(244)　Lister v. Forth Dry Dock & Engineering Co. Ltd.［1989］IRLR 161 (HL).

規定される事情のもとで不公正に解雇されなかったら譲渡の直前に雇われていたであろう』という文言を読み込むべきであると判示したのである。これは，5条1項を文字通りに解すると，譲渡の直前に解雇された被用者は，その譲渡人たる使用者を相手取って不公正解雇の申立てを行わなければならないが，そうすると，その譲渡人が清算手続に入ってしまったような場合に，困難が生じるからである。この判決の後，これに従わない下級審判決もあったが，最近の控訴院は，Astley v. Celtec Ltd 事件(245)において，指令の文言は一定の期間にわたる企業譲渡をもカバーするに十分に広いものであり，譲渡は瞬時に行われなければならないことを意味するものではないと判示した。ところで，会社の財産保全管理人（receiver）および清算人（liquidator）または更生管財人（administrator）が当該会社の営業をその全額出資子会社に譲渡する場合には，特別な規則が適用される。この場合，1981年規則は，次の場合にのみ適用される。すなわち，当該子会社が全額出資子会社でなくなり，または，当該企業が当該子会社から第三者に譲渡された場合である。その場合には，そのいずれかが生じる直前に企業譲渡があったものとみなされる，とされる（4条1項）。この特別規則の目的は，事業の存続可能な部分を購入したい者を引きつけるために子会社への被用者の自動的移動を妨げることにある。これによれば，親会社との雇用関係を維持したまま子会社に貸し出した被用者を企業譲渡規則の影響を受けずに財産保全管理人が解雇できることを可能にすることにあると思われる。

　さて，企業譲渡により労働契約が譲受人に承継される被用者は，1981年規則がなければ企業譲渡により雇用が終了してしまう被用者に限られる（5条1項）。したがって，企業譲渡の対象とされていない事業の部分に雇用されていた被用者の労働契約は承継されない。このことは，当該被用者が労働契約上いずれの事業の部分で雇用されてきたかを決定するという困難な問題を生ぜしめる。Botzen 事件判決(246)において，欧州司法裁判所は，その適切な判断基準は，当該被用者が譲渡された部門においてフルタイムで働いていたか否かというこ

---

(245) Astley v. Celtec Ltd [2002] IRLR 629 (CA).
(246) Botzen v. rotterdamsche Droogdok Maatschappij BV, C-186/83 [1986] 2 CMLR 50 (ECJ).

とであるとの主張を退けた。そうではなく，適切な判断基準は，「当該被用者が配置され，そこで当雇用関係が生じた組織的な枠組みをなす部門の譲渡があったか否か」であるとされた。しかし，ある被用者がある部門に配置されたか否かを決定する基準は必ずしも明らかではない。雇用控訴審判所は，Duncan Web Offset 事件[247]で，一定の事業に従事した時間，当該被用者の貢献度，当該被用者がすべきことを義務づける契約条項，各事業に対する使用者の労働費用の配分などはいずれも考慮すべき要素として適切であるがそれだけではないとした。

　企業譲渡により労働契約と関連するあらゆる譲渡人の権利・義務や責任が譲受人に移るという原則は，もとより，被用者が譲受人に雇用されることに反対することを譲渡人または譲受人に知らせる権利に服する。欧州司法裁判所は，Katsikas事件判決[248]で，指令は，加盟国に対し「そうした義務は，その使用者を選ぶ権利を有し，自由に選択したのでない使用者のために働くことを義務づけられない被用者の基本的な権利を侵害する」のであるから，指令が加盟国に対し被用者に対する強制となる規定を制定することを義務づけてはいないと述べた。この判決を受けて，1993年法によって改正された現行の1981年TUPE 5 条に 4 A 項および 4 B 項が挿入された。これらは，被用者が譲受人に雇用されることに反対である旨を譲渡人または譲受人に知られた場合には，労働契約，それ基づくまたはそれに関する権利，権限，義務および責任の譲渡は生じないと規定している（ 4 A 項）。その場合，企業譲渡が労働契約を終了させるものとみなされるが，当該被用者は，どのような目的に関しても，譲渡人によって解雇されたものとはみなされない（ 4 B 項）。そうすると，被用者は譲渡人に対して不公正解雇または剰員整理手当の請求を行えず，また，労働契約が譲受人に承継されていないのであるから，譲受人に対しても同様の請求が行えないようにみえる。しかし，5 項は，当該被用者の労働契約上の労働条件を不利益にする実質的な変更がある場合には，当該被用者は予告なしで労働契約を終了させることができる旨定めている。そこで，必ずしも明らかでないことは，被用者がそのように労働契約を終了させた場合，不公正解雇および剰

---

(247) Duncan Web Offset (Maidstone) Ltd v. Cooper [1995] IRLR 633 (EAT).

(248) Katsikas v. Konstandinidis, C-132/91 [1993] IRLR 179 (ECJ).

員整理手当てに関してみなし解雇の主張をすることができるかという点である。これに関し，控訴院は，University of Oxford事件[249]で，1981年TUPE 5条5項は，譲渡後に実質的な不利益が実際に生じた場合だけではなく，被用者が予定された譲渡に反対した場合にも適用され，その責任は譲渡人のみに課せられると判示した。4A項を援用する被用者はそれによって労働契約の譲渡を阻止するのであるから，譲受人は責任を負うことはできない。こうした状況下では，その責任を譲受人に転嫁する手段は存在しないというのである。

(5) 企業譲渡と不公正解雇

譲渡された事業に雇われていた労働者は，企業譲渡の前に譲渡人により，または，譲渡後譲受人によって解雇された場合，不公正解雇，剰員整理解雇または違法解雇の訴えを提起することができる。企業譲渡それ自体は解雇とはみなされず，コモン・ロー上は企業譲渡により解雇されたであろう被用者の労働契約は譲受人に承継される（5条1項）。譲受人が譲渡の前に譲渡人の被用者を雇用しようとしない場合，当該被用者は譲渡の直後に譲受人によって解雇されたものとみなされる[250]。譲受人が譲渡後に承継した被用者の労働条件を不利益に変更した場合，当該被用者は辞職してみなし解雇を主張できる。のみならず，譲渡人から譲受人への使用者の変更が当該被用者に不利益に働く場合，例えば，譲渡前から譲受人と当該被用者との人格的対立があった場合でも，みなし解雇の主張は認められ得る（5条5項）。被用者が企業譲渡に関する理由で譲渡人または譲受人によって解雇された場合は，解雇は，当然に，不公正とされる（8条1項）。ただ，解雇が労働者数の変化を伴う「経済的，技術的または組織的理由」による場合は，当該解雇は，不公正解雇制度上，是認される解雇理由である「1つの実質的理由」によるものとみなされる（8条2項）。したがって，使用者がその理由を解雇の十分な理由として取り扱うために合理的に行動した場合には，解雇は公正なものとされる。譲受人が企業譲渡により承

---

(249) University of Oxford v. Humphreys and Associated Examining Board [2000] IRLR 183 (CA).

(250) Premier Motors (Medway) Ltd v. Total Oil (Great Britain) Ltd [1983] IRLR 471 (EAT).

継する譲渡人の被用者を受け入れるために自己の被用者を解雇する場合も，それは企業譲渡に関連する解雇である。また，譲受人が企業譲渡の結果としての組織再編を行って自己の労働者の仕事がなくなった場合も同様である。営業権を購入しようとする者が事前に既存の被用者の解雇を主張する場合，それは8条2項の意味における「経済的理由」ではないから，不公正な解雇であるとされる(251)。さらに，Berriman v. Delabole [1985] ICR 456 (CA)で，控訴院は，8条2項は労働者数全体の変化を当然に伴う経済的理由のみを対象とするものであるから，譲渡人の被用者の賃金を自己の被用者の賃金レベルまでカットすることは不公正な「みなし解雇」に該当すると判示した。この意味において，「1つの実質的理由」は，組織再編成などの「その他の実質的理由」よりはその対象範囲が狭いものである。

なお，1981年TUPEの適用を排除ないし制限する合意は無効である（12条）。事業譲渡の後，労働条件を変える合意をした場合，他に理由がない限り，その変更の合意は無効である(252)。

(6) 2006年の改正規則

2001年企業譲渡指令の国内履行期限は2001年7月だったが，そのためのTUPEの修正のための協議が長引いたが，2006年漸く改正規則が成立した。この過程で，政府は欧州共同体法によって求められる以上の立法権限（1999年雇用関係法38条に定められている）を行使するのが賢明と考えた。加えて，被譲渡被用者の年金保護という困難な問題は，2004年年金法（その関係部分は2005年4月に施行された）に部分的には触れられていた。それは，譲受使用者は以前の雇用において同等の権利を有した各被譲渡被用者のために代替的年金制度を定めるか，または個人年金またはステーク・ホルダー年金に対する最低限度の拠出をするかいずれかをしなければならないと定めている。

結局，1981年TUPEの25年記念に合わせ，2006年企業譲渡（雇用保護）規則が2006年2月6日に制定され，2006年4月6日に施行された。新たなTUPEは，その日以降に生じた「当該譲渡」に適用される。旧法はそれ以前に

---

(251) Wheeler v. Patel [1987] IRLR 211 (EAT).
(252) Wilson v. St Helens Borough Council [1998] IRLR 706 (HL).

生じたすべての譲渡に適用され続ける。譲渡人は被用者情報を譲受人に与える新しい義務という経過規定が置かれている。この規定は，2006年4月19日以降に譲渡が生じた場合にのみ適用される。加えて，当該譲渡という新たな定義に該当するが既存の定義に該当しないサービス契約の譲渡は，その譲渡が2006年5月4日以降に発生しない限り適用除外となる。

2006年TUPEが完全に1981年TUPEに取って代わる。後者は，新規則以前の譲渡を例外として完全に廃止される。しかし，新TUPEは1981年TUPEの主なかつ現在よく知られている内容を維持し，その主要規定の意味と範囲に関し欧州司法裁判所の判例を組み入れている。実質的な変更は特定の論点に限られるが，いくつかの点において潜在的には非常に重要である。

重要な変更点

1．何が当該譲渡かということの定義が広い。それは，サービスを提供する契約が被用者の集団的組織化を伴う場合の外注の契約，内部化の契約または委託契約者の変更をカバーする「サービス供給主体の変更（service provision change）」

2．譲渡の少なくとも14日前に譲受人に特定の被用者情報を与える譲渡使用者の新たな義務。これは，譲受人が雇用審判所に訴えを提起して得ることのできる救済を与える。審判所は，その情報が適切に与えられなければ，通常，譲渡被用者ごとに最低500ポンドの保障最低をなすことができる。

3．合意による被譲渡被用者の雇用条件の変更を容易にする規定。譲渡人が支払不能で譲渡される事業の生き残りのために必要と考えられる場合である。譲受人は不払い賃金等の譲渡人の責任負担からも保護される。

4．加えて，いろいろな点で，実質的な法的変更を行わずに新規則は特定の規定の範囲の明確化を図っている。たとえば，被用者が譲渡に関する理由により雇用契約の条項を変更することに合意することが許される場合など。

第12節　元被用者の義務――営業制限約款

[1]　営業制限約款の効力

　被用者が使用者の秘密情報を開示・使用しないコモン・ロー上の義務については，第3章第1節 [4] (2)(A)(e)で説明したのであるが，そこで明らかになったのは，秘密性の低い情報の開示・使用は，雇用関係終了後には，雇用契約上の義務に違反しないので，その禁止には，別途，制限的約款を必要とするということであった。そこで，ここでは，制限的約款すなわち営業制限約款の効力についてさらに説明を加えておきたい。ことの性質上，当然のことではあるが，裁判所は，この問題に関しては，きわめて慎重な態度をとってきたといわれる。まず，そのような約款自体が，契約原則に照らして，強制可能なのかという問題がある。約款が雇用関係の終了時に合意された場合，使用者が被用者の将来の雇用を制約する約束に対して使用者が約因（consideration）を与えない限り，法的強制力をもたない。同様に，使用者の側の履行拒絶的契約違反は，約款を含む契約全体の履行を不能にするので，約款の効力をも失わしめることになる。Briggs v. Oates [1990] IRLR 472 (QB) では，ソリシターが2人のパートナーに雇われていたが，パートナー・シップが変更されたため，ソリシターの契約は終了した。しかし，この変更が予告なくなされたので，履行拒絶的契約違反であると判断された。高等法院は，使用者が履行拒絶的契約違反を犯したのであるから，ソリシターはもはや約款には縛られないと判示した。これと反対に，Rex Stewart Jefferies Parker Ginsberg Ltd. v. Parker [1988] IRLR 483 (CA) では，約款の拘束力が肯定された。この事件では，被用者は広告代理店の専務取締役であり，使用者との契約には，雇用終了後18カ月当該代理店の顧客を勧誘してはならないとの約款があった。にもかかわらず，退職後自分の代理店を設立し，解雇され，解雇予告に代わる解雇手当をもらったので，使用者は，当該約款上の権利を主張できないとの抗弁を提出した。しかし，控訴院は，解雇予告に代わる手当の支払いは，契約違反にならないので，営業制限約款は効力を失ってはいないと判示したのである。

次に，約款は，契約が変更された場合も有効かという問題がある。Marley Tile Co. Ltd v. Johnson ［1982］IRLR 75 (CA) では，雇入れの時の契約には営業制限約款が含まれていた。当該被用者が地域支配人に昇進したときにも昇進通知には同一の約款が含まれていたが，2回目の昇進のときには，昇進通知に約款は含まれていなかった。しかし，控訴院は，被用者が同じ会社にとどまる場合，契約変更時には，契約当事者は，特にそれに反する言動のない限り，同一の契約条項が適用されると判示した。

以上のように約款が約因理論との関係では有効とされるとしても，その内容が不当である場合には，なお，約款の効力は否定されざるをえない。Nordenfelt v. Maxim Nordenfelt Guns and Ammunition Co.［1894］CA 535 (HL) で，貴族院は，営業制限約款は，その有効性を主張する者が当事者間における合理性と公共の利益における合理性を証明できない限り，無効であるとの法理を確立した。そして，これに続く Esso Petroleum Ltd. v. Harper's Garage (Stourport) Ltd.［1968］AC 269 (HL) 判決以降，裁判所は，その2つの合理性の立証を約款の効力要件としてきた。そこで，以下にこの2つの要件について説明する。

［2］ 当事者間における合理性

使用者は，営業上の秘密，秘密の方法または顧客情報を有し，それらの開示は自己の営業を害することを立証する必要がある。さらに，当該被用者が秘密または秘密の方法についての知識を有し，あるいは，当該被用者が顧客を自己の新たな雇用に持っていける地位にあることを立証しなければならない。被用者がそうした知識を有せず，または，顧客との関係を有しない場合は，営業制限約款は無効となる。Herbert Morris Ltd. v. Saxelby ［1916］1 AC 688 (CA) では，被用者の雇用契約には雇用終了後7年間は，競争相手の企業に雇われないとの定めがあった。しかし，当該被用者は，使用者の営業上の秘密に対する知識はなく，また，顧客との接触もなかった。裁判所は，当該約款は競争を妨害しようとするもので無効であると判示した。ここにいう営業上の秘密または秘密の方法とは，保護が可能な特許権を与えられたものである必要はないが，公知のものではない内々のものでなければならない。すなわち，被用者がその職務の遂行から獲得した職業上の知識では不十分である。したがって，営業制限

約款が有効なのは，例えば，秘密の製法，機械の設計，特殊な事業の運営方法の詳細な知識などであるとされる。

顧客に関する制限約款の効力はなお厳しく制限されている。すなわち，使用者が保護されるのは，当該被用者がその雇用において，自ら獲得した顧客に限定される。Strange v. Mann [1965] 1 All ER 1069 (CA) では，製本会社の支配人の契約に，雇用終了後は，直径12マイルの範囲内で同様の営業をしないとの規定があった。裁判所は，当該支配人はほとんどの顧客と電話で取引したのであって顧客に対する影響力をほとんど持たなかったとの理由で，使用者の訴えを退けた。事態は営業マンに関しても同様である。Mason v. Provident Clothing and Supply Co.[1913] AC 724 (CA) では，約款は営業マンがロンドンの中心部直径25マイルで使用者との競業を営むことを禁止していた。しかし，当該被用者は，ロンドンの特定地域の顧客に接していただけであった。貴族院は，当該約款は，被用者が実際に会ったことのない顧客をも含めるもので範囲が広すぎ，無効であると判示した。また，Office Angels Ltd. v. Rainer Thomas and O'Connor [1991] IRLR 214 (CA) では，営業制限規定は，被用者は雇用終了から6カ月間はその雇用中に会社の顧客だった者に取引を勧誘してはならないと定めていた。控訴院は，当該約款の対象とする顧客は，被用者が実際に取り扱った顧客の人数と比べて広すぎるので，当該約款を無効とした。

[3] 公共の利益における合理性

営業制限約款の制限対象が広く，使用者に必要以上の保護を与える場合，当該約款は，公共の利益に反し無効とされる。Fellowes & Son v. Fisher [1976] 2 QB 122 (CA) では，ソリシターの事務所に譲渡証書作成係として雇われた被用者は，雇用終了後5年間，同郵便地域内の如何なる法的職業にも雇用ないし関係しない，また，彼が同事務所に勤務している間に同事務所の顧客だった如何なる者をも勧誘しない旨合意した。しかし，控訴院は，これは，同使用者が地方自治体を含むあらゆる法律職に就くことを妨げるもので，その制限が使用者の必要性を超えるもので，無効であると判示した。同様に，Commercial Plastics Ltd. v. Vincent [1965] 1 QB 621 (CA) では，被用者は粘着テープ用のポリ塩化ビニル紙製造の仕事に就いていたが，彼の雇用契約には，契約終了後1年

間は，ポリ塩化ビニール紙の分野に雇われない旨の約款が含まれていた。しかし，裁判所は，当該被用者は粘着テープ製造の分野に就いていたのであって，全てのポリ塩化ビニール紙の分野を対象とする約款は，対象範囲が広すぎ無効であるとした。

　制限地域が広すぎる場合も，同様に，使用者に必要以上の保護を与える。Spencer v. Marchinton［1988］IRLR 392 (CA) では，約款の制限範囲は，25マイルであったが，使用者はその地域まで未だ営業を拡大しておらず，それ故，制限地域が広すぎ，約款は効力を有しないと判示された。しかし，すでに述べたように，約因の問題があるので，使用者は，通常，雇い入れのときに，雇用契約に約款を挿入しようとする。そうすると，これから事業拡大をめざそうとする使用者は，約款の保護を受けることができないという問題がある。Greer v. Sketchley Ltd.［1979］IRLR 445 (CA) では，ミッドランドとロンドンで営業していた使用者が全国展開しようとして，全国レベルの営業制限約款を挿入した。しかし，当該被用者は，使用者が全国展開する前に退職してしまったため，約款は無効であると判示された。裁判所は，使用者の保護の必要に合わせて約款を解釈しないのである。

　また，制限地域の広さの問題は，その地域の人口密度とも関係している。例えば，Fitch v. Dewes［1921］2 AC 153 (HL) では，タムワース町政庁舎の半径7マイルの範囲内でソリシター事務所員をすることを生涯にわたって禁止する約款が有効とされた。貴族院は，人口密度の低いところの小さな地域であり，生涯的制限も不当ではないと判示した。さらに，地域の広さ，密度と並んで，制限期間の長さが公共の利益における合理性判断において，重要な要素となることはいうまでもない。一般に，制限の地域的範囲が広いほど，制限期間が短くなければならないとされるようである。

［4］　営業制限約款の履行強制

　使用者は，約款に違反する被用者の行為の差止め，または，それによって被った損害の賠償を求めることができる。しかし，差止めを求める場合は，まず，仮差止めを求めることになる。そのリーディング・ケースは，Lansing Linde Ltd. v. Kerr［1991］IRLR 80 (CA) である。被用者(Y)は，A会社に雇われた後，

A会社がX会社に譲渡された。X会社との契約には営業制限約款が定めてあった。Yが他の競争会社に移ったので，使用者が仮差止めを求めたものである。控訴院は，まず，American Cynamid Co. v. Ethicon Ltd.[1975] AC 396 (HL) の仮差止め命令の要件に依拠した。それによれば，まず，正式に審理 (trial) するに足る訴えであるか否か，そして次に，もし仮差止めを認め，あるいは，認めなかったことが誤りだったとした場合，その誤りは損害賠償で適切に保障できるか否か，によって仮差止命令の適否が判断されるとするものである。Lansing Linde Ltd. 事件で，Yは，マーケティングを担当しており，定期的に顧客を訪問してはいなかったが，イギリス国内のマーケティングの運営に関する営業上の秘密には接していた。しかし，約款は世界規模の営業制限であり，イギリス国内に限定されたものではなかった。したがって，裁判所は，制限約款の効力を認めることに疑問を呈した。そして，この事件では，1年の制限約款であるから当事者は，正式事実審理にはいかない可能性が強いこと，その期間内に正式審理が終結しない可能性が強いこと，および，制限約款の対象地域の広さからみて正式審理で勝訴する見込みが少ないことから，仮差止めの申請を棄却した。結局，通常の営業制限約款が制限する期間は短期間であるため，実際に，仮差止めは認められ難いことになる。しかし，他方で，使用者が損害賠償請求をしようとすると，損害額を確定するのが難しいという問題がある。

第13節　未払賃金の確保

[1]　序

使用者が経営危機に陥ったり倒産した場合，労働者の賃金の保護が重要な問題となる。イギリスでは，1986年支払不能者法（Insolvency Act 1986）および1996年雇用権法がこの賃金確保について規定している。前者は債務の支払不能に陥った使用者に対する被用者または元被用者の未払賃金債権の弁済に一定の範囲で優先権を与えるものであり，後者はそうした被用者が国に対して一定範囲の未払賃金の立替払いを求めることができるようにするものである。

[2] 支払不能者法と賃金の優先順位

(1) 1986年支払不能者法

　1986年支払不能者法は，いわゆる会社倒産のみではなく，倒産していない会社の株主任意清算，倒産と関係のない財産保全管理人制度および個人の破産その他の債務免除・整理を包括的に定めている。特に，財産保全管理人制度は，担保権者がその債務証書（debenture）に基づいて保全管理人を任命して，その担保物件の管理・処分に従事されるものであるが，その担保物件が浮動担保（floating charge）の場合には，更生保全管理人（administrative receiver）が任命される。この浮動担保とは，企業担保の一種で，企業の動産を含むすべての財産に対して担保権を設定するが，企業が通常のビジネスの範囲内でこれらの財産を処分することを認め，債務不履行など一定の事由の発生により処分を停止させて，特定担保となることに特徴がある。この更生保全管理人は，会社更生のために任命される更生管財人（administrator）と同一の権限を与えられているが，その浮動担保権者の債務証書の契約内容に抵触する場合は債務証書の契約内容が優先するとされている点が異なる。清算および事業の継続をもその任務としており，浮動担保債権者の利害を代弁しつつ会社やその利害関係者にも責任を負っている。更生保全管理人制度の特徴は，更生手続とは異なり訴訟や強制執行の凍結効果が発生せず，しかも，更生申立ては浮動担保債権者の反対で棄却され得る。更生担保管理人が任命されていなかった場合でも，更生申立てに対抗して更生保全管理人が任命されれば同一の結果となる。したがって，この場合には，固定担保権者が独自に固定担保の実行に着手したり，強制執行や清算などの手続が停止にない。ただし，更正命令が下されれば，その任命根拠たる浮動担保権自体が解除されたり否認されたりすることがあり得る。また，先順位の担保権である固定担保が付いている資産でも，裁判所は，当該担保権者の弁済充当を前提として，更生担保管理人による処分を許可することができるとされている[253]。

---

(253) 詳細は，田作朋雄『イギリスのワークアウト』（近代文芸社，1998年）参照。同書は，イギリスの企業倒産法を要領よく整理しており，1986年法を理解するうえできわめて有用である。

(2) 弁済順位

　更生保全管理および清算の手続における各債権の弁済順位は，必ずしも，支払不能法により体系的に定められているわけではないが，同法の条文，判例，学説を総合すると，下記のようになっている。和議手続では，担保権者および優先債権者の権利を侵害するような内容の和議提案は当該債権者の同意なく承認されない（4条3項および4項）。更生手続については，特別な弁済順位は定められていない。更生管財人が更生計画を策定する場合を除き，資産配分を伴わないからである。更生手続の実施は，それに続いて清算手続に入った場合の優先債権額の算定の基準時である「該当日」（使用者が会社の場合は，更生命令，暫定清算人の命令，清算命令または任意清算決議を意味する）の決定に影響を与える。

1．更生保全管理人の報酬・手数料，物件処分に掛かる経費など（44条2項C，45条3項），更生管財人の報酬・手数料，物件処分に掛かる経費など（19条4項から10項）。
2．固定担保権者への弁済（43条3項）。
3．清算人の報酬・手数料，物件処分に掛かる経費など（115条，116条，規則4．218）。
4．最優先債権者への弁済（ただし，個人の破産の場合のみで，内容的には，例えば，徒弟および司法実務修習生によって支払われた謝金または指導料の払い戻しとしての合理的な金額の請求権，友愛会の受託者の債権，葬祭，遺言および管理費に関する債権が含まれる）（328条6項）。
5．優先債権者への弁済（386条，付則6）。
6．浮動担保権者への弁済（176条2項b号）。
7．一般無担保権者への弁済（規則4．181）。
8．無担保権債権者および優先債権者の債権についての清算命令後の期間の利息（189条2項）。
9．劣後債権者への弁済。
10．株主への払い戻し（割合は定款による）。

　以上のうち，賃金債権については，一定の範囲に関してのみ第5位の優先債権とされ，その他の部分は7位の一般無担保権として弁済される。その一定範

囲とは，1986年法の「該当日」から4カ月分の賃金または国務大臣がその都度命令で定める額（2005年現在800ポンド）を超えない額である。この対象となる賃金は，通常の賃金（賃金，給与，ボーナス，コミッションなど）を含むほか保障手当，職探しまたは職業訓練タイム・オフ手当，産前ケア・タイム・オフ手当，組合任務遂行タイム・オフ手当，傷病休職手当，母性休職手当および保護裁定金である（付則6の13条2項）。この一定範囲の賃金債権と同順位の優先債権とされるものとして，国内歳入庁の債権（同日から1年分の直接税），関税・間接税省の債権（同日から6カ月分。ただし，自動車税と宝くじ税は1年），社会保障未拠出債権（同日から12カ月），職域年金などの未拠出債権および石炭・製鉄製造付加税が定められている（付則6の1条から9条）。

⑶　「該当日」以降の賃金債権

　前記「該当日」以降の賃金債権の弁済については，次のようになっている。清算の場合は，清算人（会社のofficerと位置づけられる）の費用，経費に優先して弁済される（規則4.218）。更生管財人（会社の代理人と位置づけられる）の場合，その任命後14日間（猶予期間）を経過すると，会社に雇われていた被用者の雇用契約は更生管財人と労働者の契約関係に入ったものとみなされ，更生管財人の報酬，費用に優先して弁済される。ただし，その優先弁済の範囲は，更生管財人との契約に入った後の賃金および年金拠出金に限定されている（19条）。更生保全管理人（会社の代理人）の場合は，14日を経過すると更生保全管理人との契約に入ったものとみなされ，その後の賃金および年金拠出金については更生保全管理人が個人的責任を負い，その責任分を自己の報酬と共にその管理下にある会社の財産から担保権者等に優先して弁済される（1994年法によって改正された1986年法44条2項C）。その他の財産保全管理人（会社の代理人）の場合は，14日経過すると更生管財人または通常の財産保全管理人（これらの会社の代理人）との契約関係に入ったものとして取り扱われ，その後の賃金および年金拠出のみならず解雇予告手当など契約から生じるすべての賃金債権に個人的責任を負い，その責任分を自己の報酬と共にその管理下にある会社の財産から担保権者等に優先して弁済される。

[3] 未払賃金立替制度

(1) 制度の概要

未払賃金立替制度は，1986年支払不能者法の制定と相まって，使用者が支払不能になった場合の労働者の保護，とりわけ労働債権の支払いを保障することを目的として1980年採択された欧州共同体の企業倒産指令（80/987/EEC, 87/164/EEC, 02/74/EC）につきイギリスが負うことになった加盟国としての義務の履行として設けられたといってよい。この制度は，賃金および一定の法定手当につき，国務大臣が，被用者の申請に基づき，支払不能になった使用者の債務を一定の範囲で国民保険基金（National Insurance Fund）から支払うことができるとするものである。同制度は，もともと，1975年雇用保護法により導入されたものであり，現在では，1996年法の182条以下に規定されている。当初は，使用者の拠出によって賄われる剰員整理基金（Redundancy Fund）から支払いがなされていたのであるが，現在では，労使の拠出で賄われる国民保険基金で賄われている。被用者がこの未払賃金の立替を申請するには，(i)当該使用者が支払不能となり，(ii)該当日に，当該被用者が立替制度の適用対象になる債権を支払われる権利を有しなければならない（182条）。そして，国務大臣が当該労働者に対して基金から立替払いをした場合には，当該被用者の賃金債権は，その限度において，国務大臣に帰属することになる（189条）。なお，未払賃金の立替払い制度は，別途規定されている未払剰員整理手当，法定母性手当および職域年金拠出金の国民保険基金からの支払制度の一環として規定されている。

(2) 賃金立替払いの要件

(A) 立替払いを受けることのできる者は，支払不能となった使用者の被用者または元被用者に限られる。また，被用者であっても，通常，欧州連合加盟国およびノルウェーとアイスランドの領土外で労働する被用者（196条7項），分益漁業労働者（share fishermen）および商業船の船員（merchant seamen）（199条2項および4項）は立替払制度の適用を排除されている。

(B) 立替払いを受けるには，当該労働者の雇用が終了していなければならな

い（182条b号）。

(C) 使用者が支払不能でなければならない。「支払不能」とは，その使用者が個人である場合は，(i)破産（bankrupt）が宣告され，または債務免除ないし整理（a composition or arrangement with his creditors）がなされた場合，および(ii)使用者が死亡し，その財産が1986年法に基づいて管理された場合である。また，使用者が会社である場合は，(i)清算命令，更生命令または任意清算決議がなされた場合，(ii)当該会社の財産に関する財産保全管理人または管理者が任命され，浮動担保により保障された債務証書を所持する者のために，浮動担保を構成する会社の財産の保全管理が開始された場合，および(iii)和議提案がなされた場合である。

(3) 立替払いの対象となる賃金

賃金立替払いの対象となる賃金は，1週以上8週を超えない週に関する未払賃金であり，それには，通常の賃金の他，以下のようなものが含まれる。ただし，その金銭債務がある期間毎に支払われるものである場合には，当該賃金債務は，それぞれ，国務大臣が決定する週あたりの上限額（2005年2月現在，1週当たり280ポンド）を超えることはできない（182条）。(i)保障手当，(ii)職探しまたは職業訓練タイム・オフ手当，(iii)産前ケア・タイム・オフ手当，(iv)年金制度受託人タイム・オフ手当，(v)従業員代表の任務遂行タイム・オフ手当，(vi)組合任務遂行タイム・オフ手当，(vii)傷病休職手当，(viii)母性休職手当および(ix)保護裁定金である。

(4) 「該当日」の意味

国務大臣は，被用者からの書面の申請があり，使用者に支払不能があり，雇用が終了しておりかつ「該当日」に当該被用者の賃金の不払いがある場合に立替払を行う。「該当日」とは，①剰員整理解雇協議義務違反の保護裁定額および不公正解雇の補償金の基礎裁定額に関しては(i)当該使用者が支払不能となった日，(ii)当該被用者の雇用の終了日および(iii)当該裁定がなされた日，のいずれかであり，②未払賃金と休暇手当に関しては，上記(i)の日であり，③その他の債務に関しては，上記(i)または(ii)の日のうちどちらか遅いほうの日である

(185 条)(254)。

第14節　失業給付金制度

[1] 1995年求職者手当法の制定

　1995年, メージャー政権のもとで, 従来の国民保険の失業給付 (unemployment benefit) にかえて, 求職者手当を定める1995年求職法 (Jobseekers Act 1995) が制定された。これは, 失業給付が1年間支給され, この給付を受けた者や保険料拠出要件を満たさない者は, さらに, 所得扶助 (supplementary benefit) で保護されるという従来の制度が, 労働者が低賃金の雇用に就かない行動をとらせ, 労働市場をゆがめてきたという認識に基づく改革であったといわれる(255)。同法により, 1996年10月から, 労働能力のない者, 就労意思のない者などにのみ所得扶助 (income support) を支給し, 真に求職活動を行う者に求職者手当 (jobseeker's allowance) を支給することになった。この場合, 保険料拠出要件を満たす者には最初の6カ月間資力調査 (means test) なしの拠出制求職者手当 (contribution-based JSA) が支給され, これを超える期間失業が継続した者および保険料拠出要件を満たさない者には, 資格調査による所得調査制求職手当 (income-based JSA) が支給される。1997年春に政権に返り咲いた労働党政府は, この求職者手当制度に変更を加えた。それがニューディールと呼ばれる制度の導入である。それは民営化された公益企業からの利益課税により賄われ, 特に求職が困難な労働者の求職を援助する制度である。しかし, 求職者手当, 所得補助, 住宅手当などの申請者が, 用意されたニューディールのプログラムに参加することを正当な理由なく拒否すると, その手当の受給資格を失うという仕組みになっている。

---

(254) 制度のより詳細な解説としては, 全国労働基準関係団体連合会『諸外国における未払賃金救済措置及び労働債権の優先順位に関する調査研究報告書』(1999年, 非売品) 小宮文人執筆部分参照。

(255) R. East, Social Security Law, p. 71 (Macmillan, 1999).

[2] 求職者手当

(1) 受給要件

　求職者手当を受給するためには，まず，次の要件を満足しなければならない。(i)就労能力があり，(ii)就労意思があり，(iii)雇用局との合意書に署名し，(iv)積極的に求職活動をしており，(v)拠出制求職者手当または所得調査制求職手当のための固有の要件を満たし，(vi)報酬を伴う仕事に従事しておらず，(vii)18歳以上であり，かつ年金年齢に達しておらず，(viii)フルタイムの学生でなく，(ix)イギリスに在住すること（1条）。このうち(v)の固有の要件とは，拠出制求職者手当の場合は，給付が行われる直前の2年間のうち1年間最低稼得収入額の25倍以上の収入額にかかるクラス1保険料を実際に拠出し，かつ，給付が行われる直前の稼得収入額の50倍以上の収入額にかかるクラス1保険料を拠出またはそのクレジットが認められたことである（2条）。所得調査制求職者手当の場合は，一定額以上の稼得収入がなく，自己または家族が所得扶助を得ておらず，家族が所得調査制求職手当を得ておらず，配偶者が収入を伴う労働に就いておらず，18歳以上の者，16歳未満で特別の困難ありと国務大臣が認定した者または所定期間を考慮に入れるべき状況にある16歳以上18歳未満の者であることである（3条）。以上の要件を満足する場合でも，一定の求職者手当申請者（25歳未満の者，2年を超えて失業する者，最年少の子が5歳以上の子を持つ片親，障害者と長期疾病者）は，ニューディール・プログラムに参加しなければ求職者手当その他の社会保障手当（拠出，無拠出を問わない）の受給資格を失うことがある。このニューディールは，1882年社会保障拠出給付法および求職者手当法の付則1によって委任された国務大臣の規則制定権限に基づいて制定されている。

(2) 資格喪失・給付額減額

　1995年求職者手当法19条は，申請者が受給資格を満足しても，1週間以上26週以下の期間の範囲内の一定期間，手当が支給されない場合を定めている。まず，手当が規則により上記の一定の期間一律に支給されないのは，申請者が，正当な理由なく，雇用局係官から発せられた合理的な指示に従わなかった場合，

適切な職業訓練や雇用プログラムへの参加を怠り，拒否，放棄した場合，および，自己の非行の故に参加できなかった場合である（2項および5項）。また，手当が上記の期間の範囲内で裁定官（adjudication officer ＝ 1992年社会保障管理運営法38条に基づき国務大臣によって任命される）によってその不支給期間が決定されるのは，自己の非行により雇用を失った場合，正当な理由なく自主的に退職した場合，雇用官の雇用の通知にも関わらず正当な理由なく当該通知に示された雇用に志願せずまたは雇用の提供を受け入れなかった場合，正当な理由なく合理的な雇用の機会に対応することを怠った場合である（3項および6項）。ただし，剰員整理で解雇されることに同意したような場合は，自主的に退職したものとは取り扱わない（7項）。

(3) 労働争議（trade dispute）

1995年法14条は，労働争議と求職者手当の受給資格について規定している。まず，申請者が争議行為により職場業務が停止したために就労できなかった場合は，その争議の日を含む週について求職者手当の受給資格がない（1項）。この原則の例外は，(i)申請者がその争議に直接利害関係を有しないことを証明した場合（1項），(ii)他の場所で真正に就労し（bona fide employed）雇用された後，その雇用が終了した場合（2項a号），剰員整理を理由に解雇された場合（2項b号）または同一の使用者のもとに再就労した後，争議以外の理由で離職した場合である（2項c号）。なお，ここにいう労働争議は，第4章で後述する1992年法244条に定義された「労働争議」とは必ずしも一致するものではないが，労働者と使用者との間の雇用条件および雇用条件以外の条件に関わる幅広い争議を意味する（35条）。

(4) 再就職奨励制度（back to work schemes）

1995年法は，失業者の再就職を奨励する制度を導入した。この制度は，求職者手当申請者がパートタイム労働に就くことを奨励するものと（26条），使用者が長期失業者を雇用することを奨励するもの（27条）からなる。前者は，申請者がパートタイム労働に就き，最低13週間の待機期間を経過した後に当該申請者が受給資格を失ったとき（フルタイムの雇用に就いた場合など），それ

までにパートタイム労働で蓄積された金員が一部を除き，無課税の一時金として，1000ポンドを限度に支払われる制度である。後者は，使用者が2年以上継続して求職者手当を受給してきた被用者，または，2年以上継続して失業してきた年金受給年齢以下の年齢でかつ特定の範疇に該当する被用者を雇用した場合に，使用者の社会保険拠出金から一定額を控除するという制度である。

第15節　個別的労働関係の紛争解決の実態

[1]　序

本章において今まで個別的労働関係法の基本的な制度の概要を述べてきたのであるが，そうした個別的権利・義務に関する紛争がどのように処理されていくのかということについて，本節で若干検討してみることにする。そのことによって，すでに第2章で説明した司法機関と行政機関の個別労働関係法とのかかわり方が明らかになるからである。しかし，個別的紛争にもいろいろなものがあるから，そのすべてについて検討することは不可能である。ここでは，紛争頻度がもっとも高く，比較的紛争処理の単純な解雇紛争を例にとることとする。なお，この記述に当たっては，旧日本労働研究機構の調査研究チームの一員として，筆者が2002年にイギリスで行ったインタビューを中心とした報告のまとめを日本労働政策研究機構の許しを得て一部転載させていただくことにする。なお，同報告は，日本労働研究機構『諸外国における解雇のルールと紛争解決の実態―ドイツ，フランス，イギリス，アメリカ―』（2003年）95頁―131頁に掲載されている。

[2]　紛争の頻度

イギリスでは，労働事件は通常の裁判所に係属する例はきわめて少ない。イギリスでは，歴史的にみても，裁判所は，使用者が労働組合の責任を追及する場として機能することが多かった。労働組合は，争議行為をバックに団体交渉を通じて実力で使用者から要求を勝ち取り，労働者も組合の交渉力に依拠してきた。そして，コモン・ロー上，解雇さえ，短い予告期間で適法に終了させる

第3章　個別的労働関係

第1図：解雇紛争（差別的解雇を含む）の解決

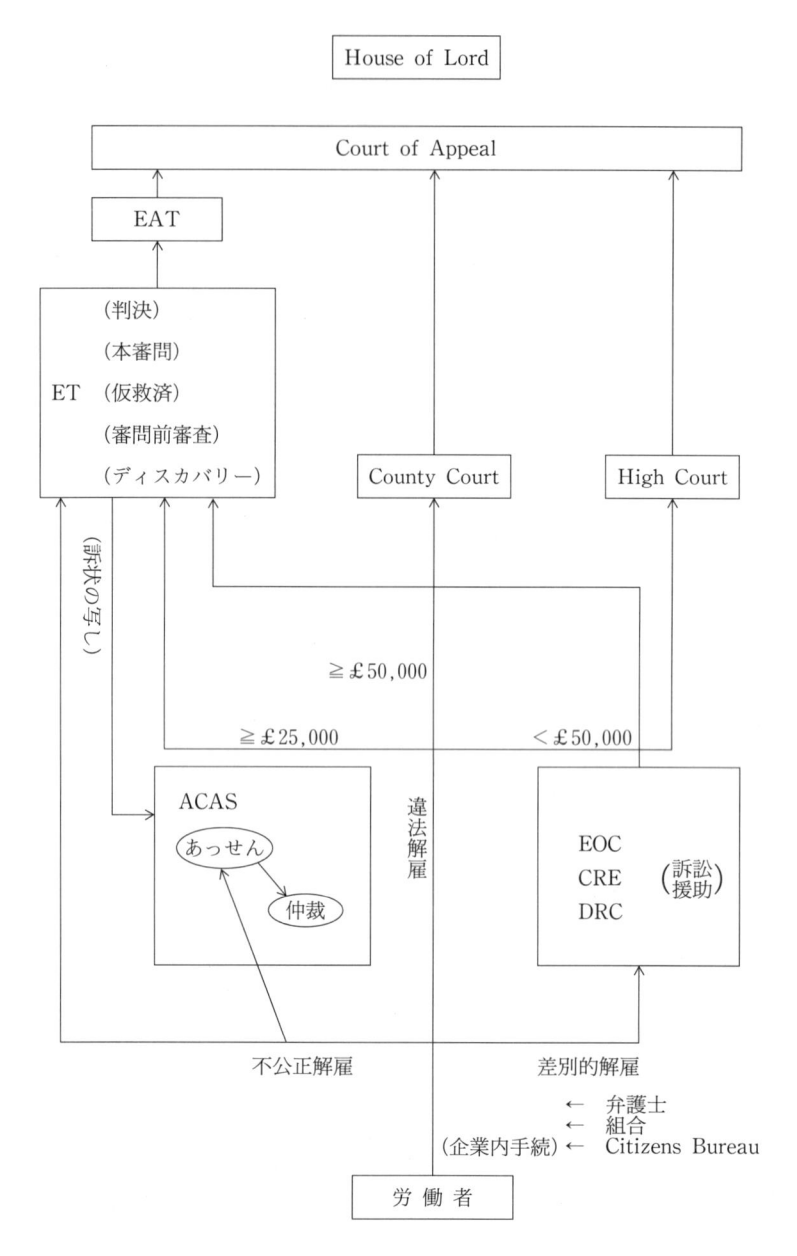

```
                    ┌─────────────────┐
                    │  House of Lord  │
                    └─────────────────┘
                             ↑
            ┌────────────────────────────────────┐
            │         Court of Appeal            │
            └────────────────────────────────────┘
              ↑                ↑              ↑
          ┌───────┐            │              │
          │  EAT  │            │              │
          └───────┘            │              │
              ↑                │              │
    ┌──────────────────┐       │              │
    │      (判決)      │       │              │
    │      (本審問)    │  ┌──────────┐  ┌──────────┐
    │ ET   (仮救済)    │  │ County   │  │  High    │
    │      (審問前審査)│  │  Court   │  │  Court   │
    │ (ディスカバリー) │  └──────────┘  └──────────┘
    └──────────────────┘       ↑              ↑
       ↑        ↑              │              │
    (訴状      │                │              │
    の写し)    │         ≧£50,000             │
       │       │    ≧£25,000        <£50,000  │
       │    ┌─────────┐                    ┌─────────┐
       │    │  ACAS   │     違               │  EOC    │
       │    │ あっせん│     法               │  CRE    │(訴訟
       │    │   仲裁  │     解               │  DRC    │ 援助)
       │    └─────────┘     雇               └─────────┘
       │                                         ↑
       │        不公正解雇         差別的解雇
       │                                      ← 弁護士
       │                                      ← 組合
       │                       (企業内手続) ← Citizens Bureau
       │         ┌──────────┐
       └─────────│  労働者  │
                 └──────────┘
```

272

第15節　個別的労働関係の紛争解決の実態

表3：雇用審判所が受理した訴訟件数（複数請求の場合は主な請求のみ）

訴訟件数	2004/05 年		2003/04 年		2002/05	
不公正解雇	34,864	42.6%	39,766	39.0	41,611	44.0
賃金法	16,673	20.4	20,724	20.0	21,201	22.0
契約違反	5,443	6.7	8,271	8.0	9,366	10.0
剰員整理手当	2,993	3.7	4,386	4.0	4,323	5.0
性差別	4,443	5.4	10,560	10.0	4,839	5.0
人種差別	2,489	3.0	2,704	3.4	2,943	3.0
障害差別	2,634	3.2	2,716	3.0	2,681	3.0
労働時間	1,102	1.3	2,251	2.0	1,561	2.0
平等賃金	6,607	8.1	2,428	2.0	1,856	2.0
最低賃金	154	0.2	210	0.2	173	0.2
弾力労働	70	0.1	72	0.1	―	―
その他	4,361	5.3	8,471	8.0	3,899	4.0
総計	81,833		102,559		94,453	

出典：ACAS Annual Report and Accounts 2004/05.

ことができたのであるから，上級の管理職を除くほとんどの労働者にとって，裁判所はなじみの薄いところであったといえる。こうした状況を打破すべく，労使の代表を審判員に加えて，しかも，費用がかからず，アクセスが容易で，手続が簡易で，手続が迅速な雇用審判所が1970年代から本格的に利用されるようになった。しかも，イギリスにおいては，この審判所への訴訟が提起されると，その訴状の写しがACASに送られ，ほぼ自動的にACASのあっせん官があっせんを開始するため，多くの事件は，この審判所とACASを通して解決されることになる。そこで，まず，どのような個別的労働紛争が雇用審判所に訴えられ，どのような段階で解決されているかを示す統計上の数字を示しておく。これによると，審判所への訴訟件数はきわめて大きく，2004/05年度ではやや減少したものの，それでも依然として8万件を超えている。中でも，不公正解雇事件は，ダントツに多くなっている。ほぼ毎年度全訴訟件数の40パーセント前後を占めており，第2位の賃金に関する訴訟の倍以上の比率となっている。

[3] 解雇紛争の解決

そこで，個別的労働紛争の中心ともいうべき解雇紛争が具体的にどのような形で処理されていくのかについて，日本労働研究機構の前記調査により得られた事項を中心に以下に記述する。

(1) あっせんの位置づけ

まず，イギリスにおける解雇紛争は，あっせんにかかった件数で見ると，年間約5万件というところである。しかし，イギリスにおける解雇の定義が「みなし解雇」（被用者が使用者の行為を理由として契約を終了させた場合）と有期契約の期間満了を含むことを考えると，件数は必ずしも大きいとはいえないかも知れない。特に，わが国で，退職勧奨，出向・配転，労働条件引き下げ，いじめ・嫌がらせの区分はほとんど「みなし解雇」として争われているものと思われる。これは，イギリスでは差止命令・宣言的判決はコモン・ロー上まれにしか認められていないためである。イギリスでは，ACASがあっせんを処理しているが，このあっせんは不公正解雇の訴えがあった場合またはその訴えがなされる性質のものである場合にほぼ限定されている。そこで，ACASのあっせんにおいては，当事者は常に審判所の審問を前提にそのプレッシャーのもとで，事件の自主的処理を行わざるを得ない立場にあるため，わが国から見れば，あっせんというよりは助言または情報仲介的なあっせん官の活動によっても事件処理が比較的スムーズにいっているように思われる。もっとも，わが国の労働相談のレベルの事件が審判所に訴えられているとするとACASのあっせんで多くが処理されるのも当然であるといえる。

(2) 企業・組合の内部手続の重視

イギリスにおいては，コモン・ロー上の違法解雇にしても制定法上の不公正解雇にしても手続的な規制が中心なので，不当な解雇に対する訴訟に備えて企業はその内部における手続，苦情処理，懲戒処分手続および異議訴え手続を整備するように努めている。この傾向は，1999年雇用関係法で苦情処理・懲戒手続の遵守が訴訟における多くの補償金の裁定額に反映されることになったこ

とからさらに強化されるものと思われる。労働組合があるところでは，苦情処理・懲戒手続が労使の協定として定められている場合が多い。その協定は，事情調査，懲戒処分審問，異議訴え審査という形で定められている。USDAW では，個別解雇に関しては，懲戒処分審査が決定的に重要な段階であるという。この時点まではショップ・スチュワードが担当する。異議訴えについては，解雇の場合，より上級の労働組合役員と管理職が審理に立ち合うことになっている。USDAW の場合，実際に組合が関与するのは，組合員の解雇の 50％以下であるとされる。この過程では，通常，年間または月ぎめ契約で雇われたソリシターが組合に対して法的なアドバイスを行う。もっとも，大規模な組合ほど，専従の優秀な全国役員を擁しており，また，組合内に弁護士資格を有する法律相談員を擁しているため，ソリシターの出る幕は必ずしも多くはない。USDAW の場合，剰員整理については，労働者の職の喪失を含むリストラを提案するなら，そのリストラ，経済的背景に関する情報を要求する。もし，使用者が正当な理由を有すると判断すれば，剰員整理は任意的取決めによることを要求する。問題は，労働者の退職の任意性の確認と補償金のレベルの確保である。会社が組合を承認している限り，会社との間に剰員整理に関する協定が補償金の最低限度を定めているから，これを前提に交渉する。

(3) ソリシターの関与と組合幹部の訴訟代理

もし，組合がソリシターのアドバイスと組合に対する事件の重大性を考え，解雇について不公正解雇の訴えが必要と判断すると，通常，当該組合の全国役員がその組合員の訴え人の訴訟代理人となる。彼らは，組合内で研修・訓練を受け，実践を通じて使用者側のバリスターまたはソリシターに対峙するだけの自信と経験があると評価されている。実際，雇用審判所が裁判所より非公式で柔軟な手続により運営され，労使の審判員がいることにより助けられている。ただ，解雇に雇用差別が絡んでいるときには，通常，組合の法務部の専門家や外部のソリシターやバリスターに弁護を依頼する。実際，審判所で労働組合役員が訴訟代理している割合は 21％であり，弁護士の 24％とほぼ同じ割合である（1990/1991 年の統計）。また，使用者のソリシターへの相談は，解雇前にどのようにして解雇したら良いかという内容のものが多く，その場合，ソリシタ

ーは特に適正手続についてアドバイスするという。

(4) 民間慈善団体の法律相談利用

ところで，被解雇被用者が非組合員である場合は，上記の記述は当てはまらない。まず，組合は一般に非組合員の駆け込み援助の要求を認めない（USDAW および UNIFI）。そして，一般に，ソリシターに相談し，訴訟代理を依頼する金銭的余裕がない。そこで，多くの被用者は，CAB，Law Centre および Advice Centre などの民間団体に法律相談に行くしかない。実際，審判所への訴え人の 4 人に 1 人が CAB によって審判所の情報を得ている（審判所のアンケート調査）。もっとも，組合員であっても，組合から勝訴の見込みがないことなどから訴訟援助を断られた場合は，同様な結果となる。CAB, Law Centre および Advice Centre の数は，CAB が約 700, Law Centre が 55 および Advice Centre が約 100 となっている。CAB の資金は，72％が政府の助成金，その他 EU，地方自治体および篤志家の寄付によっており，最近では，教育技能省が資金援助して若者のボランタリー・アドバイザー養成プロジェクトをつくっている。2000 年の調査では審判所へ訴訟提起した者の 24.5％が CAB から審判所の情報を得たとしている。CAB や Law Centre とは別に，最近，Free Representation Union という団体がバリスターの訓練をも一つの目的として，無料の訴訟代理人サービスを開始している。ロンドンの雇用審判所に係属している事件の 20 分の 1 ぐらいは，これら各種の無料の訴訟代理人を利用した事件であるとの指摘が信頼あるバリスター（Mr. Wallington）によってなされた。中小企業の使用者の場合，大企業の場合と違って，的確な情報を得ることが困難である。ACAS のほか，出版社のヘルプラインなどに依拠することも多い。また，年間費を支払って法律アドバイスや訴訟代理などをする民間コンサルタント会社を使用することも多くなっているが，サービスの質にばらつきがあって問題となっている。きわめてひどい会社もあり，これに対する法規制がないことが問題とされている。

(5) ACAS のあっせん官の対応の仕方

被用者が非組合員の場合は，一般に，民間団体の法律相談の後は，不公正解

雇の訴えを行って，主に，ACASのあっせん官のあっせんに依拠することになる。これに対し，労働組合役員に代理されている被用者，そしてとりわけ，ソリシターに代理されている被用者にとっては，ACASのあっせん官のあっせんはそれほど重要なものではない。あっせん官は，主に，審判所の手続，事件の見込みの情報および相手方の対応や動向に関する情報源として重要な意味を持っている。あっせん官はいわゆる調整的な役割は期待されていない。従来は，調整的な仕事をする余裕があったが，今では電話で当事者とやり取りするのがやっとであり，電話料金さえままならない。ACASのあっせん官は全国でパートタイムを含め約300名おり，その大半はフルタイムで，パートは10％から20％程度であると推定される。ACASは，年間約100,000件の事件を受理している。そして，訴えの事項ごとにみると160,000件の訴えを受理していることになる。このため，個々のあっせん官は，毎年およそ330から340件の事件を処理していることになる。研修は，すべてACAS内部で組織される。研修は，現役または元のあっせん官により行われる。新人が来るとまず6週間，雇用法，あっせん官の役割，雇用関係の基礎などの集中的研修が行われる。このうち3週間は生の事件を取り扱わないが，後半の3週間ではいくつかの単純な事件を取り扱う。これを終えると，一連の合宿研修課程を受講する。これは，通常，5日間で，より複雑な問題を取り扱い，より複雑な法律を学ぶ。その後は，リフレッシュ研修を受けるが，これは新たな法律の導入や新たな判例の出現に伴い，それを解説するメールやハンドブックの配布をもって行われる。

⑹　差別的解雇事件の特殊性

　解雇の事件でも，それが雇用差別の絡むものである場合は，被用者は，EOC，CREおよびDRCに訴訟代理などの法律援助を申請することができる。しかし，多くの場合は，差別に関する質問票の送付および法律アドバイスしか得ることができない。これは，もっぱら，これらの行政機関の予算の不足に起因するものである。ソリシターが組合，場合によっては被用者からの依頼を受けると審問のための書面，例えば証人陳述書などを含めすべての書類の作成をソリシターがやる。そして，雇用差別を含まない不公正解雇の事件では，多くの場合，審問の訴訟代理行為もソリシターがやる。しかし，その事件が雇用差別などを

含む複雑な事件の場合は，バリスターがソリスターの作成した書類のファイルを審問前に受け取り，審問における弁論活動を引き受けることになる。このような事案では，使用者側もバリスターに訴訟代理を依頼することになる。通常の不公正解雇の事件では，補償金が少ないことから，条件付弁護料契約が不公正解雇の訴訟に用いられることはないといわれる。しかし，そのような契約は，雇用差別が絡む事件では増加しているといわれている。このことは，不公正解雇訴えにおいて，被解雇被用者が弁護士に訴訟代理を依頼することは，困難であることを意味している。

(7) 原告が取り下げる理由

不公正解雇の訴えの約73％は，当事者の合意または取下げによって処理されている。この場合，ACASが重要な役割を演じていることはいうまでもないが，ACASによらず合意または取下げがなされることがかなり多い。その理由はいろいろあるが，主なものは訴訟費用，競業防止，税対策および退職証明書である。当事者の和解は，訴え前，訴え後に分けられる。訴え前の場合は，組合役員やソリスターがついている場合である。訴え後は，ACASの勧めや代理人同士の勧めで行われ，さらに訴え後審問開始後においても行われる。その場合は双方にソリスターやバリスターがついている場合が多いと思われる。

(8) ACAS段階の合意による解決

不公正解雇の訴えがACAS段階で合意に基づいて処理される場合の復職・再雇用の可能性および和解金の支払いで処理される場合の和解金の額などについては，最近の統計資料は存しない。しかし，聞き取り調査によると復職・再雇用はあっせん段階でもまれであり，また，和解金も審判所の裁定額と大きく違わないものと思われる。なお，古い統計によれば，1980年，1981年，1982年，1983年の審判所の復職・再雇用がそれぞれ2.8％，4.8％，3.8％，3.0％だったとき，ACASのあっせんでは，それぞれ3.1％，3.7％，4.0％，3.0％であり，両者に大差がなかったことが参考になる。また，1982年の統計によると，1981年の審判所とACASにおける不公正解雇のあっせん合意額と審判所の補償裁定額を比べると，500ポンド未満があっせんでは66.2％，裁定

では29.5％であり，2000ポンド未満がそれぞれ90.3％，76.8％となっており，あっせんによる合意の場合の方が低い額の割合がずっと高い。

(9) 労使審判員の評価

審判所の審問では，事実の認定評価については，労使の審判員の参加がきわめて重要な意味を持つといわれる。これは，不公正解雇の場合，使用者が立証された解雇理由をもって解雇するのに合理的に行動したといえるかという点が主な争点だからである。

(10) 実体的理由による労働者勝訴は少ない

不公正解雇事件では，手続的不公正が中心であり，手続に問題はないが「使用者の行動が合理的な対応の範囲内に」ないとした事件を探すのが困難になっている。そして，そのような事件でも補償裁定額が50％ぐらいまで減額されていることが多い。このような手続に傾斜した処理のため，使用者が益々手続を整備し手続を踏むようになっているため，最近では勝訴率が低くなっているといえる。

(11) 審判所の裁定の仕方，補償金は小額

救済に関していえば，不公正解雇全体では，勝訴事件の0.3％で復職・再雇用，65.6％で補償金裁定，34.1％で救済当事者付託の決定がなされている。このうち，救済当事者付託とは，審判所が不公正解雇の決定を行った後，救済内容を当事者の合意に委ねてしまうことであり，これは主に審問日を設定することの困難または補償金算定の困難などの原因が挙げられる。この救済当事者付託が救済内容の6％から8％を占めていることは興味深い。このことは，審判所が事件処理にいかに追いまくられているかを示すものであると同時に，よくいえば柔軟，悪くいえば大雑把な処理をしていることの証左であるといえる。因みに，審判所に移行した不公正解雇事件数（処理総数マイナスACASあっせん処理件数マイナス取下げ件数）は，1999/2000年，2000/2001年および2001/2002年において，それぞれ9,993件，15,420件および10,079件となっている。補償金の額は，雇用差別が絡む場合を除き，比較的少額である。最高額で6万

1,134ポンド，平均5,917ポンド，中間値2,563ポンドである。約43％の事件では，補償金額が2,000ポンド未満である。特に，中間値が低いことは，低額の補償金事件が多いことを意味しているのであろう。これは，被用者の寄与，損害緩和の原則の適用などに原因があるが，それは不公正解雇の理由が手続的な違反だけにある場合が多いということに深く関係している。これに対し，雇用差別が絡む事件では，一般に，補償金額は相当高くなるものと推定される。差別的解雇のみに関する統計はないが，例えば，各種雇用差別の平均補償金額は，人種差別で1万7ポンド，性差別で1万9,279ポンド，障害者差別で2万3,365ポンドとなっている。これは，雇用差別の場合は不公正解雇の場合と異なって慰謝料が請求できることに最大の原因があるものと思われる。

⑿ **復職または再雇用はまれ**

　不公正解雇の救済の一次的救済は復職再雇用と定められているが，復職・再雇用は過去2年間，救済全体の0.3％に低迷している。復職・再雇用の救済が少ないのは，一旦労使の信頼関係が崩れてしまうと将来的な雇用関係の維持は困難との判断が審判所にあること，現在の好況下で労働者自身が職場に戻ることを希望しないことの他，そもそも，イギリスのパブリック・ポリシーも復職・再雇用を積極的に評価していないのではないかとの見解を述べる関係者もいた。このことは，制定法が不公正解雇の一次的救済として復職・再雇用を定めていることと矛盾しているように思われるが，後記のように不公正解雇仲裁制度上も，復職・再雇用命令がほとんどなされていないとのことからすると復職・再雇用の優先順位というのは形骸化しているということができる。なお，被用者が戦略的に訴え状において復職命令を求めることがある。復職・再雇用命令がなされ使用者がそれに従わなければ高額の付加裁定がなされることと，そのようにすれば，使用者の方がよりよい金銭的な和解を求めてくる可能性が高まるからであるとされる。実際に復職しても，長続きしない傾向が強い。やや古い調査であるが，1972年から1977年までの間で，実際に復職または再雇用された304名の被用者の中，154名は1978年の調査の際，依然としてその

---

(256)　Williams and Lewis, 'Legislating for Job Security', 8 Emp. Rel. L. J. 485 (1982).

第15節　個別的労働関係の紛争解決の実態

職場に残っていたが，150名は既に退職または再度解雇されていたという(256)。

(13)　審判所の処理期間

　審判所の審理に要する期間に関しては，訴えから半年間で第一回目の審問が開かれた事件の割合は，2001/2002年の実績で，69％となっている。11年前の1990/1991年には90％であったから，事件処理がかなり長期化していることを示している。また，審理期間は，1日，2日が多いが，3週間にわたることも少なくなく，場合によっては50日以上にわたることも多いとされる。なお，83％の事件では，審問終了後4週間以内に決定が下されている。

　上訴は雇用審判所の判決理由送達から42日間。2001／2002年の雇用控訴審判所の解雇を含むすべての管轄に関する上訴受理件数1,432件，同年の雇用審判所の処理時件数中被用者勝訴18,271件および敗訴（適用範囲外は除外）11,687件，総計29,958件の約4.8％未満であり，上訴率はかなり低い。

　不公正解雇仲裁制度は，より廉価で柔軟，迅速などの利点が強調されて導入されたところであるが，今のところほとんど機能していない。これについては，イギリスにおいて仲裁という概念がなじみにくいためであるとの指摘がなされている。確かに，集団的労働紛争においても，イギリスにおいてはアメリカとは異なり労働仲裁は余り用いられない。のみならず，労働調停も余り普及していない。しかし，最近では，金融機関などを中心に個別労働紛争の調停による解決が模索され始めているようである。もっとも，仲裁に掛けるのに両当事者の同意が必要とされており，同意ができるなら任意的和解ができ，仲裁は不要になるとの冷ややかな批判もある。

(14)　違法解雇事件の処理

　高等法院の訴訟では，裁判所が両当事者に調停を試してみるために1カ月間訴訟手続を停止するということがしばしば起こる。もし，一方の当事者が調停に合意し相手方がこれを拒否する場合，一定の状況のもとで裁判所はその拒否した当事者に対し，賠償額や訴訟費用で不利に取り扱う。この手法が審判所の訴訟でも用いられようとしている。違法解雇事件において，裁判所が解雇無効を宣言することも非常にまれではあるが可能である。裁判局（Court Service）

の統計では，違法解雇という形で区別して統計的な処理はしていないと思われるが，信頼できるバリスター（Mr. Wallington）の推定では，高等法院で1,000件未満，郡裁判所で5,000件ぐらいというところである。イギリス人の平均年間所得が20,000ポンド程度であり，違法解雇の賠償額はほとんどの場合，3カ月分の賃金相当額であるから，ほとんどの事件は，審判所で片が付いてしまうからである。高等法院や郡裁判所の方が訴訟費用がかかるので，合意による処理の割合は審判所より更に高いと推定される。

第4章　集団的労働関係の実態

序　説

　イギリスの集団的労働関係法について説明する前に，イギリスの集団的労働関係，特に組合と団体交渉の実態（ないしあり方）について少しく説明しておきたい。集団的労働関係法は，実際の集団的労働関係のあり方に密接に関係しており，その実態に関する最小限度の知識を有することは，少しでも具体的なイメージを抱きながら集団的労働関係法の意義をより正確かつ興味深く学ぶことができると思われるからである。なお，本章の記述に用いる用語は，必ずしも法律的定義に沿ったものではないことを予めお断りしておきたい。例えば，労働組合という場合，次節で説明する制定法上の定義ではなく，イギリスの労使関係の専門家の間で一般的であるような意味，すなわち，「被用者をそのメンバーとし，職場と社会においてその利益を組織し，代表しようとする組織，殊に，経営者との直接的な団体交渉過程において，そのメンバーの雇用関係を規制しようとする組織」という程度のものとして用いている[1]。

第1節　労働組合の発展と構造

[1]　発展と規模

　イギリスでは，18世紀の後半から19世紀の全般にかけて，多くの小規模，地域的，かつ職種別の労働組合が形成された。すでに，1861年には，最初の

---

(1) M. Salamon, Indstrial Relations (2nd ed. 9, p. 85 (Prentice Hall, 1997).

労働組合録が編纂され，そこには，405の街にクラフト（craft＝熟練工）ないし職種別組合が掲載されていたのである。これらの組合のいくらかは，その後，現存する全国的組合の支部となったのである。19世紀の中頃から，組合は石炭や綿糸紡績といった主要産業を組織化し始めた。これらの組合に組織された労働者は，ほとんどの炭鉱労働者や紡績工などでクラフトマンではなかった。こうしたノン・クラフトの組合が，重要な役割を演じるようになったのは，1920年代以降に，労働技術の希少性ではなく，組合員の数の多さでその交渉力を獲得した一般労働組合（general unions）の結成からである。しかし，他方で，クラフトの組合も次第にその加入要件を緩め，半熟練労働者や非熟練労働者を組織する部門をつくり始めた。もともと機械工のクラフト組合であった合同機械工組合（Amalgamated Engineering Union ＝ AEU）でも，1960年までには，その組合員の約50％が熟練労働者以外の労働者になっていたといわれる。実際問題として，こうしたクラフト性は，技術革新によって最近急速に希釈されてきた。従来，比較的クラフト性が強いといわれてきた前記合同機械工組合の他，電気電子通信配管工組合（Electrical, Electronic, Telecommunications and Plumbing Union ＝ EETPU）および全国グラフィック組合（National Graphic Association ＝ NGA）は，いずれも他組合と合併して，そのクラフト組合としての特質をさらに弱めることとなった。すなわち，1992年に，AUEはEETPUと合併して合同機械電気組合（Amalgamated Engineering Electrical Union ＝ AEEU）となり，NGAもグラフィック関連職業組合（Society of Graphical and Allied Trade ＝ SOGAT）と合併してグラフィック・ペーパー・メディア組合（Graphical, Paper and Media Union ＝ GPMU）となった[2]。さらに，2002年には，AEEUは製造科学金融組合（MSF）と合併してAmicusという組合員100万人を超える規模でイギリス第2位の組合を作り出した。これは，1993年に公共部門の3つの組合，国家地方政府職員組合（NALGO），全国公共労働組合（NUPE）および健康安全被用者連合（COHSE）が合併してできた巨大組合UNISONに次ぐ大合併であった。しかし，Amicusは，その後も，2004年に上記のGPMUおよび保険金融産業組合（UNIFI）を吸収合併した[3]。

---

[2] F. Burchill, Labour Relations (2nd ed.), pp. 40, 55 and 56 (Macmillan, 1997).
[3] Certification Office Annual Reports 2003 and 2005.

第1節　労働組合の発展と構造

　ところで，イギリスでは，1850年代に，すでにホワイト・カラーの労働組合結成をみているが，それが本格化したのは第一次大戦後である。それでも，公共部門の労働者および銀行労働者を除けば，1970年代までは，ホワイト・カラーの組織率はそれほど顕著ではなかった。しかし，その後，一般組合，クラフト組合，および産業別組合などがホワイト・カラーの部門を発展させてきた。統計によれば，1920年に1,384の組合が存在したが，2000年3月には221，2005年3月には186に減少している(4)。この減少の一番の原因は，組合間の合併によるものと考えられている。このため，イギリスの労働組合の平均組合員数は，1998年で35,486名となり，1945年の約1万名の約3.5倍になっている。しかし，中には，きわめて小規模の組合があり，2005年3月には，100名未満の組合が41あったのみならず，イギリス労働組合会議（TUC）に加盟している67組合の中にも，2004年1月年において100名未満の組合が5つあり，極端な例としては，組合員が11名しかいない組合も存在していた(5)。

[2]　職場における複数組合の存在

　1998年のイギリスにおいて，組合が存在しているイギリスの事業場（従業員25名以上）の割合は54％であり，1980年の73％と比べて，その落ち込みはきわめて大きい。中でも，民間製造業の事業所における落ち込みが激しく，77％から42％に激減しているのに対し，公的部門では，99％から97％への微減となったにとどまる(6)。ところで，イギリスの過半数の事業場には，複数の組合が存在している。組合に組織されている事業場の4分の1において，4つ以上の組合が存在しており，中には，15の異なった組合が存在していた事業所もあることが，1998年の調査で確認されている(7)。このように，同様の職種ないし関連職種を複数組合が組織しているため，これが組合間の争いの原因となる。その原因の1つは，組合の組織対象の職種は，技術革新や組織改革

---

(4) Labour Marcket Trends, July 2000, p. 329 and Certification Office Annual Report 2005.
(5) www.tuc.org.uk/tuc/unions-main.cfm
(6) N. Millward et al., All Change at Work?, p. 85 (Rutledge, 2000).
(7) M. Cully et al., Britain at Work, p. 91 (Rutledge, 2000).

により変化を来すことである。また，特定の組合が既存の組織対象境界線を超えて労働者の勧誘を行う場合もある。こうした労働者を代表する組合が事業場に複数存在するだけではなく，交渉単位が複数存在する職場も割合は少ないが存在している。複数の交渉単位が存在する場合，相互の調整が困難であり，また，複数の交渉単位が相互に競争的賃上げを繰り返す方向での圧力を醸成する危険性があるといわれる。もっとも，事業場における複数組合や複数交渉単位の存在は，最近の組合の合併・吸収により，その減少の傾向にあるといってよい。

[3] 組合連合体

組合の連合体は，複数組合の問題を解決する方法を提供できる。イギリスには，イングランドの労働組合会議（TUC）やスコティシュ労働組合会議（STUC）などのように組合間に共通するサービスを提供し，組合の対外的な一般的政策決定を可能にするためのものがあるほかに，造船機械労働組合連合（CSEU），公務員会議（CCSU），保険労働組合連合（CITU）および電力供給労働組合会議（ECTUC）のように交渉のために組合を統一するためのものもある。しかし，後者の目的を持った連合体は，組合自体が合併を繰り返して同一の目的を達成してきたためその意義が失われてきたといわれる。なお，これとは別に，労働組合会議加盟組合がスト資金を引き出すことのできる基金を有する機関として設立された労働組合一般連合（GFTU）という連合体があるが，現在では，楽団組合，ジャーナリスト組合，全国クラブ給仕組合等主に中小の36組合（2002年9月現在約247,000名）を加盟組合として，資金，教育，訴訟などの援助を目的として活動している。

[4] 労働組合会議（TUC）

労働組合会議は，1868年に労働組合の共通問題を討議する毎年の会議として誕生したが，その後議会委員会をつくり，労働組合の共通の利益を守る立法を促進する圧力団体として活動し，1871年労働組合法および1875年不法共謀・財産保護法の成立をはじめとする労働立法の成立，改廃に影響を与えてき

---

(8) 関嘉彦『イギリス労働党史』（世界思想社，1969年）18頁。

た[8]。労働組合会議の特徴は，他国の労働組合のナショナルセンターと異なり，重要かつ大規模組合のほとんどを加盟させていることおよび加盟組合の構成員や組織形態に何ら介入しないことにあるといわれる[9]。2004年現在でイギリスの全組合員の約87％が労働組合会議の加盟組合の組合員である。現在，労働組合会議に加盟していない組合で比較的重要なものは，クラフト組合に分類し得る看護婦組合（Royal College of Nursing）およびイギリス医師組合（British Medical Association）ぐらいしかないといってよい。しかし，労働組合会議の加盟組合に対する統制力は，比較的弱いものであるといってよい。すなわち，各組合がその組合員の利益の保護と追求のためにその独立性を保持し，その活動に関してはその組合員にのみ責任を負うという原則によって労働組合会議の役割は限定され，その加盟組合に対する統率力は各組合とその組合員の自主的な受け入れが前提となるとされるのである。したがって，労働組合会議の総評議会（General Council）は労働組合会議の方針に反する組合または労働組合運動に害になるような活動を行う組合を労働組合会議から除名する権限を有するが，大規模組合に対してそうした権限を行使することはきわめて難しい[10]。組合の大型合併が相次ぎ労働組合会議の影響力は低下しているといえる。

[5] 組合間紛争の自主的解決のための取決め

組合の縄張り争いを解決する手段としては，労働組合会議の紛争処理委員会がある。同委員会により使用されている紛争解決のための原則は，1924年に起草され，1939年のブリドリントン総会で正式に認められたためブリドリントン協定と称されている。同協定の目的は，組合員の組合間移動を規制し，不正な手段による組合員の獲得を阻止することにある。この協定は，ブリドリントン原則といわれる主要原則と，手続および付属規定を含む法的効力を有しない「TUC行為準則」を内容としている。ブリドリントン原則，その他の規定はその時々の労使関係のあり方や立法との関係で何度か改正されてきた。1980年代には多くの深刻な縄張り争いがあったが，その多くは，使用者による唯一

---

[9] M. Salamon, op.cit., pp. 151 and 157.
[10] Ibid., pp. 157-158.

組合協定の要求を原因とするものであった。これは，組合員の減少と組合に不利な産業の環境のため組合が労働者代表性をめぐって激しく争わざるを得なくなったことや，失業率の上昇，企業競争力の低下などの環境により使用者が協調的労使関係とともに唯一組合協定の締結を要求するようになったからである。このため，1988年には，唯一組合協定に関する規定が導入された。労働組合総評議会の特別検討委員会は，新たに使用者と組合承認協定を締結しようとする組合は，まず，労働組合会議にその旨の通知することを義務づけることにより，他組合との協議を可能にしようとしている（この点については，下記のブリドリントン原則の原則3を参照）。最近のもっとも大きな改正は，おそらく，1993年の改正であると思われる。その改正は，主に，1993年労働組合改革・雇用権法14条によって修正された1992年労働組合労働関係（統合）法174条が，個人が他の組合員資格の故に組合を除名されまたは排除されないと規定するに至ったことによる。因みに，2000年版のTUC Disputes Principles & Procedures に掲載されたブリドリントン原則を以下に訳出しておくこととする。

原則1　協力と紛争防止
全ての加盟組合は，組合間に生じる諸問題を防止し，必要なら合意に基づき解決する合同作業取決めを行うようあらゆる努力をなすことによって，積極的な組合間関係を築く義務を有している。

合同作業取決めは，例えば，次の事項を含むものである。特定の問題を解決する手続，勢力範囲の取決め，組合員および利権の移転の取決め，組合員証の承認および仕事についての縄張り。

組合員と組合役員が既存の合同政策取決め／協定の条件と紛争の回避および紛争解決のために合意された手続を遵守する事の重要性を十分に認識すべきである。

全ての加盟組合は，組合間関係の問題について責任を負う上級組合役員を指名し，また紛争回避のための組合間取決めを含む共通の関心事項に関する加盟組合間の緊密な行動の促進に努める全国役員のTUCネットワークに参加すべきである。

原則2　組合員資格
労働組合員資格は全ての加盟組合の利益であり，また労働組合員の獲得運動，そして安定した労働組合の構造を発展させ維持する運動の利益である。合意さ

れた規則および手続なしの組合員の組合間移動は団体交渉システムを傷つけ，特定の会社または特定の労働者層の内部の労働組合組織の存在を脅かしかねない。

　全てのTUC加盟組合が当該組合の承諾なしに直接または間接的に勧誘してその組合の既存のまたは「最近の」組合員を故意かつ積極的に自己の組合に加入させようとしようとしないことをTUCに加盟し続けるための拘束力ある制約として承認する。

　原則3　組織化と承認

　ある組合がある会社または事業所に雇用されている労働者層の過半数を組織しており，かつ／または，労働条件について交渉するために承認されている場合，他の組合は当該組合との取決めを得ずして当該種類の労働者を組織化する活動を開始してはならない。また，そのような状況のもとにおいては，その確立した組合の地位を直接的または間接的に危うくする効果をもつことになるので，組合は使用者に接触しまたは使用者の指導に応じてはならない。

　ある組合が他の加盟組合がある組織内部の労働者層に関し低い組織率しか有さず，かつ協定を締結していないか，または協約がほとんど実効性を失っていると考える場合，組織化活動を開始する前に（または，当該加盟組合の利益を知るや否や）当該組合と協議しなければならない。合意に至ることができない場合，事案はいずれかの組合によりTUCに付託されなければならない。

　原則4　組合間紛争と争議行為

　組合間紛争（労働組合員資格，労働組合の承認および／または交渉権，仕事ついての縄張その他の困難な事項に関する紛争を含む）の事案では，TUCに検討の時間を与えることなく，非公認または授権のない労務停止またはストライキ以外の争議行為は行ってはならない。関係する一つまたは複数の組合はその組合員を通常の労働に戻すために即時的かつ積極的な措置を講ずる義務を負っている。

[6]　組合の職場組織

　事業場レベルに関しては，機械産業では，ショップ・スチュワード委員会（複数組合事業場における組合間調整を目的とする委員会）を正式に承認しているが，その他の産業では，正式な調整機関は存しない。しかし，その場合でも，非公式な合同委員会が明示・黙示に合意されていることがある（なお，ショップ・スチュワードとは，組合の職場の非専従組合代表者のことであり，これについ

ては後に詳述する)。企業レベルに関しては，異なった組合のショップ・スチュワードの合同会議は伝統的に組合に受け入れられず，組合専従役員の公式的会議は，合同交渉を前提にする場合のほかは，開催されることはほとんどない。もっとも，このことは，後述するように多くの産業において団体交渉が主に企業別で行われていることを否定するものでないことはない。

[7] 労働組合と労働党の関係

　労働党は，1900年に労働者代表委員会という名称で結成され，1906年に現在の名前に改称された政党である。この労働者代表委員会は，1893年にケア・ハーディ (1892年の総選挙で自由党と無関係に労働組合の推薦だけで当選した議員) 等を中心にして設立された独立労働党 (社会主義団体) と労働組合との連合組織であった。因みに，結成の過程からみると，初めの段階では，独立労働党と労働組合会議との関係は必ずしも緊密ではなかったようである。1900年までは，労働組合会議が社会主義を知識階級の空想と考えていたことのみならず，当時，実質職能別組合の連合としての性格を持っていたため，労働者階級の連帯感が弱く，他組合を代表する者の政治資金援助を行うより既成政党 (自由党) を利用する方が良いとの打算があった。しかし，その後，独立労働党は1895年の総選挙での完敗の後幅広く労働者の利益を代表しようとする政策に転じ，他方，労働組合会議は資本家の組合弱体化や法律による組合活動制限の動きに対抗して政治活動の強化を必要としたことから，労働組合会議の組合と独立労働党との連合体として労働者代表委員会，つまり労働党が結成された[11]。いずれにせよ，このように労働党は，その起源から労働組合との関係が強かった。したがって，労働組合会議自体は労働党に加盟しているわけではないが，労働組合会議の主要な労働組合は今日でも労働党に加盟している。そして，それらの組合は，労働党所属の特定の庶民院議員と特別の関係にある (そのほとんどが組合員としてその組合に所属していた者である)。より具体的には，2000年には，製造科学金融組合 (MSF) と合同機械電気組合 (AEEU) は，それぞれの出身議員81名と24名を庶民院に有している。それでも，ブレア党首は労働党と組合との関係を是正するため組合と協議して労働党議員の組合出身

---

[11] 関・前掲書42-64頁。

表4： 2004年秋のUKの組合組織率の特徴

性別		
	男性	28.5%
	女性	29.1%
公・私部門		
	私的部門	17.2%
	公的部門	58.8%
常用・臨時		
	常用労働者	29.5%
	臨時労働者	17.2%
職場規模		
	50名未満	18.5%
	50名以上	38.5%
弾力勤務形態にある者		
	フレックスタイム	39.7%
	ジョブシェアリング	33.6%
	学期期間就労	49.2%
	年単位労働時間契約	39.0%
	一週四日半勤務	38.8%
	ゼロ・アワー契約	18.9%
	原則在宅勤務	12.1%

出典：DTI, Trade Union Membership 2004 (April 2005), pp.15,19 and 20.

者の比率を50％まで引き下げたのだといわれる。また，労働党の党会議議決権は，労働党加盟機関（加盟労働組合）と労働党の個人組合員にそれぞれ2分の1ずつ割り当てられており，労働党の党首および副党首の選挙の投票比重は，庶民院議員・欧州議会議員，労働党の個人組合員および労働党加盟機関（加盟労働組合）にそれぞれ3分の1ずつ割り当てられている[12]。加盟労働組合に対する投票比重はブレア党首になってから大幅に縮減されたとはいえ，労働組合と特別の関係にある議員の存在を考慮に入れると，今日でも，労働組合の声が無視できないものであることは明らかである。

[8] 組合の組織率

労働組合員の数は，1892年には1,576,000名に過ぎなかったが，その後，

[12] Labour Party Rules 2004-2005, 3C3.1 (d) and 4B. 2c (iii).

第 4 章　集団的労働関係の実態

表 5：ある大規模組合の収支の実例

収入（組合員からの収入）	68,196,000 ポンド
支出合計	68,334,000 ポンド
給付金	12,012,000 ポンド
争議及び義捐金	365,000 ポンド
労働不能	1,186,000 ポンド
事故	103,000 ポンド
運転手ケア	3,371,000 ポンド
法律医療費	4,605,000 ポンド
組合員弁護費	223,000 ポンド
教育助成金	954,000 ポンド
その他	（省略）
助成金	1,008,000 ポンド
支部戻し金	65,000 ポンド
宿舎	65,000 ポンド
ホリデーセンター	249,000 ポンド
派遣・委員会費用	2,463,000 ポンド
隔年大会	1,153,000 ポンド
特別組織化・キャンペーン	2,062,000 ポンド
合同労使協議会	28,000 ポンド
加盟費	2,118,000 ポンド
労働組合会議	1,518,000 ポンド
国際金属労連	120,000 ポンド
国際食品労働者組合	74,000 ポンド
その他	（省略）
政治的加盟費・助成金	1,057,000 ポンド
労働党加盟費	562,000 ポンド
労働党助成金等	339,000 ポンド
その他助成金	156,000 ポンド
管理費	42,419,000 ポンド
職員給与	9,656,000 ポンド
国民年金拠出	12,732,000 ポンド
年金	1,185,000 ポンド
賃料・電熱費	1,762,000 ポンド
機械補修費	1,809,000 ポンド
使用者に支払うチェックオフ費	789,000 ポンド
その他	（省略）
組合報印刷・配布	304,000 ポンド
コンピューター	644,000 ポンド
減価償却費	2,280,000 ポンド
投票費	402,000 ポンド
税金	2,000 ポンド
組合費以外の収入	3,735,000 ポンド
投資・販売利益	2,285,000 ポンド
賃貸料	468,000 ポンド
バッジ・手帳販売	57,000 ポンド
資産売却利益	925,000 ポンド

第2節　労働組合の財政

多少の増減を繰り返しながらも，一般的に上昇傾向が続き，サッチャー政権誕生の 1979 年には，史上最高の 13,447,000 名を記録した。この年は，組合組織率も 55.4％で史上最高となった。しかし，サッチャー，メージャーと続く保守党政権の組合政策のもとで，組合員の数および組織率はともに減少を続け[13]，労働党のブレア政権が誕生後の 1998 年秋には，組織率が 27.0％に落ち込んだ。しかし，その 1 年後には，一旦 27.1％とわずか回復したが，2002 年には 26.5％，2004 年には 25.8％まで低下してきている[14]。この組織率の変化については，女性労働者の増加，産業構造の変化，技術革新，政治環境などのいろいろな原因が考えられる。しかし，第 1 章でみた 1980 年代の労働立法の変容の歴史からみて，1979 年以降の顕著かつ一貫した大幅な組織率低下は，サッチャー以降の規制緩和，自由市場の実現とそのためにとられた徹底した組合規制政策が大きな要因であったといわざるを得ない。

2004 年秋の労働組合の組織率を，産業別にみると，行政事務（56.3％），教育（54.9％），電気・ガス・水道（46.9％），保健（43.8％），運輸・通信（41.3％）等が高く，反対にホテル・レストラン（5％），農林水産（前年 9.3％），不動産・ビジネス・サービス（10.5％），卸売・小売（11.5％）等が低い。因みに 10 前の 1995 年においては，上位 5 産業は電気・ガス・水道（67.0％），行政事務（58.8％），教育（56.1％），運輸・通信（48.8％），保健（48.1％）であり，下位 5 産業は農林水産（7.4％），ホテル・レストラン（8.1％），卸売・小売（11.4％），不動産・ビジネス・サービス（13.3％）であり，電気・ガス・水道を除き，その順位およびパーセンテージにそれほど大きな違いはない[15]。なお，表 4 は 2004 年の組織労働者の特徴を示しているが，特徴的なのは，女性の方が組織率が高く，弾力勤務形態にある者達のうち，ゼロ・アワー契約と原則在宅勤務をする被用者の組織率が高いことである。

---

[13] Burchill, Labour Relations (3nd 3d.), pp. 33-34 (Macmillan, 1997).
[14] DTI, Trade Union Membership 2004 (April 2005), p. 13.
[15] Ibid., p. 18.

第2節　労働組合の財政

　イギリスの組合が一般的にどのくらいの組合費を個々の組合員から徴収しているのかは必ずしも明らかではないが，いくつかの組合のインターネット・サイトをみてみると，賃金額に応じて徴収する例と，一律徴収する例とがある。ただ，一律といっても，パート，訓練，育児休業，失業中，などを別にしており，また，特別の給付金制度を付けるなどする特別なカテゴリーの組合費を設定するなどするところが多い。ある代表的な組合は，通常の組合費を週2.15ポンド，パートのそれを週1ポンドに設定している。他の組合の例でも，おそらく，週平均では2ポンド前後と推定される。組合費が組合の全収入に占める割合は，2003年・2004年の年度で約78.5％であり，そのほかの収入源としては投資などが挙げられる[16]。

　一方，1890年代までは，組合は組合員の失業や傷病を保障する諸手当に多くの財源を支出してきたが，保障手当のための支出は，その後，一貫して減少し，1988には全支出の約12％になっている。また，スト手当も1975年から1985年までの期間では，約4％程度であり，組合の支出の多くは，組合幹部・職員給料（40％），管理・運営（25％），会議・上部団体加盟費などに費やされている。組合財政は近年とりわけ厳しい状態になってきており，組合の準備金総額は，1950年には支出総額の約4.5倍であったのに1988年には1.23倍にまで減少している。組合の政治基金に関する法的規制については，後述するが，1985年には，多くの組合が政治基金を維持し，組合員の約85％が拠出している。これらの組合の全てが労働党に連携し，組合の基金が労働党の議員を支持・後援するために使用されることができる程度について労働党と協定を締結している[17]。

　参考までに，組合員総数約80万人を超えるある大規模な組合の1999年の収支報告についてより詳しく記しておく（表5）。

---

[16] Certification Office Annual Report 2005.
[17] A. March, Trade Union Handbook (5th ed.), p. 56 以下．

第3節　労働組合の機構

[1]　組合支部

　組合支部は，組織の基本的単位とされる。組合支部は，通常，事業場単位ではなく地域単位に置かれている。一つの地域の複数の企業に働く組合員全員が当該地域の組合支部に所属する。もっとも，特に規模の大きい企業の場合には，そこに多くの組合員が雇用されているため，企業内に組合支部を置いていることもある。組合支部は，一般組合員の直接的な参加を保障する唯一の組織単位としてもっとも重要であるといえる。支部に所属する全ての組合員は支部会議に出席し決定に参加する権利を行使する機会を有するのであるが，多くの組合員は積極的に支部会議に参加しようとはしないのが実情であるから，少数の組合員が，事実上，支部を動かしているといわれる。通常，支部には，選挙で選ばれた支部役員から構成される支部委員会が置かれており，同委員会が日常的な組合業務を遂行している。もっとも，支部の重要な問題の決定には，支部組合員全体の関与が要求されるのは言うまでもない。

[2]　地方組織

　組合支部の上には，地方組織がある。この地方組織は，主にその担当地域の広さにより，エアリア，ディストリクト，ディヴィジョン，あるいはリージョンなどと呼ばれる。地方組織は，単なる組合運営の便宜のためのものであったり，あるいは，全国執行委員の権力を規制するものであったり，その期待されている役割は，組合により様々であるといわれる。この地方組織の役員は，各支部がその役員を選ぶ場合と，各地方組織の担当地域全体における選挙の候補者をたてることしかできない場合とがある。なお，運輸一般のように合併を繰り返した大規模組合では，それ自体かなり独立した全国および地方ごとの組合員組織が形成されている。

[3] 組合本部

組合の権力構造の中枢。しかし，地方組織が相当に独立性を有し，強い権限を維持している組合もある。炭鉱労働組合や合同機械工組合などはその代表例であった。

[4] 組合大会

支部および地方組織を通過した決議が年1～3回の大会で議論される。また，前年度の組合幹部の業績評価も重要な大会事項である。支部は，その組合員の数に応じた人数の代議員を大会に派遣する。支部代表は，その支部組合員の過半数の見解に従って大会の議決に参加することを義務づけられている場合が多い。運輸一般などの組合は，何百人という代議員の参加する大規模な大会を開催している。しかし，多くの組合によっては，全国執行委員会などに団体交渉などの広範な事項の政策決定権を委ねている。

[5] 全国執行委員会（National Executive Council）

大会から大会までの期間に，大会で決定された政策方針に従い，組合を有効かつ効率的に運営するための機関。しかし，実際には，組合の方針決定を実質的に行っている場合が多いといわれる。

[6] 組合専従幹部

イギリスの組合専従幹部は，その組合員全体に占める割合が他国に比してきわめて小さいといわれる。すなわち，1991年の調査によると，組合員3,229名に対して，専従幹部1名の割合であったとされる[18]。組合の書記局職員は雇い入れられるが，組合専従幹部の任命は，選挙による場合と指名に基づく場合がある。例えば，運輸一般労働組合の場合，全国執行委員会の執行委員長，副執行委員長，書記長以下の執行委員は選挙により選出され任期は5年とされるが，その他の組合幹部は全国執行委員会の指名により任命され常用とされて

---

[18] M. Salamon, Industrial Relations (2nd ed.), p. 134 (prentice Hall, 19979.

いる[19]。

[7] ショップ・スチュワード

　ショップ・スチュワードは，職場の組合員により選出された非専従の組合代表であり，職場において，使用者に対し組合および組合員を代表し，組合に対してその職場の組合員を代表する立場にある。1990年の調査では，一人のショップ・スチュワードが約20名の組合員を代表し，1週間に6時間ぐらい組合業務を行っているとされた[20]。ショップ・スチュワードの活動は時代と共に変化してきた。職場ないし事業場においては，上記の通り，ショップ・スチュワードが合同委員会を設立して，使用者側との団体交渉を行っている場合がある。今日では，団体交渉のレベルが全国から企業や事業場に移行してきたこと，経営者側が労働慣行や賃金制度の弾力化戦略を取り，また職場における組合の役割を制限しようとしているため，組合専従役員の仕事が増大しつつある[21]。このような状況の中で，職場から選出されたのではない専従組合幹部が職場から選任されたショップ・スチュワードとの関係を重視せざるを得なくなっている。その意味で，組合におけるショップ・スチュワードの役割は益々重要となっているといえる。例えば，運輸一般労働組合の2000年の「ショップ・スチュワード・ハンドブック」は，ショップ・スチュワードを要として位置づけた後，次のような点を強調している。すなわち，職場労働者の統一を図るのはショップ・スチュワードの役割であること，ショップ・スチュワードは労働者の苦情を処理することができること，ショップ・スチュワードは将来組合員となる労働者に対する戦略的なアプローチが必要であること，ショップ・スチュワードは安全代表でもなければならないこと，組合はショップ・スチュワードの働きを向上させる正規の訓練課程を運営すること，などである[22]。また，同組合の「職場におけるあなたの組合」というハンドブックは，ショッ

---

[19]　Transport & General Workers' Union, T. & G. Rule Book, rules 15-19.
[20]　D. Farnham & J. Pimlott, Understanding Industrial Relations (5th ed.), p.378 (Cassell, 1995).
[21]　Salamon, op. cit., pp. 200-201.
[22]　T & G, Shop Steward's Handbook, 2000.

プ・スチュワードの仕事として，組合員の募集・勧誘，組合費の徴収，苦情処理，規律処分に対する組合員の弁護，賃金その他の労働条件に関する交渉，組合員の健康および安全の保護，消極的組合員の活性化が挙げられている[23]。

第4節　主な労働組合

イギリスの主な労働組合は，1991年と2005年では，表6および表7のようになっていた。大手組合の合併により，UNISONおよびAmicusの2つの巨大組合が誕生したことはすでに述べたが，その他にも，EMAとIPBSという中堅組合の合併により公的部門と私的部門の技師，管理職，科学者などを組織するProspectという大きな組合が誕生している。要するに，合併を繰り返さない限り，組合員10万人以上の組合を維持するのは困難な情況にある。

[1]　団体交渉の形態

イギリスでは，従来，団体交渉が全国・産業レベルで行われることが比較的多かった。この場合，当事者は，全国的または産業規模の使用者団体と労働組合の連合体である。産業によっては，異なった事項の決定は異なったレベルで行われている。また，化学産業などでは，肉体労働者の賃金などの大枠は全国交渉で決められ，一定の事項について行われる企業および事業場交渉で補完される。しかし，団体交渉は次第に分散化してきた。まず，作業方法の変化や労働生産性の向上は，組織的要求の多様化のため全国レベルでは有効にコントロールできなかった。そして，1970年代には，経営者がその支配力を得るために全国ないし多数使用者交渉の役割を制限しようとしてきた。もっとも，1970年代は，産業によりばらつきが大きく，化学および機械産業の肉体および事務労働者に関しては，企業ないし事業場における単一使用者団体交渉が重要であったが，食品，飲料，たばこ，繊維，衣服等の産業では産業レベルと多数使用者交渉がもっとも重要であったといわれる。ところが，1980年代に入ると，東南アジアのニュー・エコノミー，不況，技術革新による国際競争力の激化などから，組織再編，弾力的労働編成，ヒューマン・リソース・デベロップメン

---

[23] Salamon, op. cit., p. 199.

第4節　主な労働組合

表6：1991年の労働組合会議加盟組合の規模（組合員10万人以上）

（組合名）	（組合員数）
1．運輸一般労働組合（TGWU）	1,224,000
2．ジーエムビー（GMB）	933,000
3．国家・地方政府職員組合（NALGO）	744,000
4．合同機械工組合（AEU）	702,000
5．製造科学金融組合（MSF）	653,000
6．全国公共労働組合（NUPE）	579,000
7．小売流通関連労働組合（USDAW）	362,000
8．建設関連職技術者組合（UCATT）	207,000
9．保健労働者連合（CHSE）	203,000
10．通信労働者組合（UCW）	201,000
11．銀行保険金融組合（BIFU）	171,000
12．全国教員組合（NUT）	169,000
13．グラフィック関連職業組合（SOGAT）	166,000
14．全国報道組合（NCU）	155,000
15．行政公務組合（CPSA）	123,000
16．全国グラフィック組合（NGA）	123,000
17．校長・女子教員組合全国連合（NASUWT）	120,000
18．全国鉄道労働者組合（NUR）	118,000
19．全国炭鉱労働組合（NUM）	116,000
20．全国公務公共職員組合（NUCPS）	113,000

出典：D.Farnham and J.Pimlott, Understanding Industrial Relations (5th ed.), p.123 (1995, Cassell).

トなどに力を入れ，営業単位の分散化を進め，政府もまた生活コスト，比較賃率ないし現行相場信仰等に基づく全国賃金交渉は時代遅れでインフレ的で，失業につながるので支払い能力（利益性）と成果に基づき企業や事業場で決定されるべきだとの考えに基づく市場政策をとった。この結果，1986年から1989年には16の民間の多数使用者交渉協定が解消され，1989年から1993年にかけてさらに8つの多数使用者交渉協定が解消された[24]。団体交渉が全国レベルから企業または事業場に下がっている傾向は今日でもみられるが，1990年代には，同時に，労働組合勢力の低下に伴い団体交渉自体の減少が著しくなっ

[24]　M. Salamon, Industrial Relations (2nd ed.), pp. 332-337 (Prentice Hall, 1997).

第4章　集団的労働関係の実態

表7：2005年の労働組合会議加盟組合の規模（組合員10万人以上）

（組合名）	（組合員数）
1．　ユニソン（UNISON）	1,301,000
2．　Amicus	1,179,850
3．　運輸一般労働組合（TGWU）	820,118
4．　ジーエムビー（GMB）	600,106
5．　小売流通関連労働組合（USDAW）	331,703
7．　公共・商業組合（PCS）	295,063
8．　通信労働者組合（CWU）	258,696
9．　全国教員組合（NUT）	239,796
10．　校長・女子教員組合全国連合（NASUWT）	223,486
11．　教諭講師組合（ATL）	108,730
12．　建設関連職技術者組合（UCATT）	110,886
13．　Prospect	105,044

出典：TUC Britain's Union 2005, www.tuc.org.uk/unions-main.cfm.

ている。これらの2つの現象を示すものとして，2000年に出版された調査報告がある。同調査は，過半数労働者が団体交渉でカバーされていた同一事業場の異なる労働者集団が多数使用者交渉，多数事業場単一使用者交渉，事業場交渉という3つの異なる交渉レベルのうち，最終的合意に達するのにもっとも重要となったレベルの割合を明らかにした。これによれば，賃金に関する団体交渉が行われたのは，1984年で60％，1990で42％，1998年では29％となった。そして，合意に達するのにもっとも重要な交渉レベルとして，多数使用者交渉を挙げた集団は，1984年が41％，1990年が23％，1998年が13％であった。また，多数事業場単一使用者交渉を挙げた集団は，それぞれ，12％，14％，12％であり，事業場交渉を挙げた集団は，それぞれ，5％，4％，3％であった[25]。

次に，同報告書は，団体交渉がなされた事業場で団体交渉によりカバーされた被用者の比率がどの程度であったかを調査している。これによると，それらの全ての事業場で，1984年で70％，1990年で54％，1998年で40％となっており，民間製造業の事業場では，それぞれ，64％，51％，46％，公的部門

[25] N. Millward et al., All Change at Work?, pp. 185-187 (Routledge, 2000).

では，それぞれ，95％，78％，62％であった。なお，イギリスで特徴的なのは，同一事業場に組合が複数存在する場合が多いということである。この状態は，最近の組合合併により多少変化したとはいえ依然として顕著である。前記の報告書によれば，前記の事業場で，組合が1つしかない場合は43％，2つの場合は19％，3つの場合は15％，4つ以上の場合は23％となっている[26]。なお，労働力調査によれば，1999年に賃金が労働協約の影響を受けている被用者の割合は，全被用者の53.8％である[27]。

　上記のように，組合の役割の低下は，団体交渉だけではなく，労使間の協議についても現れている。事業場によっては，まだ使用者と組合の組織する合同協議委員会（団体交渉でなく協議を行う機関）を通じて使用者の情報が流される場合があるが，これが開催された事業場は1980年の34％から98年には29％に低下している。使用者の情報伝達が組合以外のコミュニケーション・チャンネルで行われる頻度が高まっているのである。そうしたチャンネルは，定期的ニュースレター，経営者と労働者の例会，提案制度などであるが，1984年と1998年を比べると，ニュースレターは34％から50％に，例会は34％から48％へ，提案制度は25％から33％へとそれぞれ増加しているのである[28]。

　最後に，イギリスの団体交渉に関する専門用語について若干触れておきたい。まず，「交渉単位（bargaining unit）」とは，1つまたは複数の協約の適用される労働者の集団を意味する。この概念は，交渉レベルが使用者側を基準したものであるのに対し，組合側を基準としたものといえる。組合ないし組合の合同団体は，一定の交渉単位内の被用者の交渉代表（bargaining agent or agents）として行動する。この交渉単位は広い場合と狭い場合があり，また交渉団体が少ない場合と多い場合とがある。例えば，化学産業では，比較的広い交渉単位が全国的な比較的少ない交渉団体によって代表されている。国民保健局（National Health Service）においては，8つの比較的狭い交渉単位が多くの交渉団体に代表されている。とりわけ，専門技術職員は，約40の交渉団体により代表されている。交渉単位は，殊に民間部門では，交渉レベルによっても異

---

[26]　Ibid., pp.196-200.
[27]　Labour Market Trends, July 2000, p.332.
[28]　M. Cully, Braitain at Work, pp.229-230 (Routledge, 1999).

なる。企業レベルでは，交渉は多くの異なった交渉単位で行われることが多い。すなわち，熟練工，単純作業工，管理職，ホワイト・カラーといったように別々の組合により代表される別々の協約が締結される。そして更に，これらの協約は，労働時間や年休のような事項は，その企業の被用者全員に適用されるという意味で，交渉単位は企業規模である場合もあるが，例えば，出来高賃金制をとっている場合には，その出来高賃金の単位賃金の決定につき企業内の異なった交渉単位が形成されることもある。「交渉形式（bargaining form）」とは，協約が書面で公式の署名があるか，無書面の非公式のものか，といった協約締結の形式を示す用語である。また，「交渉範囲（bargaining scope）」とは，協約が特定の交渉単位において適用対象としている事項の範囲を指す用語である。一般に，交渉レベルが高くなると，協約はより公式化する。交渉範囲内にない事項は，使用者の経営特権の範囲となり，使用者が自由に決定できることになる。

[2] 争議行為の規模・頻度

過去の記憶からイギリスは特に争議行為の多いところであるように考えがちであるが，実際は，今日，国際的にみて，イギリスは必ずしも争議行為の多い国とはいえない。例えば，2000年の統計比較によれば，イギリスの争議件数は212件であり，日本，アメリカ，ドイツ，フランスおよびイタリアがそれぞれ，118，39，67および966件であった。また，損失労働日数についてみると，イギリスが499,000日であったのに対し，日本，アメリカ，ドイツ，フランスおよびイタリアがそれぞれ，89,000日，20,419,000日，11,000日，808,000日および884,000日であった。さらに，争議参加人数は，イギリスが183,000人であったのに対し，日本，アメリカ，ドイツ，フランスおよびイタリアがそれぞれ，15,0000人，304,000人，61,000人，18,000人および687,000人であり[29]，イギリスの人口規模を考慮しても規模および頻度からいって必ずしも争議行為の多い国とはいえないのである。因みに，2004年の争議件数は130

---

[29] 厚生労働省編・2004年世界の厚生労働平成11年度版海外労働白書（TKC出版，2004年）付表5①-③。

[30] DTI, Labour Market Trends, Vol.113, No.12, S96.

件，損失労働日数は905,9002日，争議参加人数は93,800人であり[30]，1999年以降の争議件数が減り，参加人数と損失労働日数が増加する傾向がみられる。組合の合併による大型化に原因がありそうである。

第5章　集団的労働関係法

第1節　イギリスの集団的労働関係法の特徴

［1］　序

　第1章のイギリスの労働立法の歴史の中からも伺われるように，イギリスの労使関係の特徴は，ボランタリズム，すなわち団体交渉による紛争解決の信頼に基づく法律の労使関係への不介入であったとみることができる。その制度の前提には，使用者と対等に交渉する強力な組合の存在があった。しかし，近年，集団的労働関係における労使の力関係は，明らかに使用者側に有利になってきた。その主な原因は，労働組合の力の源である組合員数の減少と団体交渉および情報・協議関与のために不可欠な使用者による組合承認の減少にある。これらは，労働市場の変化，女性労働の増加などの社会経済的変化とサッチャー政権下での市場主義的経済政策および組合規制の政治的・法的な政策の実施によるところが大きい。実際，サッチャーが首相に就任した1979年には55.4％であった組合組織率は2004年には25.8％に低下した。それは，イギリス労働関係の特徴とされてきたボランタリズムの基盤，すなわち，圧倒的な闘争力を衰退させた。諸政策の基調はブレア労働党政権に変わっても大きな変更はなく，むしろ，欧州連合の指令を基に，労働組合とは別の従業員代表を通じた情報・協議の権利による労働者参加を保障する方向に動いてきている。労働組合を集団的労働関係の複数当事者の1つに過ぎないと考え始めているようにもみえる。その意味でも，組合の団体交渉を中心とした集団的労働関係規制という考え方が弱まっている。したがって，団体交渉を推進するような仕方の集団的労働紛

争解決手続の意義もまた変化しているといってよい。本章では，イギリスの集団的労働関係のボランタリズムが現在どのように維持され，また，どのような今日的意味をもつに至っているのかという点にも留意しながら，多少，第1章の繰り返しになることもあるが，ここで集団的労使関係の法について記述することとする。

[2] イギリス労使関係におけるボランタリズムの意味

労使関係のボランタリズム（正確には，コレクティブ・レッセフェール）とは，Kahn-Freund 教授が 1950 年代のイギリスの労使関係を分析し発見したイギリス労使関係を特徴づける概念であり，今日でも依然として広く使用されている。Kahn-Freund 教授によれば，それは3つの要素からなる。すなわち，①仕事に関する規制は集団的自主規制によること，②集団的自主規制はできるだけ国家からの自治を維持することにあること（協約は法的に強制できず，個々の雇用契約の内容となる），③法の唯一の役割は自治制度が機能できるようにすることにあること（コモン・ローは個人に重点を置くものであるから，集団的自治のためには立法が必要）というものである[1]。このような労使関係が形成されたのは，イギリスの労使関係の歴史と深く関係している。イギリスでは，1720 年主従法には団結禁止条項が置かれ，1799 年には本格的な団結禁止法が制定されたにもかかわらず，労働者の階級闘争意識と組合運動は決して弱化せず，むしろ，団結に対する弾圧の反動として強化されたともいえる。そして，その後の国家や使用者の刑事法および民事法による攻撃のたびに組合は強力になり，また政治に影響を与えて，難局を乗り越えていった。こうした中で，国家の介入なくして産業平和を維持し，雇用条件の基準を設定できる労使自治と任意的な団体交渉への徹底的信頼が醸成されてきたということができる。換言すれば，イギリスの労使関係におけるボランタリズムとは，特別な法律の助けなく，自力で使用者と任意的団体交渉をなし得るに足る強力な組合の存在を前提とする発想の上に立っていたといえる。こうした労使関係のもとでは，被用者は法律上きわめて限定された権利しかなく，被用者の保護はもっぱら使用者と労働組合の

---

[1] C.Kilpatrick, UK Report for the Project to Study Conciliation, Mediation and Arbitration (2003), p. 3.

間で締結された法的拘束力のない労働協約（ただし，労働条件は慣行的に個別労働契約に編入される）による苦情処理手続によって処理された。このため，その労働協約は，既存の協約の解釈適用をめぐる紛争（権利紛争）と新たなルール設定をめぐる紛争（利益紛争）を区別せず，すべての紛争は，団体交渉，当該協約の利用およびストライキやロックアウトという争議行為で解決されることとなっていた。1960年代後半において，マニュアル労働者に関するだけでも500の全国規模の労働協約が存在し，約1,800万人の労働者が全国規模の団体交渉手続によってカバーされていたといわれる。

[3] 国家によるボランタリズムと紛争解決の支持・促進

国家は，上記のようなボランタリズムとそれに基づく紛争解決を支持，促進してきた。1881年設置の「労使関係を調査し発見された欠陥を是正する立法が可能か否かについて報告する」ための王立委員会の報告に基づき，1896年に労働省の前身である産業局に紛争あっせんの権限を与えるあっせん法（Conciliation Act 1896）が制定された。そして，産業局は「あっせんが行われるとき，それは事実上外部の援助を得た団体交渉過程の継続である」と述べたのである。同法は，大臣に両当事者の同意を得て仲裁人を任命する権限を与えたが，この権限はほとんど行使されなかった。また，1916年に，過激な非公認的な組合員集団の行動を抑えるための施策を調査するために設置されたホイットレー委員会は，産業レベルの団体交渉が労使関係を規制する常套手段でなければならないという勧告を行い，その結果，公的部門における労使の合同産業委員会を大きく成長させた。また，同委員会は，常設国家仲裁機関の設置を勧告し，その結果，1919年に，両当事者の合意，両当事者が自身の手続を尽くしたことなどを条件として労働大臣が紛争を仲裁に付託することができることを定める1919年労働裁判所法（Industrial Court Act 1919）が制定された。さらに，ホイットレー委員会は，未組織産業分野の三者構成委員会の設置を勧告し，1918年には，あっせん的要素を織り込んだ団体交渉代替物である賃金審議会が設置された。

第5章　集団的労働関係法

[4]　1960年以降の労使関係・労働法制の変容

　戦時および戦後しばらく続いた完全雇用のもとで，労働力確保の困難性から，使用者は労働組合に対して相対的に弱い立場に置かれ，しかも，使用者は賃金コストの増大を消費者に転嫁することができた。こうした状況下で，企業レベルおよび事業場レベルの非公式な交渉が重要となり，特に事業場レベルの交渉は労働組合中枢および使用者団体のコントロールの外にあり，無秩序・無責任な形で行われ，労働の仕方を含めた職場規律に重要な影響を与え，山猫スト頻発の原因となり，また，賃金ドリフト（上乗せ）を作り出した。1960年代に入ると，こうした状態がイギリス企業の経済競争力を弱体化しているとの認識が政府の中に強まった。1963年のドノヴァン報告は，非公式の制度が公式の制度のコントロールを離れてしまっていることを問題として，包括的工場協定と実効性のある紛争処理手続により中央交渉の強化が必要と考えたが，中央交渉の法的強制を考えず，交渉レベルを減ずる労使交渉の協議機関による任意的改革を援助するための労使関係委員会の設置を勧告した。また，労働組合の承認，協議および情報の権利のような団体交渉の法的援助を勧告した。

　労働党はドノヴァン報告が実施に移される前の1970年総選挙で敗北し，保守党政府は，アメリカ合衆国から輸入された発想のラディカルなアプローチを採用した。労働組合承認の法的強制制度，一定期間有効な法的拘束力ある労働協約の概念を導入し，協約期間満了前の争議行為を違法とし，適法な争議行為は特定の規則と手続により規制された。争議行為前の批准投票制度が導入され，特定の状況下での28日の強制的クーリング・オフ期間が定められた。しかし，こうした制度を定めた1971年労使関係法は労働組合の既得の自治を侵害するとして闘争が激化し，1974年の労働党政権下で廃止された。労働党政府は，団体交渉を奨励するための包括的な法的制度を導入した。その代償として，労働党政府は組合に賃金要求緩和とインフレ抑制への協力（社会契約）を求めた。しかし，これは，生産性取引から利益を得られない公共部門で破綻し，1979年にサッチャー保守党政権へと導いた。サッチャー首相およびメージャー首相の保守党政権下では，1971年法の失敗を教訓として漸進的かつ徹底した組合弱体化政策が繰り広げられた。これらとともに採られた自由企業，公開競争，

第1節　イギリスの集団的労働関係法の特徴

効率性を奨励する経済政策は，企業の合理化と再編，国家の歳出の削減，国営企業の民営化，公的サービスの規制緩和を促し，また，経済のソフト化とグローバル化によって，組合の弱体化は急速に進んだ。その後，1997年の総選挙でブレア労働党政権が成立したが，その後行われた労働法の変革はほとんどが個別的労働関係のEU化であって，団体交渉等に関しては，労使の合意を重視した形で法定組合承認手続を復活させたことくらいしかない。

　イギリスの集団的労使関係は，任意的団体交渉と法的拘束力なき協約は原則として従来のままであるが，1971年以降，明らかに厳しい組合規制と争議規制といういわば片面的法規制を受けるようになってきた。後者は，コモン・ローの介入の余地を一定程度1906年法以前の状態へと拡大している。これと逆の方向への規制は，1999年雇用関係法で導入された法定組合承認手続であるが，これは後に検討するようになお任意性を強調している。しかし，これらから，集団的労働関係に法律の介入がなされていることは明らかである。しかも，過酷ともいうべき片面的法規制により任意的交渉を行い，協約を自力で強制する強力な組合は次第に姿を消しつつある。すなわち，組合は手足を縛られた上で，団体交渉することを放任されているに過ぎないといってよいであろう。実際のところ，ブレア労働党政権にとって，労働条件決定が組合の合意によろうとその他の手段（特に，労使協議会などの従業員代表との協議）によろうと個々の労働者の選択に委ねればよいとの立場をとっているとみることができる。また，個々の労働者に対する不公正解雇をはじめとする直接的な雇用権保護立法は個別的労働関係のEU化とあいまって完備しつつあり，労働者の組合に関する関心も著しく低下した。国家法の介入なく使用者と組合が自立的に労働関係を規律する伝統的ボランタリズムが維持される基盤はもはや存在しないといってよいのである。

第5章　集団的労働関係法

第2節　労働組合

[1] 労働組合の定義

(1) 法律の規定

1992年労働組合労働関係（統合）法第1条は，次のように定義している。「労働組合とは次のような組織（一時的か恒常的かを問わない）をいう。(a)もっぱらまたは主に一ないし複数の種類の労働者により構成され，その主な目的が労働者と使用者または使用者団体との間の関係を規制することにある組織，または(b)もっぱらまたは主に(i)(a)号の条件を満たす構成組織ないし加盟組織（あるいはそれ自体がもっぱらまたは主に同号の条件を満たす構成組織ないし加盟組織から構成されている構成組織ないし加盟組織）から構成されるか，あるいは，(ii)そのような構成組織ないし加盟組織の代表者により構成されている組織であり，かつ，その主な目的が労働者と使用者または労働者と使用者団体の間の関係を規制し，または，構成組織間ないし加盟組織間の関係を規制することにある組織」。要するに，主に労働者により構成され，労使関係を規制することを主な目的とする組織，および，その上部組織か，その下部組織の代表者からなる組織で労使関係または下部組織間関係を規制することを主な目的とするものが労働組合とされるのである。ここでは，労働組合の自主性（これは多くの権利・救済に必要とされるが）や労働者の経済的地位の向上は要件とはされておらず，下部組織間関係を規制することを目的とする組織も労働組合とされるのである。

(2) 裁判所の解釈

したがって，労使関係を規制する目的が副次的でしかない組織は，労働組合とはいえない。Middland Cold Storage v. Turner [1972] ICR 230 (NIRC) では，いろいろな組合から集まったショップ・スチュワード（非専従の組合役員）の委員会は，その目的が争議行為をなすべきかを協議することであり，使用者との交渉を行うことではなかったので，労働組合ではないと判示された。しかし，当該目的は，組合規約に定められている必要はなく，その実態から判断できれ

ばよいとされる。British Association of Advisers and Lecturers in Physical Education v. NUT［1986］IRLR 497 (CA) では，規約は，会員の職業的利益に関するものとしか定めていなかったが，その交渉機構により会員の労働条件を決定していたという実態があったため労働組合とされた。また，上記のような目的を有する限り，その組織が組合の一部門，組合の支部の労働者委員会，ショップ・スチュワードの委員会あるいは一定地域の調整委員会（coordinating committee）であっても，また，一時的な組織であっても労働組合として認められ得る。組織の規模や力量は組合該当性に関係なく，支部の組織員が主要な組合の組織員であることは支部の組合該当性を否定するものではないとされている[2]。News Group Newspapers Ltd. v. Society of Graphical and Allied Trades (SOGAT)［1986］IRLR 227 (CA) で，控訴院判事 Glidewell は，次のように述べている。「組合員が全国に広がる大きな組合は，しばしば，地方または地域の組織を持とうとする。そのような組織はいろいろな形態をとる。1つは各地域または地方の組織がそれぞれ1つの組合である連合組合（federal union）であり，その場合，その全国組織は地方組合の連合体でありかつ労働組合である。全国炭鉱労働組合はその例である。もう1つのタイプは，中央集権的なものであり，地方支部は全国組合の目的を実行し，その財産を占有し，その基金を運用する代理組織（agency）に過ぎない。」因みに，本件の SOGAT の支部の場合のように，その支部がそれ自体組合といえなくとも，財産の帰属については，全国組合とは別にその支部の組織員のためだけに使用されると考えられる場合がある。すなわち，「各支部の組織員の権利能力なき社団（unincorporated associations）であり，その（全部ではないが）いくつかはそれ自体が基金や財産を有している。権利能力がないため，その基金や財産は支部の受託者（trustee）に帰属し，受託者が支部の組織員全員の利益のためにそれを維持するのである。……この意味で，その支部はメンバーズクラブの性格を有しているのである。」このため，News Group Newspapers Ltd. v. SOGAT では，SOGAT（グラフィック関連職業組合）の事務管理職ロンドン支部の基金は，同組合の財産として差押えの対象とならないとされたのである。

(2) News Group Newspapers Ltd v. Society of Grapphival and Allied Trades (No.2)［1986］IRLR 337 (HC); Midland Cold Storage v. Turner［1972］3 All ER 773 (NIRC).

(3) 「労働者」の定義

ところで，同法1条(a)号にいう「労働者」の意味については，296条が明確な定義を定めている。それによれば，労働者とは，(a)雇用契約または(b)その職業的顧客ではない契約の相手方当事者に個人的に労働またはサービスをなしまたは遂行することを約するその他の契約に基づいて，あるいは，(c)当該雇用が(a)または(b)に該当しない場合，政府の省によるまたは省のための（国王の陸海空軍の隊員以外の）雇用において，労働し，または通常，労働しあるいは労働しようとする個人であると定義している。この定義は，集団的労働関係の法規制が雇用契約により雇用された被用者でない労務契約の当事者にも適用され，また，いわゆる公務員などにも適用されるように定められている。またこの定義から，Carter v. Law Society [1973] ICR 113 (NIRC) では，ソリシター協会は，労働組合ではないとされた。

(4) 具体例

以上の1992年労働組合労働関係統合法第1条の定義から，(i)地域組合の連合体（例えば，炭鉱労働組合），(ii)合併後も独立性を維持する組合（例えば，保健官組合を内部に有する製造科学金融組合（MSF）），(iii)労働組合会議（TUC）および(iv)国際的な労働組合の連合体等（例えば，国際運輸労組連盟（ITWF）の組織も「労働組合」に該当する[3]。

[2] 労働組合の法的地位

すでに第2章第2節 [4] でみたように，労働組合は，法人ではないが，タフヴェール判決により，1871年労働組合法により登録された組合は，その名前で訴えられ，それ以外の組合も執行委員または受託者の名前で訴えられ得ると判示した。したがって，また，労働組合は，自ら，その名前で訴訟を提起することもできるとされた[4]。要するに，組合は法人の地位を有しないとしても社団としての性格は有しているということができる。現在，1992年労働組合労働関係（統合）法10条は，労働組合は法人ではないが，契約を締結し，そ

---

[3] J. Bowers, Bowers on Employment Law (5th ed.), p. 404 (Blackstone, 2000).
[4] NUGMW v. Gillian [1946] KB 81 (CA).

の名前で訴えまたは訴えられ，刑事上の訴追を受ける能力があると規定されている。同法12条は，組合が受託者をもって財産を所有することを認め，組合に対してなされた判決や裁定は，法人に対してなされるのと同様な仕方で組合財産に対して強制執行されると定めている。さらに，23条は，組合員および受託者の私的財産は，会社の株主が有限責任の概念により保護されるのと同様な仕方で保護されると規定している。しかし，同法は，法人と同一であるとはしていないのであり，例えば，組合は名誉毀損の法的保護を受けることのできる法的人格を有しないとされた[5]。かつて，1971年労使関係法は，これを一歩進めて登録した組合には，特定の争議行為免責特権を与えると同時に，法人の地位を付与しようとしたが，組合の登録拒否運動により実現できず，第1章第3節[3]でみたように，1974年労働組合労働関係法によりこの新たな登録制度は廃止された。

[3] 任意登録

任意登録制度は，1871年労働組合法によって導入されたものであり，上記の1971年法の変革の試みの後，1974年法が，1871年労働組合法と同様の任意登録制度を復活させた。現在，1992年法第2条ないし4条は，次のように定めている。すなわち，認証官（Certification Officer）が任意的登録簿を管理する。ある組織の申請に基づき，認証官が前記1条の「労働組合」の要件を満足していると認めた場合，その組織名は組合として登録簿に掲載される。また，登録された組合が同法の要件を満たさなくなった場合には，認証官はその登録を取り消すことができる。登録組合の申請に基づき，認証官はその組合が登録組合であることの証拠としての効果を有する証明書を発行する。登録に関し異議を有する組合は，雇用控訴審判所に申立てをなすことができる（同法9条）。登録組合のみが次に述べる自主的労働組合として「自主性（independence）」の認証を受けることができる（同法6条）。

[4] 自主的労働組合

第1章第3節[3]でみたように1971年法導入した強制的組合承認手続は，

---

(5) EETPU v. Times Newspapers Ltd [1980] 1 All ER 1097 (QB).

結局，実質的に機能しないまま廃止された。その後，1975年雇用保護法は自主的労働組合がACASに申し立てることのできる法定組合承認手続を導入した。この制度のもとでは，使用者がある自主的労働組合（independent trade union，この意味については後述する）を任意的に承認しない場合，その組合が同局に申し立てると，同局はまず調停による解決を試み，それが失敗し，またはその成功が期し得ない場合には，その承認問題に関するあらゆる者の意見を聴いて，関係被用者の意見を確認する。その調査検討を経て，その必要があれば承認勧告を行う旨の報告をする。使用者がその勧告を遵守しない場合，組合は同局に勧告不遵守の申立てをなす。同局が問題を調停により解決できない場合，組合は中央仲裁委員会（CAC）に申請をなし，その承認勧告の対象となっている個々の被用者の雇用契約に特定の契約条項が含められるべきことを要求することができる。申請に理由ありとする場合，同委員会は，その旨を宣言し，使用者が雇用契約の内容とすべき契約条項を明らかにする。この裁定により，当該条項は，個々の被用者の雇用契約に編入されるほか，組合は承認されたものと同一に扱われるとされていた。しかし，この制度も1980年雇用法（Employment Act 1980）により廃止された。

　その後，保守党政権のもとで，長い間，組合承認は労使の任意的問題に過ぎないとされてきた。すなわち，使用者は，職場の力関係に服しつつ，自由に組合を承認したり，その承認を解消したりすることができるということを意味した。ところが，1997年の総選挙で労働党は制定法による組合承認権の導入の意図を示し，1999年雇用関係法によって，きわめて念の入った詳細な組合承認手続を制定した。その理由は，1975年法の承認手続の失敗は，ACASとCACのとった措置が不服の対象とされ司法審査に持ち込まれたことにあるとの反省から，承認手続は詳細かつ明確なものでなければならないと考えられたためである。いずれにせよ，組合が「自主性」を有しているか，「承認」されているかということは，イギリスの組合に関する多くの法律上の権利に重要性を有する。

　そこで，ここでは，まず，「自主性」について説明することにする。1992年法6条ないし9条は，認証官は，登録簿に登録されている組合に「自主性」の認証を与えることができ，また，当該組合が「自主性」を失ったと判断すると

きはその認証を取り消すことができるとしている。そして，認証に関し異議を有する組合は，雇用控訴審判所に訴えをなすことができる。この認証は当該組合が自主的労働組合であることの確定的な証拠となる。自主的労働組合とは，使用者に支配 (control) されず，資金，物資，その他の便宜による使用者介入 (interference) の恐れのない組合をいう，としている。Blue Circle Staff Association v. Certification Officer [1977] ICR 224 (EAT) で，雇用控訴審判所が支持した1976年の認証官の認証基準は次の通りである。(i)資金——使用者からの直接的資金援助がある場合は認証しない。(ii)その他の援助——組合が使用者から得ている無料の事務所，役員のタイム・オフ，組合事務設備などの物質的援助を調査する。(iii)使用者の介入——組合が零細弱小で，使用者の援助を受けている場合，自主性は危うい。(iv)歴史——その組合の起こりが使用者が創った職員団体であるような場合，自主性が疑われる。(v)組合規約——組合員資格が限定されているとか，会社のトップに近い者が組合運営に従事している場合，自主性が疑われる。(vi)企業別組合——使用者の介入の可能性が大きい。(vii)組織——規模，組合員オルグ能力，組合が有能かつ経験豊富な幹部により運営されているか，組合の財政状態，組合の支部や委員会の組織の構造などを検討する。組合が会社の上級管理職により運営されている場合は，自主性は危うい。(viii)姿勢——確固たる交渉姿勢は真の自主性の証拠となる。

[5]　政 治 基 金 (political Fund)

(1)　政治目的の金銭支出

　政治基金については，第1章第2節(5)でみたように，オズボーン判決の後に制定された1913年労働組合法で一応の解決がなされた。その後，1984年労働組合法がこれに大きな修正を加えた。すなわち，10年ごとの組合員の投票により，政治基金が維持されるべきか否かが決定されるとしたのである。現在，1992年法71条は，直接的か間接的かを問わず政治目的の金銭の支出は，独立の政治基金からのみなし得ると規定している。すなわち，政治目的の推進のために (in the furtherance of the political objects) 組合の基金を用いることは，当該目的の推進を組合の目的とする政治決議 (political resolution) とその支出が独立の基金からなし反対する組合員からの拠出を免除する認証官に承認され

た組合規約がある場合にのみなし得る。

　そして，政治目的の金銭の支払いとは，以下のような金銭の支出をいう。すなわち，「(a)政党の基金への献金または政党が直接間接に被った経費の支出，(b)政党によりまたは政党のために用いられる役務または財産供与のための支出，(c)候補者の登録，ある者を候補者とすること，候補者の選出，議員選挙に関する組合投票の開催に関する支出，(d)議員の事務所の維持，(e)政党によるまたは政党のための会議，または，政党に関係する事業取引を主たる目的とするその他の会議を開催するための支出，(f)政党または候補者に投票するように，または，しないように人々を説得することを主な目的とする文献，文書，映画，録音，または，広告の作成，出版または流通のための支出」である（72条1項）。71条の規定に違反して，組合が基金を適用したと主張する当該組合の組合員は，認証官に対し，その違反があったことの宣言を求める申立てを提起することができる。認証官が宣言（declaration）を行う場合，その宣言の中で違反した規定と違反して使用された基金の額を特定する。もし，認証官が違反の宣言を行うが，組合がその違反を是正し（remedying），かつ，将来において同種の違反を起こさないことを保証する措置を講じ，または，講じることに合意すると思料する場合は，その宣言に当該措置を明記する。宣言をなす場合には，認証官は正義に沿うと思料するような違反の是正を命じる。認証官の宣言は，裁判所がなした宣言と同一の効力を有し，その命令は，不遵守を裁判所の命令と同一の方法で執行される。組合員または当時の組合員は，当該命令の履行を強制する権利がある。違反について認証官に申し立てた者は，同一の違反に関し裁判所に訴えることはできず，裁判所に訴えた者は，同一の違反に関し認証官に申し立てることはできない（1999年雇用関係法によって1992年法に付加された72 A条）。

(2) 承認手続

　上記のように，政治目的の金銭支出には政治目的の推進を承認する有効な政治決議が必要であり，その決議は認証官により承認されてきた組合の政治投票規則（political ballot rules）に従って行われる最低10年ごとの投票で支持されていなければならない（73条）。認証官はその規約が独立監視人（independent scrutineer），組合員全員の投票権を含み，郵便による秘密投票，投票監視人の報告等を定めていない限り，認証官は組合の政治投票規則の承認を行わない（74条から78条）。組合が政治決議に関する投票を認証官の認めた政治投票規則に従わない方法で行ったこと，または政治決議に関して提案された投票に関して認められた政治投票規則に従わなかったことを主張する十分な利益を有する者（すなわち，当該組合の組合員であり，かつ，投票時に組合員であった者）は，組合が投票結果を公表した日から1年以内に認証官または裁判所にその旨の宣言を請求することができる（79条）。請求が認証官に対してなされた場合，認証官は，可能な限り，請求後6カ月以内に，請求された宣言を行いまたはそれを拒否する。宣言を行う場合，その宣言において違反した規定を特定する。認証官が違反の宣言を行うが，組合がその違反を是正し，かつ，将来において同種の違反を起こさないことを保証する措置を講じ，または，講じることに合意すると思料する場合には，その宣告に当該措置を明記する。認証官が宣言を行う場合，不当でないと思料する限り，同時に，次の義務のいくつかを組合に課す履行命令（enforcement order）を行う。その義務とは，当該命令に従って選挙を行うことを保証すること，当該命令に特定された違反を是正するその他の措置を講じること，および，将来同種の違反が起こらないようにするために特定された行為を行わないことである。もし，前記の「十分な利益を有する者」が認証官ではなく裁判所に宣言を請求し，他の者が同一の問題に関して，認証官に請求した場合は，認証官は，当該問題に関して裁判所によって与えられ，自身が知ることとなった宣言，命令，見解または理由を考慮に入れなければならない（80条）。宣言の請求が裁判所になされた場合，裁判所は上記の認証官の場合と同様なかたちで宣言および履行命令を行うことができる。ただし，裁判所は，それが適当と思料するときは，仮救済命令をなすこともできる（81条）。

(3) 組合員の拠出免除

組合員は，政治基金への拠出に反対する旨の通知を行えば，その拠出を免れることができる。組合員はそのことを理由として，不利益を受けまたは組合から除名されない。組合員は，この違反につき，認証官に対して申立てをなした場合には，認証官は諸般の事情に照らして正当と考える救済命令を発すること

ができる（82条）。政治決議がなされるとき，組合員は，反対する権利があることを知らされ，かつ，組合事務所または認証官から除外通知様式を入手する機会が与えられなければならない（84条）。組合員が使用者に対して政治基金の拠出を免除されている旨証明した場合は，使用者は賃金（emoluments）からの控除が行われないようにしなければならない。他の組合員の賃金からの組合費の控除を継続している場合，使用者が前記証明を行った者の賃金からの組合費の控除を拒否することは，それが拠出免除の証明その他の控除禁止義務に基づくものでない限り許されない（86条）。これに違反して，使用者が賃金から控除しまたは控除することを拒否しされた者は，その賃金の支払日（支払いが複数の場合は最後の支払日）から3カ月以内（それが実行不可能である場合は，合理的と考えられる期間内）に雇用審判所に訴えを提起することができる。訴えに理由ありとする場合，審判所は，その旨宣言し，使用者に対し，賃金の差額の支払いを命じるほか，一定の期間内に使用者が特定の処置を講じるよう命ずることができる。この命令の不履行があったと主張する者は，命令後4週間経過した日から6カ月以内に不履行の訴えをなすことができる。この場合，不履行に合理的な理由がなければ使用者に対し2週給分の金額の支払いを命じる（87条）。

[6] 労働組合の会計

(1) 組合員の会計監査

1988年以前，組合員は組合の会計を監査する制定法上の権利を有しなかった。ただ，組合規約が組合員にそうした権利を与えている場合があり，その場合には組合員は会計士を用いる権利があるとされた[6]。しかし，1988年雇用法は，会計記録（accounting records）作成後6年間は当該会計記録を監査させる義務を組合に課し，監査に当たって公認会計士を用いる権利を組合員に与えた。現在，組合の会計に関する規定は，1992年労働組合労働関係（統合）法に受け継がれているが，その会計規制は，1993年労働組合改革・雇用権法により強化されている。以下，その規定の内容を略述する。1992年法は，まず，28条で，組合に適切な会計記録の作成保管し，かつ，その適切な保管制度の

---

[6] Taylor v. NUM (Derbyshire Area) [1985] IRLR 65 (ChD)..

確立維持する義務を課した。会計記録作成後6年間は会計記録が監査できるようにし（29条），その記録対象期間に組合員であった者には，その要求後28日以内に，会計記録を監査する権利を与えた（30条）。この監査につき，組合員は会計士を用い，また，写しをとることができるとした。組合がその要求に従わない場合，当該組合員は裁判所または認証官に対し，そこ履行命令を求めることができる。また，裁判所に対しては仮救済命令を求めることもできる。ただ，裁判所に訴えた場合は，重ねて認証官に申立てをなすことはできない。なお，認証官の命令は裁判所の命令と同様に執行され得る（31条）。

(2) 認証官の権限

組合は，組合の収支，貸借対照表その他の会計，組合の執行委員，委員長および書記長の報酬等の詳細，組合の監査人（auditor）の作成した報告書の写し，組合の関連規則，登録されている組合員の人数とその中で住所不明の者の人数などを含む年間報告書（annual return）を，毎年，認証官に送付しなければならないとする（32条）。さらに，32 A条は，その年間報告書送付の8週間以内に，当該年度の組合収支，組合費収入，政治基金の収支，組合の執行委員，委員長および書記長の報酬，年間報告書に含まれる会計に関する監査人の報告を含む書面を全ての組合員に与えなければならない。そして，その書面には，組合会計の不信部分につき，各組合員がとり得る手段に関する法定された文言を挿入しなければならないとした。認証官は，理由があると思料する場合にはいつでも，組合またはその支部に適切な書類の提出を求める権限を有し，その職員その他の者に同様の権限を付与することができるほか（37 A），その職員その他の者を組合の財政問題を検査する検査官（inspector）に任命することができる（37 B）。38条は，組合が組合員または元組合員に対して年金として支払う手当の制度（これは独立の基金を設けることによってのみ可能）に関しては，5年に1度の公認保険数理士による検査を要求し，その検査報告の写しが認証官に送付されることを義務づけた（38条ないし42条）。そして，組合の会計記録監査，年間報告および年金制度に関する各義務の違反を刑事犯罪として処罰することとした（45条）。この結果，組合員の組合会計に対する権利は，株主の会社に対する権利に匹敵する者となったばかりか，組合会計に関する情報は，

株主のそれより大きいものとなったとの見解がある(7)。

[7] 組 合 規 約 (rule-book)

(1) 組合規約の法的意義

組合規約は，通常，組合と組合員との契約条件を構成すると考えられている。もっとも，組合規約の解釈は労働協約や労働契約の解釈と同様に必ずしも容易でない場合が多い。その解釈基準については，裁判所の見解は必ずしも一致していない。例えば，Heaton's Transport v. TGWU ［1973］AC 15 (HL) において，Wilberforce 卿判事は，「労働組合規約は国会の起草者により起草されたものではない。裁判所は，そのようなものとして解釈する誘惑に抗しなければならない。なぜなら，そのような解釈は，その合意の当事者である組合員が規約に定められた全部または幾つかの条項を理解する仕方ではないからである」と述べたが，British Actors' Equity Association v. Goring ［1978］ICR791 (HL) で，子爵 Dilhorne 判事は，他の文書と同様に「われわれの責務は，われわれからみて何が意図されていたかということに一致する合理的な意味を与えるように解釈することである」と述べている。むしろ，その後の判例に影響を与えているのは Jacques v. AUEW (Engineering Section) ［1986］ICR 683（ChD）の Wagner 判事の見解であるといわれる(8)。同判事は「労働組合の規約は文理的にまたは制定法のように解釈されるべきではない。それは，その起案者，目的およびそれが名宛人としている読者を念頭に置きつつ，裁判所からみて何を意図されていたのかということに一致する合理的な意味を与えるよう解釈されるべきである」と述べている。

(2) 法 的 効 力

こうした組合規約も制定法の規定に違反する場合には無効となる。例えば，1992 年法 69 条は，組合員契約には，組合との関係の終了には合理的な予告期間と条件とを与えられる権利が黙示的に含まれると規定している。1975 年性差別禁止法 12 条および 1976 年人種関係法 11 条は，性別や人種を理由として，

---

(7) Lockton, Employment Law, at p. 259 (Macmillan, 1994).
(8) S. Deakin & G. S. Morris, Labour Law (4th ed.) p. 928 (Hart Publishing, 2005).

組合員資格や組合員に与えられるべき便宜を差別し，または不利益を与えることを禁止している。また，コモン・ローに違反する規約は効力がない。Drake v. Morgan［1978］ICR（HL）では，組合員が違法なピケッティングを行った後に，その組合員の罰金を肩代わりする組合の決議に対する差止命令の申請が拒否された。しかし，組合が組合員の将来の違法行為について罰金を補償する旨の決議は，組合員の犯罪行為を助長するもので違法であると判断された。その後，1988年法は，違法行為の補償は，それが過去の行為に対するものか将来の行為に対するものであるかを問わず違法とした（現在，1992年法15条）。

(3) 黙示条項による補充

組合規約は明示の契約条項であるから，組合と組合員の契約（組合員契約）の内容が，黙示条項や慣行により補充されることもあり得る。Heaton's Transport v. TGWU［1973］AC 15（HL）において，貴族院は，組合規約に明示の規定がなくとも，ショップ・スチュワードは，争議行為を呼びかける慣行上の権利を有していたと判示した。また，MacLelland v. NUJ［1975］ICR 116（EAT）では，重要な組合会議の前には適切な予告が与えられるとの黙示的条項が組合規約に含まれていたと判示した。

(4) 組合規約違反

また，組合規約に反する組合の行為は違法ないし無効となる。したがって，規約に反する除名処分などの統制処分は無効となるし，組合規約に反する争議行為は違法とされる。前者に関しては，例えば，Bonsor v. Musicians Union［1956］AC 110（HL）で，組合規約で除名権限を与えられていなかった組合支部書記長が組合規約に反して6カ月以上組合費を滞納した者に行った除名処分が無効とされた。また，後者については，例えば，Taylor v. NUM（Derbyshire Area）(No.1)［1985］IRLR 440（Ch.D）では，争議行為が正式なものとされるには組合規約により当該地域の55％を得票しなければならないとされ，Taylor v. NUM（Yorkshire Area）［1984］IRLR 445（Ch.D）では，1年半ないし2年前に当該地域で行われた投票は規約に基づくスト指令を正当化し得ないとされた。

(9) Clark v. Chadburn［1984］IRLR 350（ChD）.

また，組合員に対する規約違反の統制処分は差し止められ[9]，ストのための組合費徴収決議は無効とされた[10]。なお，組合規約と組合員の関係については，第 3 節の [1] で再度言及する。

[8] 組 合 選 挙

(1) 役員選挙

組合幹部に関する選挙制度を導入した最初の法律は，1984 年労働組合法である。同法は，本部執行委員会の決議権を有する執行委員全員の 5 年後との選挙を義務づけた。これは，従来，イギリスでは，終身の組合委員長などがおり，特に 1984 年中頃から 1985 年 3 月まで激しい争議行為を行った全国炭坑労働組合のスカーギル委員長等はその典型であった。もっとも，それらの組合委員長は，自らその地位を降りたため，同法の適用を受けた例はないといわれる。その後，1988 年法がいわゆるスカーギル条項と呼ばれるものによって，1984 年労働組合法を修正した。これは，執行委員の決議権を外すことにより，1984 年法を免れることを阻止しようとしたものといわれる。この結果，現在では，1992 年法により，組合委員長，書記長および執行委員は全て，5 年ごとに選挙で再選されなければならないとされる。執行委員とは，組合の規約または慣行により，執行委員会の会議に参加しかつ発言できる者をいうとされる。ただし，その会議において，執行委員に技術的，専門的助言や事実的情報を与えるだけの者は除く（46 条）。

(2) 役員選挙規定

全ての組合員は選挙に立候補することを妨げられないこと，および，全ての候補者は如何なる政党の党員であることも要求されない（47 条）。現に失業中の者，組合費の支払いを遅滞している者，徒弟，訓練生，学生または新規加入者たる者を除く，全ての組合員は，投票権を有する（50 条）。投票は郵送で行われることの他，投票用紙に記載されるべき内容まで 1992 年法に規定している（51 条）。この選挙に際しては，前もって組合は独立の監視人（independent scrutineer）を任命しなければならない（49 条）。監視人は，投票用紙返還最終

---

[10] Hopkins v. NUS ［1985］ IRLR (CHD).

日の後合理的にみて可能な限り早い時期，返還された用紙の数，有効投票数，法律違反がないことなどを記した選挙報告書を作成しなければならない（52条）。組合は，組合員の名簿を監視人に調査させ，監視人はその結果を選挙報告書に記載しなければならない（49条）。また，組合は投票の票読みを独立性を有する者にさせなければならず，もしそれが監視人でない場合は，監視人は読まれた投票用紙を受け取り，独立の票読み人が誰であり，その任務の遂行が満足のいくものであった旨を報告書に記載しなければならない（51A条）。

(3) 選挙規定違反

以上の選挙に関する規定につき違反があった場合，その違反を主張することに「十分な利益を有する者」は，組合が選挙結果を公表した日から1年以内に，認証官にその旨の宣言を請求することができる（55条）。その「十分な利益を有する者」とは，(i)組合員（ただし，選挙が行われた場合は，当時すでに組合員であった者。）または(ii)選挙時に候補者または候補者であった者をいう。認証官は，可能な限り，請求後6カ月以内に，請求された宣言を行いまたはそれを拒否する。宣言を行う場合，その宣言において違反した規定を特定する。認証官が違反の宣言を行うが，組合がその違反を是正し，かつ，将来において同種の違反を起こさないことを保証する措置を講じ，または，講じることに合意すると思料する場合には，その宣告に当該措置を明記する。認証官が宣言を行う場合，不当でないと思料する限り，同時に，次の義務の幾つかを組合に課す履行命令（enforcement order）を行う。その義務とは，当該命令に従って選挙を行うことを保証すること，当該命令に特定された違反を是正するその他の措置を講じること，および，将来同種の違反が起こらないようにするために特定された行為を行わないことである。前記の「十分な利益を有する者」は誰でも，その請求をなした当事者であるかのように，履行命令の遵守を強制する権利を有する。認証官の宣言は裁判所が行った同一の効力を有し，履行命令は裁判の命令と同一の仕方で執行される（55条）。組合の違反を主張するに「十分な利益を有する者」が裁判所に対して宣言を請求した場合，裁判所は上記の認証官の場合と同様なかたちで宣言および履行命令を行うことができる。ただし，裁判所は，それが適当と思料するときは，仮救済命令をなすこともできる（56条）。

[9] 組合間紛争

(1) ブリドリントン協定

イギリスの事業場には同種労働者を組織する複数組合が存在する。例えば，1969年においてフォードに15の組合が，1985年においてはオースティン・ローバーに8の組合が存在したといわれる。もっとも，イギリスに進出した外国企業（特に日本企業）の中には，単一組合政策を展開し，単一の組合との交渉を行っている例が多くみられる。このように，複数組合の存在は，当然のこととして，組合員の引く抜きを原因とする紛争を引き起こす。この問題に関する国家介入を防ぐため，労働組合会議がブリドリントン協定を起草したことはすでに本章第1節[2](6)で述べた。この協定はその後何度か修正されたが，その基本的内容は，協定違反は，労働組合会議紛争処理委員会がこの処理に当たり，違反組合を最終的には労働組合会議から追放するというものである。組合員の組合間移動に関しては，原則2，3および4（第1節[2](6)参照）が次のような制度を確立している。B組合は，A組合の元あるいは現組合員の組合加入許可の決定にあたっては，その組合員がA組合に脱退届を提出したか，組合費を完納しているか，制裁処分されているか，その他その組合員を受け入れてはならない理由がないか否かを調査しなければならない。A組合がその組合員の移動に反対している場合には，B組合はその加入を許可してはならない。B組合がA組合の反対理由を不当と判断する場合，当該問題が合意によって解決されるか，または，紛争処理委員会よって処理されるまで，B組合はその加入を許可してはならない。クローズド・ショップ協定が制定法により違法とされる以前は，この原則は，A組合所属の組合員が他の職場に配転された場合，その職場にB組合のクローズド・ショップが存在するというような事例が多く紛争処理委員会に持ち込まれたといわれる。また，ブリドリントン協定の原則5は，組合員資格および組合承認に関して，複数組合が同一職場で競争することを防止しようとしている。同原則は，他の組合がその職場の過半数の労働者を組織し，労働条件について交渉している場合は，その組合の合意なく，同職場を組織することは許されないとしている。

(2) 協定の効力

　ブリドリントン協定は，組合の任意的自主規制に過ぎないが，裁判所は，紛争処理委員会の事件処理に法的規制をおよぽしている。例えば，Spring v. NASDS [1956] 2 All ER 221 (Ch.D) では，全国港湾労働組合がブリトリントン協定に反して，ある組合員を加入させたため，紛争処理委員会がその組合に当該組合員を除名するよう命じた。しかし，全国港湾組合の組合規約にはそのような除名権限が規定されていなかった。このため，裁判所は，この除名を無効とする判決を下した。この判決の結果，労働組合会議は加盟組合に対して紛争委員会の決定に従って除名する旨のモデル規定を組合規約に挿入するよう指導した。また，Rothwell v. APEX [1976] ICR 211 (Ch.D) では，職員組合SAGAの組合員が専門管理電算機職員組合（APEX）との合併に賛成投票したが，科学技術管理職組合（ASTMS）が合併に異議を申し立てた。紛争処理委員会は，当該労働者らに妥当な組合はASTMSであるとし，労働組合会議の総評議会はAPEXに対しすでに同組合に加入した者を除名するように求めた。しかし，この除名は，次の理由で無効とされた。ブリドリントン協定に基づけば，APEXが合併を進める権利がある。合併は適切な制定法の規定に基づいている。総評議会は，適法に行われた合併を覆す権限を持たない。したがって，APEXは，その労働者らを除名できないというものであった。なお，Cheall v. APEX [1983] 2 AC 180 (HL) で，貴族院は，当該紛争解決につき，個々の労働組合員が紛争処理委員会で直接事情を聞いてもらう権利はないと判示した。また，貴族院は，組合が，組合員の利益を考えて，労使関係の秩序を促進し，組合員の使用者と交渉力を強化する相互協定を締結することはなんら公序に反しないとして，ブリドリントン協定の適法性を認めている。しかし，本章第2節 [2] でみるように，1993年労働組合改革・雇用権法により修正された1992年法174条は，個人は他の組合資格の故に組合を除名されまたは排除されない権利を有すると規定するに至ったので，ブリドリントン協定により総評議会が組合員の

⑾　ブリドリントン協定および1992年法174条についての詳細かつ有意義な考察として，鈴木隆「団結権の補償と団結選択の自由―イギリスの辞令」島大法学33巻4号33頁（1990年）および同「イギリスにおける団結権の補償―1993年労働改革・雇用権利法の14条を中心として」島大法学38巻4号1頁（1995年）を参照。

除名を命ずることはできなくなった[11]。

[10] 組合の合同

1992年法97条は，2つの組合の合同の仕方，すなわち，合併（amalgamation）と業務譲渡（transfer of engagements）を定めている。そして，同法98条ないし108条は，これらに関する詳細な規定を置いている。業務譲渡とは，ある組合が他の組合にその業務を譲渡し，後者がその業務を履行する義務を負うとするものである。いずれの場合も，合併または業務譲渡の契約書が認証官に提出され，その承認を受け，かつ，7日間の予告をおいて，その契約書を承認する決議が合併する組合または譲渡組合の組合員による投票の過半数で可決されなければならない。この投票は郵便でなされ，かつ，独立監視人（independent scrutineer）の監視に服せしめられる。この合併または業務譲渡契約書の承認決議に関する独立監視人の報告書を受領後，組合はその結果を公表することができる。この時点で組合は合併または業務譲渡の登録申請をすることができる。そして，合併または業務譲渡承認決議を可決しまたは可決しようとする組合の組合員は，その登録申請から6週間以内に，認証官に対して組合が法定の要件に違反している旨の申立てができる。認証官はこの申立てを処理しまたは申立てが取り下げられない限り，登録することはできない。認証官がこの申立てに理由があると判断するときは，その旨宣言し，組合がとるべき措置を命じる。

第3節　労働組合と組合員

以上にみてきたように，労働組合に対する規制は相当徹底したものであるが，見方を変えれば，組合民主制が国家の法的介入により推進されてきたということもできる。これに伴い個々の組合員の権限が政策的に強化されてきたのである。本節では，さらに，労働組合と組合員との関係に関する法を説明する。

[1] 組合規約と組合員

すでに述べたように組合規約は，労働組合と組合員の組合員契約を構成する

が，組合員は，どちらかというと，会社の株主と類似の仕方で取り扱われ，組合に対する組合員の救済方法も会社に対する株主の救済方法と類似しているといわれる(12)。制定法に特別の定めがない場合は，規約に基づく組合員の権利は消極的なものであって，組合員は規約違反があったとの宣言的判決を得ることはできても，組合に規約を守るように強制する途はない。Taylor v. NUM (Yorkshire Area) [1984] IRLR 445 (ChD) では，全国炭坑労働組合の規約違反が問題とされた。同組合の規約では，全国的ストライキは組合員の55％の賛成投票を必要としていたが，原告はそうした投票は行われていないと主張した。ヨークシャー支部では投票がなされ，賛成85.6％であったが，その投票は1981年に行われたものだった。裁判所は，組合は，当該ストは一連の地方的なストにすぎないと主張できたとしても，1年半から2年前のスト投票によって，その有効性を主張することはできないとした。そして，原告の救済としては，当該ストは非公認ストであることの宣言がなされ，ストの継続を差止めまたは適切な投票の実施を求めることはできないとされた。Nichols判事は，組合員の規約上の権利は，所定のスト投票なく行われたストは違法であると主張できるだけであると判示したのである。因みに，現行法上は，スト投票は制定法により厳格に義務づけられている。この違法ストのように組合が後から追認することができないよう場合と異なり，追認可能な組合の行為は，その決定に規約違反があっても，組合員は，その決定の効力を争うことができないとされる。これは，会社法上の法理の労働組合への適用であり，多くの批判がある。すなわち，株主が会社自体への損害の救済を求める訴訟を提起する場合，その訴訟の原告は会社自体であり，裁判所は会社が後に追認できるような行為に介入してこれを差し止めることはしないというのである (Foss v. Harbottleの原則)。したがって，Cotter v. NUS [1929] 2 Ch. 58 (CA) では，組合が臨時大会により無利子のローンを炭坑夫のある運動団体に与える決議を行ったのに対し，ある幹部がその大会は規約上の正式な手続により召集されていないとしてその効力を争った。しかし，控訴院は，そのローンは追認できるとの理由で訴えを退けた。

---

(12) D. J. Locton, Employment Law, at p. 273 (Macmillan).

[2] 加入不許可と除名

(1) コモン・ローの原則
(A) 「労働権」の概念

　組合の加入拒否や統制処分に関するコモン・ロー上の規制は必ずしも容易ではなかった。例えば，組合が組合員の加入を拒否する場合，組合規約がそれを許している場合には，組合規約の適用違法を理由とする裁判所の介入は困難である。また，組合が組合規約に定める事由と手続を適用して組合員を除名した場合，組合員契約違反を事由とする裁判所の介入は困難である。そこで，この問題を解決するため，裁判所は公序（public policy）に基づく新たなコモン・ロー概念を創造したといわれる。その主なものが1960年代から1970年代にかけて形成された「労働権」の概念である。ことの起こりは，原告である訓練生が競馬に関する独占的管理権を有している英国騎手クラブに訓練生免許の発給を不当に拒否されたことを争って訴訟を提起した Nagle v. Fielden ［1966］2 QB 633 (CA) である。同クラブの規則は同クラブに訓練生の免許発給について無制限の裁量権を与えていたが，免許発給拒否の理由は原告が女性であるからというものであった。判決理由で，Denning 卿判事は，入会希望者が拒否の結果として特別なものを失わないような社交クラブの場合とは異なり，騎手クラブの免許発給拒否は免許発給希望者の生計を立てる権利を奪うものであるとして，次のように述べて裁判所の介入を正当化した。コモン・ローは「何世紀にもわたり人が不当な介入を受けずにその職業で労働する権利を有することを認めてきた。人はその職業を支配する者達の恣意によってその職業から排除されてはならない。その者達が専断的に，恣意的に，または不当にその者の志願を排除できる規則を作るなら，その規則は不正であり，公序に反するものである」と。この原則は，後の労働組合に関する Edwards v. Society of Graphical and Allied Trades ［1971］Ch 354 (CA) において，Denning 卿判事によりさらに発展せしめられた。この事件では，クローズド・ショップが敷かれている印刷産業に雇われた原告が6週間組合費を滞納したことを理由に組合規約に基づき除名され，再加入申込みも拒否された後，使用者から解雇された。同判事は雇用の前提条件としての無制約な組合除名権は人の黙示的労働権に対する干渉であるとし，

Sachs卿判事も不当な再加入拒否は公序に反し違法であるとした。さらに，Cheall v. APEX [1982] ICR 543 (CA) で，Denning卿判事は人は合理的理由なく恣意的または不当に除名されず，かつ，自然的正義 (natural justice) に従った場合にしか除名されない権利を有するという基本原則があると述べたが同事件判決は貴族院判決によって取り消された。判決を言い渡したDiplock卿判事は，クローズド・ショップ協定を理由とする組合員の除名の場合には一定の意味を有するとしつつ，Denning卿判事が主張するような広範な権利の形成は妥当ではないとした。Barrow教授は，次のような理由から，この一時期を風靡した「労働権」概念が今後生き残る余地は存在しないと論じている[13]。(i)この概念は，すべてクローズド・ショップが存した事件の処理にのみ使用されたのであるが，クローズド・ショップはすでに過去のものとなっていること。(ii)組合員契約の内容が規約に定められている場合，組合加入によって組合の権限に服することに同意したのであるから，その規約に基づく統制処分または除名を問題とすることはできないこと。(iii)「労働権」の概念が労働者の職業を追求することの妨害にあるとすると，それは「営業制限 (restraint of trade)」の概念を拡張するものとみることができる。そうであれば，1871年労働組合法3条を継承する1992年法11条により，「職業制限」の概念は適用の余地はなく，「労働権」の概念も適用できないこと。

(B) 規約違反

コモン・ロー上の裁判所の介入は組合と組合員の組合員契約に基づいて行われるのが一般であり，規約の規定に違反する統制処分や除名処分は違法となる。規約にその規定がない場合，裁判所は，通常，制裁や除名処分の権限を認めない[14]。もっとも，例えば，McVitae v. Unison [1996] IRLR 33 (CD) のように，組合合併に伴い合併前の組合員の行為に関し統制権限を規約上認められていなかった新組合の統制委員会の処分権限を認めた例がある。次に，実体的な問題が争われた事案の中には，規約上の処分事由に該当しないために無効とされた

---

[13] C. Barrow, Industrial Relations Law, pp. 78-80 (Cavendish, 1997).

[14] Spring v. National Amalgamated Stevendors' and Dockers' Society [1956] 2 All ER 221 (ChD).

[15] Blackall v. National Union of Foundary Workers [1923] 39 ITR 431.

り(15)，組合の処分が処分者に規約上の権限がなく無効とされたり(16)，選択された処分の種類が規約に定められていなかったため無効とされた例などがある(17)。また，手続的な問題が争われた例では，組合内の統制委員会が規約どおり設置され開催されたか(18)，同委員会の開催の前に被処分者に規約どおりの通告がなされたか(19)，規約に定められた調査手続が取られたか(20)，などが問われている。また，規約に同委員会の決定に異議申立てができる旨定めている場合，その異議申立手続を拒否すると同委員会の決定は無効となるとされる(21)。のみならず，裁判上は，統制委員会の判断が合理的な証拠によって裏付けられているか否かという法律問題についても介入できるとされているし(22)，また合理的な証拠があるとした場合でも，その事実が規約所定の処分理由に該当するか否かの解釈についても法律問題として介入できるとされている(23)。Lee v. Showmen's Guild [1952] 2 QB 329 (CA) で，Denning 卿判事は「契約の真の解釈は裁判所以外に決定できない」と述べている。なお，裁判所の介入は，原則として，誠実運営される合理的な審問機関であれば，その提出された事実と証拠に基づいて，当該結論に到達することはあり得ないといえるか否かによるとされる。ところが，この原則が十分に厳格に裁判所の介入制限の役割を果しているかは疑問視されている。例えば，Esterman v. NALGO [1974] ICR 625 (CD) では，スト投票で49％を得た組合出した使用者への非協力指令に反対した組合員の除名処分が争われたが，裁判所は，違法な指令に反対したことは如何なる審問機関の目からみても「組合員として不適格」とはなし得ないと判示した。この判決については，判決理由からは上記の原則に依拠

---

(16) Bosor v. Musicians Union [1956] AC 110 (HL). この事件については，第2節 [8] (4)を参照。
(17) Burn v. National Amalgamated Laboures' Union [1920] 2 Ch 364 (ChD).
(18) Leary v. National Union of Vehicle Builders [1971] Ch 34 (ChD).
(19) Lawlor v. Union of Post Office Workers [1965] Ch 712 (ChD).
(20) Santer v. National Graphical Association [1973] ICR 60 (ChD).
(21) Silvester v. National Union of Printing, Bookbinding and Paper Workers [1966] 1KIR 679 (ChD).
(22) Breen v. EETU [1971] 2 QB 175 (CA).
(23) Lee v. Showmen's guild [1952] 2 QB 329 (CA).

したことになっているが，その事実が統制処分規定の文言に該当するか否かに関する裁判所の見解によって審問機関の見解に置き換えるものであるとの批判がなされている[24]。

　裁判所の介入は，場合によっては，組合の内部手続としての審問が行われる前に仮差止め（interlocutory injunction）を認めるという事態まで生じている。前掲 Esterman 事件は，誠実に運営される合理的な審問機関であれば，その結論に達することはあり得ないとの原則に基づき，審問前に統制処分を差し止めた事例でもある。Porter v. NUJ［1980］IRLR 404 (HL) で，貴族院は，組合内異議申立手続の完了前に組合の行った統制処分を取り消す仮差止命令を認めた。

(C)　自然的正義の原則

　上記のような組合の手続規定が組合員の権利保護のため不十分なものであったとしても，なお，組合員は自然的正義の原則により保護される可能性がある。したがって，被処分者は，告発通知を与えられ，弁護の機会を与えられ，かつ，偏見なき判定者による公正な審問がなされなければならない。例えば，Taylor v. National Union of Seamen［1967］1 All ER 767 (CA) では，書記長が命令不服従を理由に組合専従役員を解雇した事案である。同書記長はその役員の執行委員会への不服申立ての審問委員長を務め，その審理において同役員に対する処分理由とは関係のない偏見に満ちた主張をした。控訴院は書記長の出席および発言は準司法的審理に明らかに重大な影響を与える偏見の証拠であると述べた。被処分対象者は，それに対し弁護ができるように，事前に，通常，書面の告発通知を与えられなければならず，その通知が与えられず，または後に通知なくその内容を変更された場合は，自然的正義に反するとされる[25]。統制処分の審理は原則として口頭審理であるが，その処分事由が単純でかつ処分内容が軽微な場合には，書類審理で足りるとされる[26]。このような自然的正義の原則は組合規約によって排除できない。Lawlor v. Union of Post Office Workers［1965］Ch 712 (CD) で，Plowman 判事は，告発および審問なしに制裁処分として組合員資格を自動的に終了させるような規約は権限権限踰越（ultra vires）

---

[24]　C. Barrow, Industrial Relations Law, pp. 90 (Cavendish, 1997).

[25]　Annamunthodo v. Oilfield Workers Trade Union［1961］AC 945 (CP).

[26]　Burn v. Natinal And gamated Laboures' Union［1920］2Ch 364 (CD).

で無効であると述べているほか，Russell v. Duke of Norfolk [1949] 1 All ER 109 (CA) で，Denning 卿判事は，裁判所は契約によって自然的正義を排除する権限を否定すると述べている。

(2) 制定法上の規制

以上のコモン・ロー上の規制に加え，1971 年労使関係法（Industrial Relations Act 1971）以来，制定法上の組合統制処分権への規制がなされるようになった。そのような規定は 1971 年法 65 条に置かれていたが，この規定は 1974 年労働組合労働関係法（Trade Union and Labour Relations Act 1974）5 条に引き継がれ，1976 年労働組合労働関係修正法（Trade Union and Labour Relations (Amendment) Act 1976）で一度廃止されたが，1980 年雇用法 4 条によって，新たに，クローズド・ショップがある場合の労働者の不当な排除と組合員の除名が規制されることになった。

1993 年労働組合改革・雇用権法（Trade Union Reform and Employment Right Act 1993）がもたらした新たな修正により，今日，1992 年法 174 条は，次の 4 つの場合にしか組合の加入不許可および除名は認められないこととなった。①その者が組合規約上の有効な組合員要件を満足せずまたは満足しなくなった場合。この場合，組合員要件が有効といえるのは，3 つの組合員の限定基準を含む場合に限られる。その基準とは，(i)特定の職種，産業および専門，(ii)職務内容および(iii)特定の職種，産業または専門における資格または職歴である（174 条 3 項）。②組合がグレート・ブリティンの一部の地域でしか展開していない場合。③その被用者が組合の規制対象たる労使関係の相手方使用者に雇われていない場合。④その加入不許可および除名がもっぱらその者の「除外される行為」以外の行為でかつもっぱらまたは主に「保護される行為」でない行為に起因する場合（同条 2 項）。この場合，「除外される行為」とは，他の組合の組合員資格を得または得ないこと，特定の使用者または雇用場所に雇われたこと，および，不当に統制処分されない権利により保護される行為を含まない（同条 4 項）。「保護される行為」とは，当該個人がある政党の党員であるかないかと一致する行為である（同条 4 A 項）。なお，規約所定の特定事由の発生により組合員資格を失うものとされている場合，それは除名として取り扱われる

(177条2項b号)。

　不当に組合の加入を許可されずまたは組合から除名された者は，実行可能な限り，6カ月以内に雇用審判所に訴えを提起しなければならない。実行可能でないと思料するときは，審判所は合理的な期間延長することができる（175条）。審判所は，訴えに理由があると判断する場合は，その旨を宣言する。その場合には，原告は，別途，補償金裁定の訴えを行うことができる。ただし，当該宣告から4週またはその宣言から6カ月後には訴えはできない。補償金の裁定額は，審判所が正義と衡平に沿うと思料する額である。その場合，不公正解雇の基礎裁定のための週給の最高額の30倍と補償裁定の裁定額の最高額の合計額を超えることはできない。審判所の裁定額は5,900ポンドを下回ってはならない。しかし，審判所は，原告が加入不許可または除名に原因を与えていたものと判断する場合は，その寄与の割合に応じて補償金を減額する（176条）。なお，除名された者には，コモン・ロー上の救済，多くの場合，裁判所によるエクイティー上の救済を求める途があることは，上記の通りである。

(3)　その他の統制処分

　除名以外の統制処分についても，1992年法は，組合により不当に統制処分されない権利を組合員に与えている。同法64条は，統制処分とは以下のものをいうとしている。組合規約に基づき，組合幹部または幹部を含む者たちにより次のような内容の決定が下され，または，下されたといわれる場合，(a)組合，組合の支部またはセクションから排除されるべきであるとの決定，(b)金銭の支払がなされるべきであるとの決定，(c)組合費が不払いであるとされるか，他の目的のために支払われたものと取り扱われるべきであるとの決定，(d)組合の給付，サーヴィス，施設に対する権利が剥奪されるべきであるとの決定，(e)組合，組合の支部またはセクションがその者を組合員として受け入れないことを奨励すべきであるとの決定，(f)その他の不利益に服せしめる決定。

　そして，1992年法65条は，次のような行為に対する統制処分を不当なものとしている。①ストその他の争議行為（以下争議行為と略す）へ参加せずまたは支持せず，あるいは，争議行為に反対しまたは支持しないことを示唆したこと。②争議行為に関し，労働契約上の義務に違反しなかったこと。③組合，組

合幹部，組合代表または財産の受託者が組合規約その他の合意，または，法令に違反し，または，違反を提案していると主張したこと。④労働契約上の義務の履行を他人に勧奨し，または，その履行を援助したこと。⑤本人または他人に不当に統制処分されない権利を侵害する決定により課せられた条件に違反したこと。⑥チェック・オフに合意せず，または，その合意を取り消したこと。⑦当該組合または他の組合からの脱退，他の組合への加入，他の組合の組合員になること，または他の組合員の組合員になることを拒否すること。⑧当該組合の組合員でない者，または，他の組合の組合員または組合員でない者と一緒に労働しまたは労働するよう提案したこと。⑨当該組合の組合員である者またはない者，または，他の組合の組合員である者を雇用しまたは雇用した使用者のために労働しまたは労働するよう提案したこと。⑩1992年法で組合員が要求できるとされている組合の行為を組合に要求したこと。⑪何らかの問題に関し認証官に相談しまたは助言を得たこと，または，前掲③の主張に関する問題について他人から相談を受けまたは助言を与えたこと。⑫①から⑪までの行為の準備行為または付随行為を行うことを提案しまたは行ったこと。

　不当に統制処分された者は，3カ月以内に雇用審判所に救済の訴えをしなければならない。ただし，審判所がその期間内の訴えが合理的にみて実行可能でないか，または訴えの遅延がもっぱらまたは部分的に使用者の阻止の企てに起因する場合は，審判所は訴えを受理しなければならない（66条）。審判所は，訴えに理由があると判断する場合は，その旨を宣言する。その場合には，原告は，別途，補償金裁定の訴えを行うことができる。ただし，当該宣告から4週またはその宣言から6カ月後には申立てはできない。補償金の裁定額は，審判所が正義と衡平に沿うと思料する額である。不公正解雇の基礎裁定のための週給の最高額の30倍と補償裁定の裁定額の最高額の合計額を超えることはできない。審判所は，原告が加入不許可または除名に原因を与えたものと判断する場合は，補償金を減額することができる。審判所の裁定額は5,900ポンドを下回ってはならない（67条）。

第4節　組合員と使用者

[1]　チェック・オフ

　1993年労働組合改革・雇用権法15条（その結果，1992年法68条が改正され，現在は68条および68A条となっている）は，組合費のチェック・オフができる要件を厳格に定めた。組合と使用者の間にチェック・オフ協定（subscription deduction agreement）がある場合，使用者は，労働者がそのチェック・オフを書面をもって許可し，かつ，その許可を取り消していない場合以外にチェック・オフをしてはならない。ある日に支払われるべき賃金からのチェック・オフに関して，使用者がチェック・オフがなされないようにすることが合理的にみて実行可能な時期に労働者の書面によるチェック・オフ許可取消予告を受理した場合に，労働者はチェック・オフの許可を取り消したものとする。労働者のチェック・オフの許可は，使用者に労働者に対しチェック・オフ協定を維持しまたは維持し続ける義務を課するものではない（68条）。以上の規定に反するチェック・オフについては，労働者は，合理的にみて実行可能な限り，労働者は，3カ月以内に（訴えの対象が複数の控除にある場合は，その最後の控除のときから）雇用審判所に訴えを行わなければならない。審判所が実行可能でないと思料するときは，審判所は合理的な期間延長することができる。審判所は，訴えに理由があると判断した場合，その旨を宣言し，使用者に不当に控除した額の払い戻しを命ずる。使用者がすでに組合に控除額を支払ってしまっている場合には，使用者は，コモン・ロー上，不当利得の返還を請求することができる。使用者の賃金からの控除が，このチェック・オフの規定の違反のみでなく，本書ですでに述べた1996年雇用権法（Employment Rights Act 1996）8条（賃金明細書）および9条（固定的控除の一括明細書の付与義務）違反，13条（賃金控除の要件）違反，および1992年法86条1項または90条1項（政治基金の拠出免除者の控除禁止）違反が同時に生じる場合がある。この場合，審判所または裁判所によって支払いを命じられる金額の総額は，そのいずれの違反の最高額を超えることはできないとされている（68A条）。なお，第2節(4)ですでに

述べたように，組合員がチェック・オフに合意せず，または，その合意を取り消したことを理由する組合の統制処分は不当とされている（65条）。

[2] クローズド・ショップ

従来，イギリスでは，被用者の雇入れ前後を問わず，組合員たることを要求するショップ制をクローズド・ショップと呼んでいる。こうしたクローズド・ショップは，コモン・ロー上，不当な営業制限に該当するとは解されなかった。そして，また，協約そのものが，通常，後述するように，法的効果は有するものと考えられないから，その無効を宣言する意味もなかったのである。さらに，組合加入申込者と組合とは契約関係にないから，組合は，理由なく，加入を許可しないこともできると考えられてきた。1971年労使関係法は，団結の自由を実現すべく，被用者に対し，どの労働組合に加入するかの組合選択の権利および組合に加入しない権利を規定した。この規定は，1974年の労働組合労働関係法で廃止されたが，1979年に政権の座に就いた保守党により，次第にクローズド・ショップの適法性の幅は狭められ，1992年法（現行法）は，全てのクローズド・ショップ制を違法としている。

1992年法137条1項は，ある者が労働組合の組合員であるかないかにより雇用を拒否することは違法であるとしている。(a)その者が組合員になり，または，組合にとどまる（あるいは，組合員であることを止め，または，組合員にならない）との要求を了承せず，あるいは，(b)組合費を支払いまたはその者が組合員でない場合は組合費を賃金から控除すること了承しないとの理由で雇用を拒否することは違法である。この場合，労働組合の組合員とは，何らかの労働組合，特定の労働組合，特定の労働組合の1つ，ある労働組合の特定の支部または，特定のセクションの組合員を意味する（143条3項）。また「拒否する」とは，広義に定義されており，雇用の申込み・問い合わせを取り扱うことの拒否またはその故意的な放置，申込み・問い合わせを諦めさせること，雇用の提供が分別ある使用者なら行わず，かつ，その者に受け入れられないような条件，いわば見せかけ雇用の提供をすること，雇用を提供し後にそれを取り消しまたはその者が受け入れないようにすること，を含むとしている（137条5項および6項）。また，次の2つの場合，雇用の拒否は組合員資格の有無を理由とす

るものであるとしている。当該雇用の途が組合員または非組合員の一方にのみ開かれていること，または，当該雇用には 137 条 1 項(b)号の条件が課せられることを示唆するものと理解するのが合理的であるような広告がなされ，ある者が広告の条件を了承できないために当該雇用を拒否された場合。組合員のみを推奨する組合により推奨された者のみに雇用が提供されるとの取決めまたは慣行があり，そのために非組合員が当該雇用を拒否された場合（137 条 3 条および 4 条）。

　違法に雇用を拒否された者は，合理的にみて実行可能な場合は，3 カ月以内に雇用審判所に救済の訴えをなすことができる。審判所が実行可能でないと思料するときは，審判所は合理的な期間延長することができる（139 条）。その者の救済は，審判所においてしかなされない（143 条 4 項）。使用者が第三者の圧力でその違法な拒否を行った場合には，その第三者の訴訟参加が義務づけられ，使用者と補償金の裁定額の一部または全部の支払いを命ぜられる（142 条）。審判所は，請求に理由があると判断する場合，その旨の宣言をなし，正義と衡平に沿うと思料する次のような裁定を行う。すなわち，使用者に対して，損害賠償と同一の基礎に基づく慰謝料をも含む補償金を支払うよう命じること，および，申立人に与えた悪い影響を取り除きまたは軽減するために実行可能と思料する措置を特定された期間内で講じるよう勧告すること。補償金の最高限度額は，不公正解雇の場合と同一である（140 条 4 項）。また，審判所は，被告に対して当該違法行為の原告に対する有害な効果を防止しまたは減少させるための措置をなすよう勧告することができ，これに従わない場合には補償金の増額を命ずることができる（140 条 3 項）。

[3] 組合員資格・組合活動を理由とする解雇その他の不利益取扱い

(1) 不利益取扱いからの保護

　組合資格および組合活動を理由とする不利益取扱いからの保護は，最初，1971 年労使関係法 5 条によって不公正労働行為制度（unfair labour practice）の一部として導入された。同法の廃止後，1974 年労働組合労働関係法あるいは 1975 年雇用保護法（Employment Protection Act 1975）で修正されたかたちで再制定され，1978 年雇用保護（統合）法（Employment Protection (Consolidation) Act 1978）に統合され，現在では，1992年法146条から167条に規定されている。なお，解雇からの保護は「被用者」に限定されているが，2004年雇用関係法により不利益取扱いからの保護は「労働者」にも拡張されていることを注意しなければならない。

(2) 不公正解雇

1992年法152条および153条は，使用者が，次のような理由を主な理由として，被用者を解雇しまたは剰員整理解雇の対象者とすることは，不公正解雇制度上，当然に不公正なものとされている。(i)自主的労働組合の組合員になり，または，なることを提案したこと。(ii)「適切な時間（appropriate time）に」自主的労働組合の活動に参加し，または，参加することを提案したこと。(iii)「適切な時間に」労働組合を利用しまたは利用することを提案したこと。(iv)使用者の団体交渉等に関わる違法な申込み（後掲[7]に詳述する。）を受け入れなかったこと。(v)なんらかの労働組合，特定の労働組合，または複数の特定の労働組合の1つの組合員ではなかったこと，あるいは，その組合の組合員になること，または，その組合員のままでいることを拒否し，または，拒否することを提案したこと（152条1項）。したがって，クローズド・ショップに基づく解雇は，当然に，不公正解雇となる。また，同法146条は，また，次のことを唯一または主な目的として，使用者の作為または故意的な不作為がなされた場合，労働者は，その作為または不作為による如何なる個人的な不利益（detriment）にも服せしめられない権利を有する，と定めている。被用者がこのような不利益に服せしめられることを解雇以外の不利益取扱い（detriment short of dismissal）と称する。(i)自主的労働組合の組合員になるまたはなることを求めることを防止しまたは思いと止まらせること。(ii)「適切な時間に」，自主的労働組合の組合活動に参加することを防止しまたは思い止まらせること。(iii)「適切な時間に」労働組合を利用しまたは利用することを提案することを防止しまたは思い止まらせること，あるいは，そうすることを理由に制裁（penalise）こと。(iv)労働組合，または複数の特定の労働組合の1つの組合員であることまたはなることを強要すること。

(3) 「適切な時間に」の意味

　特に微妙なのは,「適切な時間に」組合活動に参加するということの意味である。まず,「適切な時間」に関しては, 152条2項が次のような定義を与えている。それは, 当該労働者の「勤務時間」(すなわち, 労働契約に従い, または, 自分自身で労働しまたはサービスを行うその他の契約に従い, 職場にいることが要求されている時間 (required to be at work))」外の時間, または, 勤務時間内であれば, 使用者の合意した協定または使用者の同意に従って, 当該労働者が労働組合の活動に参加することまたは (場合によっては) 労働組合を利用することが許される時間, をいう (146条2項)。Post Office v. Union of Post Office Workers [1974] IRLR 22 (HL) で, 貴族院は, 被用者が会社構内にいても実際に労働するように義務づけられていない時間は, 勤務時間には該当しないとした。したがって, 昼食時間中の組合勧誘行為を理由とする差別は許されないとした。また,「労働契約に従って」とは,「労働契約に厳格に定められたものに従って」という意味に限定されず, むしろ「慣行として是認しているものに従って」という意味であるとしている。また, 雇用控訴審判所は, 勤務時間中に機械で作業しながら組合問題に言及し他の被用者の組合勧誘を行った被用者の作業妨害を理由とする解雇に関し,「協定または使用者の同意に従って」というのは,「明示の協定または明示の同意がある場合」のみを指すのではなく, 黙示の協定や同意をも意味するのであるとした[27]。次に組合活動の意味であるが, これについては何の定義もなされていない。雇用控訴審判所も, Dixon and Shaw v. West Ella Developments Ltd. [1978] IRLR 151 (EAT) で,「活動」の意味関して,「1975年雇用保護法53条 (現行法の1992年法146条) の規定を考慮することによっても一定の理解の助けが得られる。同条は……われわれに次のことを示している。使用者が相当多岐にわたる活動への参加に制裁を加えることを思いとどまらせることを目的としていたのであり, 目的としていたはずである。したがって, 同規定と1974年労働組合労働関係法付則6条4項 (1992法の152条) は, 合理的に, かつ厳格になりすぎないように解釈されるべきである」と述べることしかできなかったのである。また, 労働組合活動のためのタイム・オフに関する規定は, 組合活動の中には争議行為 (trade dis-

---

[27] Zucker v. Astrid Jewels Ltd [1978] IRLR 385 (EAT).

pute) を含まない旨の明示的に定めている (170条2項) のとは対照的に, 解雇その他の不利益取扱いの規定にはそのような定めはないので, 争議行為が含まれるか否かが問題となる。しかし, Drew v. St.Edmondsbury Borough Council [1980] ICR 513 (EAT) で, Slynn 判事は, 争議行為を理由とした解雇に言及する特定の制定法規を考えれば, 立法府が解雇事由として是認されない理由を形成する組合活動に争議行為を含める意図を有していたということはできない, と述べた。結局, 組合活動の範囲や判断要素はきわめて不明確といわざるを得ないが[28], 判例上, 次のような活動が保護の対象とされてきた。組合問題を議論し組合加入を勧誘をすること[29], 労使関係について組合代表から助言を得ること[30], 組合情報を掲示板に貼ること[31]会社のマネジャー訓練講座で組合の意義を主張すること[32], 組合の承認を求めること[33], 組合の批判をすること[34]等が挙げられる。従来問題とされてきた事項の1つとして, 雇用される前の組合活動が保護の対象となるかという問題がある。判例は, 従来, 一般に, これを否定してきた。例えば, City of Birmingham v. Beyer [1977] IRLR 211 (EAT) で, Kilner Brown 判事は「当該規定によって予定されている状態は雇用開始後のなんらかの労働組合活動であることは明らかというべきである。同規定が雇用が始まる前の外での活動に言及しているとは考えられないのである」と述べた。しかし, 比較的最近, Fitzpatrick v. British Railways Board [1991] IRLR 376 (CA) で, 控訴院は, City of Birmingham 事件は経歴詐称を理由として解雇した事件であることを強調して, 使用者が被用者を過去の組合活動を理由として解雇する場合, そうすることの唯一の合理的理由が過去の活動は現在の雇用においても繰り返されるという危惧にあるとき, 使用者は明らかに1978年雇用保護 (統合) 法58条1項b号 (現行1992年法152条1項b号) に

---

[28] R. W. Rideout & J. Dyson, Rideout's Princeples of Labour Law (4th ed.), 121 (Sweet & Maxwell, 1983).

[29] [1978] IRLR 385.

[30] Stokes and Roberts v. Wheeler-Green Ltd [1979] IRLR 211 (T).

[31] Post Office v. Union of Post Office Workers [1974] IRLR 22 (HL).

[32] Bass Taverns Ltd v. Burgess [1995] IRLR 596 (CA).

[33] Taylor v. Buttler Machine Tool Ltd [1976] IRLR 113 (T).

[34] British Airways Engine Overhaul Ltd v. Francis [1981] IRLR 9 (EAT).

第 4 節　組合員と使用者

違反している，と判示した。

(4)　救済方法

　組合員資格・組合活動を理由とする解雇は，通常の不公正解雇の場合と異なり，通常の退職年齢または 65 歳に達していないことおよび 1 年間の雇用継続期間の充足していることを訴訟の要件とせず（154 条），減額を行う前の被用者の基礎裁定に最低限度額を定め（20005 年 2 月現在，3,800 ポンド）（156 条），仮救済の付与が与えられる（161 条ないし 166 条）。また，解雇以外の不利益取扱いに関する救済を求める「労働者」は，実行可能な限り 3 カ月以内に労使審判所に訴えを提起しなければならない。実行可能でないと思料するときは，審判所は合理的な期間延長することができる（147 条）。また，不利益取扱いについては，148 条 1 項は「使用者が行いまたは行わなかった唯一または主な目的が何かを証明するのは使用者である」と定めて，証明責任を使用者に課している。そして，同条 2 項は，その決定に当たっては，争議行為の圧力があったことなどは考慮しないと定めている。

[4]　組合員資格・組合活動・組合用務・団体交渉に関する誘導の規制

(1)　使用者の誘導行為

　2004 年雇用関係法（Employment Relations Act 2004）は，組合活動などをしがたくするような使用者の誘導行為から「労働者」を保護する規定を 1992 年法に挿入した。この規定新設の原因となったのは，Wilson and NUJ v. UK と Palmer, Wyeth and RMT v. UK 事件における欧州人権裁判所判決である。これらの事件では，会社側が，協約で定めていた労働条件に替わる個別契約の締結を拒否した被用者の賃上げを拒んだ。その個別契約は，交渉において組合に代表される権利を放棄することに署名することを求めるものであった。欧州人権裁判所は，「労働組合員が使用者との関係を規制するために労働組合に自己を代表してもらうことを妨げられまたは制限されないようにするのは国の役割である。」とし，国は被用者が重要な組合の権利を放棄するように誘導する金銭的インセンティブを用いることを使用者に許していることは，欧州人権条約 11 条の権利を保障する国の積極的義務に違反し，原告組合および被用者達に

関する違反となる，と判示した[35]。この判決を受けて新設されたのが，145 A条から145 F条である。

(2) 「禁止された効果」

これらの規定により認められる労働者の権利は，すでに述べた不利益取扱いを受けない権利とは別個，独立の権利である。使用者により承認されまたは承認されることを求める自主的労働組合の組合員である労働者は，(a)使用者がなす申込みの他の労働者による承諾と同様に当該申込みを承諾することが「禁止された効果」を有する場合で，かつ，(b)使用者が当該申込みをする唯一または主な目的が当該効果の達成にある場合は，使用者による当該申込みを受けない権利を有する（145 B条1項）。当該申込みが他の労働者に同時になされたことは要件とされない（同条2項）。そして，「禁止された効果」とは，労働者の労働条件またはそのいくつかが組合によって交渉された労働協約によって決定されないという効果である（同条3項）。使用者は，その唯一または主要な目的が何であったかを証明する責任を有する（145 D条2項）。この決定に当たり，審判所は，次の3つの事項を考慮する。①当該申込みのとき，使用者が団体交渉に関して組合と合意した取決めを最近変更しまたは変更を求めあるいは当該取決めを用いようとしなかったこと。②当該申込みのとき，使用者が団体交渉に関して組合が提案した取決めに合意しようとしなかったこと。③特定の労働者達に対してのみ当該申込みがなされ，かつ，使用者に特別な価値があるとして彼らの勤務成績を理由に当該労働者達に報償を与えまたは当該労働者達の維持を唯一または主な目的としてなされたこと（145 D条4項）。また，組合員資格・活動に関しても，同様の規定が置かれている。すなわち，労働者は，自己を次のように誘導することを唯一または主な目的とする使用者の申込みを受けない権利を有する。すなわち，①自主的労働組合の組合員でありまたはそうなろうとしないようにすること。②自主的労働組合の活動に「適切な時間に」参加しないこと。③「適切な時間に」労働組合を利用しないこと。④特定の労働組合または複数の特定の労働組合のひとつの組合員であることまたはその組合員になること（145 A条）。

---

[35] ［2002］IRLR 568 (ECtHR).

(3) 救　済

　使用者がこれらの規定に違反する場合，労働者は，通常，3カ月以内に雇用審判所に訴えなければならない（145 C条）。審判所は，訴えに理由があると判断する場合には，その宣言と 2,500 ポンドの補償金の裁定を行わなければならない（145 E条 1 項―3 項）。使用者による申込みが受け入れられて労働者がその労働条件の変更に合意する結果となる場合，この合意は法的効果を有しないし，また，この合意に基づく金品の移動は請求できない。しかし，すでに雇用条件が変更されてしまった場合には，その変更は，違反とはなっても，法的効果を有する（同条 4 項）。

[5]　組合員資格を理由とする雇用拒否の規制

(1)　雇用拒否

　1992 年法は，すでに雇われている被用者の解雇や不利益取扱いとは別に 137 条から 143 条までの規定で，求職者の組合員資格を理由とする雇用拒否を規制している。すなわち，137 条 1 項は，(a)労働組合の組合員資格の有無，あるいは(b)労働組合の組合員になるまたは脱退の手続をとり，あるいは組合員にならない場合，組合費の支払いまたは控除の要件を受け入れないことを理由として，ある者の雇用を拒否することは違法である，とする。138 条 1 項は，同様に，雇用紹介業者（employment agency）が同様の理由であるものにそのサービスの提供を拒むことも違法とする。この場合の労働組合は自主的労働組合である必要はない。ここでいう雇用の拒否とは，雇用を与えることのみならず，願書や問い合わせに応じることの拒否，願書の取り下げの要求，求職者が受け入れ困難な条件を付した職の提供，一旦職を提供した後の取消し，またはそれを志願者が受け入れないようにすることを含む（同条 7 項）。

(2)　立証と救済

　拒否の理由が何であるかの立証は原告側にある。この立証において，募集広告が，当該雇用が労働組合員であるかまたはない者のみに与えられることまたはそれが組合員となるまたは脱退する手続をとることなどを示唆するもののみ

るのが合理的な場合，その条件を満足しない原告はその職への適格性を問わず，当該理由で拒否されたものとみなされる（137条3項および138条3項）。組合員資格を理由として雇用を拒否された者は，原則として，3カ月以内に雇用審判所に訴えを提起しなければならない（137条2項，138条2項および139条）。審判所がこの訴えに理由があると判断する場合には，その旨を宣言し，正義と衡平に適すると思料するような補償金の支払命令および特定した期間内に是正措置をなす勧告を行うことができる（140条）。

(3) ブラックリスト

このほか，1999年雇用関係法3条は，国務大臣にブラックリストを規制する規則制定権を与えている。具体的内容は，規則によって特定されるが，同条1項および2項は，労働組合員および労働組合活動に参加した者の詳細を含み，労働者の採用または取扱いに関する差別を目的とし使用者または職業紹介業者（employment agencies）によって使用される目的で作成されるリストの作成，使用，販売および供給を禁止する規則を制定することができるとしている。また，同条3項は，雇用審判所および雇用控訴審判所への管轄権の付与，審判所および裁判所の特定の救済の権限とその執行，補償金の裁定，組合による組合員のための訴訟手続，解雇規制，禁錮を含まない刑罰などを内容とする規則の制定権を与えている。

第5節　団体交渉・労働協約

[1] 序

1971年以前は，使用者は，被用者が労働組合に加入することを認める法的義務も，また労働組合を承認しそれと交渉する義務もなかった。1971年労使関係法は，使用者のそのような義務を定める規定を導入したが，結局，それらの規定は，1974年法労働組合労働関係法により廃止された。1974年法と1975年雇用保護法は，労働協約の法的効力，労働組合の承認，承認された労働組合に対する使用者の情報開示の規定を置いていた。しかし，組合承認の規定は，

1980年法で廃止された。ところが，1999年雇用関係法が，新たな組合承認制度を導入し，2004年雇用関係法がそれに修正を加えた。現在，組合承認手続により承認された組合と使用者の団体交渉に関する労働協約の効力に関する規定および労働協約の法的効力および承認された組合への情報開示の規定が，団体交渉および労働協約に関する主な制定法上の規定であるということになる。ただ，このほかに，個別的な規定として，剰員整理に関する使用者の協議・予告義務，企業譲渡に関する情報開示・協議義務の各規定，および，企業譲渡の場合の譲渡使用者により承認されていた労働組合の譲受使用者の承認義務の規定がある。以下これらを中心に説明する。なお，本節の記述に当たっては，労働政策・研修機構『諸外国における集団的労使紛争処理の制度と実態』労働政策研究報告書 No.L-9（2004年）掲載の拙稿部分（95-136頁）の図表および記述を同機構のご承諾を頂いて多く転載していることをお断りする。

[2] 労働組合の承認

(1) 承認の目的と意義

1992年法178条によれば，「承認とは……団体交渉を目的とする使用者の一定程度の組合の承認」であるとし，「団体交渉」とは，雇用条件，労働の物理的な条件，募集，解雇と休職，労働配置，規律問題，組合員資格，労働組合幹部のための便宜，団体交渉の機構と手続に関する交渉を意味するとしている。したがって，イギリスにおける組合承認とは，団体交渉の当事者としての労働組合の包括的承認を必ずしも意味するものではなく，個別的な交渉事項ないし一定の範囲の交渉事項に限定した部分的承認をも意味するものである[36]。労働組合の承認の目的は，基本的には，労働組合と使用者の関係の規律にあるが，承認を受けた自主的労働組合とその組合員はのみが一定の権利を得ることができるという意味でも重要である。第3章第3節[3]でみたように，組合活動のタイム・オフは，承認を受けた自主的労働組の組合員にしか認められない。また，後述する団交上の情報開示請求権は，承認を受けた自主的労働組合に限定される。もっとも，後述するように，欧州裁判所の判決に基づいて制定された

---

[36] National Union of Gold, Silver and Allied Trade v. Albury Brothers Ltd [1978] IRLR 504 (CA).

1995年集団的剰員整理・企業譲渡（雇用保護）（改正）規則により，従来，「承認」を要件としていた剰員整理および営業譲渡に関する使用者の協議義務に関しては，その重要性は失われたといえる。

　ところで，すでに触れたように，法定の組合承認制度は現行の制度が初めてではない。そこで，今回の制度までの経緯について簡単に述べておきたい。保守党が1971年労使関係法（Industrial Relations Act 1971）において導入した制度，労働党が1975年雇用保護法（Employment Protection Act 1975）において導入した制度および現行制度は，いずれもアメリカ合衆国の組合承認制度をモデルとしたものである。イギリスの労働法制上，アメリカ法をモデルにした例は雇用差別法制を除きそれほどないが，この分野ではアメリカ法制から教訓を得ている。1971年法の制度は，国務大臣，使用者，登録労働組合，または使用者と登録労働組合は全国労使関係裁判所（National Industrial Relations Court）に対し承認に関する紛争を労使関係委員会（Commission on Industrial Relations）へ付託するよう求めることができるとし，全国労使関係裁判所は，一定の条件が満足されれば，労使関係委員会が調査し，紛争が解決されない場合には，報告をなすよう指示することができるとしていた。そして，労使関係委員会が承認勧告をなすと，全国労使関係裁判所は被用者の過半数が賛成した承認投票に基づきその勧告を拘束力あるものとし，使用者がこれに従わない場合は，労働組合が労使仲裁局（Industrial Arbitration Board）に改善された労働契約条項を求める申請をなすことができるとされていた（Industrial Relations Act 1971, ss.45-55）。その後，1975年法は，1971年法以前の任意的承認手続と1971年法の法定承認手続の中間を採ったような制度を導入した。自主的労働組合がACASに承認申請すると，同局はあっせん官によるあっせんを試み，これが失敗した場合には調査を行い，その時点で合意または取下げがなければ，承認勧告をするか否かを決定する。もし，使用者がACASの承認勧告に従わなければ，再度のあっせんを試みた上で，事件をCACに付託し，CACは個々の被用者の雇用契約の内容となる労働条件を裁定するものとする（Employment Protection Act 1975, ss.11-16）。しかし，この1975年法の承認手続は裁判所の取消訴訟などによって実質的に機能不全を起こして廃止されてしまった。その主な理由は，①ACASが中立公平なあっせんや仲裁を担当する

第 5 節　団体交渉・労働協約

第 2 図：組合承認手続第 1 段階

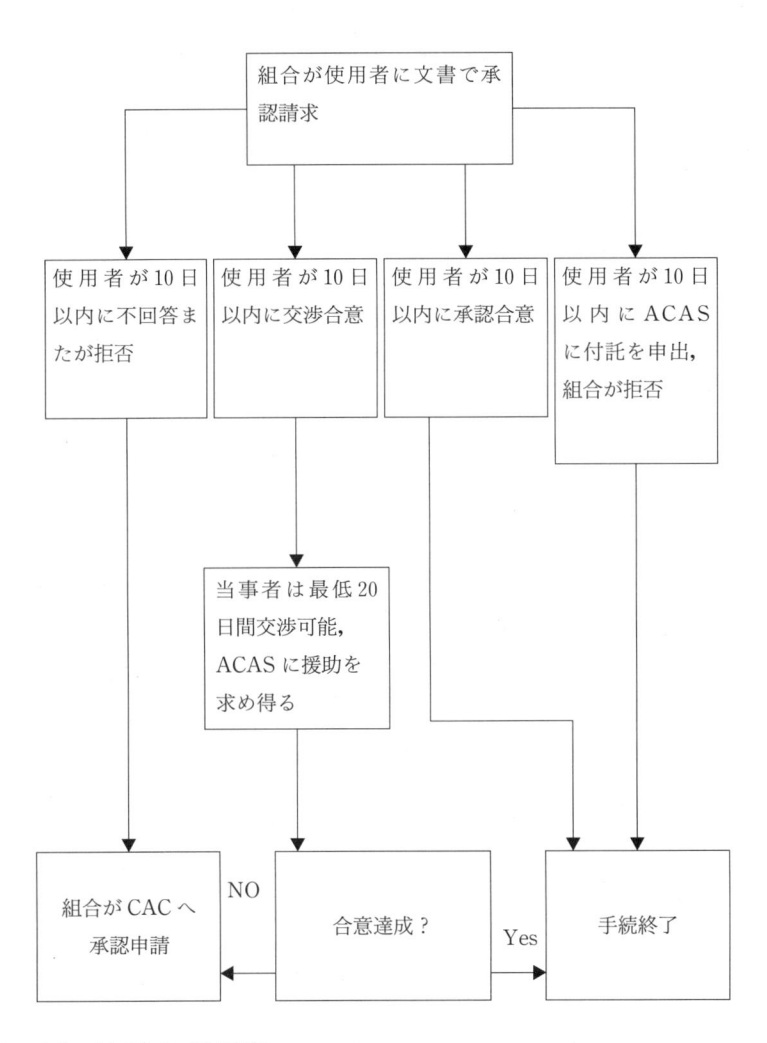

```
                    組合が使用者に文書で承認請求
                              │
   ┌──────────┬──────────┼──────────┬──────────┐
   ▼          ▼          ▼          ▼
使用者が10日   使用者が10日   使用者が10日   使用者が10日
以内に不回答ま  以内に交渉合意  以内に承認合意  以内にACAS
たが拒否                              に付託を申出，
                                      組合が拒否
              │
              ▼
          当事者は最低20
          日間交渉可能，
          ACASに援助を
          求め得る
   │          │          │          │
   ▼          ▼          ▼          ▼
組合がCACへ    ──NO── 合意達成？ ──Yes── 手続終了
承認申請
```

出典：CAC作成，筆者翻訳

第5章　集団的労働関係法

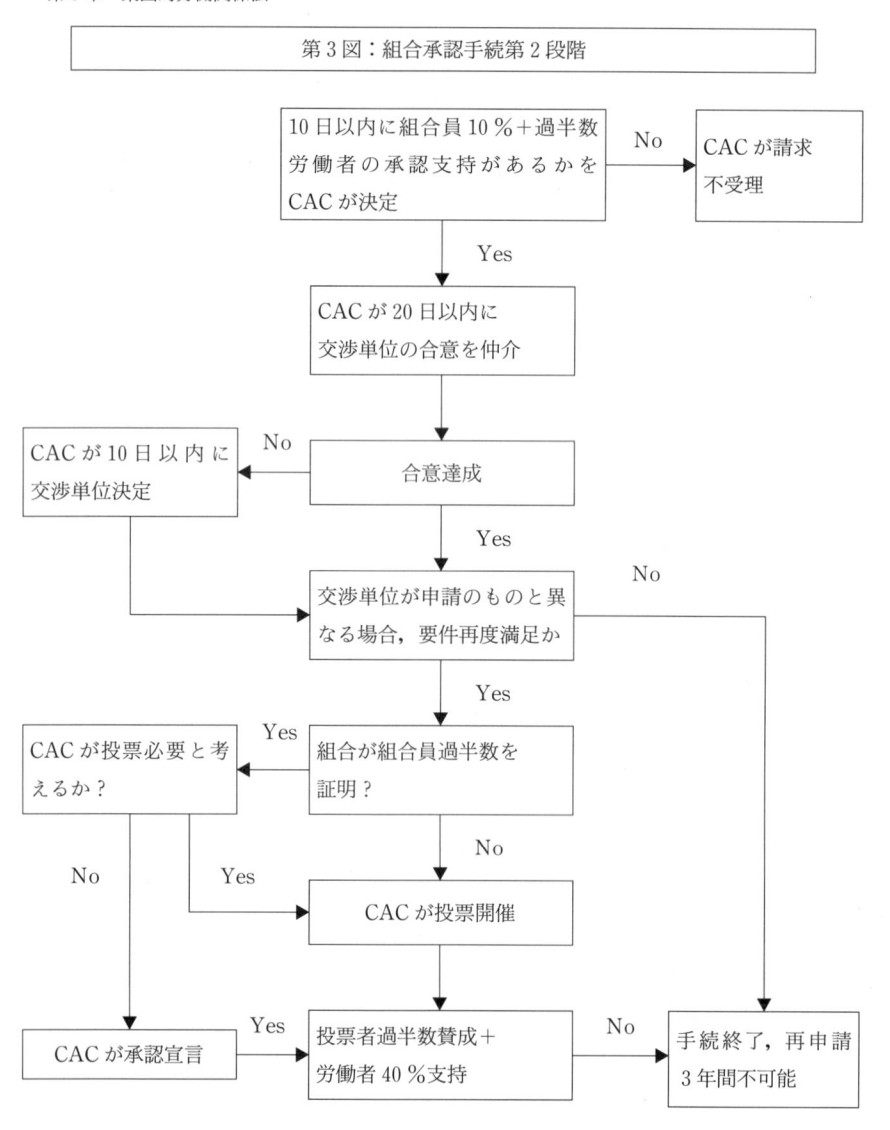

第3図：組合承認手続第2段階

```
                    ┌──────────────────────┐
                    │10日以内に組合員10％＋過半数│   No    ┌─────────┐
                    │労働者の承認支持があるかを├────────→│CACが請求│
                    │CACが決定              │         │不受理    │
                    └──────────┬───────────┘         └─────────┘
                               │Yes
                               ↓
                    ┌──────────────────────┐
                    │CACが20日以内に        │
                    │交渉単位の合意を仲介    │
                    └──────────┬───────────┘
                               ↓
┌──────────────┐   No   ┌──────────┐
│CACが10日以内に│←──────│合意達成   │
│交渉単位決定   │        └─────┬────┘
└──────┬───────┘              │Yes
       │                      ↓
       │           ┌──────────────────────┐    No
       └──────────→│交渉単位が申請のものと異├──────────────┐
                   │なる場合，要件再度満足か│              │
                   └──────────┬───────────┘              │
                              │Yes                        │
                              ↓                           │
┌──────────────┐  Yes   ┌──────────┐                    │
│CACが投票必要と考│←──────│組合が組合員過半数を│           │
│えるか？        │        │証明？     │                   │
└──┬────────┬──┘        └─────┬────┘                   │
   │No      │Yes               │No                       │
   │        │                  ↓                         │
   │        │           ┌──────────┐                    │
   │        └──────────→│CACが投票開催│                  │
   │                    └─────┬────┘                    │
   ↓                          ↓                          ↓
┌──────────┐   Yes   ┌──────────────┐   No   ┌──────────┐
│CACが承認宣言│←──────│投票者過半数賛成＋├────────→│手続終了，再申請│
└──────────┘         │労働者40％支持  │        │3年間不可    │
                     └──────────────┘        └──────────┘
```

出典：CAC作成，筆者翻訳

と同時に判定機能を付与されたこと，②ACASに承認判定のための労働者の意見調査の権限を十分に与えられていなかったこと，③使用者から取消訴訟が多数提起され裁判所は承認手続の立法趣旨を十分に理解せず多くの取消判決がなされたこと，④調査とあっせんに力点を置きすぎたために（平均約1年，5分の1の事件で18カ月を要した），使用者の牛歩戦術に打つ手がなく，手続遅延により結局申請の取下げに至らしめることが多かったこと，⑤組合間問題を有効に処理することができなかったことなどが挙げられている[37]。

(2) 法定承認手続

現在，1999年雇用関係法1条によって挿入された1992年法70A条および付則A1（後に2004年雇用関係法により修正された）が新たな法定承認制度を定めているが，その概要は以下の通りである。本制度による強制承認は，「賃金，労働時間および休暇」に関する交渉に限り適用されることは注意しなければならない。もっとも，両当事者（組合と使用者）は合意によりこの交渉事項を拡大できるとしており，両当事者が法定承認手続の範囲を拡張することは可能である（付則A1第1部の3条1項および2項）。この手続は，かなり複雑で，以下の記述ではイメージしにくい点が多いので，先に，組合承認手続イメージ・チャートを掲げておく。

(A) 承認手続第1段階

(a) 承認申請は，自主的労働組合が，まず，書面で，当該1ないし複数の組合および交渉単位を明記して，同付則に基づく申請であることを記して（8条），使用者（その「関連使用者」の雇う被用者を含めて，その労働者が21名未満の場合は法定承認手続の対象から除外されている）に対して行う（4条から7条）。

(b) もし，第1期間（承認申請の翌日から10労働日目の期間）内に，両当事者が交渉単位およびそれに関する団体交渉の権利に合意すればまず，手続はその

---

[37] DTI, Review of the Employment Reltions Act 1999 (DTI, February 2003); L. Dickens and G. S. Bain, 'A Duty to Bargain? Union Recognition and Information Disclosure'in R.Lewis (ed), Labour Law in Britain (Blackwell, 1986) pp. 80-108, at pp. 87-88; C.Barrow, Industrial Relations Law (2nd ed), (Cavendish, 2002), pp. 201-205 およびCACのMr. S. Gouldstoneのインタビューに対する回答。

時点で終了する。もし，使用者が申請を拒否するが，交渉する意思はある旨を通知する場合は，両当事者は交渉単位につき合意する観点から交渉し，当該組合は，その単位に関し，団体交渉する権利のある組合として承認され得る（10条）。この期間内に，使用者が申請に答えず，または，交渉意思も示さない場合，組合はCACに申し立てて，提案した交渉単位が適切か否か，適切な交渉単位の過半数の労働者の支持を得ているか否かを決定するよう求めることができる（11条）。もし，第2期間（両当事者の延長の合意がない限り，第1期間終了の翌日から20労働日の期間）内にその交渉単位の合意が成立しない場合には，同規則に基づく承認手続が続行する（11条）。また，第1期間内に使用者が申請を拒否するが交渉する意思がある旨通知したが，第2期間内に合意がない場合も，組合はCACに申し立てて，提案した交渉単位が適切か否か，適切な交渉単位の過半数の労働者の支持を得ているか否かを決定するよう求めることができる。また，使用者が申請を拒否するが交渉する意思がある旨通知した後，第2期間内に交渉単位には合意するがその団体交渉をする権利のある組合とは認めない場合，組合はCACに申し立てて当該交渉単位を構成する労働者の過半数の支持を得ているか否かを決するよう求めることができる（12条）。

(B) 承認手続第2段階

(c) 上記(b)の申立てがあった場合で，その申立てが複数であるか，当該交渉単位の労働者が他の交渉単位にも該当するか，またはCACがいずれの申立ても受理しない場合，次のように取り扱われる。すなわち，CACは，受理期間（申立受理の翌日から10労働日の期間もしくはCACの期間延長通知に明記された期間）内に10％要件（当該組合の組合員が当該交渉単位の労働者の10％以上を構成していること）が満たされているか否かを決定する。CACが申立てを受理しなければ，付則の手続は続行されない。CACが複数の申立てが10％要件を満足し，または，いずれの申立ても要件を満足しない場合には，その申立てを受理しない。反対に，申立ての1つだけが要件を満足する場合には，その申立てのみ手続を継続させ，他の申立ては受理しない（14条）。

(d) 上記(c)の決定がなされず，または(c)の手続により手続継続がなされなければならない場合，CACは当該申立てに関する承認申請が適法でかつ当該申立てが規定を遵守し，かつ付則の諸規定により是認できるか否かを決定する。

第5節　団体交渉・労働協約

これらの要件を満足する場合には，当該申立てを受理し，その旨を当事者に通知する。反対に，要件を満足しない場合には，その趣旨を通知し，当該申立てに関する手続を継続しない（15条）。

　(e)　CACが上記(b)の申立てを受理する場合，CACは，一定の期間（CACが申立受理の通知を与えた日の翌日から20労働日の期間もしくはCACの期間延長通知に明記された期間）内に，両当事者が適切な交渉単位に関し合意に達するよう援助する。この20労働日の期間にCACが両当事者の合意の合理的見通しがない場合，両当事者に通知の日または特定の日に期間が終了する通知をなすことができる（18条）。CACが申立て受理の通知を与えてから5日以内に，使用者は提案されている交渉単位の労働者の種類，労働場所および使用者が合理的と考える各職場の労働者の人数に関する情報を組合とCACに与えなければならない（18 A条）。CACが申し立てられた交渉単位が適切でかつ労働者の過半数の支持を得ていると判断し，なお前記期間に両当事者が同意せず，かつ組合がCACに適切な交渉単位の決定を求めずまたは求めたが使用者がその要求時または前記期間内の後の時点で，使用者が前記情報を与えていた場合，CACは前記の期間の終了の翌日から10労働日の期間もしくはCACの期間延長通知に明記された期間内に，提案されている交渉単位が適切か否か，適切でなければ適切な交渉単位を決定する（19条）。なお，使用者が前記情報を与えていない場合は，被用者の前記要求がなされた翌日から10労働日である（19 A条）。

　(f)　交渉単位の決定に関しては，CACは，①当該単位が有効な経営と両立する必要性および②その必要性と矛盾しない限度で，使用者および組合の意見，既存の全国および地方の団体交渉の取決め，一事業場内の小さな断片的な交渉単位を回避する要請，考慮対象の交渉単位内の労働者とCACが適当と考える当該使用者の他の被用者の特性および労働者の配置を考慮しなければならない（19 B条）。

　(g)　(i)CACが上記(b)の申立てを受理し，(ii)両当事者が前記の一定期間に適切な交渉単位に合意しまたはCACが適切な交渉単位を決定し，かつ(iii)その交渉単位が提案された交渉単位と異なる場合，決定期間（適切な交渉単位が合意または決定された日の翌日から10労働日もしくはCACの期間延長通知に明記され

た期間）内に，CACは，使用者または組合により提出された証拠に基づき，申立てが不適法かどうかを決定しなければならない。この場合，不適法とするなら，CACはその決定を両当事者に通知し，当該申立ての手続を継続しない。不適法でないとするなら，その申立ての手続を継続し，その旨を両当事者に通知する（20条）。(i)CACが上記(b)の申立てを受理し，(ii)両当事者が前記の一定期間に適切な交渉単位に合意またはCACが適切な交渉単位を決定し，かつ(iii)その交渉単位が提案された交渉単位と同一の場合，CACはその申立ての手続を継続する（21条）。

　(h)　CACが上記(g)に従って，申立ての手続を継続し，当該交渉単位を構成する労働者の過半数が当該組合の組合員であると確信する場合，当該組合がその交渉単位を構成する労働者のために団体交渉を行う権利があると認められる旨を宣言しなければならない。しかし，下記の3つの資格条件のいずれかが満足された場合，CACは宣言を行わず，当該交渉単位を構成する労働者が当該組合が団体交渉を行うことを欲するか否かを問うための秘密投票を行う旨を両当事者に通知しなければならない。その3条件とは，(i)CACが良好な労使関係の利益のため投票が行われるべきであると確信すること，(ii)当該交渉単位内の相当数の組合員がCACに対し当該組合に団体交渉を行わすことを欲しない旨を伝えること，または(iii)委員会がそれと同一の結論に至る組合員の証拠が提出されること，である（22条）。また，CACが上記(f)に従って，申立ての手続を継続し，当該交渉単位を構成する労働者の過半数が当該組合の組合員であると確信しない場合，CACは当該交渉単位を構成する労働者が当該組合が団体交渉を行うことを欲するか否かを問うための秘密投票を行う意思を両当事者に通知しなければならない（23条）。

　(i)　上記(h)のように，CACが秘密投票を行う意思を通知した場合，その通知期間（組合または使用者が通知を受領した日から10労働日）内に，組合または使用者と組合が合同で，CACに対して，その投票を行って欲しくない旨を通知することができる。その場合，CACは投票を行わず，両当事者にその理由を伝え，その結果，同規則の手続を継続しない。CACが投票をしてほしくない旨の通知を受けない場合には，投票を行わなければならない（24条）。

　(j)　CACが投票を行う場合には，投票は，CACが任命する資格ある独立の

立合人（qualified independent parson）によって，その任命の翌日から20労働日もしくはCACが決定するより長い期間に，行われなければならない。この投票はCACが決定した事業場，郵送またはその2つの組み合わせで行われなければならず，その投票方法は，不公正または不正行為による影響の可能性，費用および実行可能性，その他CACの適当と思料する事項を考慮して決定される。CACは，投票を行うことになったら合理的にできるだけ早く，両当事者に対し，その旨，立合人の氏名およびその任命日，投票期間，投票方法，および（投票が事業場で行われる場合は）当該事業場を知らせなければならない（25条）。

　(k)　CACによって通知された使用者は次の5つの義務を履行しなければならない。(i)投票に関して組合および立会人と協力すること，(ii)組合が，合理的にみて，その交渉単位を構成する労働者に投票の目的を伝え，その支持と見解を求めることができるような労働者へのアクセスを与える義務および(iii)使用者がそうすることを期待できる限り，①CACが投票の期間や方法について通知した翌日から10労働日の間に，CACに対し，交渉単位を構成する労働者の名前と自宅住所を知らせ，②その知らせをした後に当該交渉単位に加わった労働者の名前と自宅住所をできるだけ早く知らせ，③すでに知らせた後に当該交渉単位から離脱した労働者の名前をできるだけ早く知らせる義務，(iv)使用者が，その交渉単位内の労働者に対し，組合との「適切な会合」に参加しないようにされる効果を有し，かつ，諸事情に照らし合理的でない供与を行わない義務，(v)使用者が，その交渉単位内の労働者が組合との「適切な会合」に参加しまたは参加する意思を示したことを唯一のまたは主な理由として，労働者に対し何らかの行為をなしまたはなすと脅さないようする義務，である（26条）。CACは，使用者が上記の義務のいずれかを履行せず，かつ投票が行われなかったと確信する場合は，使用者に対し，期間を特定してその義務違反を是正する措置を講ずるよう命じる。その措置が講ぜられず，かつ投票が行われなかったと確信する場合には，当該組合が当該交渉単位のために団体交渉をする権利を有する組合として承認される旨を宣言する（27条）。

　(1)　投票が行われた場合には，その投票が取り消されるか否かに関係なく，当該使用者と組合は，その総費用を半分ずつ負担しなければならない。組合が

複数ある場合には，投票のため任命された立合人に共同して提示した割合または提示がなければ同一の割合で前記2分の1を負担しなければならない。この費用とは，立会人がもっぱら，排他的かつ必要的に投票に関して被った費用，立会人がその労務の対価として請求するのが妥当な額および当該使用者と組合が同意するその他の費用である（28条）。

(m) CACは，立会人から知らされた後できるだけ早く，当該使用者と組合に投票結果を知らせ，その結果が当該組合が過半数の労働者に支持され，当該交渉単位を構成する労働者の最低40％により支持された場合，当該組合が当該交渉単位のために団体交渉をする権利を有する組合として承認される旨を宣言しなければならない。結果がそうでなければ，当該組合は承認される権利がない旨の宣言をしなければならない（29条）。

(3) CACの承認申立て受理後の組合の労働者へのアクセス

2004年雇用関係法は，労働組合が，組合承認申立てが受理された後に，その後の法定承認手続を有利に進めることができるように，提案している交渉単位内の労働者に間接的にアクセスできる手段を定めた。次のような規定が1992年法付則A1第1部の19C条以下に挿入された。CACが組合の申立てを受理する場合，組合は，当該組合と提案されている交渉単位または合理または決定された適切な交渉単位内の労働者との「最初の期間」内の通信を取り扱う「適切な独立者（suitable independent person）」の任命を申し立てることができる（19C条1項―4項）。「最初の期間」とは，CACが両当事者に「任命された者」の氏名および任命日を知らせた日に始まりCACが組合に投票なしの承認宣言または投票を開催するために任命された者の氏名を通知したとき，または申立てが取り下げられまたは「無効」とみなされるときに終了する。使用者は，「任命された者」について通知された日から10労働日以内にCACに対して該当する労働者の氏名と自宅住所を与え，適切な交渉単位に関する合意または決定の結果として該当する労働者が変わり，または，その他の理由で労働者がその交渉単位に加わりまたは離れる場合にはその情報を更新しなければならない（19D条1項から3項）。CACは合理的にみて可能な限り迅速に「任命された者」にそうした情報を転送しなければならず，その者は，組合の要求に応じて，

組合から与えられた情報を該当する労働者に転送しなければならない（19 D 条 4 項および 19 E 条 1 項）。組合は「任命された者」の経費を負担する（19 E 条 2 項— 7 項）。CAC は，使用者がその義務を果たしておらずかつ「最初の期間」が終了していないと思料する場合には，当該使用者に対し，特定した期間内に不履行を是正する特定の措置をとるよう命ずることができる（19 F 条 1 項）。使用者がその命令を遵守せず，かつ，両当事者が適切な交渉単位に合意しまたは CAC が適切な交渉単位を決定した場合，CAC は組合の承認を決定することができる（19 F 条 1 項- 5 項）。CAC は，組合承認申請が受理されるためには，労働者の過半数が組合承認を支持するだろうと判断する必要はあるが，この場合，労働者の過半数が実際に承認を支持していなくとも，承認が与えられるのである。

(4) 承認宣言の効果

以上の承認手続により，組合がある交渉単位のために団体交渉する権利を有する組合として承認された場合，交渉期間（承認宣言を受けた翌日から 30 労働日もしくは両当事者が合意できるそれ以上の期間）において，両当事者は団体交渉を行う方法について合意するため交渉することができる。この期間内に合意が成立しなければ，当該使用者または組合は CAC の援助を求めることができる（30 条）。これに対し，CAC は合意期間（援助申請の翌日から 20 労働日もしくは両当事者の同意を得て CAC の決定するそれ以上の期間）内に両当事者が合意できるよう援助する。しかし，期間内に合意が成立しない場合，CAC は，両当事者に対して，団体交渉の方法を特定しなければならない。そして，特定された方法は，両当事者の合意した法的に強制可能な契約に含まれるものとみなされる。しかし，なお，両当事者が，書面をもって，特定された方法の全部または一部にはその効果を持たないこと，あるいは，その方法を変更または置き換えることに合意する場合には，その書面の合意が法的に強制可能な契約としての効果を有する。この契約の違反に関する救済としては特定履行が唯一のものである。また，その方法の特定がなされる前に両当事者が共同して団体交渉の方法を特定する措置を止めるよう求める場合には，CAC はその要求に応えなければならない（31 条）。

(5) 「法定の任意的承認」と「純粋に任意的な承認」

　1992年法付則1A第2部は，使用者による組合の任意的承認についても詳細な規定を置いているが（同規則52条から63条），紙幅の都合上，ここでは要点のみ記しておきたい。まず，自主性を有する組合が，明確な交渉単位を示して，21名以上の労働者を雇う使用者に書面の申請を行い，使用者が承認に合意した場合，または，最初は拒否したがCACへの申立て後に使用者がその申請に合意した場合には，使用者による任意的承認があったとされる。任意的承認の合意は，組合の同意がない限り，3年間は解除できない。使用者と組合が団体交渉の方法に合意できない場合，あるいは一方がその方法に違反した場合，CACは団体交渉に関する合意が成立するように援助し，それが失敗した場合には，適切な方法を決定する。この決定は両当事者の合意とみなされ，その救済手段としては特定履行だけが認められる。

　注意を要するのは，ここでいう任意的承認とは，いわば半ば任意的承認（セミ・ボランタリー）ともいうべきで，使用者による純粋に任意的な承認のことではないということである。すなわち，使用者がCACの手続と無関係に，明示的または黙示的に特定の組合を純粋に任意的に承認することができるのは当然である。この場合には，3年の解除禁止と団体交渉の特定履行は適用にならない。純粋に任意的な承認の場合，黙示的な承認がなされたか否かが組合と使用者の間で争われる場合がある。判例は，使用者の黙示的な承認を推認するためには，そのような使用者の明白かつ疑う余地のない（clear and unequivocal）行為が存在する必要があるとしている[38]。例えば，Joshua Wilson & Brothers Ltd. v. USDAW [1978] IRLR120 (EAT) で，雇用控訴審判所は，次のような組合と使用者の1年以上の接触の事実を総合すると組合承認の明白かつ疑う余地のない証拠となると判示した。(i)その産業の合同労働委員会により合意された賃上げを公表する掲示を出すことを当該組合の地方代表に許可していたこと，(ii)職務配分の変更につき同代表に相談していたこと，(iii)同代表が会社構内で組合費徴収を行うことを認めていたこと，(iv)同組合の地域組織員と安

---

[38] TGWU v. Andrew Dyer [1977] IRLR 93 (EAT); National Union of Gold, Silver and Alied Trade v. Albury Brothers Ltd [1978] IRLR 504 (CA); Joshua Wilson & Brothers Ltd v. USDAW [1978] IRLR 120 (EAT).

第5節　団体交渉・労働協約

全と規律に関し協議していたこと，である。

(6)　交渉単位の変更

　付則1A第3部は，さらに交渉単位の変更手続（64条から95条），承認解消手続（96条から121条），自動承認解消手続（122条から133条），非自主的組合の承認解消手続（134条から148条），自主性喪失（149条から155条）について詳細な規定を置いている。交渉単位の変更手続の規定は，任意的承認および法定承認手続による承認の後に生じた交渉単位に影響を与える事項を取り扱っている。解消手続についていえば，労働者の数が21名未満となった使用者は，組合に承認解消を通知し，その写しをCACに提出し，これが解消の条件を満たせば，承認は解消される。そうでなければ，承認解消の投票の実施を申し立てる。21名以上の労働者を有する使用者の場合は，使用者はまず組合の同意を得るよう努力し，これが失敗した場合に，CACの承認解消投票の実施を申し立てる。交渉単位を構成する一名ないし複数の労働者も当該交渉単位の交渉にはもはや過半数労働者の支持がないことを理由に承認解消を申し立てることができる。自動承認解消手続とは，交渉単位構成労働者の過半数が申立組合の組合員であるとしてなされた組合承認の解消手続である。この場合，CACが使用者の承認解消の申立てに理由があると判断するなら，秘密投票が行えるようにしなければならない。非自主的組合の承認解消手続の規定は，きわめて特殊なものである。なぜなら，上記(5)で述べたように，本来，法定承認手続が対象としていない「純粋に任意的な承認」の合意に付則1Aが介入するものだからである。この規定によると，1ないし複数の労働者が自己の属する交渉単位に関してある自主性を有しない組合の使用者による純粋に自主的な承認を終了させることをCACに求めることが認められる。この手続は，最終的には当該交渉単位内の労働者の秘密投票の実施を含むもので，ほぼ通常の承認解消手続と同様である。自主性喪失に関しては，認証官が自主性の認証を取り消した場合には，それが組合承認宣言および団体交渉の取決めの効力を停止し，両当事者が合意により承認しているものとみなされると規定している。

(7) 労働者に対する不利益取扱い

1999年法付則1A第8部は，組合承認に関連してなされた労働者に対する解雇その他の報復的な不利益取扱いを規制している（156条から165条）。すなわち，付則1A 156条1項は，「労働者は，使用者の何らかの作為または不作為が（以下の）理由によって生じたときは，その作為または不作為による如何なる不利益にも服せしめられない権利を有する」と規定している。その理由とは，(i)労働者が同規則に基づく使用者の組合承認を得または承認を阻止しようとしたこと，(ii)労働者が同規則に基づく使用者の組合承認を支持または支持しないとの意思を示したこと，(iii)労働者が交渉取決めの同規則に基づく終了を確保または阻止する目的で行動したこと，(iv)労働者が交渉取決めの同規則に基づく終了を支持または支持しないとの意思を示したこと，(v)労働者が同規則に基づいて行われた投票において他の労働者によりどのような投票が行われるかに影響を与えまたは与えようとしたこと，(vi)労働者が他の労働者が投票しまたは投票を控えるような影響を与えまたは与えようとしたこと，(vii)労働者が投票したこと，(viii)労働者が上記の事項のいずれかをなす提案をし，なすことをせず，または，なさないことを提案したこと，である（156条2項）。

この場合，労働者の作為または不作為が不当であったと認められる場合にはその不利益につき使用者は責任を負わない（156条3項）。上記の理由により不利益を受けた場合は，労働者はその使用者の行為または不作為のときから3ヵ月以内に雇用審判所に訴えを提起することができる。雇用審判所がこの期間内に訴えを提起することが合理的にみて実行可能でなかったと思料する場合には，合理的にみて訴えを提起できたと認められる期間延長することができる（157条）。使用者の作為または不作為の理由の証明は使用者側に負わされている（158条）。審判所による救済は，使用者が組合承認に関わる不当な理由により不利益を与えたことの確認と労働者に対する補償金の裁定である。補償金の額は，当該違反行為とその行為によって被った損害（違反行為の結果，労働者が被った支出およびその行為がなければ得られたであろう得べかりし利益を含む）に鑑みて，審判所が正義と衡平と思料する額である。この裁定には，損害緩和の原則が適用され，また，労働者が使用者の違反行為に寄与していると思料する場合はその寄与分を控除しなければならない（159条）。また，審判所は，労働者

の不利益がその契約の終了であり，かつその契約が雇用契約でない場合には，不公正解雇の基礎裁定および補償裁定の合計額を超えない補償金の裁定を行わなければならない（160条）。なお，上記の違法な理由により被用者が解雇された場合には，その解雇は不公正解雇とみなされ，1996年雇用権法の不公正解雇の救済に関する規定が適用される（161条）。また，剰員整理解雇としてなされ，その選抜理由が上記の違法な理由にある場合も同様である（162条）。ただし，1996年法197条1項の有期契約に関する規定は不公正解雇の訴えを排除せず，また，資格期間および上限年齢も不公正解雇の訴えを排除しない（163条および164条）。

(8) 不公正行為

2004年雇用関係法は，組合承認投票の取決めの通知を受けた両当事者が「不公正行為（unfair practice）」を行うことを禁止する新たな規定を1992年法付則1Aの27A条から27D条として挿入した。当事者が投票結果に影響を与えようとしてなされた次の行為は不公正行為とされ，相手方はCACに申し立て救済を受けることができる。申立ては投票日後の最初の労働日までになされなければならない（27B条）。CACは，当事者がその不公正行為の効果を特定された期間内に軽減するための特定の措置をとることを命じることができる（27C条）。しかし，その不公正行為が暴力の行使や組合役員の解雇を伴うものである場合は，どちらがその行為の責任者かによって，組合は承認されまたは承認されないとの宣言をなすことができる（27D条）。CACは，解雇された労働者の復職を命じることもできると考えられる[39]。また，CACは，投票を無効にして，再投票開催の意思を両当事者に通知することもできる（27C条および27E条）。

「不公正行為」とは，次のような行為である。
① 労働者が都合のよい投票をすることを約束することの見返りに金銭等を支払う申込みを行うこと。
② 投票の結果次第で金銭等を支払うとの申込みを行うこと。

---

[39] Deak & Morris, Labour Law (4th ed.), p. 843 (Hart Publishing, 2005).

③ 労働者に対する規律処分を行いまたはその脅しを掛けること。
④ 労働者に不利益を与えまたはその脅しを掛けること。
⑤ 労働者に不当な威圧を用いまたは用いようと企てること。

(9) 承認手続の実際的意義

さて，以上のようなイギリスの法定組合承認手続が果たしてどのように機能しているのであろうか。これについては，まず，CAC の統計を参照する必要がある。また，前記 Peters の報告書および Robert Poole の Warwick 大学リサーチ論文(40)が重要な指摘をしているのが参考になる。これらに加え，筆者が CAC の Mr S Gouldstone, General Manager に対して行ったインタビューの回答をも含めて，承認手続の意義をまとめておきたい。

(A) 承認申請後のどの段階で事件が処理されるか

2000年4月1日から2003年8月31日までに申請のあった299件についてみると，このうち175件 (58.2％) の申請が受理され，28件が不受理，86が取り下げられ，10件が受理決定を保留されている。なお，この段階で取下げが多いのは，申請受理前であれば，組合は3年経過しなくても再度承認申請をやり直すことができ，使用者が任意承認すれば3年間承認を拘束されることはないという利点が双方にあるからである。受理された175件の申請のうち，交渉単位が委員会によって決められたものが67件 (38.3％)，両当事者の合意により決定されたものが63件 (36.0％) である。この段階では，このほか，申請撤回が1件，取下げが33件，交渉単位未決が11件となっている。次に，委員会または合意により交渉単位が決定された130件の承認申請のうち，承認投票なく承認されたものが26件 (20.0％)，承認投票がなされたものが67件 (51.5％) である。この段階では，このほか，取下げ19件，申請不適法5件，承認投票要否未定6件となっている。そして，承認投票した67件のうち，42件 (62.7％) が組合承認，25件 (37.3％) が組合不承認となった。したがって，交渉単位が合意または決定された承認申請の52.3％が強制的な形で組合承認 (投票なき承認と投票に基づく承認の合計) の結果となったことになる。組合承認

---

(40) R.Poole, Agreed or imposed? A Study of employers' responses to statutory recognition applications, Warwick papers in Industrial Relations No.71 (April 2003).

が強制されたこれらの68件のうち，交渉手続が合意されたものが40件（58.8％），交渉手続が強制的に決定されたものが6件（8.8％），未定が22件（32.4％）となっている。未定のものが多いのが気になるが，より重要なのは交渉手続が合意されたものが多く，CACの強権発動は1割弱であるということである。以上の処理状況をみると，各段階で申請取下げが多く認められること，および交渉単位も合意が多いことなど，任意的な解決が目立っている。要するに，この統計数字からみる法定組合承認手続の特徴は，労使の合意による解決を誘導する効果にあるということができるであろう。

(B) ACASの利用

組合の承認請求を受けた使用者，一般に，情報や助言を得ようとする。使用者がACASに行く割合は，使用者が結果的にセミ・ボランタリーに承認した場合（CACが承認申請を受理した後に任意に組合を承認した場合）と強制承認された場合（CACが承認宣言をした場合）で著しく異なる。結果的にセミ・ボランタリーに承認した使用者がACASに行った割合と法律事務所に行った割合は，65％と47％であったが，強制承認された使用者の場合は，45％と70％であった（Poole, op.cit., at p.13）。しかし，さらに重要なのは，こうしたCACへの承認申請後の組合承認ではなく，組合の使用者に対する承認請求からCACへの承認申請までの間に多くの任意的承認がなされているということである。そして，そのためにも，ACASのあっせんが重要な役割を果たしているのである。そのことは，ACAS同局のあっせん完了事件における推移をみれば明らかである。2000年4月から2002年3月までの同局の組合承認あっせん件数は601件（後掲の表5参照）にも達しているのに対し，2000年4月から2003年8月までのCACへの承認申請件数は300件を下回っているのである。この点につきACASのあっせん官が次のように述べている。

「これをACASの集団的あっせん事件の割合でいうと，1999年には組合承認事件は全体の11％に過ぎなかったが，2001年には27％になった。そして，1998年に組合の完全承認は3分の1に過ぎなかったが，2001年には60％になった。これは，ACASに多大の費用を負担させる。なぜなら，われわれが多くの承認可能性をみる投票を運営しなければならないからである。使用者は，組合との組合承認の話合いに入るか否かを決定するために，組合員の過半数を代表して

いるか否か，投票権者数の 40 ％を獲得できる可能性がありか否か，が重要となるからである。だから，任意的に承認する場合にも，両当事者は，制定法上の基準を持ち込むことが多くなっているのである。ACAS は，この任務に関しても，中立的に紛争を解決するという立場である。われわれは，両当事者が解決に合意する平和的な方法を探すだけなのである。もっとも，CAC も法定承認を促進するという義務があるわけではなく，中立の立場で手続するに過ぎないのであるが。」[41]。

(C) 法定承認後の労使関係

　法定承認後の組合と使用者の関係は，その承認がセミ・ボランタリー承認であったか強制承認であったかによって相当異なる。前掲 Poole 氏の論文で明らかにされた。セミ・ボランタリー承認であった場合，その 65 ％強において，使用者は組合の職場代表と月ごとまたは四半期ごとに定期的に会合するとの取決めをしているが，強制承認の場合はその割合は 20 ％に過ぎない。反対に，年 1 回または要求した場合のみとする割合は，セミ・ボランタリー承認が 23.5 ％弱，強制承認が 55 ％となっている（表 8 参照）。また，職場の労使関係が悪くなったとする使用者側の回答とよくなったという回答の割合は，セミ・ボランタリー承認ではそれぞれ 23.5 ％と 16.6 ％，強制承認では 30 ％と 5 ％となっている。しかし，以前と変わらないとする回答が両者とも 60 ％前後であった（表 9 参照）。これらによれば，強制承認の場合，法定組合承認が長期的に有効かつ実質的な意義を維持できるかは疑問といえそうである。

[3] 団体交渉のための情報開示

(1) 情報開示申立ての要件

　使用者がある自主的労働組合を団体交渉のために承認している場合，その組合の代表者が団体交渉において，口頭で，または，使用者が要求するならば，書面で，次のような情報を要求することができる。(a)労働組合代表がその使用者との団体交渉を遂行することが，それなしでは相当に困難となる情報，および，(b)使用者が団体交渉のためにそれを開示することが良好な労使関係慣行にそうものであるような情報。因みに，この良好な労使関係慣行に沿う情報とし

---

[41]　ACAS の Mr. T. Studd, Senior Conciliator のインタビューの回答。

表8：労使の会合の頻繁度

会合頻繁度	全使用者	セミ・ボランタリー	強制
週ごと	0	0	0
月ごと	7 (20.0%)	6 (35.3%)	1 (5.0%)
四半期ごと	8 (22.9%)	5 (29.4%)	3 (15.0%)
半年ごと	5 (14.3%)	2 (11.8%)	3 (15.0%)
年ごと	2 (5.7%)	0	2 (10.0%)
要求時のみ	13 (37.1%)	4 (23.5%)	9 (45.0%)

出典：P.Poole, Agreed or imposed? A study of employers' responses to statutory recognition applicantions (2003), p.20.

表9：労使関係への承認の効果

承認の効果	全使用者	セミ・ボランタリー	強制
顕著に悪化	4 (10.8%)	1 (5.9%)	3 (15.0%)
少し悪化	6 (16.2%)	3 (17.6%)	3 (15.0%)
以前と同じ	22 (59.5%)	10 (58.8%)	12 (60.0%)
少し改善	3 (8.1%)	2 (11.8%)	1 (5.0%)
顕著に改善	1 (2.7%)	1 (5.9%)	0
回答なし	1 (2.7%)	0	1 (5.0%)
合計	37	17	20

出典：第3－3－3表に同じ。

て，ACASの行為準則No.2「団体交渉のための情報開示」（1998年）は，開示が考慮されるべきであるとする情報として，賃金手当，労働条件，労働者数，実績（例えば，生産性および効率，売り上げ，受注状況），財政（例えば，利益，資産，債務）を挙げている。使用者はその情報を（組合の代表者が書面を要求するときは書面で）開示しなければならない（1992年法181条）。ただし，次のような場合は，開示しなくともよい（182条1項）。①国家的安全の利益に反する情報。②法令上の禁止に違反しないで開示することができない情報。③使用者に内密に伝達され，または，使用者が彼を信用した者から得た情報。④特にある

個人に関係し，その者が開示に合意しない情報。⑤その開示が団体交渉に対する効果以外の理由で使用者の事業に実質的な損害をもたらす情報。⑥使用者が訴訟を提起し，追行し，または，弁護するために得た情報。

また，使用者の情報開示は，次のような限定に服することとされている。すなわち，使用者は，次のことまで要求されない（182条2項）。(a)書類（情報を伝え，または，確認するために用意された書類を除く書類）を提出し，または，閲覧させること，あるいは，その写しをとり，または，それを抜き書きすること。(b)その蓄積収集が団体交渉における情報の価値に比べて法外の仕事または費用を必要とする情報を蓄積収集すること。また，判例は，次の点を明らかにしている。R. v. Central Arbitration Committee ex parte BTP Tioxide Ltd. [1981] ICR 843 (ChD) では，組合は，団体交渉に関する事項に限って情報を要求できるので，組合が一定の被用者を代表する権利を有するとしても，団体交渉の目的で代表する権利を有しない限り，情報開示の権利は行使できないとされた。また，Civil Service Union v. Central Arbitration Committee [1980] IRLR 274 (ChD) では，内密の情報は開示される必要がないので，国防大臣は業務請負業者により派遣された清掃労働者の人数と労働時間とに関する情報を開示する義務を負わないとされた。

(2) 情報開示義務違反の救済

情報開示義務の違反に関して，労働組合は，CACに申立てを行うことができる。CACが事件をあっせんで解決できると判断する場合は，ACASに事件を付託する。それが失敗しまたは適切でないと判断するときは，申立てに理由がある旨宣言し，使用者に対し特定の日までに情報を開示するよう命ずる（183条）。使用者がこの宣言を無視した場合，組合はさらにCACに申立てをなすことができ，CACは不履行の情報を特定する宣言を行う（184条）。この申立てのとき，または，その後に，労働組合は，特定の種類の労働者に関し，その雇用契約が申立てに特定された労働条件を含むものでなければならない旨の書面による請求を委員会になすことができる。CACは，この請求に理由があると判断するときは，その条件または委員会が適当と思料するその他の労働条件が当該種類の労働者の雇用契約の内容になる旨の裁定を行うことができる

(185条)。

(3) 情報開示手続の実態と意義

　H．Gospel 教授らの観察によると，CAC の実際の事件処理の仕方は制定法上の規定よりもインフォーマルだとされる。例えば，教授らの論文は次のように記述している。「申立てを受理すると，CAC は，その委員長，両当事者および通常は1名の条件幹旋仲裁局のあっせん委員の出席する非公式の会議を開催する。この会議の目的は，手続の進行方針を形成し，問題の所在を明らかにし，問題があっせんによって解決できるか否かを決定することである。この非公式な会議の後，もし使用者が情報開示につき譲歩し，または，(情報開示請求の)成功の見込みがないと思われる場合には，組合は申立てを取り下げることがある。もし合意がなされる見込みがないと思われる場合は，当事者は本格的な審問に移行する。同様に，あっせんが不成功に終わった場合も，両当事者は本格的な審問に移行する。それが委員長と労使委員が参加する公式な会議である。書面の陳述が交わされ，手続が記録され，両当事者はときどき弁護士に代表されるのである。その後，委員会は，組合の請求の全部または一部に理由があるか否かを述べ，かつ，その決定の基礎となる一般的な判断を示す。」[42]

　上記のように，組合の情報開示申請は，それにより究極的に情報の開示自体が強制されるのではなく，団体交渉に必要な情報が開示されたとしたら，団体交渉によってどのような労働条件を個々の労働者の労働契約の内容とすべきかという裁定がされるという結果になる。こうした仕組みになっている前提には，労働組合との関係で使用者がどのように行為するかということは最終的には使用者の決めることであって，結局，情報の開示自体は使用者の任意の履行に待つべきものであって，法的強制に馴染まないという考えが存するのである。

　この制度の欠点として，イギリスの専門家は，次のような点を挙げている。①「著しい団体交渉の妨げ」という要件が団交の促進ではなく，それなしでは団交ができないかを基準としているため適用範囲が狭いこと。②「使用者の企業に大きな損害」を与える場合の開示除外が労働組合をよそ者とみることと結

---

[42] H. Gospel and G. Lockwood, 'Disclosure of Information for Collective Bargaining: The CAC Approach Revisited', 28 ILJ 233, p. 237 (1999).

びついて拡大していること。③組合が当該事項に関して承認されていることが条件となっているため，情報が以前から承認されていた団体交渉事項でない場合，例えば，特定のモデルの自動車の生産を中止する会社の決定に関する情報の開示が請求できないこと。④CACは情報開示の違反の審査をすることはできるが，たとえ当該事項の開示が将来の当事者の紛争を回避するために必要であっても，使用者が将来どのような事項を開示すべきかについての裁定は行えないこと。⑤制定法は情報開示自体を強制する手段も法定されておらず，裁定違反の罰則もないこと。情報を労働契約の内容とすることができたとしても，労働契約に馴染む情報と団体交渉に必要な情報とは明らかに異なる。⑥情報開示に関する行為準則は，「良好な労使関係」実践の一般的原則および開示事項の範囲が交渉単位によってどのような影響を受けるかということにつきなんら指針を与えていないこと[43]。なお，⑦会社の経営情報などに関する最新の情報は株価などに影響を与えるなどのため経営保護の観点からその開示を義務づけることができないとされる[44]。

　CACへの情報開示申請の頻度はきわめて低く，制度が始まった1977年から2002年12月末までの約26年間で申請総数502件であり，2001—2002年度には申請が8件しかなかった。期間を通じ，年平均20件弱ということになる。そのうち，233件（約46.4％）の事件において，CACの非公式会議が開催されている。実際，公式の会議（審理）がなされたのは67件（13.3％）に過ぎない。そして，特定労働条件の請求手続まで達した事件は，僅か2件（0.4％）であった[45]。したがって，あっせんにより解決される事件がほとんどであり，CACの宣言までいく事案は少なく，個別的労働契約への編入の裁決はほとんどないということになる。手続の適用範囲が狭いだけでなく，強制力も弱く，基本的にはあっせんに持ち込むためのきっかけを与えるだけの制度のようにみ

---

[43] Gospel and Lockwood, op.cit., pp. 243-246 and L Dickens and GS Bain, 'A Duty to Bargain? Union Recognition and Information Disclosure' in R. Lewis (ed), Labour Law in Britain (Blackwell, 1986), pp. 80-108.

[44] Operation Manager, S Gouldstone氏の平成13年12月10日のインタビューへの回答。

[45] CAC Annual Report 1999-2000 およびS. Gouldstone氏の平成14年9月8日のインタビュー回答。

える。ACASのあっせんが重要な位置を占めていることは明確である。情報開示もまた労使の任意の解決を理想としているのである。

[4] 労働協約の効力

労働協約に関する一応の説明は，第2章第1節[1](6)で多少行ったが，ここでは，制定法上の規定を中心に補充したい。まず，1992年法178条は，労働協約を次のように定義している。すなわち，労働協約とは，例えば，雇用条件，雇用終了，規律処分，労働組合幹部の便益，承認，協議の便宜等の所定事項に関する「ひとつまたは複数の労働組合とひとつまたは複数の使用者または使用者団体により，または，それらのために締結された協定または取決め」をいうとしている。そして，179条1項は，労働協約は，①書面化され，かつ，②当事者が当該協約に法的拘束力を与える意思がある旨を（特に明示的に）述べる規定を含んでいない限り，当事者は労働協約に法的な拘束力を与える意思はなかったものと確定的に推定される，と定められている。NCB v. NUM [1986] IRLR 439 (Ch.D) は，この②の要件は単に当事者が協約に「拘束される」との協定の記述では満足されないと判示した。その理由は，道義的に拘束されるとの意味と解釈される余地があるからである。しかし，使用者が前述の法定承認手続によって組合を承認した場合，団体交渉に関してなされた合意は当事者間を法的に拘束するものとされる。ただし，これに違反した場合の，救済は前記のとおり特定履行（specific performance）に限定されている。

さて，第2章第1節[1](6)で述べたように，労働協約の規定は，個別の労働契約の内容になり得るのであるが，協約の「争議行為禁止条項」は，次の要件を満足しない限り，雇用契約の内容とはならない。(i)署名で，(ii)それが雇用契約に読み込まれる旨の規定を含み，(iii)対象労働者の職場で合理的に入手でき，かつ，労働時間中に見ることができ，(iv)当該協約の当事者の各組合が自主的労働組合であり，(v)個々の労働契約がその争議に関する協約条項を明示的または黙示的に呼び込む場合に限られるのである（180条）。この違反に関しては，その性格上，雇用契約の特定履行ないし差止めはできない（236条）。

[5] 企業譲渡に関する規定

(1) 譲受人の組合承認義務

企業譲渡の関しては，1981年営業譲渡（雇用保護）規則の9条が，譲渡人がその「企業（undertaking）」に雇われている被用者に関して労働組合を承認していた場合，企業譲渡後においてもその企業の部分が譲受人の企業と区別された同一性を維持している限り，譲受人は組合を承認しなければならないとしている。この規則にいう「企業」とは「事業（business）および事業の一部（trade）を含む」と定義される。

(2) 譲渡人の情報開示協議義務

従来，同規則の10条が，使用者は，企業譲渡により影響を受ける被用者に関し，自主的承認労働組合の代表に情報を与え，協議しなければならないとしていた。しかし，Commission of the European Communities v. United Kingdom, C-382/92 [1994] IRLR 392 (ECJ) において，欧州裁判所は，同規則10条は企業譲渡に関する被用者代表に対する使用者の情報開示・協議義務を課す既得権指令（77/187/EEC）の履行とはならない不十分なものであり，イギリスの法制は承認されていない組合による被用者の保護を拒否するもので共同体指令に違反するとした。このため，1995年集団的剰員整理・企業譲渡（雇用保護）（改正）規則は，労働組合が承認されているか否かに関わらず，使用者に情報開示・協議義務を課することになった。その結果，現在，改正された規則10条は，企業譲渡により影響を受ける被用者の使用者は，その被用者のあらゆる「適切な代表者（appropriate representatives）」に協議ができるようにするため当該譲渡より十分前に次の事項に関する情報を与えなければならないと定めている。(i)譲渡が行われる事実。(ii)その時期。(iii)その理由。(iv)影響を受ける被用者らにとっての法的，経済的，社会的意義。(v)当該被用者らに対して使用者がとろうとしている措置（それがない場合は，その事実）。(vi)譲渡人たる使用者の場合は，譲受人のところに自動的に移動することになる被用者に関して，当該譲受人がとろうとしている措置（それがない場合は，その事実）。

「適切な代表者」とは，①使用者に承認された自主的労働組合の代表者，②

その他の場合は，(i)本規則に関係なく関係被用者が解雇について情報を受け協議する権限を与えて指名しまたは選挙で選出された「被用者代表（employee representatives）」または(ii)本規則に関して，本規則の定める要件を満足する選挙によって選出された「被用者代表」，いずれかで使用者の選択する者をいう（10条2A項）。いずれの場合も，選出また指名時に当該使用者に現に雇用されていなければならない（11A）。なお，10A条は「被用者代表」の選挙に関する詳細な規定を置いている。この情報開示・協議義務違反に対しては，労働組合，被用者代表，または，影響を受ける被用者は，それが実行可能である限り，3カ月以内に雇用審判所に訴えなければならない（11条1項および8項）。審判所は，その訴えに理由があると判断するときは，その旨宣言し，影響を受ける被用者に最高13週給分の補償金の裁定を行う（11条4項および11条）。

[6] 剰員整理に関する規定

(1) 情報開示・協議義務

剰員整理に関しても，情報開示・協議義務の特別規定が1992年法188条ないし198条に置かれている。これに関しては，すでにみた剰員整理解雇手当の関する「剰員」解雇の定義とは異なり，剰員による解雇とは，個人的な理由の関係しない解雇をいうとのきわめて包括的な定義を置いている（195条1項）。使用者は，20人以上の被用者を解雇する場合には，その90日以内の一定期間に協議しなければならない（188条1項）。そして，1つの事業場で200人以上の被用者を剰員として解雇する場合は，90日以上前に，その対象となる被用者の「適切な代表者」と協議しなければならない。それ以外の場合には，30日以上前に協議しなければならない，としている（188条1A項）。この義務は，もともとは，承認された自主的労働組合の代表者に対してのみ負うこととされていたのであるが，企業譲渡の場合と同様に1995年企業譲渡（雇用保護）（改正）規則により，その被用者のあらゆる「適切な代表者」に対して，負うものと改正された（188条1B項および196条1項）。したがって，被用者の「適切な代表者」および「被用者代表」の意味は，企業譲渡の場合と同じである（188条1B項および196条1項）。この協議のため，使用者は適切な代表者に次の情報を書面で開示しなければならない（188条4項）。①提案理由，②剰員と

しての解雇を提案する対象被用者の数と種類，③その事業場に雇われている同種の労働者の数，④解雇される被用者の選抜方法，⑤解雇が行われる時期を含む，合意された手続を配慮した解雇実施の方法，⑥制定法上の義務の履行以上の剰員整理の手当額の算出方法，である。協議は，解雇される被用者の数を削減し，解雇の効果を緩和する方法を含み，その「適切な代表者」との合意に達することを企図して行なわれなければならない（188条2項）。

(2) 義務違反の救済

使用者がこの情報開示・協議義務に違反したとき，労働組合，被用者代表または解雇の対象となる被用者は，実行可能である限り，最後の解雇の日から3カ月以内に，雇用審判所に訴えなければならない（189条1項および5項）。審判所は，その訴えに理由があると判断する場合，その旨宣言し，保護裁定（protective award）を行うべきか否かを決定しなければならない。保護裁定とは，当該労働者が協議なしに剰員として解雇された労働者に対する保護されるべき期間に対する賃金補償である。審判所は，使用者の義務不履行の程度に鑑み諸般の事情を考慮して，どのくらいの期間が正義かつ公正であるかを決定する。ただし，最低90日の予告が与えられるべきであったときは90日まで，それ以外は30日までと上限が決められている（189条4項）。保護裁定が行われると，その裁定の特定した種類の被用者はすべてその期間に対する雇用契約上の賃金を支払われる権利がある（190条1項）。しかし，被用者がその保護裁定の対象期間中に雇用にとどまっており，剰員以外の理由で公正に解雇され，被用者が雇用契約を不当に終了させ，または，保護裁定の前あるいは保護裁定期間中に発効する適切な代替雇用を拒否した場合には，保護裁定に基づく賃金を支払われない（191条1項ないし3項）。

第6節　被用者参加制度

[1] 序

すでに前節で述べた企業譲渡および剰員整理に関する協議義務は，もともと

第6節　被用者参加制度

は，労働組合を承認している使用者に関するものであった。しかし，前述のように現在では承認労働組合がない場合でも「被用者代表」と協議する必要がある。これは，欧州司法裁判所が Commission v. UK［1994］IRLR 392（ECJ）で使用者が労働組合を承認しているか否かを問わず被用者の代表者に情報を与え協議することが必要であるとの判決がなされた結果である。同様のことは，健康安全に関する協議についてもいえるのであり，使用者は，組合に代表されていない被用者集団については，その集団に属する被用者によって選ばれた「安全被用者代表」との協議が義務づけられているのである（第3章第6節［2］参照）。このように必ずしも労働組合に限定せず，広く被用者の代表に対し情報を与え協議することを要求する制度が欧州共同体法の影響の下で拡大しているのであるが，その代表的なものが一般労使協議制度および欧州労使協議制度であるといってよい。

　こうした被用者代表制度に対しては，イギリスは欧州共同体加盟諸国の中でもっとも頑強に抵抗してきた国であった。共同体の本格的な被用者代表制導入の源は，1980年のフレデリング指令案「複雑な構造を有する企業，特に多国籍企業の被用者に対する情報提供と協議の手段に関する指令案」に遡る。そして，そのフレデリング指令案の基礎は，企業譲渡指令や集団整理解雇指令と共通する多国籍企業問題であったといわれる。当時，サッチャー政権が誕生して以降，イギリスは EU の社会政策立法に一貫して反対してきた。その結果，1994年に加盟11カ国は社会政策協定に基づいて欧州労使協議会指令（94/45/EC）が採択されたときには，イギリスは同協定をオプト・アウトしていた。しかし，ブレア労働党政権に移行して間もなく，アムステルダム条約に調印し，1999年には同指令が1997年拡張指令（97/74/EC）に依拠してイギリスでも実施されることになった[46]。EU では，すでに，欧州労使協議会指令採択後，間もなく一般労使協議制の議論が開始され，1998年11月には指令案が出された。しかし，イギリスは，特に経営者側の反対が強く，当初，反対の立場をとったが，最終的には，特定多数決制の下では反対しきれないと考え，2001年に一

---

[46] この指令採択の経緯，制度の概要，意義および問題点については，濱口桂一郎『EU 労働法の形成』（日本労働研究機構，1998年），伊澤章『EU 労働法の形成』（日本労働研究機構，1996年）参照。

般労使協議指令（2002/14/EC）の採択となった[47]。

　しかし，イギリスでは，もともと労働組合も被用者代表制や労使協議制に反対または懐疑的であったことも指摘しておく必要がある。イギリスでは，すでに述べたように労使関係は，もっぱら，労働組合と使用者の団体交渉に依拠して決定するというボランタリズムが支配してきたのであり，労働組合とは区別された被用者代表制や労使協議制というような制度が存在していなかった。実際，1974 年に労働党が政権に復帰したとき，取締役会に労働者の代表を入れるという形で産業民主主義を拡大できないかを検討するため，バロック委員会が設置（1975 年）されたのであるが，これは労働組合を被用者代表制の不可欠の要素として組み入れようとするものであった。しかし，この取締役会への被用者参加には多くの異議が唱えられ，組合代表および学者の多数派と使用者代表の少数派の 2 つの報告書が発表され，何の成果も上げられなかったのである。組合は，一般に，こうした取締役会への参加以外の被用者代表制は組合にとってマイナスにしかならないと考えてきた。しかし，1994 年の前記の欧州司法裁判所判決の後，断片的にとはいえ，多くの被用者代表制度が導入され，他方で，団体交渉のための十分な法的情報入手手段を有しない状況の下で，組合は，被用者代表制度をその手段として積極的に評価し始めてきたのである。本節では，欧州労使協議会制度，一般労使協議制度の順に紹介する。

[2]　欧州労使協議会制度

(1)　制度のイギリスへの適用

　欧州労使協議会制度とは，1994 年の欧州共同体の理事会指令（94/45/EC），すなわち「共同体規模企業および共同体規模の企業グループにおける従業員に対する情報提供および協議を目的とした欧州労使協議会または手続の設置に関する」指令による多国籍「企業（undertaking）」の労使の情報提供・協議の制度である。この欧州労使協議会指令に基づいて，1999 年に制定されたのが，1999 年多国間被用者情報協議規則（Transnational Information and Consultation of Employment Regulations 1999）である。労使協議会指令は，欧州連合加

---

[47]　この指令採択の経緯，制度の概要，意義および問題点については，濱口桂一郎『EU 労働法形成過程の分析(1)』東大比較法制研究シリーズ 6 号 209 頁（2005 年）以下参照。

第6節　被用者参加制度

盟国およびノルウェー，アイスランド，リヒテンシュタインを包含する欧州経済地域（European Economic Area）の2つの国のいずれにおいても最低150名の被用者を有しかつ全体で1000名以上の被用者を有する企業（または企業集団）に欧州規模の情報・協議義務手続または協議会を設けることを義務づけている。その当初の履行期限（指令13条）は1996年9月22日であったが，イギリスは適用除外されていた。同指令は，企業がその履行期限までに手続協定に合意しない場合，指令所定の要件に従って交渉団体を設置する義務を負い，一定の期限内に合意にいたらなければ，同指令の定める補完要件に従って各国が定める要件に基づく欧州労使協議会の設置が義務づけられる（指令7条）。

(2) 協議会の設立・運営義務

指令の当初の履行期限前に任意的手続協定の合意をなした企業およびイギリスの履行期限1999年12月15日（理事会の拡張指令97/74/ECの第4条）までに任意的手続協定の合意を行った企業には，1999年多国間被用者情報協議規則は適用されない。被用者および被用者代表が当該企業が欧州規模の企業（企業グループ）か否かを決するための情報を求めた場合，イギリスの経営者は過去2年間のイギリスおよび他の加盟国における被用者数の情報を与えなければならない（規則7条）。使用者がこの義務を履行しない場合は，CACが開示を命じる（8条）。イギリスにある経営中枢（central management＝本社や企業グループの支配企業）は，自らの発意で，あるいは，2つ以上の加盟国における2つ以上の事業所の合計100名以上の被用者またはその代表の1つの書面の申請，または被用者の合計が2つ以上の加盟国の2つ以上の事業場の100名以上となる場合で被用者またはその代表から別々の書面の申請がなされたとき，協議会または情報・協議の設立のための交渉を開始しなければならない（9条）。この申請の適法性についてはCACが判断する（10条）。この経営中枢の交渉相手となるのはすべての関係加盟国からの被用者の代表からなる特別交渉団体（special negotiating body）であるが，その割当人数は経営中枢のある加盟国が決定する（指令5条）。イギリスでは，各関係加盟国から1名ずつに加えて，被用者の25から50％までが雇われている国から1名，50から75％までが雇われている国から2名，75％以上が雇われている国から3名とされている

(12条)。イギリスの特別交渉団体の構成員はイギリスの被用者による投票で決定される（13条および14条）。投票で選ばれた情報・協議のための既存の協議委員会がある場合は，選挙なしで当該委員会が構成員を指名する（15条）。経営中枢と特別交渉団体が欧州労使協議会の設立に合意する場合，次の事項を定める。①対象事業場の範囲，②協議会の構成，委員数，議席の配分，任期，③情報・協議の機能と手続，④会合の場所，回数，時間，⑤協議会への財政的物的援助，⑥協定の有効期間と再交渉手続。同様に，欧州協議会ではなく情報・協議手続を設ける場合も一定の要件に服する（17条）。しかし，次の場合には，補完要件を満足する欧州労使協議会を設置しなければならないこととなる（18条）。①当事者が合意した場合，②経営中枢が6カ月間交渉に応じない場合，および③交渉開始後3年経っても合意に達しない場合（ただし，特別交渉団体が交渉を終了した場合はこの限りでない）。こうして設けられる欧州労使協議会は，年に1回，その企業（企業グループ）の経営の進展および見通しに関し，経営中枢の報告書に基づき情報を与えられ，協議をする会合を持つ権利を有する。この会合において，その情報・協議の内容は，特に，次のようなものに関する。企業の構造的，経済的または財政的状況，事業，生産および販売の見込み，雇用，投資の状況およびその見込み，企業組織の実質的変更，新しい生産方法および生産過程の導入，生産の移転，企業，事業場またはその重要な一部の合併，縮小，閉鎖，集団的剰員整理解雇（規則付則7）。

(3) 設立義務違反の救済

欧州労使協議会の運営および同協議会の設立義務違反に関する争いについては雇用控訴審判所が取り扱う。訴えに理由があると判断する場合，雇用控訴審判所はその旨宣言し，特定する日までに経営中枢が適切な措置を講じるよう命令することができる。また，場合によっては，経営中枢に対して，最高75,000ポンドまでの金額を国務大臣に支払うことを要求する罰金通知（penalty notice）をなすことができる（20条および21条）。また，前述の中央仲裁委員会の決定に関する法的問題の控訴も雇用控訴審判所が取り扱う（38条）。

[3] 一般労使協議制度

(1) 制度のイギリスへの適用

　一般労使協議制度とは，2002年の欧州共同体の欧州議会および理事会指令 (2002/14/EC)，すなわち「共同体における被用者に関する情報提供および協議の一般枠組みを設定する」指令による一般的な労使の情報提供・協議の制度である。この一般労使協議指令に基づいて，イギリスにおいて制定されたのが，2004年被用者情報協議規則 (Information and Consultation of Employees Regulations 2004) である。同規則にいう「企業 (undertaking)」とは，利益目的か否かを問わず「経済活動を行う公的または私的企業」と定義される（2条）。DTIの指針（行為準則のような法的効力をも有しない指針）は，「企業」とは事業所や事業部ではなく法人としての実体 (entity) を指し，また，パートナーシップ，協同組合，相互会社，住宅金融組合，友愛組合，労働組合等の他，個人使用者を含むと捉えている[48]。規則は，2005年4月から被用者150名，2007年4月から100名，2008年4月から50名を雇用する企業に適用される（3条および付則1）。この人数に関しては，過去12カ月に被用者が働いた平均労働時間に基づく詳細な計算方法が定められている（4条）。そして，被用者または被用者代表はその人数を決定するための書面のデータを使用者に請求することができ（5条），1カ月以内に使用者がこの請求に応ぜずまたは虚偽ないし不完全なデータを提供した場合には，CACに申し立ててデータの開示を求めることができる（6条）。手続の概要は以下の通りである（全体的手続の流れは第4図参照）。

(2) 協定交渉開始の要求

　使用者は，「有効な被用者要求」を受理した場合，「交渉代表 (negotiating representatives)」と「協定 (negotiated agreement)」に合意するための交渉を開始しなければならない。この「被用者要求」は，一度にまたは6カ月以内に複数回にわたり，その企業の被用者の最低10％の支持を得て行われる必要が

---

[48] DTI Guidance: the Information and Consultation of Employees Regulation 2004 (January 2005), p. 4.

ある。ただし，その10％に要する人数が15名以下であるとか2,500名以上である場合は，その人数の支持が必要である（7条）。この要求のとき，すでに，既存の協定がある場合には，その要求が当該企業の40％未満の被用者によってなされた場合，使用者は交渉を開始しないで，当該企業のすべての被用者が当該要求を支持するか否かを確認する投票を開催することができる。既存の協定とは，それが書面の協定で，当該企業の全被用者に適用され，当該被用者に承認されており，かつ，使用者が情報を与えかつその情報に関する被用者または被用者代表の意見を聴取する方法を定めているものに限られる。したがって，上級管理職まで適用されることの少ない労働協約がこの既存の協定に該当する可能性は少ないといわれる[49]。使用者は，被用者に対し，1カ月以内に投票を開催することを通知し，その通知の21日を超えたできるだけ早い時期の投票を準備しなければならない。全被用者の40％以上が賛成し，かつ投票者の過半数が賛成したときは，支持されたものとみなされ，使用者は交渉を開始しなければならない（8条）。支持されなかった場合は，3年間は次の被用者要求はできない（12条）。被用者または被用者代表は，この投票が法定の要件に従って公正に行われなかった旨をCACに申し立てることができ，CACは，この申立てに理由があると判断する場合は，再投票を命じる（10条）。なお，規則9条は，既存の協定がその企業から他の企業にも拡張適用されている場合の投票についての特別の規定を置いている。

次の3つの場合，交渉開始の被用者要求が制限されている。①すでに協定が適用されている場合。その協定が全被用者に適用されなくなった場合を除き，3年間は，被用者要求はできない。②「標準」情報・協議条項が適用される場合。その適用から，3年間は，被用者要求はできない。③既存の協定が存し，被用者要求に投票で支持されなかった場合（以上，第5図参照）。

(3) 協定の締結

協定を締結するための交渉を開始するため，使用者は，規則の定める要件に従って，被用者が交渉代表の選挙または指名を行うための準備をしなければな

---

[49] S. Deakin & G. S. Morris, Labour Law (4th ed.), p. 900 (Hart Publishing, 2005).

らない（14条1項および2項）。この要件が満足されなかったと考える被用者または被用者代表はCACに申立てをなし，CACはその選挙または指名の手続をやり直すように命じる（15条）。使用者と交渉代表との交渉による情報・協議協定は，両者で期間延長の合意がなされない限り，被用者が適法な交渉要求をした日（もしくは使用者が適法な交渉開始通知をした日）から3カ月後に始まる6カ月以内に締結されなければならない。但し，規則は，この期間に算入されないいくつかの特別の期間を定めている（14条3項）。協定は，当該企業のすべての労働者に適用されなければならないが，必ずしも，1つの協定書でなくともよい。それらは，使用者が情報を与え，協議すべき事情を定め，情報・協議代表の選挙・指名のいずれかを定め，あるいは，使用者が関係する被用者に直接情報を与え，直接協議することを定めなければならない。協定は法定の基準に従って承認されなければならない。協定書が1つだけの場合，交渉代表全員またはその過半数の者によって署名されなければならず，後者の場合はさらに，その事業場の50％以上の記名または投票者の50％以上が賛成する投票によって承認されなければならない。協定書が複数の場合，各協定書に同様な要件が必要となる（16条）。

(4) 標準条項の適用

　交渉が開始されたが使用者と交渉代表が合意に達しない場合，または使用者が交渉を開始しない場合，情報・協議の「標準条項（standard provisions）」が適用される。使用者が交渉を開始しない場合は，原則として，標準条項は被用者が適法な交渉要求をした日（もしくは使用者が適法な交渉開始通知をした日）または情報・協議代表が選抜された日のいずれか早い方の日から6カ月後に適用される。しかし，交渉が開始されたのに合意に至らない場合は，14条3項に定められた期限が満了する日，または情報・協議代表が選抜された日のいずれか早い方の日から6カ月後に適用される（18条）。標準条項が適用される場合，使用者の準備と費用による選挙で情報・協議代表が選出されなければならない。被用者または被用者代表は使用者がその準備を怠ったことについてCACに申立てをなし，CACはその準備を命ずることができる。情報・協議代表は，被用者50名に1人の割合とされるが，最低2人，最大25人とされる

(19条)。全被用者が候補者となる機会を与えられ，可能な限りその投票の取決めにつき被用者代表，それがいないときには被用者は協議を受け，少なくとも投票の 21 日前には最終取決めが公表されなければならない。被用者または被用者代表は，その取決めが要件を満たしていないことにつき CAC に申立てをなすことができ，また，投票は「独立投票監視人 (independent ballot supervisor)」により監視されなければならない。投票は 1 日以上の期間の投票または郵送投票で行わなければならない。投票に不公正があれば，独立監視人は，投票は無効であり，新たな投票が開催されなければならないことを意味する「無効投票報告」を行わなければならない（付則2）。

(5) 標準条項上の義務

標準条項が適用される場合，使用者は，情報・協議代表に①最近およびこれからの企業の活動および経済的状況の動き，②企業内の雇用の状態，構造および将来，特に雇用に問題がある場合に予定されている措置，③労働編成または契約関係の実質的変更をもたらし得る決定，についての情報を与えなければならない。協議義務は，そのうちの②および③に適用される。③に関しては，使用者はその権限内の事項の決定につき合意に達する目的で協議しなければならない。集団整理解雇や企業譲渡にかかる決定もこの対象事項となるが，使用者が，1992 年法 188 条から 192 条または 1981 年規則 10 条から 12 条に定められた義務を遵守する旨を情報・協議代表に書面で通知すれば，③の義務は解消される。使用者をコントロールする者が使用者に情報を与えないことは，使用者の情報付与・協議義務違反を正当化しない（20条）。

(6) 情報・協議義務違反

協定に署名がなされ，または，標準条項が適用される場合，使用者がその協定または条項を遵守しないとの申立ては，情報・協議代表またはそれがいないとすれば被用者または被用者代表が CAC に対して行うことができる。CAC がその申立てに理由ありとし，または使用者が「標準手続」のための情報・協議代表の選挙の取決めをしなかった旨の申立てに理由があるとした場合，申立人は雇用控訴審判所に「過料通知（penalty notice）」を求める訴えをなすことが

第6節　被用者参加制度

できる。雇用控訴審判所は，その不履行を正当化できない限り，最高7万5,000ポンドまでの過料を国務大臣に支払うことを命じる「過料通知」を発することができる（22条および23条）。使用者の交渉協定または標準条項上の義務は，次の場合には履行されなくてよい。それは，使用者が第三者との関係で秘密を保持すべき情報または文書を開示することになる場合および，客観的基準に基づいて，その開示が「当該企業の運営を著しく阻害しまたは不利にする」といえる場合である（26条）。

[4]　被用者代表制と労働組合

　企業譲渡および剰員整理をも含めたEU法制に基づくイギリスの被用者参加制度に関しては，労働組合との関係が問題となる。確かに，企業譲渡および剰員整理に関しては，使用者に承認された自主的労働組合の代表者が「適切な代表者」となれることになっている。しかし，これらのいずれにおいても，多くの労働者を組織しているにもかかわらず承認されていない労働組合には何の権限も与えていない。

　のみならず，欧州労使協議会と一般情報・協議制度に関しては，情報・協議協定の交渉当事者，協定に基づく情報・協議代表者および使用者側の義務違反に基づくデフォルト・ルールによる情報・協議代表者のいずれにおいても承認労働組合の代表者さえ，これに該当しない。確かに，欧州労使協議会に関しては，補完要件を満足する労使協議会のイギリスの構成員は，イギリスの被用者でなければならず，かつ，①その被用者全員がイギリスの被用者代表によって代表される場合は，被用者代表によって選出または指名された者でなければならない。また，②全員がイギリスの被用者代表によって代表されない場合は，投票により選挙された場合でなければならない，とされている。そして，①に該当するのは，その被用者の全てが，承認労働組合の対象労働者であるか，または，被用者達の労働条件または重要な影響を与える企業活動に関する情報を得るために被用者達により選挙又は指名選出された被用者代表を選出または指名した者でなければならない（TICER, Sch. Para.3）。したがって，労使協議会のイギリス構成員は，全ての被用者が承認組合に組織されていない限り，承認組合によって任命されることはないことになる。しかし，「すべての被用者」

第5章　集団的労働関係法

第4図：情報・協議協定実施手続①

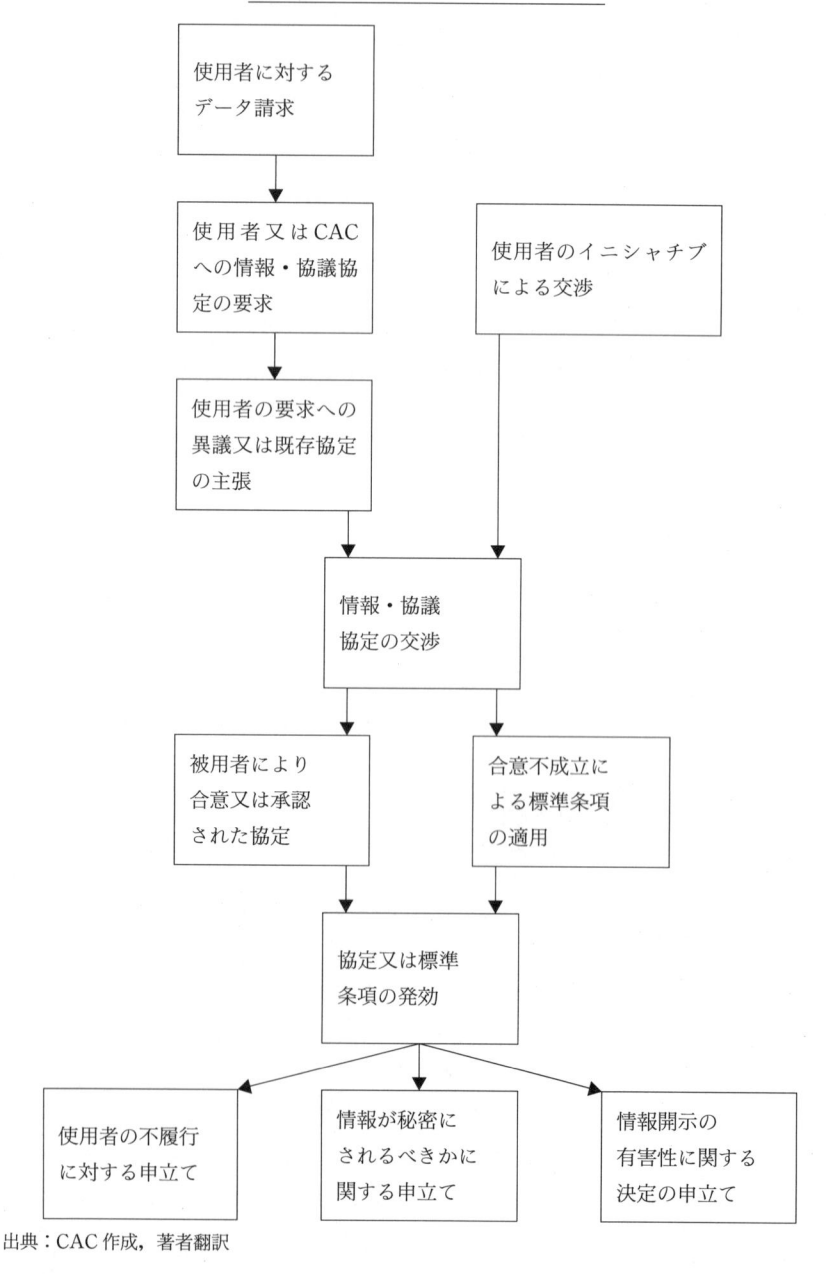

```
        ┌──────────────┐
        │使用者に対する│
        │ データ請求   │
        └──────┬───────┘
               │
               ▼
   ┌──────────────────┐           ┌──────────────────┐
   │使用者又はCAC    │           │使用者のイニシャチブ│
   │への情報・協議協 │           │による交渉        │
   │定の要求         │           │                  │
   └────────┬─────────┘           └────────┬─────────┘
            │                              │
            ▼                              │
   ┌──────────────────┐                    │
   │使用者の要求への │                    │
   │異議又は既存協定 │                    │
   │の主張           │                    │
   └────────┬─────────┘                    │
            │                              │
            ▼                              ▼
            ┌──────────────────────────────┐
            │    情報・協議協定の交渉      │
            └──────────────┬───────────────┘
                           │
          ┌────────────────┼────────────────┐
          ▼                                 ▼
   ┌──────────────┐                  ┌──────────────┐
   │被用者により │                  │合意不成立に │
   │合意又は承認 │                  │よる標準条項 │
   │された協定   │                  │の適用       │
   └──────┬───────┘                  └──────┬───────┘
          │                                 │
          └─────────────┬───────────────────┘
                        ▼
               ┌──────────────────┐
               │協定又は標準      │
               │条項の発効        │
               └────────┬─────────┘
         ┌──────────────┼──────────────┐
         ▼              ▼              ▼
  ┌──────────┐   ┌──────────────┐  ┌──────────────┐
  │使用者の  │   │情報が秘密に │  │情報開示の   │
  │不履行    │   │されるべきか │  │有害性に関する│
  │に対する  │   │に関する申立て│  │決定の申立て │
  │申立て    │   │             │  │             │
  └──────────┘   └──────────────┘  └──────────────┘
```

出典：CAC作成，著者翻訳

第6節　被用者参加制度

第5図：情報・協議協定実施手続②

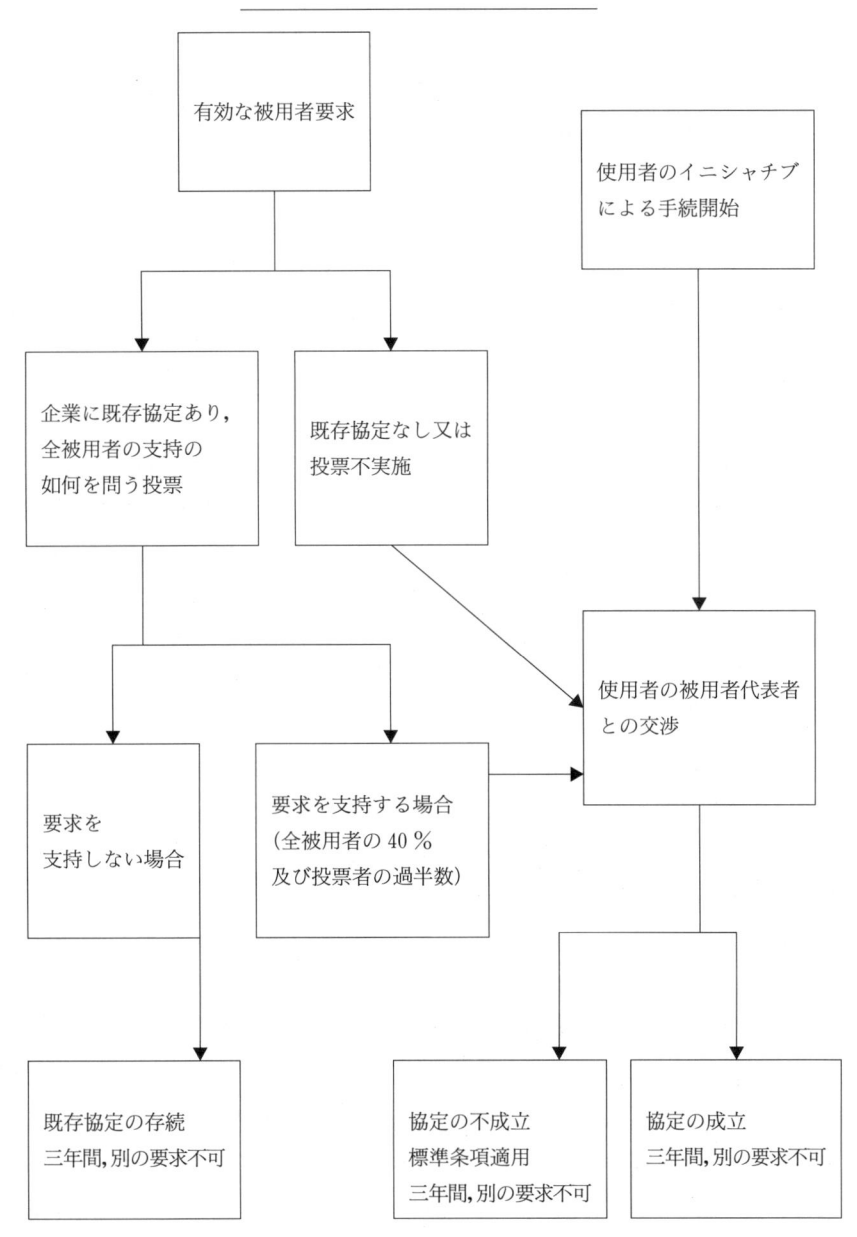

```
                    ┌─────────────┐                           ┌─────────────┐
                    │ 有効な被用者 │                           │ 使用者のイニ │
                    │   要求      │                           │ シャチブ    │
                    │             │                           │ による手続開始│
                    └──────┬──────┘                           └──────┬──────┘
                    ┌──────┴──────┐                                  │
                    ↓             ↓                                  │
            ┌─────────────┐ ┌─────────────┐                         │
            │企業に既存協定│ │既存協定なし │                         │
            │あり，全被用者│ │又は投票不実 │                         │
            │の支持の如何を│ │施          │                         │
            │問う投票     │ │             │                         │
            └──┬───────┬──┘ └──────┬──────┘                         │
               │       │           │                                 │
               ↓       ↓           ↓                                 ↓
        ┌──────────┐ ┌─────────────┐           ┌─────────────────┐
        │要求を    │ │要求を支持する│ ────────→ │使用者の被用者代 │
        │支持しない│ │場合(全被用者│           │表者との交渉     │
        │場合      │ │の40％及び投 │           │                 │
        │          │ │票者の過半数)│           │                 │
        └────┬─────┘ └──────┬──────┘           └────┬───────┬────┘
             │              │                        │       │
             ↓              ↓                        ↓       ↓
     ┌──────────┐  ┌─────────────┐          ┌──────────┐
     │既存協定の│  │協定の不成立 │          │協定の成立│
     │存続      │  │標準条項適用 │          │三年間,別 │
     │三年間,別 │  │三年間,別の要│          │の要求不可│
     │の要求不可│  │求不可       │          │          │
     └──────────┘  └─────────────┘          └──────────┘
```

出典：DTI Guidance（January 2005）

381

を組織する組合はほとんど存しないのである。組合組織率の高いところでも，組合がある組織内の管理者等を含む全ての種類の労働者に関して承認されている組合はないからである。のみならず，2004年情報協議規則上は，情報・協議の被用者側の代表もすべての被用者の選挙によることとされ，承認労働組合に対してですら，情報・協議に公式的に関与する機会を与えていないのである。

第7節　集団労使紛争処理と争議行為

[1]　序

本節では，イギリスにおいて争議行為が法的にどのように位置づけられているのかを中心に検討するが，その前に，労使間の紛争の自治的解決について若干言及しておく必要があると思われる。そこで，まず，労働協約の紛争解決に関する規定のあり方，労使の自主的解決を援助する行政的仕組みを検討した上で，イギリスの争議行為の法的位置づけないし争議行為ともいうべきものを検討する。

[2]　集団的紛争処理

(1)　**労働協約の労使紛争処理規定**

すでに第5章第1節で述べたように，イギリスでは，労働者の権利の保護は，もっぱら当事者間の法的拘束力のない労働協約による苦情処理手続によって処理されてきたという経緯から，労働協約は，既存の協約の解釈適用をめぐる紛争（権利紛争）と新たなルール設定をめぐる紛争（利益紛争）の区別が曖昧のままであるといわれる。こうした労使間の紛争の解決を協約がどのように扱っているのかをいくつかの協約規定を例として検討する。

《協約事例1》全国協約を持たない小売業の大手スーパーと組合の賃金紛争手続
　　「両当事者が通常の交渉手続で問題を解決できない場合，見解不一致の問題はあっせんを求めてACASへ付託される。あっせんが失敗であることが明らかにな

った場合、両当事者は最終決定仲裁に同意し、ACASに仲裁人の任命を求める。ACASは、仲裁人に対し、両当事者があっせん段階で採った最終的立場の簡潔な記述書を与えなければならない。仲裁人の任命に先立ち合意されるべき論点の写しが両当事者に与えられ、両当事者はそれが自分たちの立場を正確に反映していることを3日以内に確認しなければならない。仲裁人はいずれの立場に賛成するかを決定するよう求められる。両当事者は仲裁人の決定に拘束されることに合意する。この手続の履行によって、いずれの当事者による如何なる強制または争議行為もなされないことに合意する。」

《協約事例2》複数の銀行と組合との紛争手続規定
「(1)合同交渉評議会の会議において両当事者が付則に該当する提案または提案の修正に合意できない場合、いずれの当事者も「第一次交渉不調」の登録をすることができる。
(2)「第一次交渉不調」が登録された場合、その提案を再考するため15労働日以内に会議が招集され開催されなければならない。同一の事項についてのその後の会議は、合意が整うかまたは一方当事者により「第二次交渉不調」が登録されるまでは、15労働日または両当事者間で合意した期間を超えない期間内に召集されなければならない。
(3)「第二次交渉不調」が登録された場合、いずれの当事者も15労働日以内にACASに斡旋を求めることができ、他方の当事者はACASに協力する最善の努力をする。
(4)「第二次交渉不調」が登録された場合、いずれの当事者も25労働日以内またはACASの定めるあっせん終了日から10日以内のいずれか遅い方の時期に、仲裁を求めることができ、他方の当事者は10労働日内に仲裁を行うことに合意するか否かを通知しなければならない。仲裁に合意する場合は、付則2に規定された手続が適用される。」

《協約事例3》全国協約を有する産業の前線製造業と組合の紛争手続規定
「(1)企業内の手続で解決できない賃金その他の労働条件に関する問題が生じた場合、その問題は、まず、当該企業の経営者と労働組合の地域役員とで取り扱われる。これによって処理できない場合、次の手続が尽くされるまでの間、現状維持の原則が適用される。
(2)紛争の両当事者は紛争内容を明確にし、可及的速やかに合同書記局(Joint

Secretaries) にその文書を提出する。明確化に関わる問題は，合同労使委員会 (Joint Industrial Council) の委員長に付託される。予告から14日以内に，合同書記局は両当事者に紛争委員会 (dispute panel) の会合日を伝える。
(3)紛争委員会は，合同労使委員会の委員長または委員長の欠席の場合は副委員長の，無投票の権能による議長権限に基づいて，合同労使委員会の使用者側構成委員および労働者側構成委員から任命された各々2名の代表により構成される。
(4)紛争委員会の決定は両当事者を拘束する。紛争委員会が決定をなすことができない場合，問題はACASを通して設定された仲裁に付託される。その仲裁裁定は両当事者を拘束する。
(5)紛争の両当事者は，紛争が付託された委員会に対し自己の側の費用を支払わなければならず，付託から生じるその他の如何なる費用も平等に負担しなければならない。」

《協約事例1》はいわゆる振り子仲裁 (pendulum arbitration) を規定する例である。《協約事例2》は，3段階の手続を定め，第2段階であっせん，第3段階で仲裁という典型的なパターンを定めている。《協約事例3》は，伝統的な常設の合同労使委員会を有する強力な組合の協約例である。ところで，以上の紛争解決手続のうち，特に，《協約事例2》と《協約事例3》は，賃金その他の労働条件の要求などに関わる，いわば，利益紛争解決のためだけの協約規定であるかのようにみえるが，前述の通り，イギリスでは，協約が法的拘束力を有せず，労働協約の解釈に関する争い，すなわち，権利紛争についても，裁判所に司法判断を求めるとの前提に立っていない。したがって，その場合にも，協約当事者は上記の規定に従って問題を処理するしかない。もっとも，そのような解釈の問題は，集団的な苦情として，最初の段階では苦情処理規定により争いとなることが多いと思われる。いずれにせよ，イギリスでは，利益紛争と権利紛争を区別せず，協約当事者は，ほとんどの集団的紛争を団体交渉，既存手続の利用，争議行為で解決することが期待されている。

　要するに，協約は一般に，まず当事者が交渉によって解決するのが建前であるが，多くの労働協約はどこかの段階で，ACASのあっせんを試み，場合によってはACASを通して仲裁に掛けることができると定める例が多い。しかし，仲裁への付託は，両当事者が合意しなければならず，例えば，労働協約に仲裁を義務づける拘束的仲裁 (binding arbitration) の条項があっても，それは道徳

的な義務づけに過ぎない。その理由は，イギリスの労働協約があくまでもボランタリーなものであって，法的拘束力をもたないからである。協約に法的拘束力をもたせるためには，労働協約自体に明文の規定で当該協約は法的拘束力を有する旨を定めなければならないのであるが，そのような例はきわめてまれである。もっとも，そのような規定がなくとも，仲裁裁定がなされれば，それは労働協約の個別条項と同様に黙示的に個別労働契約の内容となり得ると考えられる。しかし，そのようなことが実際に訴訟で争われた例はないようである。仲裁に掛けることに法的拘束力を与えている例外的な例は，争議を禁止されている看守の組合と刑務所の賃金以外の労働条件に関する任意協定であり，その協定は「両当事者はこの協約が法的拘束力を有する契約であることを意図している」と規定している。しかし，この場合も，協約に基づく仲裁裁定が法的拘束力を有するとは考えられていないようである。なお，民間企業の中には，特に日米の外資系企業を中心にごく少数ながら振り子仲裁または最終的立場仲裁（final position arbitration）と呼ばれる仲裁，すなわち，組合と使用者の最終的立場のどちらかの採用を裁定し，妥協案を裁定しない仲裁を定める場合がある。

(2) 紛争調整のための行政機関

集団的労使紛争の調整機関の代表的なものとしては，ACASとCACが挙げられる。これらの機関の一般的な役割については，すでに第2章3節で詳細に論じたところである。また，CACについては，公序紛争ともいうべき法定組合承認手続や団体交渉のための情報開示手続に関連して詳しく述べたので，ここでは，若干繰り返しになる点もあるが，ACASの役割についてやや詳しく述べておきたい。

(A) ACASの構造

ACASの主な機能としては，労使に対する助言，あっせん，調停，仲裁のほか，労使関係の行為準則の作成，労使関係の調査が挙げられる。ACASの助言やあっせんは，集団的労働紛争より個別的労働紛争に関するものが圧倒的に多くなった。これは，被用者の雇用上の権利を保護する立法が多く制定されてきたことのみならず，その制定法規に関する訴訟が雇用審判所に提起されると，審判所は自動的に事件をACASのあっせん官に付託し，あっせん官があっせ

表10：完了した助言的調停プロジェクトの対象事項分類

（年度）	98—99	00—01	02—03
団体交渉取決め	92 (17%)	128 (24%)	124 (27%)
個別的雇用問題	71 (13%)	49 (9%)	31 (7%)
賃金・報酬制度	104 (20%)	72 (13%)	59 (13%)
コミュニケーション，協議および被用者関与	133 (25%)	170 (31%)	129 (28%)
組織的効率と変化の取扱	132 (25%)	126 (23%)	115 (25%)
合計	532	545	458

出典：ACAS Annual Report 1999-2000, 2002-2003.

んを試みることになっているからである。以下，助言，あっせん，調停および仲裁について，集団的労使紛争に対するその意義を検討する。なお，集団的労働紛争のあっせんの絶対数は徐々に減少し，調停・仲裁の絶対数は明らかに減少している。組合の力量低下がその大きな原因であると思われる。

(B) 助言

ACASは，使用者，使用者団体，労働者および労働組合の求めに応じまたは自らの発意で，労使関係に関係しまたはそれに影響するあらゆる問題について助言を与えることができる。実際，その助言の形態は，電話問い合わせに対する回答から，詳細なプロジェクト，診断学的調査および訓練の実施に至るまで広範におよぶ。実は，近年，余り表面には出てきていないが，ACASの内部で助言的調停（advisory mediation）あるいは中小企業クリニックという用語が用いられ，助言サービスの重要性が認識されてきた。この点は，集団的労働紛争処理と深い関係があるので，ここで若干触れておきたい。すなわち，1974年の設置から1993年まで，ACASの制定法上の任務は「労使関係の改善を促進すること，とりわけ団体交渉の拡大と発展および必要な場合には団体交渉手続の改革を促進すること」であった。しかし，この法定任務は，1993年法により「労使関係の改善を促進すること」（209条）と変更された。これは，サッチャー政権下において，団体交渉の促進を指導理念とする従来の労使関係理念が変更したことを反映している。実際，1993年以前からACASの年次報告書

第7節　集団労使紛争処理と争議行為

の冒頭の任務についての記述は，その「任務は，職場における紛争の防止と解決および協調的な関係の樹立のために独立かつ衡平なサービスを提供することによって組織の実績と効率を改善することである。」とされていたのである。これは，人的資源管理理論（theory of human resource management）につながる発想であり，また，紛争解決と並んで紛争防止を重視する方向に向かってきていることを示唆しているようにもみえる。

ACASの1999—2000年度年次報告書によると，助言的調停が行われた対象事項は次のようになっている（表10参照）。

(C)　あっせん

あっせんは，労働紛争の両当事者がその争点を明確にすることを援助し，紛争を解決することを促進する過程であるが，その解決条件は両当事者の責任に委ねるものである。あっせんは，ACASのあっせん官が行う。当事者の一人の要請に基づきまたは自らの発意で，現に存するかまたは感知された「労働紛争（trade disputes）」の解決を援助する（1992年労働組合労働関係統合法210条1項）。ここでいう「労働紛争」は，争議行為の免責に関していう「労働争議（trade disputes）」よりも広く，労働者と使用者のみならず労働者と労働者の紛争も含むものである（218条および244条）。いずれの形で始まろうとも当事者はいつでも自由にあっせんを降りることができる。集団的労働紛争のあっせんを試みる前に，ACASは「紛争の両当事者に対し適切な合意手続を用いるよう勧めるように配慮」しなければならない（210条3項）。もっとも，多くの労働協約は，両当事者が自ら紛争解決に努め，それが難しいときにはじめてACASのあっせんに掛ける旨定めていることは前述した通りである。また，ACASのあっせん官は自らの発意であっせんを開始できるとされているが，あっせんが任意のものである限りあっせん官が介入するのには限界がある。あっせん官がメディアの報道等で紛争を知ると紛争当事者に電話で紛争解決援助の申し出をしてあっせんに関する当事者の意向を聞くというのが通例であるという。

ところで，ACASのあっせんは，公的部門と民間部門でその取扱いが異なるものではなく，ACASがあっせんという形で積極的に関与するのは，その企業の生産やサービスが公共生活に多くの影響を与える性格を有する場合である。そうした意味で，ACASは，従来から，中央政府および地方自治体の労働紛争

387

表11：あっせん完了事件の事項による区分（1998—99から2001—02年度まで）

(年度)	98—99	99—00	00—01	01—02
賃金その他の労働条件	553 48％	648 52％	604 49％	554 44％
組合承認	125 11％	147 12％	264 22％	337 27％
労働慣行の変更	76 6％	66 5％	65 5％	69 5％
その他組合関係	72 6％	62 5％	56 5％	68 5％
剰員整理解雇	149 13％	152 12％	98 8％	99 8％
懲戒処分・解雇	139 12％	117 9％	90 7％	98 8％
その他	45 4％	56 5％	49 4％	45 3％
総計	1,149	1,247	1,226	1,270

出典：ACAS, Annual Reports 1999-2000 and 2001-2002

表12：集団的あっせん事件の結果

(年度)	事件総数	あっせん終了	あっせん成功	あっせん失敗	取下げ
0—1	1,284 100％	1,226 88％	1,075	87	58
1—2	1,326 100％	1,270 92％	1,166	104	56
2—3	1,381 100％	1,325 94％	1,241	84	56

出典：ACAS, Annual Report 2002-2003
＊あっせん終了と成功＋失敗＋取下げは同数になっていないので成功率だけ割合を表示している。

に積極的に関わってきたといえる。Goodman教授は，次のように指摘する。「1986年および1987年には中央政府および地方自治体だけでACASのあっせん事件の10％前後を占めていた……公共部門の事件は，1991年12％，1992年に16％，1993年に18％，1998年に25％と1990年代に増加したようにみえる。近年，ACAS本部のあっせん官は高等教育（1997年）と王立郵便（1996年）の顕著な全国的紛争に関与した。」[50] なお，1920年緊急発動権法（Emer-

---

[50] J. Goodman, 'Building bridges and settling differences: collective conciliation and arbitration under ACAS', in B. Towers & W.Brown (ed), Employment Relations in Britain, (Blackwell, 2000), p. 49.

gency Powers Act 1920）に基づき，社会から生活の基礎を奪う食料，水，燃料，電気の供給，鉄道への妨害が生じた場合，生活の基礎を確保するため代替労働として軍隊の出動が命じられることがある。2002年の消防士の争議行為のとき軍隊が出動し軍隊の旧式な消火車が出動した[51]。また，1976年エネルギー法（Energy Act 1976）もエネルギーの供給が脅かされた場合，政府が幅広い権限を行使できるようにしている[52]。しかし，争議行為を一時停止させるクーリング・オフを定めるような制定法規はない。

ACASの2002―2003年度年次報告書によると，集団的労働紛争のあっせん申請総数は2000―2001年度，2001―2002年度および2002―2003年度で，それぞれ1,472件，1,371件および1,353件と減少傾向になっており，個別的労働紛争が各年度，82,755件，89,089件および98,597件の増加傾向であるのと対照的である。次に，どのような問題があっせん申請の対象となっているかであるが，賃金その他の労働条件がその中心をなしてきたのは明らかである。そして，最近では組合承認問題が重要な事項となっている。統計は，1999年に法定組合承認制度が導入されたことを反映している。あっせん完了事件の事項ごとの件数およびその割合は，表11の通りである。また，ほとんどのあっせんが成功裏に終了していることは，表12から明らかである。最近の2年間は，90％を優に超える成功率を示している。

(D) 調停

労働関係に関する制定法には，「調停」という文言は見当たらず，ACASという名称にも「調停」の文字が抜けている。ある意味で，調停は労働関係に関する限り，それほど重要な位置を占めていない。もっとも，イギリスの労働関係においては，仲裁に法的拘束力がないのであるから，あっせんと調停，調停と仲裁の間に大きな差はないのではないかという疑問も生じる。しかし，ACAS内部では，あっせん，調停，仲裁は明確に区別されている。あっせんと調停の違いは，あっせんはACASの係官が行い，あっせん案を出さない。これに対し，調停は，ACASの調停人名簿（後掲仲裁人名簿と同一）から任命さ

---

[51] 2004年9月12日のACASのMr. T. Lippiattのインタビューへの回答。

[52] G. Morris, 'Emergencies and Essential Supplies', in R Lewis (ed.), Labour Law in Britain (Blackwell, 1986), pp. 223-242.

表13：ACASの集団的労働紛争取扱い件数

年度	斡旋件数	調停・仲裁件数（うち調停のみ）
1975	2,564	306 (11)
1982	1,865	251 (16)
1983	1,789	207 (20)
1984	1,569	202 (14)
1985	1,475	162 (12)
1986	1,457	184 (10)
1994	1,313	156 (8)
1995	1,321	136 (5)
1997	1,281	71 (11)
1998	1,301	51 (8)
99―00	1,500	66 (1)
00―01	1,472	62 (5)
01―02	1,371	68 (7)
02―03	1,353	80 (9)

出典：ACAS Annual Reports, 1975, 1983, 1985, 1986, 1995, 1998, 1999-2000, 2000-01, 2001-02, 2002-03
＊1976年から1981年，1987年から1993年，1996年の統計は入手できず。

れた外部の専門家が行い，調停案を出す。仲裁と調停は，いずれも外部の専門家が行うというところは共通であるが，仲裁裁定は道義的拘束力をもつが，調停案はそうした拘束力をもたない点が決定的な違いであるとされる。著名な仲裁・調停人であるGoodman教授は，次のように述べている。「調停は，はじめは調停員（または調停委員会）のあっせんによって進められるが，公式の勧告をなすことを期待されているという意味であっせんと仲裁の中間的なものである。その勧告は，可能な解決またはその基礎を形成するが，（仲裁とは異なり）両当事者は前もってそれを受け入れることを約束しない。……ACASは，一般に調停は複数事項に関わる複雑な問題（賃金制度，賃金構造または作業編成の大きな変更など）で両当事者が前もって裁定に拘束されることを嫌う場合に適していると考えている。」[53]。ACASの年次報告書によれば，調停は，最近の3年間で21件しかないが，制度導入以降からその数はそれほど減少してお

---

[53] J. Goodman, op.cit., p. 52.

らず仲裁のそれとは対照的である（表13）。

  (E)　仲裁

　既に述べたように，イギリスの労働関係における仲裁は一般的に法的拘束力をもたないが，実際には，両当事者がこれに従わなかった例はほとんどないとされる[54]。労働協約によって紛争解決のある時点で仲裁に掛けることが定められているような場合でも，仲裁付託はその時点での両当事者間に合意が必要とされるのがイギリスの慣行である。また，労働協約では，紛争のある時点でACASのあっせんに付託する規定が多くみられる。このような場合，ACASのあっせんを行っているある段階で，仲裁付託が合意されることがある。いずれにせよ，ACASは，「仲裁（および調停）は，あっせんが争議行為を防止しまたは縮減することに失敗した場合の紛争解決の重要な手段を提供する」[55]との立場を明らかにしており，最後の調整手段として位置づけているため，容易に仲裁に掛けることは無い。協約の仲裁付託による場合も，一応，あっせんを試みる。こうしたACASの公式な形での仲裁の他に，労使が自ら私的に仲裁（一般に私的仲裁と呼ばれる）を行うことがあり，そのとき必要な仲裁人を任命するために仲裁人の紹介をACASに求めてくる場合もある。Goodman教授によれば，私的仲裁の頻度は，ACASの仲裁にはおよばないものと推測するが，実態は明らかになっていない[56]。

　ACASは，通常，1名の仲裁人を仲裁人名簿から任命する。例外として，3名からなる仲裁委員会を任命することもある。仲裁人名簿には，多数の労使関係論，労働経済または法律学の学者の他，若干の弁護士や同局の退官職員を含む100名から120名が掲載されている。仲裁人の任命は当事者の同意を得ず，ACASが決定する。この点は，アメリカの場合と著しく異なる。このため人選に時間がかからない。また，ACASの独立性と信頼性によって担保されている。仲裁に掛ける場合は，紛争を包括的に裁定に委ねず，その裁定の対象を厳密で

---

[54]　Mr.Gee, Manager of Arbitrator Sectionは，インタビューでACASは今まで1,000件を超える仲裁事件を処理したが，仲裁裁定の文言についての争いが生じた事件が2,3件あるのみだと述べた。

[55]　ACAS Annual Report 1980, p. 25.

[56]　J.Goodman, op.cit., p. 51.

明確な形で絞り込む。審理は，両当事者が出席し，調査・審尋方式で非公開で行われる。弁護士が付き添う場合もあるがまれである。裁定は，ACAS 本部を通じて文書で両当事者に送られる。仲裁は私的で内密な問題と考えられ，仲裁裁定は公表されない。裁定の先例の発展を避け，仲裁の個別性，弾力性を維持のため重要であるとしている[57]。仲裁に弁護士が出席し裁定集が出版されるアメリカの場合と著しく異なる[58]。なお，振り子仲裁は，1997 年に 2 件行われただけであり，1998 年には 1 件もなかったとされる。

ACAS が行っている特殊な仲裁としては，不公正解雇制度の適用除外を受けている唯一の産業である電気工事産業の労働協約に基づく不公正解雇の仲裁，電力供給産業の懲戒処分・解雇手続協定に基づく仲裁および大学の格づけ異議申立ての仲裁がある。なかでも，電力供給産業の懲戒処分・解雇手続協定に基づく仲裁は，ACAS ができる前から，労働省の仲裁を利用していた。最近でも，年間 10 件を超える仲裁事件がある。具体的には，1997 年に 14 件，1998 年に 19 件，1999 年に 11 件である。1975 年以降の全調停・仲裁件数は表 11 のようになっており，最近の件数は 1975 年当時の 4 分の 1 程度まで減少した。

[3] 争議行為の法的位置づけ

(1) コモン・ロー上の契約違反の法理

イギリスでは争議行為は，コモン・ロー上違法とされ，制定法がそれに一定範囲免責を与えてきた。争議行為に現行法と類似の免責を与えた最初の法律は，1906 年労働争議法であった。その後，その免責の範囲は変転するが，現在では，1992 年法が免責に関する細かな規定を置いている。この規定を理解するためには，コモン・ロー上の法理を知る必要がある。そこで，まず，コモン・ロー上の契約責任について，以下に略述する。

(A) 怠業（go-slow）

仕事の処理を遅らせる，いわゆる怠業（go-slow）は，それを正当化する事由がない限り，合理的な速度で仕事をする雇用契約上の黙示的義務に違反す

---

[57] op.cit., pp. 54 and 55.
[58] イギリスとアメリカの仲裁の違いについては，小宮文人『英米解雇法制の研究』（信山社，1992 年）233 頁以下参照。

る(59)。

(B) 遵法闘争（work-to-rule）

遵法闘争は，すでに第3章第1節 [4] (2)(a)で述べたように雇用契約上の黙示的協力義務に違反する。

(C) 時間外労働拒否闘争（overtime ban）

時間外労働が明示的または黙示的に契約上義務づけられている場合には，時間外拒否闘争は雇用契約違反となる。NCB v. Galley [1958] WLR 16 (CA) では，労働協約上労働者は「合理的な」時間外労働を義務づけられていたが，当該労働者らは土曜日の時間外を拒否する通告をした。控訴院は，労働者らの行為は契約違反を構成すると判示した。

(D) ブラッキング（blacking）

被用者がその使用者の特定の取引相手から供給される，または，供給する商品等の取扱いを拒否したり，特定の被用者（例えば，非組合員）と一緒に仕事をするのを拒否することをブラッキングと呼ぶ。被用者がその特定商品の取扱いまたはその特定被用者との労働を命じられている場合，ブラッキングは雇用契約上の適法な命令に従う黙示的義務に違反する。

(E) 予告なきストライキ

被用者が雇用契約関係を適法に終了させないで，労働しないことは当然に契約違反，特に，契約の履行拒絶（repudiation）を構成することは明らかであるとされる。

(F) 予告を伴うストライキ

古くは，適正な予告（雇用契約上必要とされる長さの）を伴うストライキは，雇用契約違反を構成しないと考えられてきた。すなわち，この場合，被用者は自ら適法に辞職した（雇用契約を終了させた）と理解されてきた。しかし，ストライキの予告が，被用者の雇用終了の予告と同一視できるか否かにつき疑問が提起された(60)。とりわけ，ストに伴う予告期間が雇用契約上の適正な予告期間より短い場合や，その期間が明らかでない場合，どのように捉えられるか

(59) General Engineering Services Ltd v. Kingston & St Andrew's Corporation [1989] IRLR 36 (PC).

(60) 例えば，Rookes v. Barnard [1964] Ac 1129 (HL).

が問題とされた。Rookes 判決で，Lord Devlin は，スト予告は契約に違反する旨の予告であり，それは履行期前の契約違反（anticipatory breach）と捉えた。これに対し，Morgan v. Fry [1968] 1 QB 710 (CA) において，Lord Denning, MR は，スト予告を契約の一時的停止（suspension）であると捉えた。この見解は，1971年労使関係法で採用されることとなった。同法の廃止後，Simmons v. Hoover Ltd. [1977] QB 284 (EAT) で雇用控訴審判所は，スト予告を被用者による契約の履行拒絶（repudiation）と捉えた。これによれば，履行拒絶の相手方である使用者は，その履行拒絶を受け入れて契約を終了したものと取り扱うか，または，契約は継続するものと取り扱うかの選択権を有することとなる。その後，Miles v. Wakefield Metropolitan District Council [1987] IRLR 193 (HL) で，貴族院は，すべての争議行為は履行拒絶を構成するとの見解を示した。すなわち，争議行為は，使用者の業務阻害を目的とするものであるから，それは，被用者の忠実義務および協力義務に根本的に違反するものであるとしたのである。

(2) コモン・ロー上の不法行為の法理

以上が契約違反の法理であるが，争議行為は，労働組合および組合員の不法行為責任を生じさせる。そこで以下に，どのような場合に，不法行為責任が生じるのかを説明する。

(A) 契約違反の誘致行為

この誘致行為には，直接的なものと間接的なものがある。前者は，すべてのストライキ指令に当然に伴うものといえる。後者は，不法な手段により，契約違反を誘致するものである。例えば，組合がA会社の取引相手であるB会社の被用者のストを誘致したため，B会社がA会社との契約を履行しなかった場合をいう。

(B) 契約の履行不能をもたらす行為

これは，例えば，組合幹部がタクシー運転手の組合員に対し労働しないように説得する（契約違反の誘致行為）のではなく，そのタクシーの鍵をとって，タクシー運転手が実際に労働できなくなるようにしてしまう場合である。つまり，労働者が契約を履行するのに必要な手段・用具を取り去る行為をいう。こ

の契約の履行不能をもたらす行為にも間接的なものがある。例えば，組合がA会社の取引相手（B会社）の被用者にA会社への商品供給を拒否するように誘致したため，B会社がA会社との契約を履行できなかった場合である。この場合，B会社は供給契約違反を誘致されたのでなく，その被用者の拒否により事実上履行できなかったのである。

(C) 脅迫（intimidation）

脅迫とは，違法な手段を実際に用いることなく，それを用いると脅す行為をいう。その典型的なものが，ストライキを行うとの脅しである。

(D) 共謀（conspiracy）

共謀とは，(a)適法な行為を違法な手段で行う合意，または，(b)違法な行為を行う合意をもった結集をいう。民事および刑事の共謀は，いわゆる共謀三部作と呼ばれる，1892，1898 および 1901 年の貴族院判決によって確立した[61]。これによると，上記(a)は，自分らの適法な利益の推進ではなく原告に損害を与えることを支配的な目的として，適法な手段を用いて原告に損害を与えるための2人以上の結集ある。また，上記(b)は，原告に損害を与える目的で違法な手段により原告に損害を与えるための2人以上の者の結集である。この場合，損害を与える目的が，支配的目的である必要はないとされる[62]。

(E) 違法な手段による営業妨害（interference with trade or business）

違法な手段による営業妨害は，契約の履行が妨害されてはいるが契約違反が存しない場合をも含む。例えば，Torquay Hotel Co. Ltd. v. Cousins ［1969］2 Ch.106 (CA) では，オイル供給契約に争議を原因とする責任を免責する不可抗力条項がついていた。そこで，組合は，供給会社の供給を阻止したことにより，供給会社の契約違反を誘致したことにはならないと主張したのである。しかし，Lord Denning, MR は，たとえ実際に契約違反を生じさせなくとも，契約を知りつつ故意に行った妨害行為だけで十分であるとした[63]。

---

[61] Mogul Steamship Company v. McGregor Gow & Co ［1892］AC 25 (HL)；Allen v. Flood ［1898］AC 1 (HL)；Quinn v. Leathem ［1901］Ac 495 (HL).

[62] Lonrho plc v. Gayed ［1992］1 AC 448 (HL).

[63] この見解は，Merkur Island Shipping Corporation v. Laughton ［1983］IRLR 218 (HL) で貴族院に支持された。

(3) 1992年法上の免責

　争議行為は，契約違反の誘致行為，契約の履行不能をもたらす行為，強迫，共謀，営業妨害などを理由として，コモン・ロー上の不法行為を構成する。このようなコモン・ロー上の不法行為責任は，現在，1992年労働組合労使関係統合法219条によって一定の場合免責されることになっている。この起源は1906年労働争議法にあり，同法以降，争議行為が「労働争議の企画または遂行にあたってなされた」ものである場合は，損害賠償請求の訴訟を提起することはできないこととなった。しかし，このいわゆる「黄金律（golden formula）」は，1971年法以降制限を受けるに至った。まず，①保守党政府の1971年労使関係法は，「争議行為」の定義から労働者間の紛争を除外し，②1980年雇用法により平和的ピケッティング以外のピケ行為を除外し（1992年労働組合労使関係統合法219条3項），③1982年および1988年雇用法で組合員雇入れ要求など組合員資格を押し付ける圧力行為を除外し，④1984年労働組合法で争議行為批准投票の要件を満足しない争議行為を除外し，⑤1990年雇用法で二次的争議行為，⑥非公認ストライキを理由とする解雇に対する争議行為，および，⑦ある者の契約のなかに，その契約上の仕事が組合員によってなされるべきことまたは組合の承認を要求する条件を含ませるための争議行為を適用除外し，さらに⑧1993年労働組合改革雇用権法で適法な予告期間を置かない争議行為を適用除外した（以上219条4項）。そして，1997年以降の労働党政府もこれらの規定を維持している。このため，争議行為の狭い定義と二次的争議行為の違法性は，組合が多くの争議行為形態に関し免責を得られない結果を作り出している。

　現行の1992年法219条は，次の通り規定している。

「第1項　労働争議（trade dispute）の企図または推進（contemplation or furtherance）のためにある者により行われた行為は，以下の理由だけでは不法行為として訴えられない。(a)それが，他の者の契約違反を誘致し，あるいは，その契約の履行を妨害し，または，他の者によるその妨害を誘致すること。または，(b)それが，ある契約（その者がその当事者か否かを問わない）が破られ，または，その履行が妨害される旨の脅迫，あるいは，他の者が契約を破棄し，または，その履行を妨害する旨の脅迫を構成すること。

第2項　労働争議の企図または推進のためある行為を行い，または，ある行為を行わせることを目的とする合意または結集（combination）は，その行為が，その合意または結集がなければ不法行為の責任を負わないものであれば，不法行為として訴えられない。」

なお，1992年法219条の規定は，不法行為責任の免責規定であり，組合および組合員の刑事責任を免責するものではない。また，この規定から，「労働争議」の「企図または推進」という用語が，免責のキーワードであることは明らかである。そこで，以下にこれらの用語の意味について説明する。

(4) 「労働争議」

1992年法244条は，「労働争議」を次のように定義している。すなわち，「もっぱら，または，主に，次の1ないし複数の事項に関する労働者とその使用者との紛争をいう。すなわち，(a)雇用条件または労働者条件。(b)1ないし複数の労働者の就労または不就労，雇用の終了または停止，もしくは，雇用の義務。(c)労働者または労働者集団の仕事の配分と雇用の義務。(d)規律の問題。(e)労働者の労働組合員資格の有無。(f)労働組合の組合員のための便宜。および，(g)上記のいずれかの事項に関する交渉または協議の方法，その他の手続。この場合，その交渉または協議，あるいはその手続の実施において労働者を代表する労働組合の権利に関する使用者または使用者団体の承認を含む。」なお，ここでいう「労働者」とは，「(a)当該使用者に雇用される労働者，または，(b)(i)その雇用が当該争議との関係で終了させられ，または，(ii)その雇用の終了が当該争議の原因となった諸事情の1つであった場合は，当該使用者による雇用が終了している者」である（224条5項）。

労働争議は「もっぱら，または，主に」上記の事項に関するものでなければならないので，雇用条件と関係のない政治目的の争議は労働争議ではないとされる。したがって，組合が人種差別政策のとられている南アフリカにフットボールの放送を流すことを拒否することは，労働争議に該当しない[64]。しかし，「専ら，または，主に」の判断が，微妙な場合もある。例えば，Mercury Com-

---

[64] British Broadcasting Corporation v. Hearn [1977] IRLR 273 (CA).

munication v. Scott-Garner［1983］IRLR 494 (CA) では，英電話公社の職員および組合が民間の電話会社の回線網を英電話公社の回線網に結びつける電話産業の「解放」に協力を拒否したことが労働争議にあたるかが争われた。この場合，それは，剰員整理の不安にも関係しているが，また，民営化政策に対する反対の争議とも捉えられる。控訴院は，当該争議は，剰員整理の脅威というよりは，主に，もっと広い政治問題に関するものであるから，労働争議とはいえないと判断した。また，組合が雇用条件に関する要求達成を真に望んで要求している限り，その要求が現実的なものか否かを問わない(65)。

(5) 「企図または推進」

Conway v. Wade［1909］AC 506 (HL) で，貴族院の Loreburn 卿判事は，「企図または推進」につき，「争議が差し迫っており，当該行為がその予想または考えのもとで行われるか，または，その争議がすでに存し，かつ，その争議の当事者を支持して行われる」ことを意味すると判示した。ある行為が争議行為の企図または推進に該当するか否かは，行為者の主観に従って判断される。すなわち，Express Newspapers Ltd. v. McShane［1980］AC 672 (HL) で，「貴族院は，ある行為を行っている者が，その行為は当該争議行為の一方の当事者がその目的を達成することに役立つものと誠実に信じて行っているならば，その者は同条（219条）により保護される」と判示した。この事件では，地方新聞の争議の過程で，全国新聞記者組合が，当時まだ地方新聞に記事を供給していた新聞協会の記者に対してストライキを呼びかけたが十分な成果が得られなかったため，今度は，全国紙の組合員に対し，新聞協会からの記事を取り扱わないよう呼びかけた。控訴院は，それによって当該労働争議の目的を達成することは合理的にみて不可能であるという理由で，当該行為の差止めを命じた。しかし，貴族院は，前記の理由で組合の上訴を認容したのである。ストライキの目的の1つが労働争議の企図または推進にあれば，その他の目的があっても免責される(66)。

---

(65) Newham London Borough Council v. NALGO［1993］IRLR83 (CA).
(66) Associated British Ports v. TGWU［1989］IRLR (CA).

(6) 二次的争議行為 (secondary action) の規制

(a) 前掲219条の免責規定は，責任追及のために依拠する事実が適法でないピケッティングに該当する二次的争議行為があったというものである場合には適用されない（224条1項）。争議行為に関する二次的争議行為とは，ある者が，(a)他の者に雇用契約の破棄を誘致し，または，その履行を妨害し，あるいは，他の者にその履行の妨害を誘致すること，または，(b)自分または他の者の労働契約が破棄され，または，その履行が妨害されること，あるいは，自分が他の者に雇用契約の破棄，または，その履行の妨害を誘致すると脅す場合で，しかも，その雇用契約上の使用者が当該争議の当事者でない場合，争議行為に関する二次的争議行為があったとされる（224条2項）。この場合，労働契約とは，厳密には被用者の地位を有しない者の労務供与契約も含む（224条6項）。具体的にいえば，争議の当事者である使用者（A会社）の取引相手（B会社）に雇われている被用者らがA会社の製品を取り扱うことを拒否するように誘致する行為は，B会社は争議の当事者でないので，二次的争議行為とされるのである。

(b) 適法なピケッティングとは，同法220条（平和的ピケッティング）により適法と宣言される参集のなかで当該争議の当事者たる使用者に雇われている，または，雇われていた労働者，または，その参集が適法とされる組合幹部によって行われる行為をいう（224条4項）。この結果，例えば，その使用者に対しストライキを行っており，かつ，その職場で適法にピケを張っている者達（適法なピケッティングについては，後掲(13)を参照）が，トラック運転手にピケラインを渡らないように誘致し，その結果，争議の当事者ではない使用者との間にあるトラック運転手の雇用契約の破棄を誘致するような場合でも，その者達は，不法行為責任を免責される。

(7) 組合員資格または組合承認を押しつける圧力行為

(a) 222条および225条は，組合員資格または組合承認要件を押しつけるために行われた争議行為を違法としている。まず，ある者が他の者（後者）に次のような行為を誘致する，または，しようとする行為は，不法行為の免責を受けないとしている。(a)後者が当事者である契約，または，当事者となるべく提案される契約の中に，その契約の当事者が彼に雇われている労働者のために交

渉する1ないし複数の組合を承認すべきこと，または，その当事者が1ないし複数の労働組合の組合幹部と交渉しまたは協議すべきことを要求する条項を含めること。(b)組合排除を理由とする取引を拒否すること，すなわち，供給者または供給者として予定されている者が(a)号に規定されたように承認，交渉または協議をしないかまたはその見込みがないとの理由で，(i)商品またはサーヴィスの承認された供給者リストから排除し，または，商品またはサーヴィスの供給の申込みが求められる者達の中からある者を排除すること。(ii)商品またはサーヴィスの供給の申込みが求められる者のグループからある者を排除すること。(iii)特定の者にそのような申込みを行うことを許可しないこと。(iv)特定の者との商品またはサーヴィスの供給契約を終了させ，または，締結しないことを決定すること（186条，187条および225条）。

　(b)　次に，特定の使用者が労働組合または特定の労働組合の組合員でない者を雇用しているか，雇用したかまたは雇用するかも知れないという理由，特定の使用者がそうした者に対する差別を自制しているという理由，あるいは，以上の事実が生じたと信じたという理由で，当該争議行為を行った場合には，その行為は免責されない（222条1項）。さらに，当該争議行為がある者の次の行為の誘致または誘致の試みまたはその一部を構成している場合も免責されない。(a)その者が当事者でありまたは当事者となろうとしている契約の中に，当該契約のためになされる仕事の全部または一部が労働組合または特定の労働組合の組合員または組合員でない者によってのみなされるべきことを要求する条件をふくめること。(b)組合員資格を理由として（すなわち，……）(i)商品またはサーヴィスの承認された供給者リストから排除し，または，商品またはサーヴィスの供給の申込みが求められる者達の中からある者を排除すること。(ii)商品またはサーヴィスの供給の申込みが求められる者のグループからある者を排除すること。(iii)特定の者にそのような申込みを行うことを許可しないこと。(iv)特定の者との商品またはサーヴィスの供給契約を締結しないことを決定すること，または，(v)特定の者との商品またはサーヴィスの供給契約を終了させること（144条，145条および222条3項）。

第7節　集団労使紛争処理と争議行為

(8)　非公認争議行為参加者の解雇に反対する争議行為

被用者が不公正解雇の申立てをなす権利がない事情（解雇時に非公認争議行為に参加していた場合）のもとで，使用者が1ないし複数の被用者を解雇したという事実または確信を理由ないし理由の1つとして争議行為を行う場合，その行為は免責されない（223条）。

(9)　争議行為のための投票

争議行為による不法行為責任から免責されるためには，組合は投票により支持されなければならない（226条1項）。この争議行為の前に行われるべき投票の要件は，次の通りである。

(a)　組合が争議行為に参加させることができると信じるのが合理的であるすべての組合員のみに投票権が与えられなければならない（227条1項）。ただし，この規定の違反は，それが不測のもので投票結果に影響を与える可能性がない場合には無視される（232 B条）。投票時に組合が争議行為に参加させることができると信じるのが合理的であった組合員が争議行為に参加させることができない場合，その争議行為は投票により支持されなかったとみなされる。組合は，組合員が当該投票の後に組合に加入した場合には，その者が投票させることができなかったとしても争議行為に参加させることができる[67]。同様に，組合は，投票していない非組合員を争議に参加させることはできる。投票は原則として職場ごとに行わなければならない（228条）。穏健な職場と過激な職場の賛成得票を合計して争議行為権を成立させることを避けようとするものである。しかし，当該労働争議がその各職場の最低1人以上の組合員に影響を与え，かつ組合が特定の職種を有すると信じるのが合理的でありかつ争議関係にある特定の1ないし複数の使用者に雇われている全ての組合員に投票が制限されている場合，組合はそれらの職場に共通の投票を実施することができる（228条および228 A条）。なお，「職場」とは，人がひとまとまりの不動産またはそこを起点として働く場所または，その人の雇用と最も密接な不動産である，と定義されている（228条4項）。

---

[67] London Underground Ltd v. National Union of Rail, Maritime and Transport Workers [1995] IRLR 636 (CA).

(b) 合理的にみて実行可能である限り，投票用紙は各有権者の自宅（有権者がそれ以外の住所を指定する場合はその住所）に郵送され，かつ，郵送による投票の機会が与えられなければならない（230条2項）。ただし，この規定の違反も，それが不測のもので投票結果に影響を与える可能性がない場合には無視される（232B条）。

(c) 投票用紙には，スト参加またはその継続に対し「賛成」または「反対」と答えることを求める質問，または，スト以外の争議行為参加またはその継続に対し「賛成」または「反対」と答えることを求める質問を記載していなければならない（229条2項）。したがって，ストライキとその他の争議行為は別々の投票事項ということになる[68]。投票用紙には，「あなたがストライキその他の争議行為に参加する場合，あなたは，労働契約違反に問われることがあります。しかし，あなたが，公認されかつその他の点についても適法なストライキその他の争議行為に参加したことを理由に解雇される場合，その解雇が当該行為に参加したときから8週以内になされた場合には不公正とされ，また，解雇がそれ以降になされた場合でも事情によっては不公正となり得ます」との文言を記載しなければならない（229条4項）。投票用紙には，返送の住所と返送日および用紙番号を記載しなければならない（229条1A項）。また，争議行為に賛成する場合，争議行為の指令を出す権限のある者を明示しなければならない（229条3項）。

(d) 合理的にみて実行可能な限り，投票は，秘密で（230条4項），また，投票者に直接の出費をさせることなく（同条1項）行われなければならない。票読みは，公正かつ的確になされなければならず（同条4項），争議投票が成立するためには，「賛成」記載が過半数に達しなければならない（226条2項）。有権者が50名を超える場合には，資格を有する争議行為の監視人が任命されなければならない。監視人は，投票終了後4週間以内のできるだけ早い時期にその投票に関する報告書を作成しなければならず，有権者およびその使用者は，その請求に基づき，報告書の写しを得ることができる（226B条，226C条および231B条）。

---

[68] Post Office v. UCW [1990] IRLR 143 (CA).

(e) 労働組合は，合理的にみて，有権者の使用者となると考えるすべての者に対し，投票実施の予告およびその投票用紙のサンプルを得ることができるための必要な措置を講じなければならない。この場合，予告は投票の7日以上前に与えられなければならず，投票日の特定および当該使用者が準備をなすに役立つであろう組合の所有する情報の記述がなければならない。また，サンプルは投票日の3日以上前に与えられなければならない（226 A条）。投票実施後できるだけ早く，有権者およびその使用者に，得票数，賛否得票数，無効票数を通知しなければならない（231条および231 A条）。各職場で別個の投票が行われた場合，その職場ごとに，以上の(a)から(d)までの要件によって被用者の不法行為責任が判断される（226条3項）。組合は，争議投票前に争議指令を出すことはできない（233条3項）。投票から4週間以内に争議指令が発せられ，争議が開始されなければならない（233条および234条1項）。ただし，組合は，裁判所に最高12週間までその期間を延長する許可を求めることができる（234条2項および6項）。組合は，争議行為に参加させ，または，参加させるであろうと思われる被用者の使用者に対して，その被用者の種類およびその行為の継続あるいは非継続に関する予告を与えるために必要な措置をとらなければならない。この予告は投票結果の通知の日に始まり，その予告に特定された最初の日の7日前に終了する日までに与えなければならない（234 A条）。

(10) **使用者の救済**

すでに[3]で述べたように，ストライキは通常個々の労働者の契約違反を構成する。これは，予告のあるストライキでも，同様であると解される。また，スローダウンや遵法闘争などについても同様である。そこで，使用者は，そうした争議行為の参加者に関しては，賃金を控除する権利がある。また，労働争議の企図または推進に当たらない行為，保護されない二次的争議行為など制定法上免責のない行為，および適法な争議投票により支持されていない行為に関しては，使用者は，その行為を行う個人，その組合，またはその両者を被告として，高等法院にその行為の差止めを求めることができる。しかも，その行為に関する審問が行われるまでその行為を差し止める仮処分（interlocutory injunction）を求めることができ，その場合，裁判所は一方当事者の主張

(exparte) だけで決定することを認めている。したがって，争議行為の続行を阻止するため，使用者は短期間に裁判所から差止命令を得ることができるのである。

もっとも，1992年法221条1項は，裁判所は差止めの「申請およびその申請の審理の予告が与えられたことを確認する目的で諸事情からみて合理的なあらゆる措置が取られたことを確認しない限り差止めまたは禁止命令を認めてはならない」と定めており，理論上は，組合側に争議行為免責の弁護の機会を与える十分な時間的余裕を与えなければならないことになっているが，実際には24時間以内の予告で差止めが認められている。この仮処分手続は，一般に，当事者の法的主張と簡易な宣誓供述証書（affidavit）に基づいて決定され，関係者の交互尋問は行われない[69]。裁判所は，本案訴訟審理（formal hearing）で，当該行為が違法とされる可能性が高くかつ利益の均衡が差止めを認容する方向に傾くことが証明されるならば，差止めを認容する。そして，労働争議に関しては，争議行為が続く限り経済的損失を被ることを主張できる使用者側に有利に作用するといわれている[70]。そして，上記のように，いわゆる黄金律が狭められたから，1980年代前半から益々多くの使用者が差止命令を求めることになった。一度，命令がなされこれに違反すると，法定侮辱罪として[71]，上限のない罰金，場合によっては拘禁（imprisonment）がなされるのである。また，差止申請を取り扱う高等法院の裁判官の資質やコモン・ロー自体の妥当性も問題とされている。差止申請は，通常は，高等法院の大法官部（Chancery Division）および女王座部（Queen's Bench Division）の62名の裁判官に無作為的に割り当てられるが，裁判官の多くが労働事件に深い造詣がなく，本来，個人の権利を重視するコモン・ローの一般原則に基づいて判断する傾向が強いというのである[72]。

---

[69] L. Dickens and D. Cockburn, 'Dispute Settlement Institutions and Courts' in R. Lewis (ed), Labour Law in Britain (Blackwell, 1986) pp. 531-571, at 48.

[70] P. Davis and S. Anderman, 'Injunction Procedure in Labour Disputes - I',2 ILJ 213 (1979).

[71] Kent Free Press v. NGA and others [1987] IRLR 267 (QB).

[72] L. Dickens and D. Cockburn, op. cit., at 554.

第7節　集団労使紛争処理と争議行為

使用者は，また，不法行為に基づく損害賠償を求めることもできる。しかも，制定法上の免責は，不法行為に限定されているため，使用者は，個々の被用者に対して，雇用契約違反を理由とする損害賠償を求めることもできる。しかし，その場合には，その個人が生じしめた実損害，あるいは，その者の代替労働者の雇用費用に限定されるため実益に乏しい上，実損害の立証はきわめて困難である。

(11)　**争議行為と不公正解雇**

違法な争議行為がなされた場合，使用者としては被用者に対してあまり実益のない労働契約違反を理由とする損害賠償を求めるより，当該争議行為に参加し重要な役割を果たした被用者を解雇する途を選ぶことを考えるであろう。そこで実際に重要となるのは，争議行為と不公正解雇の関係である。この関係はやや複雑であるから，ここで特に概略をまとめておくことにする。

(A)　非公認争議行為と不公正解雇

解雇のとき，非公認のストライキその他の争議行為に参加していた被用者は不公正解雇の訴えを提起する権利を有しない。非公認ストライキとは，①当該被用者が労働組合の組合員でありかつ当該ストライキその他の争議行為が労働組合により承認されたもの，および②当該被用者が労働組合の組合員ではないが，当該ストライキその他の争議行為を承認した組合の組合員も当該争議行為に参加していたもの以外をいう（237条2項）。使用者は，非公認の争議行為の場合には，全員を解雇せず選択的に解雇することができる。ただし，解雇の主な理由または剰員整理解雇の場合は，その解雇選抜理由が1996年法98B条，99条，100条，101A条d項，103条，103A条または104C条および57A条のタイム・オフを請求したこと（すなわち，陪審員の任務，家庭責任，安全・健康，労働時間，被用者代表，保護される情報開示，弾力労働，扶養者のためのタイム・オフの権利の行使）にある場合，被用者は不公正解雇の訴えの権利を失わない（同条2項）。

(B)　非公認争議行為以外の争議行為と不公正解雇

被用者が非公認争議行為以外の争議行為に参加しまたは使用者がロック・アウトを行っているときに被用者が不公正に解雇されたとの訴えを起こしても，

405

審判所は，①1ないし複数の「関係被用者」が解雇されなかったか，または②解雇された後3カ月以内に再雇用されたが当該被用者は再雇用されなかった場合を除き，解雇の公正・不公正の決定をなし得ない（238条1項および2項）。ここでロック・アウトとは，被用者に一定の労働条件を受け入れることを強制しまたは雇用に影響を与える目的でなされた雇用場所の閉鎖，その仕事の停止または雇用継続の拒否をいう（1996年雇用権法235条4項）。ちなみに，ロック・アウトは必ずしも労働契約違反を構成しないとされている[73]。「関係被用者」とは，ロック・アウトの生じている争議の企図または推進に直接的利害を有する者，または訴えを提起した者がそこで働きまたは働く起点としていた使用者の事業場で，解雇の日に争議行為に参加していた者をいう（1992年法238条3項）。審判所が公正・不公正の決定をしないとするこの規定は，次の場合には適用されない。まず，解雇の主な理由または剰員整理解雇の場合はその解雇選抜理由が1996年法98B条，99条，100条，101A条d項，103条，103A条または104C条および57A条のタイム・オフを請求したこと（すなわち，陪審員の任務，家庭責任，安全・健康，労働時間，被用者代表，保護される情報開示，弾力労働，扶養者のためのタイム・オフの権利の行使）にある場合，つまり解雇の主な理由または剰員整理解雇の場合はその解雇選抜理由が家庭上の理由による休暇に関する理由（1996年雇用権法90条），健康または安全の管理活動などを理由とする（同法100条）など解雇を当然に不公正とする理由に該当する場合である（1992年法238条2A項）。もう1つは，(C)に掲げる場合，すなわち，当該被用者が「保護される争議行為（protected industrial action）」に参加していた場合でかつ一定の要件を満たす場合である（238A条）。

(C) 保護される争議行為

「保護される争議行為」とは1992年法219条で労働組合が不法行為責任を免責される争議行為のことをいう（238A条1項）。したがって，組合員資格を強要する争議行為（222条），非公認争議行為（223条），第二次争議行為（224条），組合承認強要争議行為（225条），争議行為支持投票違反争議行為（226条ないし234条），争議予告を与えない争議行為（234A条）は，保護される争議行為

---

[73] Express and Star Ltd v. Bunday [1987] IRLR 422 (CA).

とはならない。この保護される争議行為に参加したことを理由（または主な理由）として解雇された被用者は，次のいずれかの要件を満足すれば，当然に不公正に解雇されたものとして取り扱われ，不公正解雇の救済を受けることができる（同条2項）。①保護される争議行為の開始から12週間以内に解雇されたこと，②当該争議行為の後12週間を超えてから解雇され，かつ，当該被用者が12週間以内に当該争議行為への参加を停止したこと，または③当該争議行為の後12週間を超えてから解雇され，12週以内に当該争議行為への参加を停止してもいなかったが，使用者が当該争議を解決するための「合理的な手続的措置」を講じていなかったこと，である（同条3項—5項および7B項）。ただし，この12週の期間は，使用者がその期間中にロック・アウトを行った場合，そのロック・アウト期間と同じ期間まで延長できる（同条7C項）。前記「合理的な手続的措置」をとったか否かの決定に際しては，特に，次の要素が考慮されなければならない。①労働協約その他の協定の手続に従ったか否か，②保護される争議行為の前後に交渉開始・再開の申込みまたは合意があったか，③保護される争議行為の前後に紛争あっせんのリクエストを不当に拒否したか否か，④保護される争議行為の前後に，紛争解決のために採用された手続に関して調停を使うというリクエストを不当に拒否したか否か，⑤あっせんまたは調停を使用するという合意があった場合の考慮事項は，238B条に詳細に定められている。

⑿ 組合員の争議投票の権利

1992年法62条は，争議投票の支持なく，組合員が争議行為への参加を求められた場合の救済手段を規定している。すなわち，その者が次のことを証明できるときには，高等法院（スコットランドの場合は，執行官裁判所）に救済を申し立てることができる。(a)投票の支持なく，組合が争議行為を公認しまたは支持したこと，および，(b)申立人を含む組合員が組合によりその行為に参加しまたは参加し続けることを誘致され，または，その恐れがあること。裁判所は，申立てに理由があると判断する場合は，その行為への組合員の参加の誘致がなされず，それ以前の誘致行為に起因する参加行為に従事しないようにするために妥当と考えられる措置をとることを組合に対して命ずる（62条3項）。

(13) 第三者に対する救済

コモン・ロー上，違法な争議行為により妨害された契約当事者は，法的因果関係と予見可能性が否定されない限り，高等法院に対して，差止命令または損害賠償の請求をなすことができる。例えば，列車の切符保持者は，鉄道労働組合が英国鉄に対して行った違法な争議行為につき，損害賠償を請求することができる[74]。さらに，1992年法235A条は，制定法上の救済権を創設している。ある者（申立人）が，労働組合その他の者が違法にある者の争議行為への参加またはその継続を誘致する行為を行いまたは行う恐れがあると主張し，もしその争議行為のありうべき効果がその申立人に対する商品またはサーヴィスの供給を妨害しまたは遅滞させ，あるいは，その商品またはサーヴィスの質を低下させることにある場合には，高等法院に救済の訴えをなすことができる。(235A条1項)。裁判所は，訴えに理由があると判断する場合は，誘致行為を行わず，それ以前の誘致行為に起因する行為に従事しないようにするために妥当と考えられる措置をとることを，その誘致行為を行いまたは行う恐れがある者に対して命ずる（62条3項）。

(14) ピケッティング

(A) 不法行為責任の免責

ピケッティングは，コモン・ロー上，不法行為を構成する。その理由は，ピケッティングが成功するためには，契約破棄の誘致または違法手段による営業妨害が必要だからである[75]。また，ピケッティングは，不法妨害（nuisance），脅迫，または，不法侵害（trespass）の各不法行為に該当する場合がある[76]。しかし，1992年法220条は，次の場合には，ピケッティングを不法行為責任から免責している。ある者が，(a)労働争議の企図または推進のため，(b)特定の場所，すなわち，(i)その者の職場またはその付近，(ii)その者が失業しており，かつその最後雇用が争議行為に関連して終了せしめられ，または，その終了が争議行為の原因の1つとなった場合には，その元の職場またはその付近，(iii)そ

---

[74] Falconer v. ASLEF and NUR [1986] IRLR 331 (ChD).

[75] Union Traffic Ltd v. TGWU [1989] IRLR 127 (CA).

[76] News Group Newspaper v. SOGAT [1986] IRLR 227 (CA).

の者がある一定の場所で労働しないか，または，その場所で通常は労働しない場合，または，その者が通常労働している場所がピケッティングの参加が不可能な場所である場合には，その者がそこを起点として労働している，あるいは，その者の労働を管理しているなんらかの使用者の不動産において，または，(iv)その者が労働組合の幹部である場合は，その者が付き添いかつ代表している組合員の職場または元の職場またはその付近で，(c)平和的に情報を得または伝えあるいは平和的に他人に労働するようまたは労働しないように説得するだけの目的で参集すること。

(B) 契約違反誘致

以上のように，220条の免責は，ピケライン参集行為自体が不法行為に当たる場合の免責であり，ピケライン参集者がピケラインを渡らないように説得している相手の契約違反を誘致する等の行為をした場合には，それが前述の219条の免責を受けるものでない限り，そのピケライン参集者は不法行為の免責を受けられない。しかし，これではほとんどのピケッティングは違法になってしまう。なぜなら，ほとんどの場合は，第三者の被用者への契約破棄の誘致行為が伴うからである。そこで，224条1項が適法なピケッティングの場合の二次的争議行為を除外したのである（前掲(6)参照）。

(C) ピケッティングに関する行為準則

ピケッティングに関する行為準則は，1980年に初めて導入されたが，現在は，1992年法201条および202条に基づいてACASにより起草され両院の決議を経て1992年から実施されている。行為準則はそれ自体法的拘束力はないが，訴訟手続上考慮されるのであり，特に，ピケッティングの場合は，重要な意味を有するに至っている。すなわち，Thomas v. NUM (South Wales Area) [1985] ICR 886 (Ch.D) では，行為準則に定められている人数より多いピケットを組織することの差止命令が認められたのである。因みに，行為準則の該当部分は，一般に1つの出入口に6人以上のピケットを置くべきではないと定めている。

(D) 使用者の救済

使用者が違法なピケッティングがその不動産の外側で行われたと確信する場合，その行為が1992年法219条および220条の範囲外の場合には，高等法院

に差止めを求めるか，選択的または一緒に，損害賠償請求を行うことができ，さらに，公道を妨害し，人身または財産の危険を生じしめるときには，警察に訴えることができる。ピケッティングは，場合によれば刑事責任を生じさせる (241条)。1980年公道法の違反として処罰されることもある。

事項索引

＊ 本書は詳細な目次を付けているため、以下の索引は目次に含まれていない用語を中心に作成した。

〔あ〕

アウトワーカー　85
あっせん法　307
アムステルダム条約　30, 159, 371
安全委員会　195, 198
安全代表　195, 198
安全代表安全委員会規則（1977年）　194
安全被用者代表　195
慰謝料　177, 184, 244, 280
一般均等指令（2000年）　159, 184, 186
一般労使協議指令（2002年）　372, 375
違法争議行為被害者援助委員　65
医療報告アクセス法（1988年）　117, 121
ウイルソン労働党内閣　18, 21, 160
営業制限　258-262
黄金律　43
欧州共同体加盟法（1972年）　52
欧州司法裁判所　53, 54
欧州人権条約（1951年）　42, 43, 117, 341
オズボーン判決　13, 315
オプト・アウト（労働時間規制の）　135-137
オビタ・ディクタム　38
オフィス・ホルダー　92, 225

〔か〕

海軍規律法（1957）　91
Kahn-Freund　17, 306
慣行的予告期間　221
環境運輸地域省　82
企業譲渡指令（既得権指令）（1977年，1998年，2001年）　248
企業譲渡（雇用保護）規則（1981年）　248-256
企業倒産指令（1980年）　266
規制緩和・除外契約法（1994年）　142
救済当事者付託　279
求職者法（1995年）　268
挙証責任転換指令（1997年）　170
記録上位裁判所　59
銀行金融取引法（1971年）　139
クラフト・ギルド　8
クラフト組合　284, 285, 287
クローズド・ショップ　21, 23, 24, 328, 329, 332
軍隊法（1996年）　91, 161
経営特権　97
刑事裁判公序法（1994年）　174
刑事法院　55
刑法修正法（1871年）　11
健康安全委員会　197, 198
健康安全執行局　83, 197, 198
健康安全審問調査（手続）規則（1975年）　197
健康安全（被用者協議）規則（1996年）　195
健康記録アクセス法　117, 121
憲法習律　41
権利章典（1689年）　41
権利能力なき社団　311, 312
公益情報開示法（1998年）　104, 105
合議法廷　39, 60
鉱山採石法（1954年）　132, 193

i

事項索引

公序　97, 106
工場法（1802 年，1819 年，1825 年，1829 年）
　　8, 132
工場法（1833 年）　8, 9
工場法（1961 年）　8, 193
拘束的仲裁　384
公的機密法（1989 年）　92
衡平法　37, 40, 41
国民保険基金　266
国民保険法（1948 年）　131
国民保険（業務災害）法　200
個人情報保護指令　117
個人情報保護法（1984 年）　117
個人情報保護法（1998 年）　117-120
雇用関係法（1999 年）　64, 65, 309, 314
雇傭契約　5, 67, 80, 148, 166
雇用契約法（1963 年）　19, 221
雇用局　24, 25
雇用権法（1999 年）　228
雇用権（紛争解決）法（1998 年）　63, 239
雇用時間（条約）法（1938 年）　132
雇用事業（者）　86-88
雇用紹介業（者）　86-88
雇用紹介・雇用事業の活動に関する規則
　　（1976 年）　86, 87
雇用紹介・雇用事業の活動に関する規則
　　（2003 年）　87
雇用紹介法（1973 年）　86
雇用職業訓練法（1973 年）　24
雇用職業訓練法（1981 年）　24
雇用条件・全国仲裁令（1940 年）　14
雇用審判局　58
雇用審判所長官　58
雇用審判所（組織および手続）規則（2004 年）
　　56, 163, 199
雇用審判所法（1996 年）　55
雇用平等（宗教または信条）規則（2003 年）
　　184

雇用平等（性的志向）規則（2003 年）　175
雇用法（1980 年）　23, 84, 314, 332
雇用法（1982 年）　23
雇用法（1988 年）　24, 321, 322
雇用法（1990 年）　27
雇用法（2002 年）　51, 210, 211, 234
雇用法（紛争解決）法（2002 年）規則（2004 年）
　　210, 211
雇用保護（パートタイム被用者）規則（1995
　　年）　88
雇用保護法（1975 年）　22, 210, 233, 266,
　　337, 339, 346
雇用保護（統合）法（1978 年）　23, 144, 239,
　　337, 340

〔さ〕

採用書　49
石炭産業法（1991 年）　133
サッチャー　16, 23, 24, 143, 144, 293, 305,
　　308, 371
産業委員会法（1918 年）　13, 14, 124
産業訓練法（1964 年）　19, 25
産業別組合　11, 285
自然的正義　329, 331, 332
児童雇用法（1973 年）　85
児童年少者法（1933 年）　133
児童年少者法（1963 年）　133
支払不能者法（1986 年）　263-267
事務所商店鉄道構内法（1963 年）　193
社会契約　16, 308
社会保障家族給付法（1982 年）　131
社会保障管理運営法（1992 年）　201, 206
社会保障拠出給付法（1992 年）　131, 201,
　　204
社会保障法（1975 年）　201
若年者訓練制度　25
ジャンタ　10
集団的自由放任主義　16, 17, 19, 20, 305, 306,

事項索引

307
集団的剰員整理・企業譲渡（雇用保護）（改正）規則（1995年） 249, 346, 369
集団的剰員整理・企業譲渡（雇用保護）（改正）規則（1999年） 249
主従法（1720年） 4, 7, 306
主従法（1867年） 5, 11
手動操作規則（1992年） 83
就労請求権 108
準備時間補償命令 57
使用者責任（欠陥用具）法 112
使用者責任（強制保険）法 112
剰員整理手当法（1965年） 19, 245
条件付弁護料契約 278
商店法（1950年） 132, 133
障害者権利委員会法（1999年） 181, 184
障害者（雇用）法（1944年） 181
情報自由法（2000年） 120
職業訓練局 24, 25
職人規制法（1563年） 3
助言的調停 386, 387
ショップ・スチュワード 289, 290, 297, 298
庶民院 23, 45
庶民院議員 291
人種関係法（1968年） 175
人種関係（改正）法（2000年） 175
人権法（1998年） 42
人種民族均等指令（2000年） 159, 178
信任義務 98, 99
審問前審査 57, 58
信頼関係維持義務 98, 114, 115, 229, 240, 241
枢密院公務員令（1995年） 91
スカーギル 22, 24, 322
税金免除法（1999年） 230
制限的取引行為法 103
制限約款 102, 258-262

性差別禁止（間接差別・挙証責任）規則（2001年） 170
性差別禁止（性転換）規則（1999年） 174
性差別禁止・同一賃金（救済）規則（1993年） 177
性差別禁止法（1975年） 26
性差別禁止法（1986年） 26
誠実労務提供義務 98
性別欠格（排除）法（1919年） 165
正　法 37, 38, 40
全国一般職業資格 26
全国炭鉱労働組合 22, 299
全国仲裁審判所 15
全国労使関係裁判所 39, 246
選択的雇用税法（1966年） 19
先例拘束性の原則 38

〔た〕

多国間被用者情報協議規則（1999年） 230, 372-374
タフベール判決 12, 17, 312
単一欧州議定書（1987年） 133
団結禁止法（1799年，1800年） 7, 8, 18, 306
団結禁止法（1825年） 9
治安判事裁判所 55, 199
地域所長（雇用審判所の） 58
チェック・オフ 334-336
地方雇用法（1960年） 19
地方雇用法（1963年） 19
忠実義務 98, 99
調査権限規制法（2000年） 117
著作意匠特許権法（1988年） 107
賃金審議会法（1945年） 15
賃金審議会法（1971年） 131
賃金法（1986年） 74, 122
定住法（1651年） 6
テレワーカー 85

iii

事項索引

ドノヴァン委員会　19, 20, 124, 308
特許権法（1977年）　107
徒弟契約　5, 67, 80, 148, 166
トラック法（1831年）　122

〔な〕

日曜営業法（1994年）　133, 142
年雇推定法理　6
年金法（1995年）　158, 161, 168
年少者指令（1994年）　134

〔は〕

パートタイム（不利益取扱防止）規則（2000年）　88, 89, 191, 192, 209
パン製造業（労働時間）法（1954年）　26, 132
ヒース保守党内閣　21
ピケッティング　321, 399, 408-410
非雇庸的労務契約（contract for services）　5, 67, 69, 72
費用支払命令　57
被用者情報協議規則（2004年）　375
同一賃金（修正）規則（1983年）　160, 161
男女同一賃金指令（1975年）　26, 160
男女均等待遇扱指令（1976年）　26, 166, 174
不公正解雇制度　21, 226-244, 246, 247, 255, 256
不公正契約条項法（1977年）　97
不公正行為　359
不公正労働行為　21
不法共謀・財産保護法（1875年）　5, 11, 12, 286
振り子仲裁　384
ブリドリントン協定・原則　287, 288, 324, 325
ブレア　30-36, 84, 144, 291, 293, 309, 371
フレデリング指令案　371

文理律　43
弊害率　44
ホームワーカー　74, 77, 78, 82, 83, 85, 125
法定傷病手当法（1994年）　131
ホイットレー委員会　13, 14, 307
母性・育児休暇規則（1999年）　144, 147
母性保護指令（1992年）　144
ボランタリズム→集団的自由放任主義

〔ま〕

マーストリヒト条約　27, 30
マグナカルタ　41
みなし解雇　229, 240, 255
無資格審判員　56
メージャー　27-29, 293, 308

〔や〕

約因　49
有害物質管理規則（1999年）　84
有期被用者（不利益取扱防止）規則（2002年）　89, 192-193

〔ら〕

ラダイト騒動　8
陸軍法（1955年）　91
履行拒絶　40, 229
ルークス判決（1963年）　19
レイシオ・レシデンダイ　38
労使関係委員会　20, 246
労使関係法（1971年）　13, 22, 240, 308, 313, 332, 336, 337, 344, 346
欧州労使協議会指令　371, 372
労使仲裁局　346
労働貴族　9
労働組合改革・雇用権法（1993年）　29, 56, 125, 133, 144, 288, 318, 325, 332
労働組合会議（TUC）　10, 11, 16, 286, 287
労働組合法（1871年）　10-12, 286, 312,

313, 329
労働組合法（1913 年） 13, 315
労働組合法（1984 年） 24, 315, 322
労働組合労働関係法（1974 年） 313, 336, 337, 339, 344
労働組合労働関係（修正）法（1976 年） 11, 332
労働裁判所 63
労働裁判所法（1919 年） 63, 307
労働時間規則（1998 年） 134-142
労働時間指令（1993 年） 133, 134
労働審判所（labour tribunal） 20
「労働者」の概念 73-82, 134, 135
労働者災害補償法（1897 年） 200
労働者勅令（1349 年） 2
労働者妨害法（1859 年） 10
労働争議 61, 387
労働争議令（1951 年） 15
労働争議法（1906 年） 12, 13, 18, 19, 392
労働争議・労働組合法（1927 年） 15
労働党 12, 13, 290, 291
労働党内閣（第一次） 14
労働紛争 61, 387
労働力委員会 24, 25
労務のみ請負契約 75-77
ロバートオーエン 8, 9

〔わ〕

和解契約 94

〈著者紹介〉

小宮文人（こみや　ふみと）

1948年　神奈川県に生まれる
1972年　北海道大学法学部卒業
　製鉄会社勤務を経て，1984年カリフォルニア大学大学院で法学修士を取得後，カリフォルニア，ミシガンおよびニューヨーク大学で客員研究員，ペース大学（アメリカ）およびルーヴァン大学（ベルギー）で客員教授を歴任
現　在　北海学園大学大学院法学研究科長
　　　　法学博士（北海道大学）
　　　　PhD（ロンドン大学経済政治学院）

主　著

『英米解雇法制の研究』（信山社，1993年，沖永賞受賞）
『イギリス労働法入門』（信山社，1996年）
『雇用をめぐる法律問題』（旬報社，1998年，道幸哲也・島田陽一教授との共著）
『職場はどうなる―労働契約法制の課題』（明石書店，2006年，北大労働判例研究会メンバーの共著）
A Comparative Analysis of the Law of Dismissal in Great Britain, Japan and the USA (ST/ICERA, London School of Economics, 1986)
Labour Law and Industrial Relations in Japan (Kluwer Law International, 2006, in collaboration with Professor T. Hanami)

現代イギリス雇用法――その歴史的展開と政策的特徴

2006（平成18）年10月13日　初版第1刷発行

著　者　小　宮　文　人
発行者　今　井　　　貴
　　　　渡　辺　左　近
発行所　信山社出版株式会社
〒113-0033　東京都文京区本郷6-2-9-102
　　　　　　電　話　03（3818）1019
　　　　　　FAX　03（3818）0344

Printed in Japan

Ⓒ小宮文人，2006．印刷・製本／暁印刷・大三製本

ISBN4-7972-2470-3 C3332